新视野中国儿童文学理论研究

中国科幻文学沉思录
吴岩学术自选集

ZHONGGUO KEHUAN WENXUE CHENSILU
WU YAN XUESHU ZIXUANJI

吴　岩◎著

接力出版社
Publishing House

图书在版编目（CIP）数据

中国科幻文学沉思录：吴岩学术自选集 / 吴岩著.—南宁：接力出版社，2020.6
（新视野中国儿童文学理论研究）
ISBN 978-7-5448-6664-4

Ⅰ.①中… Ⅱ.①吴… Ⅲ.①儿童小说—幻想小说—小说研究—中国—当代—文集 Ⅳ.①I207.8-53

中国版本图书馆CIP数据核字（2020）第099907号

责任编辑：廖思拍　　美术编辑：王　雪
责任校对：杜伟娜　高　雅　　责任监印：刘　冬
社长：黄　俭　　总编辑：白　冰
出版发行：接力出版社　　社址：广西南宁市园湖南路9号　　邮编：530022
电话：010-65546561（发行部）　　传真：010-65545210（发行部）
http：//www.jielibj.com　　E-mail：jieli@jielibook.com
经销：新华书店　　印制：唐山嘉德印刷有限公司
开本：710毫米×1000毫米　1/16　　印张：21.25　　字数：326千字
版次：2020年6月第1版　　印次：2021年6月第2次印刷
定价：45.00元

序言

本书收录了我在过去四十年里从事科幻研究过程中发表的二十九篇文章。编排的方式是打乱时间顺序，依从内容来分类。

我走入科幻文学领域完全出于偶然。本来只是尝试写作，后因为在高校工作且开设了科幻课程，不得不转向写作和研究并重。事实上，在从事高等教育的前二十九年，我从事的是学校组织行为学的研究。我的《领导心理学》教材曾经出版过前后五版，《教育管理学基础》是这个领域中第一本以实证科学作为范式建构的教材，我还曾经成功申请并完成过北京教育科学规划项目中第一个学校知识管理的课题，但科幻一直是我业余创作和研究的重点。拉拉杂杂做了大量讲演，也应约撰写了一些文章，这本书就是一个小结。

本书共分四个部分，汇集了科幻理论研究、中西科幻史研究、作家作品研究和科幻赋能研究的文章。许多文章今天看来观点已经落后，另一些文章中提出的建议今天已经被实现，但为了保持这些文章的历史状况，我没有做什么修改，就让它们用原本的状态面对读者，以便检验我们这些自以为是的误入歧途者，在那个年代怎样试图用自己单纯的渴望去拉动一种文学的成长。不自量力是年轻人的特点，但唯有这种不自量力，能展示我们曾经走过的年轻的道路。

2013 年，我离开北京师范大学教育学部，放弃组织行为学工作，到文学院专职从事科幻文学研究。先是在王泉根教授的领导下，在北师大文学院建立了科幻研究中心，后来这个中心被上升到学校层面，但具体还是挂靠在李怡教授担任所长的中国现当代文学研究所，该中心还有幸成为教育部科学技术委员会下属的战略研究基地。在北师大文学院，我承接了国家社科基金第一个科幻项目“科幻文学理论和学科体系建设”以及重点项目“20世纪中国科幻小说史”。2017年，我离开北师大到南方科技大学陈跃红讲席教授麾下参与人文科学中心的“新文科”建设。同年十二月，我建立了科学与人类想象力研究中心，它成为中国第一个想象力研究机构。考虑到我的研究方向会发生另一次转折，我决定此刻对前期的科幻研究做一个小结。

感谢在过去四十年中在科研方面给我支持的所有人。感谢中国现代文学馆、中国科普作家协会、重庆大学人文社会科学高等研究院、四川大学中国科幻研究院、南方科技大学人文科学中心，还有各地高等学校的科幻协会和北京科幻组织“42工作室”、未来事务管理局等单位一次或多次给我提供讲坛，让我能把一些思考先通过讲演发布，再改写成文章。感谢所有约稿刊物的编辑或主编。作为一个交叉状态的文学与文化品类，多年来能找到一两个刊物发表研究文章，已经是我的幸运。感谢跟我工作过的本科生、硕士生、博士生、访问学者，我的论文中的许多想法，其实是在跟他们的课堂交流中共同完成的。北京科幻作家群、世界华人科幻协会、《科幻世界》杂志社的成员也在过往的年代中给我许多帮助。谢谢大家！

吴岩

2020年3月8日于深圳

目 录

序 言 …… 001

第一辑 科幻理论研究

论科幻小说的概念 …… 002
科幻理论与创意空间 …… 012
论认知解谜型科幻电影 …… 022
计算人文学视野中的三种人工智能 …… 035

第二辑 中西科幻史研究

中国科幻思想的流变 …… 046
中国早期科幻小说的科学观 …… 060
“文革”前十七年的中国科幻文学发展 …… 069
神秘的金属钠 …… 077
科幻五年，五大飞跃 …… 083
科幻未来主义的状态或宣言 …… 091
论中国科幻小说中的想象 …… 093
中国科幻小说中的时间表征 …… 107
西方科幻发展的四个时期 …… 113
民族振兴与国力赶超
——浅析后发达国家科幻小说中的意识形态 …… 133

第三辑　作家作品研究

《流浪地球》等刘慈欣作品精选序言 ………………………… 142
论郑文光的科幻文学创作 ………………………… 149
科幻的异境与文学的歧途
——《地铁》面面观 ………………………… 167
两院院士潘家铮科幻小说的特色 ………………………… 175
科幻品书录 ………………………… 186
“移民外星人”与我们当下的时代状况 ………………………… 204
克拉克的宇宙全史 ………………………… 211
科幻小说的神学边疆
——读 C.S. 刘易斯的“空间三部曲” ………………………… 215
从《人性分解》到《发条女孩》 ………………………… 222

第四辑　科幻赋能研究

中国小学生基础阅读书目（科学类）的编制 ………………………… 230
科幻与自主创新能力开发 ………………………… 247
论科学文艺的可持续发展战略 ………………………… 255
对中国特色科幻事业的一点思考 ………………………… 261
想象力、科幻与新文科建设 ………………………… 269
科幻与学校教育对话录 ………………………… 275

参考文献 ………………………… 302
附录　我的学术生涯 ………………………… 306

第一辑

科幻理论研究

论科幻小说的概念

科幻小说的概念在不同国家和不同文化中有不同的解说。在中国，各个时期人们对科幻的认知也有所不同。但在现实生活中怎样掌握科幻，特别是从事创作、出版、推广的人怎么认知科幻，一直是没有完全解决的问题。我从2000年开始，尝试把心理学中关于内隐概念（implicit concept）的理论用于科幻研究，从实证方法上获得了大学生内隐科幻的观念，在一定程度上解决了这个问题。2000年在《公众理解科学——2000中国国际科普论坛》（中国科技大学出版社，2001.8）发表《科幻小说的读者期待模式》后，我又尝试在这个领域中进行了一些梳理。本文发表在《昆明师范高等专科学校学报》2004年第一期，第5—9页。

一、科幻小说：概念上的混乱状态

科幻小说是一类容易指认却不容易定义的文学作品。常常是用很大篇幅来撰写这个概念，写好之后却发现仍然无法将一些现成的作品纳入其中。

科幻小说定义的困难性，主要来自科幻作品是一种跨门类的、极端富于广延性的文学作品，而作为这种作品的存在基础——科学，本身也没有划定的疆界。从科幻小说的发展上看，这类作品最初是围绕一些技术创新而展开的。玛丽·雪莱（Mary Shelley）的《弗兰肯斯坦》、儒勒·凡尔纳（Jules Verne）的《从地球到月球》等都是这样的作品。在19世纪末到20世纪初期，科幻小说的"科学"描述范畴开始从技术转向科学。赫伯特·乔治·威尔斯（Herbert George Wells）的《时间机器》就是一个典型的例子。将科学原理当成科学幻想小说描述的主要内容，在英美科幻小说黄金时代的20世纪30—50年代非常流行。到20世纪60年代，社会科学开始进入科幻文学的领域，出现了布里安·奥尔迪斯（Brian Aldiss）的《杜甫的小石头》、J.G.巴拉德（J.G.Ballard）的“毁灭三部曲”、米切尔·莫尔考克（Michael Moorcock）的《瞧这个人》和菲利普·何塞·法马尔（Philip Jose Farmer）的《子宫》等描述历史、哲学、宗教、性心理等方面的作品。而以自然灾害和大自然奇迹为基础的科幻小说，则贯穿在科幻小说发展的始终。

仅仅从科学本身的范畴拓展还不足以造成科幻定义的混乱状态，科幻文学的写作实验，也让这个品种一直游离在各个主要文学品类的描述之外。多年来，有一种普遍的认识，那就是科幻小说属于通俗小说，因为它注重情节性而忽视人物。然而，我们分析作品时便会发现，虽然存在着重情节轻人物的作品，但也的确有许多重要的作品塑造了感人至深、令人永远无法忘怀的人物形象。乔治·奥维尔（George Orwell）的《1984》就是这样的作品。其中塑造的“老大哥”、温斯顿等，都已经在西方脍炙人口，甚至成为经典词汇。认为科幻小说属于通俗小说的第二个理由，是它仅仅触及了科学的主题，而没有触及社会生活和人性的主题。但是，这样的观点也将被一些作品的实践所打破。美国作家小库特·冯尼格（Kurt Vonnegut, Jr.）的《五号屠宰场》、加拿大作家玛格丽特·阿特伍德（Margaret Atwood）的《羚羊与秧鸡》等作品，甚至能比普通小说更加深刻地触及人类的本性。在中国，认为科幻小说是通俗文学的论点就更加值得怀疑。因为在中国的文化中，科学本身就隶属于绝对的精英文化层面，而与科学技术和科技活动相关的科幻小说怎么可以是通俗文学的某个成员呢?

科幻小说概念上的混乱状态，给科幻文学的创作和出版，给与科幻小说相关的一系列领域造成了空前的影响。1984年，对科幻定义的理解差别所造成的争论，最终使科幻小说在中国绝迹整整5年，致使科幻作家队伍在中国全面消失。以至于到20世纪80年代末、90年代初，期望在中国恢复科幻文学出版时，创作队伍必须重新培养。与科幻相关的各类文化现象，也常常在混乱中展现出极端复杂的情景。在20世纪90年代，曾经有一个建立科幻游乐宫的热潮，但多数科幻游乐宫都是各路鬼神出没的“鬼宫”。这种鬼神与科幻名称相伴的文化状态，给中国人面对科幻这种来源于西方世界的文学品种又加上了更深的疑虑。

笔者认为，解决中国科幻文学在中国的繁荣、科幻文化在中国的兴起等问题的关键，是要对科幻小说这一文化的核心类型进行良好的定义。只有对科幻文学的基本概念分析清楚，才能看清这一文学品类和相关的亚文化领域在中国的前景。本文计划从两个方面论述科幻文学的定义。第一，对国内外现有科幻定义进行梳理，探索其基本的定义范畴。第二，对科幻定义的要素进行分析，特别针对容易界定的特点，从读者的接受角度，分析科幻文学的内涵。

二、科幻小说定义的四个族类

笔者认为，世界上可能没有哪一个文学品种如科幻文学这样获得过如此多的定义。在西方科幻史上，科幻小说曾经被冠以多种不同的名称出现在出版物中，这些名称包括科学浪漫小说（scientific romance）、科学奇幻小说（science fantasy）、脱轨小说（off-trail story）、变异小说（different story）、不可能小说（impossible story）、科学的小说（scientifiction）、惊异小说（astounding story）等。最终，科幻小说的名称被公认为科学小说（science fiction）。一个有趣的现象是，在西方这一公认的概念中，并没有幻想的成分。（有人认为 fiction 就有虚构和幻想的含义，但如果这样解释，历史小说、爱情小说、战争小说、政治小说就都是幻想小说了。）中国科幻小说中的幻想成分，来自俄文的转译，也就是说，苏联科幻文学的定义中，有一个单独的幻想成分存在。

从 1991 年北京师范大学开设科幻文学公共选修课程以来，笔者对科幻文学的多种定义进行了梳理，认为科幻小说主要分成如下的四个族类。

1. 科普族类

将科幻小说当成一种科普读物的定义方式，在苏联和中国享有广泛的支持。苏联著名评论家胡捷就曾指出，“……它是用文艺体裁写成的——它用艺术性的、形象化的形式传播科学知识”[①]。另一位著名的苏联评论家李赫兼斯坦几乎用同样的语言写道：“科学幻想读物是普及科学知识的一种工具。”[②]在中国，科幻文学的早期理论家是著名作家鲁迅，鲁迅在1903年创作的《月界旅行·辨言》中指出：“盖胪陈科学，常人厌之，阅不终篇，辄欲睡去，强人所难，势必然矣。惟假小说之能力，被优孟之衣冠，则虽析理谭玄，亦能浸淫脑筋，不生厌倦。”[③]很显然，鲁迅眼中的科幻小说，就是一种科普读物。

将科幻小说当成一种科普工具的说法，虽然貌似非常合理，但其中却存在着众多的疑点。首先，科幻文学是一种小说类作品，具有人物和情节。为了使作品更加具有小说的吸引力，作者不可能将大量的准备放置在科学普及方面。而科普读物是对科学技术内容的通俗化并以此达到科学传播的目的，将科幻作品当成一种科普作品，在创作目的和创作方式等方面，都存在着很大的问题。笔者曾经在20世纪80年代就提出，从现代信号检测理论的角度看，科幻小说在科普方面的作用是异常低效的[④]。同样在20世纪80年代，著名科幻作家童恩正也指出，科幻小说作为一种科普读物，几乎是不可能的。从创作的角度来讲，作家常常是以对科学进步产生的某种焦虑作为写作的动因，这与科普读物预先设置的普及科学的目标完全不同。这里，科学是为故事情节服务的手段[⑤]。更重要的质疑来自读者的接受状况。的确有少量读者阅读科幻小说以学习科学、发现问题为乐趣，但不可否认，多次调查的结果都证明，科幻读者主要的阅读兴趣不在学习科学知识上，很少有人会通过科幻小说学习纳米技术、电脑科技或者航天技术。即便是非常喜爱学习科技知识的读者也会谈到，感受科学带来的奇迹和未来的状况才是他们阅读科幻文学作品的要点。

---

①② 胡捷．论苏联科学幻想读物 [A]//黄伊．作家论科学文艺 [C]. 南京：江苏科学技术出版社，1979：77.

③ 鲁迅．鲁迅全集：第十卷 [M]. 北京：人民文学出版社，1981：152.

④ 吴岩．儿童科幻小说的功能 [A]//吴岩．科幻小说教学研究资料 [Z]. 北京：北京师范大学教育管理学院，1991：44-49.

⑤ 童恩正．谈谈我对科学文艺的认识 [J]. 人民文学，1979（6）.

2. 广义认知族类

否定了科幻文学的科普功能，不能否定这种作品在认知方面的作用。因此，一类定义者循着这个观点，将科幻文学定义为一种广义认知性作品。朱迪斯·玛瑞尔（Judith Merril）指出，科幻小说是一种推测小说，其目的是通过投射、推断、类比、假设和论证等方式来探索、发现和了解宇宙、人和现实的本质。这里，推测旨在说明利用传统科学方法（观察、假设、实验）去检验某种假设的现实，将想象的一系列变化引入已知事实的背景，从而创造出一种环境，通过人物的反应和观察揭示出相关发明的意义。达科·苏恩文（Darko Suvin）也认为，科幻是一种文学类型，其必要和充分条件是疏离（estrangement）和认知的相互作用。而其主要的形式方法是用一种想象的框架代替作者的经验环境。在这里，认知就是对理性化理解的追求，而疏离则来源于德国戏剧家布莱希特的观点，指一种表现可以使人认识它的主体但同时又使它显得陌生[①]。L.S. 德·坎普（L.S.de Camp）也认为，广义的科幻小说是以科学的假设或非科学的假设为依据的小说，是以不存在于现实的，而又没有超自然的因素的世界为舞台的小说。山姆·莫斯考维奇（Sam Moskowitz）指出，科幻小说是幻想小说的一个分支，它的特点是使用物理学、空间、时间、社会科学和哲学的想象性思考创造出的科学可信氛围，去缓解读者悬而未决的追求神秘的愿望。沃尔海姆（Donald A.Wolheim）提出，科幻小说是幻想小说的一个分支，但是，它不是对今日知识的真实的反映，而是由读者对未来某时间或过去某不确定时间点上的科学可能性的认知性喜悦作为回报的。

持广义认知观点的人士还有现代科幻小说观念的创始人雨果·根斯巴克（Hugo Gernsback），他曾经认为，科幻是“我意义上的科学化的小说，是凡尔纳、威尔斯、爱伦·坡那类的故事，是一种掺入了科学事实和预测远景的

---

① 吴定伯 . 美国科幻定义的演变及其它 [A] // 吴岩 . 科幻小说教学研究资料 [Z]. 北京：北京师范大学教育管理学院，1991 ：154.

迷人的罗曼司"[①]。特里 · 卡尔（Terry Carr）也认为，科幻是关于未来的文学，讲述我们期望看到的或为我们子孙将看到的下个世纪的或无限时间中的明天。本福德（Gregory Benford）指出，科幻是思考和梦想未来的受到控制的途径，是潜意识里爆发的、通过恐惧和希望表达的、对科学（客观宇宙）的一种综合的情绪和态度，是对你、你的社会背景、你的社会自我等任何事情的彻底搜查，是由最少的可能性所给出的梦魇和愿景的大纲。布拉德伯里（Ray Bradbury）认为，科幻是对未来的真正社会学研究，在这种作品中，作家将两件或两件以上不同事件结合后确信其必然发生。

广义认知派的科幻定义有两个特征，首先是强调认知过程或与认知有关的附加过程，如神秘、疏离等；其次是强调在作品中呈现未来所产生的认知愉悦性。笔者认为，广义认知派的特点，是将科普派的基本范畴进行了扩散，使其远离传播科学这一中心，而将认知过程的审美特点展现出来。这样的认识已经比科普族类仅有功能性的观点有了很大发展。但是，强调认知的愉悦性其实也仅仅是科幻文学美学价值的一部分，对这个文类的真正全面描述，仍然没有有效地获得。

3. 替代世界族类

除了上面两种主要的科幻定义派别，在科幻文学领域中，还有一种比较有影响力的定义方式，那就是将科幻文学定义为描述某种替代的世界（alternative world）的文学。金斯丽 · 艾米丝（Kinsley Amis）指出，科幻小说是这样一类叙事散文，它处理我们已知世界不大可能存在的状态，但它的假设却基于一些科技或准科技的革新，不论这些革新是人类创造的，还是外星人创造的。L. 德尔 · 雷伊（L. del Rey）认为，科幻小说是采取娱乐的手段，以理论和推理，试图描述替代世界的种种可能性，它以变化作为故事的基础[②]。布雷切夫（Kir Bulychev）认为，科幻小说与现实主义文学之间的差别在于它描写可能性，它感兴趣的不单单是人类的个体，而是整个社会。未

---

①② 吴定伯 . 美国科幻定义的演变及其它 [A] // 吴岩 . 科幻小说教学研究资料 [Z]. 北京：北京师范大学教育管理学院，1991 ：154.

来学家托夫勒（Alvin Toffler）也认为，科幻小说通过描写一般不考虑的可能性——另外的世界，另外的看法——扩大我们对变化做出反应的能力。

替代世界族类的科幻观念，将科幻小说定义为创造某种可能性和替代世界，这种观点的核心是讲述变化，认为变化是科幻小说的主旨。笔者认为，将科幻文学确认为替代世界的文本，在很大程度上涵盖当今科幻小说的所有方面。笔者曾经撰文指出，世界科幻小说二百年中的主要成就，是发现了四个世界：空间、时间、心灵和电脑网络[①]。但是，指认出作品中所描述的世界是否就能将科幻文学的本性定义清楚呢？

4. STS（科学对社会的影响）族类

科幻小说定义的第四个，也是最重要的族类，认为科幻文学的主要特征是谈论科学对社会的影响。著名编辑、美国科幻黄金时代的主要缔造者小约翰·W. 坎贝尔（John W.Campbell，Jr.）认为，科幻是以故事形式，描绘科学应用于机器和人类社会时产生的奇迹。科幻小说必须符合逻辑地反映科学新发明如何起作用，究竟能起多大作用和怎样的作用。R. 布雷特纳（R. Bretnor）认为，科幻小说是以科学以及由此而产生的技术对人类影响所做的理性推断为基础的小说[②]。艾萨克·阿西莫夫（Isaac Asimov）认为，科幻小说是文学的一个分支，主要描绘虚构的社会，这个社会与现实社会的不同之处在于科技的发展性质和程度。科幻可以被界定为处理人类回应科技发展的一个文学流派[③]。冈恩（James Gunn）也认为，科幻是文学的新品种，它描绘真实世界的变化对人们所产生的影响。它可以把故事设想在过去、未来或者某些遥远的空间，它关心的往往是科学或者技术的变化，它设定的通常是比个人或者小团体更为重要的主题——文明或种族所面临的危险[④]。R. 海因莱因（R. Heinlein）也认为，在科幻小说中，作者表现了对被视为科学方法的人类活动之本质和重要性的理解。同时，对人类通过科学活动收集到的大量知

---

① 吴岩 . 寻找新世界 [J]. 科幻世界，2002（11）.

②③ 弗雷德里克 · 勒纳 . 什么是现代科学小说 [J]. 陈泽加，译 . 科普创作，1990（3）.

④ 吴定伯 . 美国科幻定义的演变及其它 [A] // 吴岩 . 科幻小说教学研究资料 [Z]. 北京：北京师范大学教育管理学院，1991：154.

识表现了同样的理解，并将科学事实、科学方法对人类的影响及将来可能产生的影响反映在他的小说中。

以科学技术对社会造成影响的方式定义科幻小说，免除了科幻文学是科普读物的基本想法，从这一全新的意义上理解科幻，为讨论其文学价值和社会价值找到了出路。威廉·鲁普（William Rupp）曾经对英语文学专业教授进行科幻定义的询问，发现 48% 的抽样者都认为，科幻小说是“试图去预测未来技术进步对社会影响的一类故事”。

笔者认为，这一定义可以清晰地解释一大类科幻作品。这类科幻作品的特征是描述科学造就的奇迹或灾难，并阐述这种奇迹或灾难给社会、人性造成的影响。我们以阿西莫夫的系列小说“基地”为例。这部作品前后总共出版了五部，时间跨越 13000 年，空间跨越 2500 万个星球组成的世界，人口跨越覆盖 1000 的 6 次方！如此宏大场面所展现的社会生活，给科幻文学屹立于文学之林创造了绝好的范例。

事实上，四种定义之间也的确存在着交叉之处。虽然如此，笔者仍然更加赞同 STS 这一族类的科幻文学定义方式。这一方式既可以涵盖主流科幻作品，又可以将一些跨越边界的科幻作品有效地纳入其中，更加重要的是，它还把科幻文学的思考性加诸作品中。问题是，上面提到的几乎所有观点都来自作家或评论家，对于非专业人员，特别是读者如何看待科幻文学，几乎没有观照。

三、科幻小说概念的统计学研究

读者是科幻文学的受众，也是它的主要消费群体。当考虑科幻文学概念时，假如能从读者入手，则会使整个研究获得一种全新的视角。我们的工作即从这里起步。自 1998 年开始，笔者在北京师范大学进行了一系列以读者为导向的科幻文学概念研究。我们采用的方法是对个体内隐概念的认知解析。所谓内隐概念，是指人的过去经验和已有认知结果沉淀下来而形成的一种对事物属性的无意识结构。这些结构虽然没有整体上升到意识水平，但却潜在地作用于个体对事物的认知和行为。我们把大学生作为研究的主要样本，这是因为中国科幻读者主要来源于大中学生群体。在采集样本时，我们尽量注意选取不同背景的学生，以获得足够的代表性。在预研究中，我们要求学生提供属于科幻定义的词语（每人提出 25 个）。随后，根据初步统计的结果编制一个评估量表并作用于第二个群体，要求学生从中提出符合为科幻进行定义所需的词语，并排列出这些词语对定义的贡献度顺序。最后，我们将评估结果，进行因素分析并找到针对科幻定义所簇集的词语群。

表 1　六个特征值大于 1 的因素的特征值、变异数和积累解释率

因素名称	特征值	变异数（%）	积累解释率（%）
文学状态	5.381	28.319	28.319
探索因素	2.134	11.232	39.551
科学内含	1.727	9.089	48.640
认知方式	1.524	8.023	56.663
审美因素	1.082	5.696	62.359
警世因素	1.004	5.285	67.644

由表 1 可以看出，特征值大于 1 的六种因素能够解释概念总量的 67.644%，这个解释率已经得到统计学标准的认可。具体来讲，大学生样本群体对科幻文学的内隐定义的六因素分别为："文学状态"（包括文学、有趣、引人入胜、发人深省和幽默等），"探索因素"（包含探索、惊险、未来和幻想等），"科学内含"（包括科学性和预见性等），"认知方式"（包括奇特、奇妙、神奇、离奇、神秘等），"审美因素"（包括出人意料和新奇等），警世因素（包括恐怖等）。也就是说，读者对科幻的定义应该至少由上面的六部分内容组成①。

笔者认为，科幻文学的六因素定义解决了科幻定义方面许多悬而未决的问题。第一，用六因素检验四大族类的科幻定义，可以获得不少启示。例如，我们发现，虽然存在着科学内含因素，但科普族类定义的确在读者中没有市

① 吴岩 . 科幻小说的读者期待模式 [A] // 本书编委会 . 公众理解科学：2000 中国国际科普论坛 [C]. 合肥：中国科技大学出版社，2001.

场。没有人用诸如知识、学习等词语描述科幻小说。而探索因素的存在证明，广义认知族类的定义的确受到了读者的肯定。第二，从因素分析的结果看，读者对科幻文学的美学特征和文学特点的关注，在一定程度上证明了科幻小说与情节性较强的惊险小说、侦探小说和恐怖小说的确有着某种特征上的联系。看来，将科幻小说当作类型小说的看法是有根据的。第三，科幻小说与一些相关文类虽然具有相似性，但也有着明显的区别。这些区别可以用因素之间的相互组合来进行证明。具体来讲，由于有科学内含和警世因素两个因素的存在，科幻文学便与童话作品明显地区分开来；由于有科学内含、认知方式和探索因素，科幻小说立刻与奇幻小说区分开来；因为有文学状态、审美因素等因素，科幻小说便与科普读物区分开来；此外，科学内含、探索因素、认知方式三个因素的作用，使它具有面对未知和面对未来的特点。第四，六因素对解释概念的符合量不同，所以，读者对科幻小说概念界定的着重点就可以从这种顺序中分析出来。

笔者认为，综合上述六因素所产生的科幻小说定义，已经解决了长期以来面对科幻文学概念不清的困境。在这种新的定义方式下，文学是科幻小说第一位的要素，因素贡献率最高。换言之，科幻小说隶属于文学，应该是文学中的一个关于探索与科学相关的神奇现象领域的、具有警世作用的文类。科幻小说的独特之处在于，它通过想象力打开了人类通向宇宙的大门。

近年来，有人提出，在科学技术等人工造物逐渐改变我们的世界和我们的生活的状况下，人性正在逐渐变成后人性（post-humanity），而科幻文学正是面对后人性、揭露后人性的最佳标本。

科幻理论与创意空间

科幻研究无论在西方还是在东方都是很晚近的事情。在西方，至少到20世纪70年代，科幻研究才逐渐走入文学领域，在中国则至今仍然没有在文学领域形成具有冲击力的理论和流派。2012年，感受到这种情况的《装饰》杂志，邀请我为从事艺术工作的读者介绍一下科幻发展的当前状况，我撰写了这篇文章。文章从达科·苏恩文和弗雷德里克·詹姆逊的观点入手，简明扼要地介绍了西方马克思主义科幻理论，并根据我个人的研究，简介了中外科幻文类创意的四种空间。全文发表于《装饰》杂志2012年3月号，第35—39页，其中第二部分内容参考了2009年发表于《科技潮》杂志的《寻找新世界》（第五期，第46—47页）。

科幻原本是一种类型独特的文学的简称。在西方，这一文学类型出现于工业革命之后。布里安·奥尔迪斯认为，英国作家玛丽·雪莱于1818年创作出了世界首部科幻小说，此后，这一文学类型历经法国的儒勒·凡尔纳、英国的H.G.威尔斯等的努力而逐渐发展，并于20世纪初被植入美国。雨果·根斯巴克于20世纪20年代创立了这个词，使文类获得命名。此后，科幻在美国的发展顺利，由于小约翰·W.坎贝尔等的推动，这个文类跟通俗文学的某些特征相互融合，加上美国独有的边疆探索精神，促成了它在文化和商业领域的成功。

进入20世纪60年代，强调创意和故事性的美国科幻作品跟电影艺术结合，为这个文类向影视媒介的转型奠定了基础。在今天，科幻已经从简单的叙事文学转向多种不同的媒介或创意类型之中，它的繁荣给电子游戏设计、主题公园建设、建筑设计，甚至工业与民用产品设计都带来了增值。仅仅以电影为例，好莱坞每年上演的最卖座的“大片”中总少不了几部科幻作品。作为一个创意产业类型，科幻题材完全可以单独计算 GDP 增量。

随着科幻创意的繁荣，人们深感对这一类型创意的基本认知还相当不足。笔者查阅了近年来国内作者撰写的科幻与设计关系的博硕士论文，发现其中的现状描述或事实总结较多，具有一定解释性和推广力的理论还相对较少。众所周知，理论不但对我们更加深入地理解创意过程有帮助，更可以推进创意实践的发展。

鉴于科幻小说的发展相对持久，已积累了一定数量的作品和理论探索，因此，将这种叙事文学理论转述给设计从业者和研究者，可能是加速科幻设计理论生成的简便有效的方法。本文将综述当前两个最重要的科幻理论家的观点，并呈现科幻文学在过去两百年中打开的四大创意空间。

一、科幻理论举要

根据《科幻文学的批评与建构》的阐述，西方科幻文学理论和批评大致经历了从读者感叹到作家抒怀再到学者分析几个阶段。在 20 世纪的早期，科幻研究者大都是科幻杂志的读者，他们投书“读者来信”专栏，提供自己的真知灼见。可惜这些观点没有系统，而且多数受到所讨论的作品的限制。科幻批评与研究发展的第二阶段，出现了作者受读者来信启发后所进行的系统反思。可惜这类文章仅仅属于感悟，至多只是某种行动研究，缺乏概括性。到 20 世纪 70 年代，随着后现代思潮的兴起，原有文学场的核心跟边缘界限开始模糊，科幻随即进入高校和研究机构的视野，出现了一系列比较系统化的学术理论。由于这些理论跟占据主流的文学批评理论（critical theory）之间具有天然联系，科幻在整个文学和文化历史中的位置也得以凸现。[①]这其中，

① 有关科幻研究的历史，可参见《科幻文学的批评与建构》的第三编“科幻批评简史”。这一章主要是针对西方科幻过去 200 年的批评历史进行的回顾。罗伯特·斯科尔斯，弗雷德里克·詹姆逊，阿瑟·B. 埃文斯，等 . 科幻文学的批评与建构 . 王逢振，苏湛，李广益，等译 . 合肥：安徽文艺出版社，2011.

比较有代表性的是美国学者弗雷德里克·詹姆逊（Fredric Jameson）和祖籍克罗地亚的加拿大批评家达科·苏恩文的观点。

詹姆逊是马克思主义者，对乌托邦研究相当深入。在詹姆逊看来，乌托邦不是某个不存在的地方，它代表着一种独特的、具有意图的、富于社会性的"方法"。以城市建设为例，在人类规划和建设城市过程中，乌托邦起着积极的作用，它不单设想，还积极地发起建构新的未来。在詹姆逊看来，如果城市的发展真的能按照事物内在规律进行，那将释放出诸多深层次的可能性。但在今天，城市规划和建设完全不是这样，它正在变成中产阶级或富翁用来给自己提供避难所的保守的陈词滥调。从这个意义上看，乌托邦就不单单是指城市规划的那种表征，它还指一种作用，这种作用能打开现实与想象之间的裂缝，揭示出我们在未来想象上的局限性。在詹姆逊的理论中，研究乌托邦一定要依赖辩证法，要从事物发展规律方面思考创意与局限。

詹姆逊相信那种认为乌托邦无处不在的观点。他指出，区分乌托邦愿望与乌托邦形式是恰当的。首先，乌托邦是每个人都有的、潜意识的一种未来冲动，它支配一切未来导向的行为。由于这些冲动的表达常常比较隐蔽，因此，研究者需要从蛛丝马迹中发掘。其次，对那些有结构的乌托邦，千万不要忘记在这种结构化的乌托邦叙事中其实混杂着非结构化的未来冲动，两者可能并不一致。上述理论将乌托邦问题从叙事文学拓展到整个社会的进步，于是，世界格局的变化、科技创新的走向、社会演进的程度和文学流派的发展都被融为一体，只要这些过程中存在着人类对未来的谋划，就存在了乌托邦。一句话，乌托邦是改变世界的力量所在，也是人类能动作用于未来的重要方式。

相当令人遗憾的是，在当代社会，人类正在失去原本应该强大的乌托邦构筑能力。詹姆逊回顾了过去半个世纪人类发展的历史后发现，第二次世界大战之后的长期冷战，使乌托邦彻底失去了作用。一方面，冷战使乌托邦跟斯大林主义成为同义语；另一方面，后冷战时代使全球思想界大部分归顺了资本主义。加上学术界盛行犬儒主义，于是，对世界未来真正有价值的想象，便在主流思想中彻底失落。而恰恰在这个时代，一些不被看重的非主流思想却充满了构造未来的冲动和方法。这些非主流思想，恰恰来自科幻文学和第三世界文学。詹姆逊恰恰是在这样的理论逻辑导引下转而开始了他的科幻研究。

在詹姆逊看来，要研究科幻作品是否包含着丰富的未来冲动，必须要从根源上回答科幻到底是什么这个问题。他指出，科幻文学在20世纪后半叶的相对繁荣，主要是由严肃文学在面对现实的瘫痪造成。面对资本主义全球化趋势，这些作品拿不出具有未来方法价值的内容，失去了读者的喜爱。而此时，那些不受“现实原则”支配的科幻文学，由于享有充分自由，最终成为乌托邦建构力量的保留地。詹姆逊发现，在20世纪60—70年代，种族和性主题是科幻作家最热衷的话题，而这些内容，恰恰是颠覆当代以男权社会和技术社会为根基的资本主义的重要素材。这里以美国女作家厄休拉·勒奎恩（Ursula K.Le Guin）的小说《黑暗的左手》为例。《黑暗的左手》描写的是冰星上一个单一性别的社会。在这里，每二十八天，个体会因为激素作用而开始出现性表征。在朝向某种性别发展的最初几天，个体如果能完成性活动，就可生育后代；如果没有性活动，个体便恢复到中性。故事就是在这样一种跟地球种族和性别状况完全不同的社会中发展。读者可以发现，冰星上的社会制度是准封建制，但同时却有高科技供他们使用。詹姆逊之所以高度赞扬勒奎恩小说的乌托邦创意，是因为作品彻底排斥了人类社会及其体制，消除性别导致了性政治被否定，而把封建制度跟技术发达联系起来，则否定了资本主义是科技发展的促进力量的人类历史。这就是乌托邦，它通过制度化地否定现实，在思想领域中建立起一个文学飞地，彻底摆脱了历史的多种决定论。

作为主流思想的一块飞地，科幻以及所有乌托邦都具有封闭性、整体性和他者性。由于乌托邦世界总是跟现实划定一个界限，这便使它成为一个独立的系统，而独立系统必须自足自治，这使它同时也具有了整体性。由于对现实的否定，乌托邦必定是一个他者的世界。詹姆逊还由此分析了英国作家J.G.巴拉德的“毁灭三部曲”，指出这些作品虽然只字未提现实，但却建立在另一个英国衰落的现实基础上否定现实。而美国作家小库特·冯尼格的小说《猫的摇篮》则是建立在对强盛的美国压制科技发展、压制第三世界成长的现实的否定之上的。科幻这种否定现实，使它成为创意的飞地，而飞地提供的思想和行动实验，指明了未来的多种可能性。

与詹姆逊略有不同，达科 · 苏恩文更偏重从俄国形式主义立场出发去阐释科幻的美学特征。他指出，科幻其实是一种以疏离和认知（cognition）为宰制的文本，其中心特征是创新性。[①]所谓疏离，指科幻创意通常脱离人类的日常经验，让人觉得陌生。疏离性使科幻作品跳出了现实主义的樊笼，进入想象空间，在宇宙中遨游。但科幻的疏离不是无原因的，不会采用魔法说辞去应付读者。认知性会终止科幻创意脱离日常经验的状态，给疏离以认知解释。有些人干脆将认知性叫作科学性，其实这是错误的。科学性指现有科学认识的范畴，而认知则远远大于这种范畴，它有更广阔的知识背景。在具备上述两个美学元素的同时，科幻作品还必须不断创新，力图在道德观、科技发展、社会规划、文体等多个方面提供革新。

我们以凡尔纳的小说《海底两万里》为例来说明苏恩文的理论怎样解释创作实践。《海底两万里》是法国作家儒勒 · 凡尔纳的科幻小说。故事讲述一种独特的“海怪”扰乱了社会秩序。为此，人类精心组织了探险队进行考察并最终发现海怪其实是一艘高性能的潜艇。这艘潜艇的主人尼莫船长自己设计和建立起了他的海底机械王国。从詹姆逊理论出发去考察，整部小说是对当代资本主义的全面否定。尼莫船长通过远离资本运作场逃离了资本主义的控制区，他自己设置了海洋法则，并由此获得了自主。从苏恩文的理论出发去考察，则必须关注小说对时代的超越关系。事实上，故事中所描绘的“鹦鹉螺号”潜艇，即使在科技发达的今天仍然超越我们的想象，它行动迅猛且具有无限续航能力，它的武器系统、环境控制系统和信息系统都给我们疏离感。但作家肯定地指出，“鹦鹉螺号”不是魔法的产物，它完全符合浮力原理和机械制造原理。疏离被认知所解释，超自然回到自然。

除了上述两个重要的理论之外，科幻小说还被认为是描述科技导致社会变化的一种文学类型。[②]笔者发现，作为采用叙事方式撰写的作品，科幻小说

---

① 达科 · 苏恩文 . 科幻小说变形记：科幻小说的诗学和文学类型史 . 丁素萍，李靖民，李静莹，译，舒伟，校审 . 合肥：安徽文艺出版社，2011；达科 · 苏恩文 . 科幻小说面面观 . 郝琳，李庆涛，程佳，译 . 合肥：安徽文艺出版社，2011.

② 吴岩 . 科幻文学理论和学科体系建设 . 重庆出版集团重庆出版社，2008；艾萨克 · 阿西莫夫 . 阿西莫夫谈科幻小说 . 合肥：安徽文艺出版社，2011.

家特别注重全方位地反映创新的社会影响。与单向完成的产品设计不同，在科幻作品中，一个创意的出现会随着故事的发展受到想象现实的检验，人们对这种创意的接受与否，会在作品中经历一系列复杂的反馈过程。以阿瑟·克拉克（Arthur C. Clarke）的小说《2001：太空漫游》为例。作家在作品中详细描述了高交互性的人工智能“HAL9000”怎样工作，怎样提供飞船使命控制，又怎样在长期的执行操作中失灵。通过这部作品的阅读，读者不但能详细了解新型人工智能产品的特点，更可以看到其中可能潜伏的危险。在阿西莫夫的“基地”系列小说中，主人公谢顿发现并用于计算社会长周期变化的公式，经历了数千年的使用和历史反馈！

科幻小说不但能对创意产品进行模拟性反馈，还能将产品的社会影响全方位表现出来，我姑且将这一点称为科幻的全息性，其含义是，科幻作品不会仅仅停留在一个产品，如电灯或交通工具的单独设计上，它还会通过背景和故事的发展，将这个创意所连带的多种产业和社会变革全面表现出来。以格里格·别尔（Greg Bear）的小说《血的音乐》为例。作品初看起来是写纳米机器人用于疾病治疗。故事中的纳米小机器人具有高智能且会学习，还能自我复制。它们被打入人体后便开始对病人的身体做医疗测试和改造。随着故事的发展，当人体的生理机能被全面整治，机器人又将自己的智力跟寄主智力相互联通，而身体中成百上千的纳米机器人跟人类大脑建立的联系，使每一个人都能成为宇宙中最有智慧的超人。小说以工业技术如何应用于医疗开始，却以多种技术的发展、人类走向新时代为结束。科幻小说的全息性特征，早就引发了未来学家的关注。他们将这种全面未来推演方法称为新纳瑞欧（Scenario）。一个新纳瑞欧就是一个剧本或情景规划，是由某一创意而引发的社会变革的全面发展的剧本和勾描。而对剧本的勾画和理解，导致了人们对创意的全方位的理解。[①]

以上我们简述了詹姆逊、苏恩文等人的科幻理论。从中可以发现，科幻作为一种创意形式，总是跟社会背景相互连通的，而它超越现实、面向未来

① 凯斯·万·德·黑伊登．情景规划．邱昭良，译．北京：中国人民大学出版社，2007；麦茨·林德格仑，汉斯·班德霍尔德．情景规划：未来与战略之间的整合．郭小英，郭金林，译．经济管理出版社，2003；吴岩．科幻文学论纲．重庆出版集团重庆出版社，2011.

的特性，使它跟人类前途紧密相关。恰恰是在这样的文类特征的吸引下，作家们解放了思想，开发出多个成熟的创意领地。笔者曾经将这些领地归结为四个大的空间：物理空间、时间、网络空间和心灵空间。

二、科幻的四大创意空间

所谓物理空间，是人类认识最早也最有探索基础的创意领地。对作家来讲，只要描写跟现实的空间存在差异的地点，一个他者的世界便被建构起来。我们以郭以实的小说《在科学世界里》为例。故事中讲述的“科学世界”，据称就在我们的地球上，乘坐飞机几个小时就可以到达。“科学世界”里奇迹般地使用着人造小太阳、原子能发电厂、辐射性农业，人类还可以改造南极和北极，并可以登上月球采矿。叶永烈也是全能型他者空间的创建者。他在《小灵通漫游未来》中把这个地点称为“未来市”，据说乘坐气垫船一个晚上可以到达。上述两个飞地都被描述得宏伟而全面，充满激情。

科幻历史上空间创意的发展也有一个由近及远、由平面到立体的过程。例如，儒勒·凡尔纳就在关于地面世界的地理探险小说成功之后，才让自己的主人公开始上天、入地和下海旅行。当然，一旦脱离了地面，就必须考虑其他空间跟地面的差异。于是，《从地球到月球》就要阐述失重、超重和极寒；《地心游记》要探索地质年代、地热和火山；《海底两万里》要明确水压跟深度的关系，以及在深海中的照明。凡尔纳的上述探索是如此成功，因此后来者可以在这个基础上继续前进。中国作家郑文光就曾指出，他是读了凡尔纳等人的作品才开始写作。在郑文光的小说《飞向人马座》中，飞船不再停留于太阳系，而是到达了宇宙中深不可测的黑洞；《大洋深处》也不再简单地写潜水艇，而是建构了整个海底城；到《古庙奇人》，读者会发现在地下深处，存在着一个具有东方神秘主义的庙宇，而追寻它的历史，发现还联系着天体文明。再后来，刘慈欣在这个基础上走得更远，他的“三体三部曲”干脆到达了宇宙的端点，世界在那里毁灭和重生。

空间创意领地的科幻开发，跟詹姆逊所说的对当前世界的否定或苏恩文所指的疏离于当前社会非常符合。这种否定与疏离，常常还会进入哲理层面。

例如，韩松在《逃出忧山》中描述的“忧山”风景区，会突然把世界上所有人都屏蔽掉，只剩下主人公和他的太太，于是，复杂的社会背景和社会关系被隔绝，两个人的世界占据了整个宇宙的全部空间。这种明显具有方法学意义的科幻飞地，已经将物理空间引向社会心理空间。

科幻小说的第二个创意领地是时间。威尔斯的《时间机器》是时间创意作品的开山鼻祖。在小说中，人类到达了八十万年以后，生物进化和社会演化使维多利亚时代的现实被推向极致。《时间机器》是科幻小说从古典到现代的转折点，新的时空观由此被建立起来。要知道，在当时，爱因斯坦还没有提出相对论，这就更能体现小说的创新价值。

在时间题材科幻作品中，穿越是常常发生的事情。但是，科幻小说中的穿越跟奇幻作品中的穿越不同，它一定具有认知性的解释。《时间机器》中的时间旅行家采用的是时间旅行机，这种机器能深入四度空间去完成使命。在苏联作家沙符朗诺夫等的科幻小说《人造小太阳》中，穿越时间采用的是一种让生命暂时休眠的药物，这种药物由外太空飞来的陨石释放，且能维持人的昏迷时间长达一百五十年。通过“冷冻术”“相对论时空效应”或“超时空大门”等方法进行的时间穿越术也被科幻作家发明出来。

从事过时间创意题材科幻小说创作的作家都知道，如何处理不同时代的人相互遭遇是一个难点。怎样让两者相互理解，这其实就是一个当代文明之间相互碰撞的缩影。当然，还有更多难题需要处理。例如，当从现在到达过去，跟以往的时间发生交会时改变了历史，世界将会怎样？这一点一直折磨着作家。当他写到一个人回到过去向自己未出生时的年轻父母开枪并射杀其中一人，那么此后将不会再有开枪者本人的存在。故事进入一种悖论状态。为了避免这种现象出现，科幻作家创造了平行世界理论。这种理论认为，跟我们的世界平行的时空世界，在宇宙中可能还有无数个。你改变了过去，其实就是让你进入另一个平行空间之中。所以，主人公回到过去每一次改变历史，都导致他进入与前面不同的另一个历史轨迹，也将面对一个全新的未来。试想，如果真有无数这样的历史路径存在，那么个人的所有梦想至少会在某一个空间里变为现实，“有情人终成眷属”将成为宇宙的真理。

时间题材的科幻小说也是强烈批判现实的小说。当我们冒犯已知的历史，更改历史发生的一切，我们也就走向了对这段历史的部分或全面的否定。此外，时间题材的科幻作品还给我们思考决定论和偶然性等哲学问题提供了更多素材。

在科幻小说的漫长历史中，除了对自然时空的创意性追寻，人们更对自身创造的技术/社会空间情有独钟。早在科幻小说成为一种独特文类的初期，有关太空戏剧的科幻就相当盛行。在太空戏剧中常常会出现一种在外太空不断飞行的巨大飞船，人类在飞船上繁衍，代代相传。这种人造技术空间中所发生的一切，都与它所依赖的技术和其中孕育出的微型社会有关。与世代飞船类似，机器人世界也是科幻小说探索的一种人造空间。机器人世界科幻小说中谈论的都是机器跟机器之间的关系，人们通过对这种第二自然的表述映衬自己，也发现他者。20世纪80年代，一种称为赛博空间（cyberspace）的新型创意领地被作家威廉·吉布森（William Gibson）发现。让人进入完全由电子技术所开拓的数码世界，但同时仍然保持着自然人的感受力和操纵力，那人生将会变成什么样？在《神经浪游者》中，吉布森的主人公通过某种虚拟现实进入数码空间，成为数码世界的映像生命。从表面上看，小说撰写于跨国公司垄断世界的今天，但主人公作为“键盘牛仔”打入网络去挣脱束缚，“解困被压制的信息”的做法，则明显具有未来性。这部被称为赛博朋克（cyberpunk）肇始之作的小说，开创了人类在技术空间中生存的全新形式，而小说中预言的数码迷幻剂、黑客攻击、僵尸软件、具有独立意志的人工智能等都已走向现实。这些事实证明，科幻确实如詹姆逊所言，是一种通向未来的“方法”。

有关人创造的技术/社会空间创意的价值及其伦理、道德和哲学问题，每每都是科幻作品引发争论的焦点。克隆人的世界、机器人的世界、人造人的世界、人机交互版网络数码世界到底是怎样的世界？我们该怎样面对这样的世界对当前的侵袭？电影《黑客帝国》中一句“欢迎来到真实的荒漠”，已经引发了多部哲学著作的诞生，而唯物主义和唯心主义这些经典哲学流派将在怎样的水平上面对上述创意的发生？美国女性主义哲学家唐娜·哈拉维（Donna Haraway）在她的《赛博格宣言》中对转基因和赛博格（cyborg，一种人机复合体）的欢呼和感叹，也许最具有代表性。一方面，哈拉维认为转基因和赛博格技术捣毁了性别政治，而另一方面，她觉得除了接受，也没有什么更好的应对办法。[①]

在所有科幻的创意空间中，最具有怀旧性、跟当代高科技最为背道而驰的可能就是心灵空间创意题材。早在20世纪60年代，一批英国作家就曾经沿着与现代化相反的方向去探索时空和技术之外的创意世界，结果，他们找到了人类的心灵。

科幻中的心灵世界也被称为内部世界或内层空间。早期的心灵小说常常借助弗洛伊德精神分析学去打乱情节构造或替换数理化等硬知识而成为认知主体。在这些作品中，破除逻辑线索、挖掘潜意识和追求非理性欲望冲动的表达，是展示心灵空间的一种重要方式。这一点与主流文学曾经出现的现代主义变革类似。但从内容本身寻求心灵飞地的努力，则让科幻小说跟主流小说拉开了距离。例如，在布里安·奥尔迪斯的小说《杜甫的小石头》中，主人公来到杜甫的时代，跟大诗人进行了深度对话，正是借助这种对话，发掘出诗人心灵跟宇宙之间的相通之处。奥尔迪斯的另一篇小说《月光掠影》，通过把宇宙进化历史置于个体夏日傍晚的一次短暂遐想之中，让宏大的世界历史跟渺小的个人体验相互交会，如梦如烟，似真似幻。而巴拉德的鸿篇巨制“毁灭三部曲”的结尾则揭示，唯有对心灵的保养和追求才能拯救世界。

有关心灵创意的科幻作品，起源于20世纪60年代左翼知识分子对现实的失望，更起源于他们对破除英美黄金时代所形成的文类枷锁的愿望。这些集合在英国《新世界》杂志周围的作家，打破了自然和技术科学垄断科幻创意的局面，大胆地将社会科学甚至人文学科知识引入科幻创意空间，这在极大程度上验证了詹姆逊所言——科幻文类才是真正对现实超越的、具有重要价值的文学作品。

① 唐娜·哈拉维．生控体的宣言：20世纪80年代的科技与社会主义的女权主义 // 史蒂文·赛德曼．后现代转向：社会理论视角．吴世雄，陈维振，王峰，陈明达，译．陈维振，校．沈阳：辽宁教育出版社，2001.

论认知解谜型科幻电影

进入21世纪以来，科幻产业内部发生了明显的媒介转移，原来占据主流地位的科幻文学逐渐让位给科幻电影，为此，进行电影相关的科幻研究已经成为一个迫切的任务。在这样的状态下，我组织翻译了“新空间科幻电影理论译丛”，开设了“科幻电影欣赏”“科幻：从小说到电影”等课程。本文是这个阶段的研究成果的一部分。文章发表于《北华大学学报》2019年第五期，第109—115页。

一、流行科幻电影和认知科幻电影的分界线

在安德烈·塔可夫斯基（Andrei Tarkovsky）的电影学自传《雕刻时光》中，有关《飞向太空》（也翻译为《索拉瑞斯》）的内容很少。这在一定程度上反映了作者对这部影片在自己的创作中的基本看法，也迎合了一直流传的关于这部影片是跟斯坦利·库布里克（Stanley Kubrick）导演的《2001：太空漫游》进行竞争，以便展示苏联社会的优越性的委托创作的说法。毕竟命题作文跟自己的选题不同，作者没有积极性是可以理解的。但就是这样一部被作者不太看重的电影，多年以来，已经成为世界科幻影片中充满谜团、最重要的、最值得分析的科幻影片之一。观摩这部影片，分析其中的种种莫名其妙的设计，已经成为普通电影观众、大专院校师生的一个重要活动。更重要的是，由《2001：太空漫游》和《飞向太空》给科幻电影带来了一种全新的谜性的种类。对这样的电影的认知解谜，不仅是解读这种科幻电影的一个接

受性活动，更是昭示这种类型独特性本质的一种方式。

区分科幻电影的类型是重要的。此前，人们尝试用题材来区分科幻电影。太空、时间旅行、机器人和人工智能可能是最常见的题材，这类比较常见的题材还包括未来社会、生物与环境、明天的战争等。在这样的分类之下，《流浪地球》属于太空题材 + 灾难科幻，而《上海堡垒》属于异种接触题材 + 战争科幻。题材分类的缺点是无法在一个统一的框架下研究科幻电影，因为各种题材更多的相似之处而不是差异之处，才是研究科幻电影作为一种类型的意义所在。除了题材区分，还有软硬度的区分，这种区分跟题材区分同属一类，只不过概化度不同。硬科幻在西方的观点是展现“硬科学”（物理、化学、基因科学、材料科学等）怎样介入社会，而软科幻表达的是“软科学”（心理学、社会学、人类学、政治学、宗教学等）对社会的介入。这跟中国通常使用的软硬度差异很大。在国内，软硬科幻的分类，是对有科学和没有科学这个广大区间中的不同度量。这样的区分，把科幻分成全面基于科学背景和有一点科学背景两类。事实上，有一点科学背景的科幻已经跟普通电影无异，真正要研究的还是全部基于科学背景的这类作品。所以，这种分类对研究来讲没有价值。

我更倾向于从一种统一的电影模式上区分科幻电影，这种区分的典型差别在于观摩过程中的认知解谜设置。根据有解谜和无解谜，把科幻电影分成两类。解谜指的是把科幻作品的核心特征——采用科学的方式把握世界这一点，通过观众的努力和参与建构出来。这里所说的科学的方式包括这种社会活动的所有内容：基本思想体系、基本发展过程、基本社会规则、基本态度价值观、方法学和已经具有共识的知识。

如果寻找这种分类的渊源，我想提到弗雷德里克·詹姆逊和达科·苏恩文。这两位研究者曾经系统化地提出认知应该作为科幻存在的重要标志性内容。在他们的理论中，科学认知方式和非科学认知方式是对立的，两种认知方式的对立建构起一个线性维度，加上另一个特征为陌生化的维度，可以建立起一个平面直角坐标系。认知在詹姆逊那里被强调成一种方法学，称为认知测绘，指的是一种克服后现代时代空间正在碎片化、无法被整体把握的有效工具。而对苏恩文来讲，认知性指的是正确把握世界的能力。两位学者都认为，在当代，科学恰恰可以对认知正确性提供一定保证。陌生化来源于俄国形式主义，指的是作品中通过语言或其他形式造就的艺术世界跟现实世界的差异感。陌生化保证了读者的阅读动力和阅读体验，而科幻作品恰恰是使得陌生化出神入化的一种文艺形式。在苏恩文看来，有陌生化有认知性的作品是科幻作品，有陌生化没有认知性的作品是奇幻、童话、民间故事；没有陌生化但有认知性的作品是现实主义作品。当然，这里的现实主义必定是符合社会规律的，而不是那种罔顾现实而言他的。最后，既没有陌生化也没有认知性的作品就是好莱坞各种庸俗的梦想成真的故事。[①]

我不想从陌生化角度去区分科幻电影，因为陌生化本身就是科幻作品赖以生存的条件。如果真要用这个维度进行区分，那么题材分类恰恰就是各种陌生化场景差异或内容差异分类的结果。我更想从当前的科幻大片与我所谓的认知解谜型科幻电影的差异去观察这类作品。我的主要观点是，认知解谜型科幻电影是科幻电影发展到极致的作品。这种作品能通过迷惑性的、动摇人们惯常世界观和信念的内容，启发性地揭示世界的全新面貌并导致强烈心灵震撼。认知解谜型科幻跟从娱乐起家的科幻类型之间有着“同源同根，但属于不同分叉”的关系。这是进化的结果。因此在科幻电影大树的核心的顶端，必定是我所谓的这种认知解谜型的科幻电影，而周围是大量的娱乐型科幻电影，共同构建起了一个巨大的类型金字塔。

我们从进化的角度去看看认知解谜型科幻电影的发展过程，并通过这个过程去进一步寻找这类科幻电影跟娱乐科幻电影的区别。

众所周知，科幻电影从起源开始，是娱乐性而非认知性的。这点在乔治·梅里埃的《月球旅行记》中有明快的体现，三段式的故事清晰明显。从皇家学会的争论，到大炮的制造，到飞离地球，这是第一个段落。这是观众熟悉的世界，便于他们产生认同感。接下来，飞出地球，来到月球，经历危险，仓皇奔逃，这构成了第二个段落。这是观众不熟悉的世界，需要跟随电影去探索的全新的世界。而海面溅落、凯旋庆典、雕塑展现，构成了第三个段落。这个段落让人从未知的彼岸，从不熟悉的世界回到熟悉的世界，完成

① 达科·苏恩文.科幻小说变形记 [M]. 丁素萍，等译. 合肥：安徽文艺出版社，2011：22.

一次探险。虽然至少有三个地方在今天看来有些不明白，例如，为什么月球被击中的时候露出流血的眼睛？为什么在月球上看到星空中的天体有活人出现？为什么雨伞掉在地上瞬间变成蘑菇？这三个地方在今天看来跟整个影片的现实主义风格不符合。但如果回溯到那个年代，从当时的默片表达惯例，从当时人们对物质和生命之间关系的认知，从当时的技术缺陷等方面，就可以完整地解开这些谜团。这其实不是导演设置的谜，而是在长期的电影发展历史中我们远离初始端造成的一些迷失或误解。换言之，这几个地方在当时的观影过程中不会是一个特别的认知谜团，更不是导演故意设置的谜团。如果说当时的观众对这部影片存在迷惑，那可能是因为他们认为月球根本是到达不了的地方，进行月球探险本来就是无稽之谈。而关于导演为何热衷这种无稽之谈，我相信，除了那些穷根究底的评论家，普通观众不可能产生这种谜团。

科幻电影从这样通俗甚至有些庸俗的故事开始，就把情节和特效当成了一种主要的吸引人的力量。换言之，情节和特效是这类作品的美感源泉，是大家追随和反复进入影院观摩的一个重要的特质。此后，这种特质大规模地发展，造成了所谓的B级科幻片泛滥和科幻电影不能进大雅之堂的状况。但反过来，也恰恰是这些特征导致了这种类型一直是影院中的常客。人们，特别是文化不足的人群，需要新异刺激，电影要通过新异的刺激持续地吸引观众观影。科幻电影确实能在这个领域做到极致，原因是新异的产生主要有三个来源：与我们生活的世界有所不同的世界，与我们生活的时间有所不同的时间，以及与我们的思考和行为有所不同的思考和行为。在这三个方面，普通的影片只能提供跟现实世界的些许差异，例如黑帮电影仅仅把普通社群换成了黑帮社群，古装电影仅仅把时间放入了一个过往年代，但科幻电影则无论在时间、空间、社群方面都有着新异化的展现。阐述这个问题最成功的案例，就是1977年上演的电影《星球大战IV：新的希望》。电视和小说都是这样，开始就告诉你这是另一个时间，另一个空间，另一种（多种）生命的形态。①当然，仅仅表达一些怪异是不够的，这些怪异必须跟我们的生活建立起张力，

① 乔治·卢卡斯.星球大战：新的希望[M].李镭，译.北京：清华大学出版社，2015：题献扉页.

新异性才能得到体现。

但是，仅有故事只能让普通观众满意，科幻电影的“深度观众”会从故事中找到需要破解的谜团并狂热地破解。例如，在《星球大战》中，真空爆炸为什么会发出声响？激光剑的光为什么只有短短的一截？斗篷中的主人公为什么能化为乌有？这类问题会激发少部分人更深入地思考，人们甚至成立了“《星球大战》迷协会”，在网络或其他社交空间相互交流。于是，从故事导源出来的科幻电影类型逐渐分裂成两种，一种是采用奇观愉悦观众，一种是采用解谜挑战观众。奇观创造的是普通娱乐的感受极限，解谜则让人转向对宇宙和生命问题的本质思考。

我要强调的是，对于奇观型科幻电影已经有太多的论文和专著进行分析，而对解谜型科幻电影研究的人还相对较少。但无疑，解谜型科幻电影的产生和成熟导致了这类电影类型与其他类型之间分割的有效展开。要强调的是，这里解的谜不是悬疑电影中人为设置的谜，而是来自自然、社会、人类本身就存在的巨大的知识之谜和存在之谜，这种知识与存在之谜的破解构成了科幻电影真正的美学根源。

为了分析和破解这种谜团导致新的影片类型的产生，我乐意用 1968 年的《2001：太空漫游》和 1972 年的《飞向太空》作为案例。这两部电影基本是无法被轻易纳入娱乐片体系之中的，无论是从基本构造还是从观影感受来看，两部电影都游离于常规的娱乐奇观型科幻电影之外。在第一部电影的开始，有长达五分钟的暗黑处理，屏幕上什么都没有，仅有各种各样不符合音乐原则的嘈杂音响。这个开场，昭示了整个影片会堕入一种缓慢节奏的时间状况。事实也恰恰如此。同样的手法，还出现在航天员搭乘“发现号”飞往木星的那一章。无声、轻轻的静噪、蟋蟀声，连绵不断的航天员的日常生活，使熟悉普通娱乐科幻电影的观众心中产生焦躁。导演似乎要把电影的所有部分都跟 2001 的现实生活对标——每一个细节，每一个动作，每一个出场，每一种颜色。但跟《飞向太空》相比，《2001：太空漫游》已经是非常好看的影片了。至少，人类黎明的壮丽，骨头飞船的奇观，星之门的燥热喧哗，遥远世界的诡异，还能时不时让人们提起兴致。就算无法回答其中一些问题，但总体看，从多星的十字状高照，从每一个人目光之中，还有对同一事物或者同一场景的对视切换上，还能大致搞清故事的脉络。《飞向太空》则更加令普通观众感到为难。场景，对一部科幻影片来说是潦草的，就连故事中最有神秘感的苏拉里斯星，也只是变换了色彩和纹路的一锅汤。但那些不知所云的科技道德，那些永远走不完的太空站的无聊环形走道，那段超长的东京高速公路，那些作者基本不提他们到底是谁，跟主人公什么关系的人物……电影到底在讲什么？多年以来，《2001：太空漫游》和《飞向太空》这两部电影一直占据着优秀科幻电影的顶尖位置，但对影片中的内容，人们却一直莫衷一是。最有趣的是，这些作品背后都有小说作为映衬或者铺垫，但即便如此，还是无法解开电影中所有的谜团。解谜已经成为观摩这种电影的一个重要组成部分。如果说娱乐型科幻电影也通过震撼、温情、冷漠、炫动去打动人，警醒或者教育人，那么解谜型科幻电影则是通过建立一种永恒的解释关系去触动人。这种解释关系不会一劳永逸，在你观看影片后的许多年，你都必须对解释保持警惕。换言之，对这种电影的观摩造成了个体需要不断进行重新诠释的紧张与压力。即便你知道导演对此答案是怎样的，即便你知道许多权威人士提出了他们的答案，但你还知道整个事件其实是没有标准答案的，认知解谜过程将贯穿你的一生，你会成为解谜的囚徒，探秘的囚徒，重建人生和宇宙认知的囚徒。

我所谓的流行娱乐科幻电影和认知解谜型科幻电影之间的分界线，就是一次性心理消费还是永恒的认知追逐的差异。有人可能会指出还有像《黑客帝国》这样的跨界电影，我恰恰想说，这部影片就是在解谜的体系下设置，同时希望尽量满足普通观众轻松观影需求而制作的。对认知的解谜焦虑，在这部电影中不能说没有，但强度已经处理得很弱。真正以解谜为核心的科幻电影，你想要轻松地完成一次观影是做不到的，这就是《2001：太空漫游》和《飞向太空》所展现的重要价值，它们在昭示一种跟普通院线电影不同的特征。为此，我想进入第二个问题，对两部解谜型科幻电影进行一些分析。我的主要观点是，这两部电影其实是统一的，它们构造出一个解谜型电影的张量空间。

二、《2001：太空漫游》与《飞向太空》的解谜类型空间营造

不带任何先入为主的观念去观摩影片《2001：太空漫游》，会发现电影不知所云。开场前的黑屏，几乎让你感到走错了电影院。第一部分“人类的黎明”中，原始人来回来去漫游原野，画面优美，但到底谈的是什么？黑色的石板莫名其妙地出现又消失，且跟整个剧情没有关系。此后，一直抛向太空的骨头导致了电影场面切换，未来太空城出现在眼前。美苏代表在那里古怪的对话，月球上的所谓会议，然后，黑石再次出现，发出声音后场景终止。接下来是十八个月之后，“发现号”漫长的旅行。之所以说漫长，是因为在电影中就是这么处理的。画面仅仅显示航天员在飞行器中奔跑锻炼，吃饭和无聊地打趣。即便电脑HAL9000出现了问题，节奏仍然那么缓慢。出舱维修是许多科幻电影中有意义的高潮暴发点，但在这部电影中，完全没有起到这样的效果。即便是人命关天，发生了连续的死亡，影片的节奏还是不紧不慢。主人公来到红色的电脑记忆中心，拔除了记忆元件，莫名其妙的电视广播开始了。影片的最后一段，星空、黑石、活动舱、色彩斑斓的中心，放射画面不断出现，直到画面稳定后，在一个维多利亚时代的房间里，航天员好像见了鬼，或者，他自己变成了鬼。黑石再现，跟婴儿对立，影片结束。《2001：太空漫游》无疑具有最好的摄影和美术，最震撼人心的画面，但是，故事的谜团给所有观摩者一种挑逗，他们想要望而止步，却又心有不甘。我在多年的科幻电影教学过程中都会播放此片，有些学生中途放弃，有些学生能坚持到底。坚持到底的人会到讲台前问我，这到底在说些什么？

有关库布里克导演电影《2001：太空漫游》的缘起，存在着许多说法。但在20世纪50年代末期到60年代初期，他曾经寻找科幻作家为他撰写剧本的事情是存在的。受到他召唤的科幻作家包括克拉克、海因莱因、奥尔迪斯等人。这些人中有的提交了剧情，但库布里克没有看上。有的则继续开发，逐渐延伸出作品。从这个事实可以看出，无论库布里克对人类生存的现实有着怎样的独特思考，怎样把他的作品置于正统的电影体系之中，他当时确实想要在科幻影片这种被称为类型片的电影领域做一些工作。但是，类型片需

要符合库布里克的思考。这种思考包括技术怎么改变生活，影响战争，以及如果我们在未来碰到异类，陌生生命之间的接触到底是怎样的。沿着这个思路研读库布里克跟克拉克之间为剧本进行的讨论，研究电影创作过程中对每一个技术细节都精益求精的做法，研究电影最终的呈现，就会明了导演为什么将电影拍摄成这样。

我认为《2001：太空漫游》是一本没有封面和书名的《人类在宇宙中的位置》或《宇宙人生指南》教科书，无论是从全面性、系统性还是从实用性方面，都堪称教科书中的典范。最重要的是，它采用的是含谜和解谜电影构建方式。我先来讨论教科书问题。据一些人回忆，库布里克从电影创作开始，就没想将这部影片做成一部通常意义上的科幻电影，即惊悚B级片。著名数学物理学家弗里曼·戴森（Freeman Dyson）曾经回忆说，他就受邀到达库布里克的片场，录制了一系列有关电影中涉及问题的物理学讲解。这些讲解最初想要被编入电影，显然，这么做的意图，是让影片带上一些纪实风格，而且，直接跟科技进步相互联系。这段回忆也让我逐渐开始正视影片中的每一个部分，想发现影片是否真正具有知识背景。细致地观摩影片，我发现这样的分析是对的。现在仅以第一章《人类的黎明》为例。这一章一共有几个小节，分别是人类生存的地理环境、自然环境、跟动物之间的冲突、人类之间的冲突，这四个部分由大到小，循序渐进，符合教科书所规定的全部和完美的展现。进一步看，在人跟人之间的冲突主题下，这一章主要表现在围绕水资源保护过程中的相互对抗。而这种对抗分为黑石到达之前和黑石到达之后。黑石的出现不但增加了其中的一个小节，还把另一个内容切分成两半，即人与人冲突（无工具时代）和人与人冲突（有工具时代）。黑石的到来，导致了顿悟的出现；而顿悟能力的产生，导致了工具的发现和被使用；工具的被使用，导致了人类从赤手空拳的战争到达以工具为基础的战争。而这种战争使人类的某一群最终占领了整个地球，所以，当望月人举起骨头，扬向太空的时候，教科书的这一章已经彻底地完结。

用教科书的视角同样可以解读下面的几章。《TMA-1》讲述21世纪人类政治关系。主要内容包括大国关系的状况、大国为了保持优势所进行的秘密活动、大国的秘密活动怎样通过技术取得进展。这一章完结在黑石放出的信号，并由此证明大国用技术保持优势的可行性。《发现号》讲述人类跟异化后出现的AI种族的生存概况，包含了从AI对人类生活的全面控制开始，到AI的故障及其发展，AI故障发展的治理和解决。这一章的结尾是飞船彻底还原到人类自己进行控制。《星之门》讲述人类跟外来种族之间的生存关系。包含了从宇宙星空的总环境（以飞过大千世界表达），到外来种族的生存的小环境，到接触过程的要点（衣服的剥离、欲望的剥离、睡眠中的人神融合）。这一章的尾声也是全片的尾声，黑石所带动的人类升级，羽化后的人类重返婴儿。

情节安排的逻辑化和系统化是库布里克《2001：太空漫游》的一个重要特征。这种特征强化了含谜认知中的环环相扣。而从宇宙到人类，从外部到内部，从人工制品到非人工制品，从自主进化到外部干预，电影涵盖了相关内容的所有部分。这就是全面性。而所有的部分都是在认知过程中在恰当的地方出现，展现了作品的系统性。不但如此，月球"瘟疫"事件的解决、人类跟AI即HAL9000之间的对抗，穿越星之门后的行为等，展现了这部教科书的案例性和实用性。库布里克对教科书模式运用得炉火纯青，而这种视觉化教科书基本上没有语言介入，导致了习惯于言语归纳思考的观众的迷失。在这个意义上，库布里克的解谜既有对现实层的观照，又有对人类认知已经全面偏向语言，放弃了视觉思考的批判。

1968年《2001：太空漫游》上映之后好评如潮，大量时尚青年反复排队购票入场。有关这个过程，也有许多报道。一些人甚至认为，影片提供的是非理性的思想，而这种思想跟当时的反战、毒品、性解放等运动一脉相承。此外，还有人认为，影片在这个时段上演，跟当时对外太空的竞争有关。美国恰在一年后登月，因此，电影变成了预言，也变成了两个意识形态之间竞争的独特展现。所有这些都证明，认知性确实可以在科幻电影中起到激发人类思考的积极作用。而这种激发最直接的表现，是导致了另一位导演预定拍摄的影片《飞向太空》的极大程度的转向。

对于安德烈·塔可夫斯基看到《2001：太空漫游》之后到底是一种怎样的心态，我们不得而知。现存日记是从1970年开始的，但至少从日记的开始，就已经反复提到《飞向太空》。苏联有科幻小说创作的良好传统，有来自A.托尔斯泰和齐奥尔科夫斯基为先导，别利亚耶夫、奥布鲁切夫和叶菲列莫夫扛鼎，白银时代作家如普里马科夫、扎米亚京为参照的一个独特的整体环境，还有东欧社会主义阵营作家创作构成的外周环境。苏联东欧科幻小说更多地仍然潜伏在欧洲哲学、马克思主义意识形态、俄罗斯东正教思想之中。在这样的环境中思考科幻电影拍摄的塔可夫斯基，对自己的影片有着怎样的设计是可以推测的。但是，无情的现实打破了塔可夫斯基的设想。就在美苏因为航天技术相互竞争的几年之中，库布里克捷足先登，率先建构了以认知解谜方式重创 B 级无聊片，激发人们无限遐想的科幻电影新模式。相信这样的模式不会在塔可夫斯基骄傲而脆弱的艺术家的心里毫无影响，事实上，所有人都期待他用观念和作品给出自己的回答。

目前已经找到的塔可夫斯基回应《2001：太空漫游》影片的资料，是 1970 年他接受电影记者瑙姆 · 阿布拉莫夫采访时的一段话。在这段话中，塔可夫斯基给了《2001：太空漫游》一个无情的差评。“出于某种原因，在我看过的所有科幻电影中，电影制作人都强迫观众审视未来物质结构的细节！”① 如果说这一段表述还是针对影片无微不至地创造了未来的真实感，那么下一段就直接针对作品的思想内涵：“不仅如此，有时候，像库布里克一样，他们称自己的电影为预感。难以置信！更别说 2001 年了。《太空漫游》在很多方面都是假的，即使对专家来说也是如此。对于一件真正的艺术品，赝品必须被消除。”②这一段既是对《2001：太空漫游》作为预言航天时代人类将要走向宇宙代言的否定，也是对电影艺术创新的否定。

在今天，纠结于艺术家之间的关系或者观点的孰是孰非没有意义。我只是想提示，恰恰是在这样的批判状况下，塔可夫斯基将要拍摄的电影，必须通过自己的努力完成下面的任务：1. 拍摄一部艺术片而非赝品式的假装的艺术作品；2. 把未来预言的思想和视觉状况降低到不会影响艺术本来含义的高度，不要喧宾夺主地创作科幻作品；3. 必须能受到观众的认可和支持。上述任何一个目标对多数导演来讲，都是一件非常困难的事情。但塔可夫斯基在没有足够的创作资金、没有足够的创作投入、没有足够的创作时间、没有足

---

①② Jonathan Crow. Andrei Tarkovsky’s Solaris Shot by Shot：A 22-Minute Breakdown of the Director’s Filmmaking [EB/OL].（June 30th，201）. [2019-08-12] . http：//www.openculture.com/2015/06/andrei-tarkovskys-solaris-shot-by-shot.html.

够的表达自由，甚至没有足够用于摄影的胶片的状态下，竟然通过努力完成了这个作品，而且获得了戛纳电影节的普遍好评，真正绘制了一幅解谜型科幻电影的双极双峰《2001：太空漫游》和《飞向太空》地图。

应该说塔可夫斯基跟库布里克两个人虽然都邀请了科幻作家作为影片概念设计的基础，但两人邀请的作家差异很大。库布里克背后的阿瑟·克拉克属于撰写流行科幻小说的作家且热衷的是宇宙学、航天技术和无线电学，多数作品主要是对未来的展望，让人能体验这种展望，增加真实感。虽然也有对未来和宇宙的思考，但这些思考是零星的，包含在现有科技方法的接受态度之上的。应该说是克拉克的参与使库布里克的作品在未来真实性上到达了完美高度。但也正是克拉克的参与，导致了这部电影虽然思考了黑石的无理性存在，宇宙万物发展进程会被非常规干预，人类不可避免地一定会走向超人等思想的建构，却没有让作品从物联系到人。这是一种典型的、被马克思主义者批判过的人成为物的附属的淋漓尽致的展现。再看看塔可夫斯基的背后站着的波兰作家斯坦尼斯拉夫·莱姆（Stanislaw Lem），他是从控制论、哲学、环境理论中走出的科幻作家，批判资本主义的异化观点，已经成为他这类作家的思想标配，只不过莱姆走得更远，对整个科学赖以存在的实证原则、逻辑原则等都存有深深的质疑。换言之，他已经从核心上动摇了人类之所以自我满足的一切基础，动摇了所有知识的合法地位。如果说《2001：太空漫游》一定会是一个指向自然，指向自然如何影响人、改变人的作品，那么《飞向太空》从根基上一定会成为一个回归人、思索人、质疑人本身的作品。

站在这样的立场，塔可夫斯基其实已经知道自己的影片应该朝向何方设置谜团。那些技术预测、旋转的太空飞船、色彩迷离的宇宙通道有没有无所谓，21 世纪的环境建构成什么样子也无所谓。关键是，人这个存在的核心是什么，要得到充分的展现，知识论是否能被认可，要得到充分的质疑，只要完成这两个任务，电影就已经在概念上比《2001：太空漫游》技高一筹。在这样的方针指导下，我们发现，电影自始至终跟他所批判的《2001：太空漫游》的那种消毒空间拉开了距离。水塘边的别墅充满了人情味和欣欣向荣的感觉，马和雨水，家庭中的争吵，为道德伦理——只有人类才能具有的思考范畴——的争论，在太空中反复观看的地球上的《狩猎图》，蜡烛所代表的人类为系留思想而创建的宗教在太空站的飘舞……所有这些都在一次次暗示我们，人的问题才是宇宙探索的核心问题。而技术呢？已经被压缩到了极小的范畴：隧道中一条没完没了的单行线，短暂的宇宙之旅，看起来庞大其实内部破旧不堪的太空站。即便是这些内容，也被加上了人为的刻蚀，例如太空站到处都脏兮兮的，烟雾和流水弥漫泛滥，这当然是人用过的痕迹。脱离人类认知和控制的宇宙中的存在，也不是塔可夫斯基花费时间的地方。索拉瑞斯星球虽然出现过多次，但就是一汪变色的流水！电影中真正引人注意的，是一系列的人与动植物、健康人与病人、人与非人之间关系的展现。必须注意的是，在这些方面，《飞向太空》跟《2001：太空漫游》有着一样的教科书式的系统化、逻辑化的展现。从地面人跟动植物的关系、人跟人的关系到空中人与“病人”之间的关系，再到中微子人与人之间的关系，每一个内容都有单独章节。而人类对相关问题的认知，也是系统化的，包括从雨中被咬的苹果所体现的人类认知渴望，到科学家会议上看到的以辩论和辨识为基础的认知方式，再到太空站上对全新情况的符合认知规律的探索过程。与《2001：太空漫游》最终的人类羽化成为宇宙婴儿，归顺宇宙，赞叹宇宙的宿命之伟大不同，《飞向太空》从人类对自己的全能认知的信心满满，到最终父亲根本看不到自己宇宙的漏洞中滴落的热水的悲哀，再到发现了人类知识体系存在漏洞却源于我们其实是站在地面用手拔着头发想要升上空中的现实，塔可夫斯基给人的震撼是指向内部的，是对我们存在这么久，仍然在懵懵懂懂地生活的恐惧。因此，《飞向太空》中所设置的谜团，核心是关于我们的。中微子人挑战我们对人的定义，也挑战爱情的本质。而人类的认知方式可能并不适用于宇宙本身，揭示出我们的脆弱。

《2001：太空漫游》和《飞向太空》给我们设置了解谜式科幻电影至今为止所建构的谜性空间的两个极端。这两个极端一个来自宇宙，一个来自自我。而宇宙本身又联系着反宇宙、非宇宙，自我则联系着他者和社会。在这样巨大的空间中回望科幻电影的创作与接受，是我们未来研究含谜科幻电影的难点所在。

三、解谜型科幻电影的特点和意义

解谜型科幻电影有如下几个特点。首先是谜团的根源性，即解谜型科幻电影中所给出的谜题，都是宇宙和整个人类所面对的问题背后的哲学根源。无论是《2001：太空漫游》中对宗教、自然和人的关系的暗示，还是《飞向太空》中对人与非人、认知与无能的挑战，都具有这种哲学的根源性。本体论、认识论、方法论是解谜型科幻作品通常使用的认知背景，因为只有在这种认知背景中发现我们的无知，才具有震撼意义。其次是谜团的暧昧展现，即解谜型科幻电影中的谜题，都是暗含而不解释的。所有的问题都必须由观众自己领悟，而领悟中的分析、探索、误读等，导致了认知过程的无限延展，导致了人们对自己状态的回顾，导致了重整自身知识和状态的过程产生。所以，观看这种电影之后又可能出现不同的反应：迷惑感、迷失感、迷离感、顿悟感、觉醒感。这些感觉也可能在不同次数的观影过程中逐渐体验，也可能一次性重叠体验。再次是谜团的丰富表征，即可以通过几乎所有题材的科幻片去表征谜团，不一定非要通过太空旅行或者心理学发现。《黑客帝国》《机械姬》等也都在不同程度上建立了这些谜团，只不过这些电影更多地倾向于将娱乐性跟解谜相互融合，不强调谜团的无法破解和长期深刻性。

解谜型科幻电影在中国以及世界范围内，相对而言探索还非常稀少。在这方面，许多探索片因为没有考虑票房收入问题而做得比较大胆。像乔治·卢卡斯（George Lucas）就在毕业作品《THX1138》中展现过这种探索性。十分可惜的是，在如今这个人类生活趋向于简单化、童年化、广告化的时代里，解谜型科幻电影被压缩到极小的范围，只有大师级别的导演才能在相当勇敢的状态下完成。但无疑，用各种方法使这种电影丰富起来，吸引更多观众参与解谜，并使观众从解谜过程中得到乐趣是必要的，等待观众的认知水平提升和认知渴望增加也是必要的。

本文提出了在娱乐型科幻电影之外的认知解谜型科幻电影的分类方法，并试图通过这种分类更多地展现科幻作品的核心意义，期待有兴趣的学者跟我们共同努力，在科幻电影研究方面进行更多探索，为中国和世界科幻电影事业做出应有贡献。

计算人文学视野中的三种人工智能

人工智能是科幻文学和影视艺术中的重要题材，但这种题材跟现实世界人们谈论的人工智能到底有怎样的差异？本文讨论了人工智能领域中的三种话语形式，并认为，包含科幻在内的人文主义人工智能话语，是在未来应该受到重视的演说领域。论文最早宣读是在深圳市计算智能重点实验室、南方科技大学人工智能研究院、南方科技大学人文科学中心联合主办的“人工智能时代的技术与人文：跨学科对话”学术研讨会上。本文发表于乐黛云等主编《跨文化对话》，第 40 辑（2019.10），第 126—136 页。

任何一个学术领域都深受话语的困扰，人工智能也不例外。计算人文学一个最重要的内容，是梳理话语场中流行的人工智能话语类型，并通过分析话语去探究这一领域中正在发生的到底是些什么，进而也可以感知过去和推测未来。

从 Alpha Go（阿尔法围棋）战胜围棋冠军李世石之后，人工智能这一主题在各种媒体和社交网络上飞速升温。一些人欢呼人类正在走向一个全新的时代，技术正在超越人脑成为代替人类思考的真正工具；另一些人则对此忧心忡忡，生怕丢失饭碗，甚至在未来的某一天丢失性命；人工智能专家也分成许多派别，对技术发展的路径进行辩论；政府和国际组织强行参与，各自提出了具有法律法规意义的宣言、主张、行动纲领；科幻作家和网络意见领袖，也没有放过这个机会阐述自己的观点……在人工智能言说的如此众声喧哗的杂烩之下，计算人文学必须冷静地寻找一种清晰有效的方法，高屋建瓴地透视现实。而从费尔迪南·德·索绪尔（Ferdinand de Saussure）以来，人文和社会学家所进行的扎实的话语分析的实践，是这一过程的最有效的工具。

以话语的特征和来源拆解当今的人工智能话语，会发现三种明显不同的言说范畴，这三个范畴分别是历史、政治和想象。三种范畴共用一个中心词语，内容上却差异巨大。

一、人工智能场域中的三种话语

1. 作为历史言说的人工智能

人工智能言说的第一个话语范畴，我称之为历史性范畴，这一领域的人工智能话语包含了从冯·诺依曼（John von Neumann）、艾伦·麦席森·图灵（Alan Mathison Turing）以降所有人工智能、智能机器、定理证明、专家系统等标识之下的逻辑、数学、计算机、脑科学、认知心理学的言说和讨论。人工智能专业学术会议上的讲演，学术刊物上的论文，相关科普读物等，都是历史性人工智能话语范畴之内的言说。真正能理解历史性人工智能话语的人在这个世界上为数不多，即便是相关程序设计的从业者，真正把握到历史性话语精髓的人也是少之又少，更不要提没有逻辑学、算法基础的人了，他们完全无法进入这个言说场域。

历史性的人工智能发展到今天，形成了一些重要的言说派别或领域，这其中最为重要的两个派别是深度学习和遗传算法。而自然语言处理、图像识别、专家系统、自动驾驶和机器人等，则成为各个时期最热门的开发领域。历史性的人工智能有强烈的路径依赖性，是一些历史性的事件（如会议、某项重要投资、某个社会政治力量的强烈关注等）导致了历史路径的形成，它们也是历史性人工智能话语展开的基本线索。每当我们谈到马文·明斯基（Marvin Lee Minsky）、赫伯特·西蒙（Herbert Simon）和艾伦·纽埃尔、瓦伦·麦卡洛克（Warren McCulloch）和沃尔特·皮茨（Walter Pitts）、约翰·霍兰（John Holland），每当我们谈到达特茅斯会议、乔治敦实验、“深蓝”击败卡斯帕罗夫、Alpha Go 战胜李世石的时候，这种路径便凸显出来。

历史性的人工智能话语言说中的某些材料，至今仍然被隐藏。但通过某些外部的实证性观察，我们能够确认这些话语的存在。这种人为的黑箱，使得开发者之间竞争激烈，也使得政治性人工智能的话语掌控者能有所作为。通常，历史性人工智能话语在能指和所指之间具有可靠的匹配性，因为这些内容在行业内部具有共识。而对路径性和匹配关系的不熟悉，导致了语义在小范围的封闭性。但是，这并不证明每一个言说者的同样类型陈述是一致的，因为这其中也有很强的策略性或游戏性。例如，我们观察各个学派或流派的著作或类似的言说时，可以发现每一个学派在呈现整体人工智能外观的时候可以有一定的侧重和取舍，反复言说的时候也可以有所删节，而这些做法的意义是突出自己所在的路径的重要性。每一个流派似乎都在用事实证实，自己在创造宇宙，这同时也说明，人工智能即便在历史场域之中，被言说到的宇宙也是有所侧重的。至少，这个宇宙是有分区和存在各自疆界的。有些区域，通过前期发展空间已经相当充分，而另一些区域还在发展之中，更有一些区域被明显搁置，像第五代计算机就是一个已经被搁置甚至废黜了的区域。从历时性的侧面观察，历史性人工智能的发展是阶段性的，在不同的时段可能被不同称呼所指代。

虽然上面的陈述已经证明，历史范畴中人工智能话语有很强的经验参与，但从这种言说的外观上看，话语是“科学＋技术”型的。数学、计算机科学、逻辑学的假设和原理，以及技术的可能性、可行性、可证明性、可证伪性等，调节着话语的结构。也恰恰是这种历史性话语跟科学话语之间的统一关系，导致了历史性人工智能宇宙疆界的最终划定。

回顾冯·诺依曼的《会思考的机器》，彻底拆解这部作品的内容，你能发现历史性人工智能的话语空间可能到达的高度，和可能实现的广度。在冯·诺依曼看来，人工智能自始至终会是一种方法的、工具的、准/非智能体的、可能没有最终临界但却有明显的指数渐近的空间。在当前正在激烈创新的方向上，历史性的人工智能话语具有逐渐侵蚀边界、拓展宇宙的能力。但时时回望冯·诺依曼是有价值的，能让我们认清历史性人工智能的所有可能和局限。

2. 作为政治言说的人工智能

最近五年，一些国家出现了议会议员、政治家、企业家为人工智能的发展游说或为限制人工智能可能出现的种种危机加速或者叫停的游说，一些民间组织和群众团体也就大公司发展人工智能提出了自己的观点。多数人认为，人工智能技术的突破和普及，将是人类社会经历的一次巨大的转变。这种转变可能只有语言的发明这样的重大变化才能与之媲美。而语言的产生直接导致了智人的兴起和其他类人猿的消亡。在从相互合作到你死我活的两极之间，联合国、欧盟、美国、日本、中国等各自出台了与人工智能有关的促进法案、管理法案、行动计划、行动纲领，这些内容构成了人工智能第二个重要的话语范畴，即跟决策和未来相关的政治话语范畴。

从很早时起，政治力量就已经介入甚至左右人工智能场域。各个政府或各类组织通过项目或投资方式，给人工智能发展的整体或者某个方向提供经济支持。在这方面行动较早的，是美国国防高级研究计划局（DARPA）。这种类似输血的援助，导致了历史性人工智能在一些接近人财损失或者技术僵局的断裂点上起死回生。

假如历史性范畴中的人工智能都是朝向历史过往方向的言说，那么政治性人工智能则是朝向未来的言说。将这一技术 / 存在纳入群体 / 国族之间竞争的考量，纳入国际国内科技或社会发展的考量之后，政治性人工智能创造了自己的话语言说。这些言说大多以议程、法案、行动纲领等形式表达，也有的出现在政治家的讲演和议会推动之中。

前面已经说过，政治性人工智能话语的言说差异巨大。在 2016 年联合国教科文组织与世界科学知识与技术伦理委员会联合发布的《机器人伦理初步报告草案》[①]中，强调了人工智能不能用于独立杀人武器的开发以及人工智能机器的行动都必须在监管之下完成。2017 年，国际电信联盟“人工智能造福人类全球峰会”则重点探索加速人工智能发展，以便更好地应对贫困、饥饿、

① World Commission on the Ethics of Scientific Knowledge and Technology UNESCO (2016) PRELIMINARY DRAFT REPORT OF COMEST ON ROBOTICS ETHICS.

教育、平等和环境保护等全球性挑战。上述话语跟联合国维护世界和平和关注贫困与平等的宗旨具有极大一致性。2018 年 5 月，欧盟委员会决定了增加投资带动公共和私人资本参与、促进教育和培训体系升级适应就业岗位变化与制定人工智能新的道德准则以捍卫欧洲价值观的三大措施。继续维护启蒙以来的个人的高尚地位，保护隐私，强调文化根基在人工智能发展上的价值给人深刻的印象。2016 年 10 月至 12 月，美国白宫科技政策办公室发布《为人工智能的未来做好准备》①、《国家人工智能研究和发展战略计划》②和《人工智能、自动化与经济》③等三个报告。第一个报告提出人工智能应用带来潜在公共政策问题，并提出二十三条建议。报告特别强调政府的重要作用。第二个报告提出了投资、开发人机协作，解决伦理、法律和社会学影响问题，注重安全可靠，开发培训和测试的公共共享数据集和环境，通过标准和基准以测量和评估、了解人力需求等建议。第三个报告提出要投资和开发对社会有益的人工智能；提供教育和培训，为未来的工作做好准备；帮助转型过程中的工人并赋予其权利，确保其可以广泛共享由人工智能带来的经济增长收益。同样在 2016 年，英国政府的科学办公室和下议院的科委会也分别发布了《人工智能对未来决策的机会和影响》④和《机器人技术和人工智能》⑤两个报告，指出人工智能在政府层面大规模使用的潜在可能性、可能的法律与伦理道德问题。2017 年，日本政府召开“人工智能技术战略会议”，认为人工智能是第四次产业革命的技术核心，会上还公布了产业化路线图，计划分三个阶段推进。2017 年 7 月，我国国务院关于印发新一代人工智能发展规划的通知，

① Executive Office of the President National Science and Technology Council Committee on Technology（2016）PREPARING FOR THE FUTURE OF ARTIFICIAL INTELLIGENCE.

② National Science and Technology Council Networking and Information Technology Research and Development Subcommittee（2016）THE NATIONAL ARTIFICIAL INTELLIGENCE RESEARCH AND DEVELOPMENT STRATEGIC PLAN.

③ Executive Office of the President of the United States of America（2016）Artificial Intelligence, Automation, and the Economy.

④ Government Office of Science of United Kingdom（2016） Artificial intelligence：opportunities and implications for the future of decision making.

⑤ 施羽暇 . 英美两国人工智能战略比较研究 . 北京：人民邮电出版社，2017.

要求认真贯彻执行《新一代人工智能发展规划》。该规划从战略势态、总体要求、重点任务、资源配置、保障措施、组织实施等方面，全面阐述了中国人工智能发展到2030年之前的步骤、方向、目标、执行方法等，认为“面对新形势新需求，必须主动求变应变，牢牢把握人工智能发展的重大历史机遇，紧扣发展、研判大势、主动谋划、把握方向、抢占先机，引领世界人工智能发展新潮流，服务经济社会发展和支撑国家安全，带动国家竞争力整体跃升和跨越式发展”。

政治性人工智能的话语是一种全新的话语。只有在技术成熟到能够引发政治行为的时候，这种话语才会逐渐成为一种社会化的言说形式。政治性人工智能话语没有历史性人工智能话语那种强烈的路径依赖特征，但它特别关注历史性人工智能的当前边界，并在通过这些边界做出自己发展判断的同时，将组织、地区、国家的利益放在重要位置。由于政治性人工智能话语伴随着巨大的资源承诺，因此在上述不同类型的话语言说发生作用之后，世界人工智能的未来版图将出现彻底的改变，而各国人工智能的发展方向，也会发生较大的分裂。

政治性人工智能话语是强社会语义的，具有明确所指的，包含充分行动潜力的，通常是社会愿景形式所展现的。以政治考量判定人工智能的发展方向，推进这些方向，是政治性人工智能话语的标志性特点。分析各国、各地区、各组织颁布的政治性人工智能法案或报告、方案，可以发现其各自相当不同的操作特征和经验特征。由于政治操作可能具有的偏差也会导致这些话语普遍在世界各地的两极性评价，即一些人欢呼，一些人诟病，因此，不断研究人们对政治性人工智能话语的反映，观察其他对手的话语内容，对调整和修改自身人工智能发展言说具有重要意义。

在某种意义上，政治性的人工智能话语由于携带着权力和资源，已经成为当前最重要的人工智能话语形式。这种形式联系着科研和大众，联系着历史和未来。但十分遗憾的是，政治性的人工智能话语的言说只是极少数人的事情，我认为这种状态是不符合人工智能发展的，如果没有更多社会力量的介入，许多由思考不全造成的漏洞，将会令人十分担忧。

3. 作为愿望言说的人工智能

人工智能话语的第三个范畴，是想象性言说。这个言说方式的出现，远远早于历史性和政治性人工智能话语。想象性人工智能话语的产生是在追问人类为什么存在和挑战这种存在、尝试设计通向自由之路的一系列思考过程中产生的，这种话语核心是人类对自身智能的超越和类似事物 / 过程的重建。

想象性人工智能话语无论是在东方还是在西方都出现得很早，叙事性是它常常具有的特点。许多神话、传说、民间故事、小说、美术、童话、寓言中包含有这种人工智能的话语。希腊神话中的铁匠赫菲斯托斯制造机器仆人的故事，就是这类言说的一个典型案例。赫菲斯托斯是希腊神话中的主神之一，赫拉之子。他一条腿行动不灵，一出生就被厌弃。但恰恰是这个身体残疾、家庭关系不好的铁匠创造了具有智能驱动的机器仆人。在希腊神话的语境中，故事充满了道德和社会文化方面的功能代偿，也充分体现了西方金属文化的技术路径。同样是人工智能研发的故事，在列子的《汤问篇》中也有一个，这就是《偃师造人》。故事从周穆王西巡途中遇到偃师谈起，把对智能体遭遇产生的震惊、兴奋、愤怒和行动统一起来。情绪情感是这个叙事的核心，更是技术创造的核心。东、西方两个不同的人工智能叙事，都是人类的想象，但差异如此巨大，这在很大程度上展现了作为愿望言说的想象性人工智能的特点。

想象性人工智能有一定的蔓生性，有可能随着历史的发展反复出现，但内容则没有太多逻辑性，语义更加能指化，即可以做许多种不同的解读。随着科技时代的到来，想象性人工智能的话语在很大程度上被科幻文学和科幻艺术所承接。例如，有关智能机器人的词语就是由捷克科幻作家卡雷尔 · 恰佩克（Karel Capek）在《罗素姆的万能机器人》中创造的。美国作家艾萨克·阿西莫夫还在小说《我，机器人》中提出了所谓的机器人学三定律 / 三大法则。斯坦尼斯拉夫 · 莱姆专门写文章讨论了这类人工智能作品的局限性。丹 · 西蒙斯（Dan Simmons）把这种人工智能的未来发展提升到宗教体验层次。

想象的人工智能话语看起来边界宏大，它也确实比历史性的人工智能的路径性话语具有更广的空间，但是，如果对这些内容详细地进行研究，会发现这种言说的内容范畴其实也并不很大，将人工智能表达为一种人性的，即超越 / 永远无法超越情感、灵魂、自我界限的机器造物，是想象性人工智能的通常表达形式。对于那个他者意义上的、处于非我状态的造物，从一开始就被预设成人而不是机器。自身的超越和回归是想象性人工智能话语的两个主要母题。

由于族群目标、政治操作只是想象性人工智能话语的一小部分内容，因此两者之间的重叠并不很大。而且，虽然愿望强烈，但想象性人工智能的话语缺乏未来的直接推动性。当然，在更广大的时间范围内，想象性人工智能话语可能推动人们投入人工智能历史的创造，投入未来发展的愿景考量，但这些都是间接的。不仅如此，为了达到目的，想象性人工智能话语还常常会“正话反说”，从不可能暗喻可能。这一点是跟其他两类话语完全不同的。

二、话语的批判和对话创建

无论起源于古希腊还是春秋战国，想象性人工智能话语的出现都远远早于历史性人工智能话语。在过往的数千年里，想象性人工智能话语一直引导着人类不忘初心，做着寻求超越自身也超越自然的努力，是科技革命中方法的改变颠覆了这个状况。从图灵开始，历史性人工智能话语逐渐抢夺了话语场中人工智能言说的主动权。在当今，随着族群政治、国家政治和国际政治的发展，政治性人工智能话语采用自己凌厉的攻势，超越了历史性人工智能话语，更超越了想象性人工智能话语，获得了领导力。面对人工智能话语场域中的这种权力关系的此消彼长，一些隐含的问题正在逐渐浮出水面。

首先，政治性话语背后的族群诉求较强，各国、各组织在出台这样的报告和规定之前又只在小范围政府渠道或组织渠道内进行讨论，这样的人工智能言说本身就令人疑虑。市场因素对政治性人工智能的话语塑造也起着关键作用，但市场操作本身的问题早在多年之前就已经开始受人指摘，因此在当今，虽然各国、各组织出台了人工智能政策，但这些政策是否会反将人类送入歧途，还未可知。

其次，历史性人工智能正在沿着各自的发展路径快速前行，但科技发展永远是被从业者兴趣、前沿突破的可能性和功利性三者综合推进着，而科技背后的道德言说，在这个领域中常常起不到任何作用。此外，历史性人工智能话语本身的内敛性和路径依赖性，决定了这种形式的话语超越自身的难度。

再次，覆盖广泛、内容丰富但无法介入当前话语场的想象性人工智能言说，已经处于全面失语状态。从科技革命之后，人文主义在技术领域中的合法性就已经被剥夺。而且，世界人口已经超过七十亿，很难寻找出一种收集和放大新的、更有价值的想象性人工智能言说的方法，并将其作用于话语场去改进人工智能的现状。

从上面的几点可以看出，当前风光无限的人工智能话语场域并非一个发展完善的场域。更多地分析话语，解构话语，寻找内涵中被埋没的信息，已经成为十分急迫的状况。此外，建立更多话语交互机制，丰富这个场域中的言说和对话，是另一个重要的工作。

在这里，我想侧重发挥想象性人工智能话语价值的问题。在我看来，想象性人工智能话语的最大特征是言说的多向性、模糊性和内容的社会感召力。鉴于这些特点，想象性话语其实提供了人类最广泛的人工智能产业发展目标。想要增进政治性人工智能话语的代表性，增进政治性话语的全面性，应该从更广泛地听取想象性人工智能话语的言说开始。

还是以《偃师造人》为例。这篇作品至少提供了四个不同侧面去观察人工智能现象。第一个侧面是技术创生侧面。在这篇文章中，可以生发出有机材料学、仿生学、道家自然观等。作品对人工智能开发中情感的位置也很有启发性。《偃师造人》提供的第二个侧面是社会管理侧面。故事清楚地告知我们，人工智能问题不是也不可能是纯粹的技术过程，它必定是社会、政治、区域化、行业管理等造就的综合现象。第三个侧面是事业运作侧面。在这里，政治性人工智能的话语已经介入。这是因为，周穆王的存在本身就是政治干预技术发展的符号。第四个侧面是哲学 / 神学侧面。人工智能的制造到底使人类走向哪里？是通向超人、取得神的地位，还是其他的什么？想象性人工智能话语就是通过这样一种模糊的故事，揭示了技术存在本身的生态性。大量的相关叙事，提供了人工智能各种发展可能的未来样貌，可以供我们学习、吸纳，并在政治性和历史性人工智能的言说中体现。

这样，我们自然而然地终结在当前人工智能的发展必须进行话语场重建的问题之上。这种重建的目标，是让三种言说都能充分发挥作用，且能从相互了解中学习到更多有价值的东西。

话语场的重建说起来容易做起来难。2018 年 5 月 19 日，南方科技大学人文科学中心和人工智能研究院联合主办“人工智能时代的技术与伦理：跨学科对话”学术研讨会。会上，一位出身于计算机技术但站在社会管理者立场的发言者不无讽刺意味地说，有的人“昨天还来问什么是人工智能，明天就成世界专家了，后天开班收费了，然后还来跟我认真讨论这个东西”。这句话至少让我发现了人工智能领域中确实存在一种鄙视链。他在另一个地方还曾说过，文学家和哲学家已经搅得人工智能开发者“不知道什么是人工智能”。作为这个会议的参加者，我觉得收获巨大。人工智能的话语冲突让我感到现在是回到科技发展的真正意义、回到交流的真正意义上来的时候了，至少，历史性和政治性人工智能言说者需要广泛地倾听，而想象的人工智能言说者，应该学会新的言说方式。只有部分地改变自己的叙事性言说方式，才能将人类的普遍愿望投送到其他两种言说的场域之中并能跟他们交流，这样，一种新的人工智能言说会逐渐产生。这是相互倾听和相互理解的，是寻找启迪和共同发展的，计算人文学对此责无旁贷。

第二辑

中西科幻史研究

中国科幻思想的流变

2009年5—6月，我应中国现代文学馆傅光明教授邀请，在大讲堂进行了两场讲演，题目分别是《中国科幻发展的路径》和《中国科幻思想的流变》。这里提供的是第二场讲演的现场记录。在讲演中，我将中国科幻思想分解成文化先锋、科技先导、科普教育和反思社会，我认为这四个流派可以很好地归纳20世纪在中国科幻领域出现的主要思想。

在2009年5月的报告中，我已经跟大家分享了中国科幻文学发展的不同历史时期，并讲述了过去一百年里，这一文学领域都出现过哪些有趣的现象，有哪些非常值得注意的作品。我特别提到，这一百年是中国科幻文学发展风风雨雨的一百年，是起起落落、断断续续的一百年，是许多天才的作家用自己的勇气进行尝试又跌倒的一百年。

那么，为什么科幻文学的命运会这么坎坷？在今天科技和商品全球化的时代里，科幻文学在中国是否有光明前途？我们已经在上次讲座中讨论了外部环境的多种制约因素，但外因终究要通过内因起作用，中国科幻文学发展和起伏的内因就是：到底我们心目中的科幻是什么，对这种文类的定义或定位，是否影响了科幻文学的跌宕起伏。

我今天就想回答这个问题。主要想谈两方面：第一，中国科幻思想中曾经出现过几个较大的派别？第二，对于当前的中国，科幻思想应该朝哪个方向发展？

一、中国科幻思想的四股“脉动”

从 20 世纪最初的几年开始的中国科幻文学发展历程中，大致有四个特别重要的思想时段，出现过四个特别典型的观点。我把这四个观点分别称为文化先锋派、科技先导派、科普教育派和反思社会派。

文化先锋派

文化先锋论产生于晚清到“五四”前后这段时间。这一时期的思想特色，是将科幻小说当成一种文化先锋的有效工具，企图用这样的新小说、新文学更新中国人的心智，开启中国新文化的大门。这一时期最重要的代表人物就是大名鼎鼎的梁启超和鲁迅。

让我们回顾上次所谈到的一些事实。我曾经讲到，西方的科幻文学是在恰当的时间产生的恰当的作品。当科学技术革命改变现实的速度加快，人们对这种速度感到紧张、焦虑的时候，一些特别超前和敏感的作家把他们的感受写在作品中，便形成了科幻的雏形。但是，在中国，这样的事情并没有发生。长期以来，中国一直是封闭的天朝帝国，科技的发展没有超越人们感受的限度，因此，不会自发产生科学幻想文学。直到有一天，当西方的炮舰轰鸣着打开中国的大门，强迫性的现代化进程方才正式开始。

众所周知，中国与西方文化碰撞的过程是非常复杂的，至少经历了三个时期。从 1840 年鸦片战争到 1894 年中日甲午战争这段时间，中国人明白了世界的真实面貌，但仍然顽固地抱住过去的一切不放。在思想文化界，所谓的“中体西用”成为基本纲领，就是说，在形而上的方面，儒家文化体系不被动摇，而在技术层次，可以引进西方科学。由于科幻中不单单保存有对科学技术的引用，更多的故事展现了西方人文思想和社会生活，因此，这一时期虽然大量翻译科普和科学著作，但科幻小说不在引进的行列。

及至 1895 年之后，中体西用彻底破产，人们才认识到，东方的价值体系和核心思想本身也存在着问题，因此，1895—1915 年，社会进入“改革中体，以用西学”阶段。在这一阶段，戊戌变法的失败使人们越发感到，保存对体制的幻想是错误的，要从更深的层次上进行文化革新。只有在这样的时代里，才具备科幻小说进入中国的基本土壤。土壤一有，立刻就有人开始播种。1902 年，梁启超和鲁迅同时站出来开垦科幻的处女地。

梁启超的科幻文学活动“暴露”于 1902 年。是年，他不但在自己主编的《新小说》杂志连载《新中国未来记》，发表翻译小说《世界末日记》及译后记，还在论文《论小说与群治之关系》中，为中国小说界革命进行布局论证。次年，他发表了翻译小说《十五小豪杰》。

《新中国未来记》是一部畅想中国未来政治发展的政治主题科幻小说。小说发生时间是不太遥远的未来——孔子降生 2513 年后，即西历 1962 年。“中国全国人民”举行的一次“维新五十年大祝典日”，这一天，万国太平会议在南京召开，各国全权大臣齐聚金陵，签署《太平条约》，参观万国博览会。而博览会除了展览，还有一系列高等级学术报告会。孔子的“旁系”后代、七十六岁的孔觉民先生主讲了《中国近六十年史讲义》。时间的远投和空间的改造完成之后，小说进入“政论”。在随后的四节中，有时记录讲演全文，有时记录两人对谈，还有时记录事件过程。而所有这些，都是在严格的说理、辩争甚至论述上的认知性表达。作者是特意将逻辑因果的相互关系在作品中凸现，以强化小说的科学思维。例如，作者在谈到国家如此昌盛，享有如此荣光的时候，说有三件事是致使中国发展的“前提”，这三件事是严酷的“外国侵凌”、执着的“为国忘身，百折不回，卒成大业”之志士情怀和“能审时势，排群议，让权于民”的贤明君主。在中国未来发展的六个时代中，预备时代从联军破北京时起至广东自治时止；分治时代从南方各省自治时起，至全国国会开设时止；统一时代从第一次大统领罗在田就任时起，至第二次大统领黄克强满任时止；殖产时代从第三次黄克强复任大统领时起，至第五次大统领陈法尧满任止；外竞时代从中俄战争起，至亚洲各国同盟会成立止；雄飞时代从匈牙利会议后到小说所撰写的时间止。六大时代完成了从心理准备到付诸行动、从政治进步到经济发展、从内部建设到外部竞争这一系列牵涉行动科学、政治科学的逻辑体系。

《世界末日记》从宏观的视角，观察了地球、太阳及人类的兴亡。故事发生在非洲中央的桑达文市。这个城市由于地处赤道附近，其繁华已经不亚于“数十万年前”湮没在冰层之下的罗马、巴黎、伦敦、维也纳、纽约等人类文明的中心。然而，桑达文的人类，由于豪奢过度，平均寿命只能到达25岁。此后，随着太阳的冷却，人类无法应对，生育能力大幅降低，男多女少，比例大为失调，末日景象异常明显。此时，有一位“共和政府最后之佳人”名叫阿美加，他建议用政府费用，制造电器飞船，远征全球以寻找剩余的人类。飞船在严寒中起飞，大地上一片白茫茫的冰川景色。飞行中，他们经过了南北美洲，经过了欧洲，虽然也见到少数残留的人类，但发现世界都已不可救药。直到到达亚洲的斯里兰卡（小说中的锡兰），他们才找到了五名幸存的可以生育的女性。有趣的是，在锡兰这片土地上，早期由于女权盛行，女性赢得了各个行业的主宰地位，这才导致她们最终能够留存。这里，小说的女性主人公爱巴出场。由于末日的延续，人类继续减少，阿美加和爱巴最终成为地球上最后的人类，他们与数千万年之前的亚当和夏娃相互对峙。在飞船的庇护下，两人从撒哈拉到尼罗河，观看了宏伟壮丽的金字塔，并在此处完成了最终的爱与长眠。在他们身旁，除了一只爱犬，便是茫茫的雪原。小说的结尾，太阳完全熄灭，群星依然在远方灿烂闪烁。作者总结说，在无垠的天空中，依然有无数太阳、无量地球，依然有智慧的生物用全智的慧眼，微笑着看到了爱之花朵的盛开。

梁启超的著作和译作，特别关心未来的发展，他的未来观已经严重受到了西方强烈的影响。他主张哲理科学小说以发明哲学及格致学为主要内容，能够传达高深的科学学理和哲学思考。

鲁迅与科幻小说的关系，也是从1902年开始的。当年，他将凡尔纳的小说《月界旅行》进行了译介。次年，鲁迅继续在《浙江潮》刊登新的凡尔纳小说译本《地底旅行》。《月界旅行》为章回体小说，除标题外，作者严格按照原文的内容进行翻译，没有像梁启超那样根据自己喜好进行名词转移，准确的翻译风格恰当地传递了凡尔纳《月界旅行》的基本精神。

鲁迅的科幻思想，主要体现在他为《月界旅行》撰写的《辨言》。《辨言》总共四段。第一段从自然历史开始，然后进入人类文明，再从人类文明返回自然，指出人类达到宇宙探索的水平其实障碍也很多。但由于人类中的一小部分具有探索精神，所以能勇往直前。而科幻作家恰恰应该以“尚武之精神，写此希望之进化者也”。第二段重点谈论本书原作者的基本情况和对他的评价。第三段作者巧妙地将科学作品和历史作品对立构成一个体系，认为科幻应该抛弃科学作品那种常常使人厌倦，不能读完就会睡去的特性，要学习历史作品那种亲近读者的特征。在这个意义上，他希望“导中国人群以进行，必自科学小说始”。在第四段，鲁迅谈到了小说翻译中的一些细节。他提出的“经以科学，纬以人情”的说法，则是对这些类型的作品创作方法的总体统率。

在梁启超和鲁迅的思想直接引导下的文化先锋范式有如下特点。

第一，这是一种以代理人方式对中国文化进行的西方化的强迫。这些代理人多数曾经出国，接触过西方文化。他们反思和批判东方文化，具有一定的话语权，能办刊物和出版书籍，进行呐喊。

第二，清末民初的科幻理论工作者强调科幻文学在文学创新、小说革命中的地位。他们认为科学文化的引入，影响着中国文化的变革。这在当时应该是相当可能的任务。在国族想象建立的时候，文学可以具有上述目标。但过分的负担，也可能导致其衰落，特别是当作家不能承受这种厚望的时候。

第三，早期科幻理论工作者对科幻的定义方式，通常是内容加功能。这里的内容，指科幻应该描写些什么，例如格物致知，而功能是中华文化的变革。这种内容与功能混合的定义方式，使功能常常代替内容，不适当地给功能更多位置。这也是后来多年常常发生的功能胜过内容的状况的原因。

第四，早期科幻的内容实际上包含了讨论未来的乌托邦小说、讲述科技发明的小说和进行教育启蒙的小说。由于理想靠近政治，科技发明靠近神魔，启蒙靠近伦理，晚清科幻小说实际上是一个开放的体系。正是这种开放性，导致了晚清科幻形成了丰富多彩的局面。

第五，随着时代的发展，特别是西方学科体系在中国逐渐被接受及西方化学科观的逐步形成，科幻理论工作者对科幻文学在文化先锋方面所抱的期望开始下降，但研究科幻的思路却逐渐跟学科中更加具体化的背景相互结合，这导致了从自然主义定位科幻以及从科学普及上定位科幻的一些尝试的产生。

但是，与早期文化先锋派对文学所形成的影响相比，后期的这些变化并未对整个文学领域造成强烈冲击。

科技先导派

新中国成立之后，中国的文化事业和科学事业在战乱后得到恢复，科幻文学在长期停顿后重新登上历史舞台。此时，由于中国和苏联之间的睦邻关系得到了长足发展，因此，苏联科幻小说被大规模引进。

从1952年到1958年，中国青年出版社和其他相关出版社都翻译出版了大量苏联科幻小说。与此同时，中国青年出版社出版了凡尔纳选集共八部。

1956年，以俄文原版为基础的《知识就是力量》杂志社发表郑文光的译作《谈谈科学幻想》，该文对苏联模式的科幻功能论进行了陈述。文章写道："教科书叙述着有益事物，给我们知识，文艺作品使我们思考，科学幻想作品则教我们去想象未来。"

作者认为，苏联的科幻文学，是严肃文学中的一种，而不是流行小说，因为苏联正在进行着人类前所未有的伟大共产主义尝试，"在这样伟大的行动中，科学幻想作品完成了它巨大的作用，它启发着人类的愿望，向科学家指出研究课题"。作家并不是想预言未来，他只是说："我们想在未来看到这个那个……"启发人去朝向科学的愿望，朝向理想，是科幻作品的最终功能所在。

由于苏中友好协会[①]的强烈推荐，苏联科幻理论读物《技术最新成就与苏联科学幻想读物》被余仕雄和余俊雄兄弟翻译成中文，并由科普出版社出版。这是一本苏联科幻理论汇编集，主要撰稿人之一布·略普诺夫是苏联文学理论家，不单单对科幻作品进行批评，同时也做纯文学批评。

布·略普诺夫指出，科学工作者对未来的想象是什么？科学幻想读物负有回答这个问题的使命，并且正在回答这个问题。幻想作品中所描写的、已经实现的事物，在科技中不过刚刚有眉目，因此往往推动发明家去解决问题。

文集中第二篇文章，是斯·波尔塔夫斯基的《论科学幻想作品中一些悬而未决的问题》(1959)，该文写道：科幻小说作家需要解决如何表现"未来人"的问题。为了论证作家怎样进行未来人的创作，波尔塔夫斯基分析了凡尔纳和威尔斯的创作，他认为凡尔纳是浪漫主义、乐观、有科学预见的典型，而

① "苏中友好协会"是苏联1957年建立的旨在促进中苏两国友好关系和文化交流的机构。

威尔斯则是现实主义、悲观、较少科学预见的典型。与此相比，托尔斯泰的小说《阿爱里塔》则是创造性与想象力的双重胜利。一方面，作家撰写了20世纪20年代十月革命之后的重大转变，这一转变导致了人类依靠科学技术去征服宇宙；而另一方面，作品又预料了一种科幻创作的新路，那就是以人为主导，以技术为从属。作者认为，科幻作家应该根据马克思对社会发展的看法去研究如何描写未来的人。而这里所谓的未来之人，指的是在阶级消灭之后，人的空闲增加，而创造性活动成为人的主要活动。

笔者认为，苏联科幻理论的引入、科幻作品的翻译和凡尔纳科幻作品的广泛推广与评论，导致了新中国科幻理论的重新建构。这其中，最重要的是强调科幻应该是科学发现的先导，应该撰写社会主义和共产主义的新人。

1958年，郑文光在《往往走在科学发明的前面——谈谈科学幻想小说》一文中就全面展现了这些观念所造成的影响。作家在这篇文章中首先定义了科幻是一种描写未来的文学式样，这种文学应该跟科学具有紧密的关系。但是，郑文光巧妙地防止了科幻小说堕入科普的危机。他写道："然而，这绝不是说，科学幻想小说是未来人类的生产活动和生活的最精确的预言。"不寻求精确，也就意味着科幻也允许在技术问题上违反科学原理。

其次，郑文光指出，科幻的感染力来源于小说的故事、文字、形象和其中的精神力量。

再次，在讨论如何更好地繁荣科幻事业时，郑文光认为科幻的阅读需要指导，此外，他还对当前的创作现象做了若干批判。

我们看到，这一时期的科幻理论有如下几个特点。

第一是对先前理论的忘却。在提到文化先锋论观点时，只有鲁迅的观点仍然会被提到，但却强化其中的科学普及成分，放弃其中的文化革新成分。

第二是全盘苏化。由于苏联科幻理论的强势进入，中国科幻理论家和作家基本上放弃了思维方面的主动权和独立性，从对具体作品的看法上到对整个文类的理解上，科幻理论工作者全盘接纳了苏联科幻理论工作者的结论。

第三是强调科学先导性。这已经给科幻设下了陷阱。科幻作家不是占卜师，无法预测未来，科学家也做不到这一点。

第四，拥抱社会主义和共产主义生活。要为“五年计划”或“七年计划”服务，要描写人与自然的斗争，无形中将科幻中的社会生活简单化，少儿化。

第五，作品范围缩小化。把批判现实甚至批判资本主义现实的作品删除。

这样的理论到底能产生多少像样的作品？这一时期的创作状况做出了良好的回答：没有一部长篇产生，没有一部作品可供成年人阅读。多数小说如《割掉鼻子的大象》《大鲸牧场》或《布克的奇遇》，虽然是非常好的儿童故事，但故事中的未来生活显得那么淡薄，那么幼稚，那么整齐划一。限制了科幻表现生活的丰富性，就失去了它在文学领域中的广阔大地。

从科普教育派到反思社会派的转型

在经历了“文革”的长期动荡之后，科幻小说终于从文化废墟中复苏。1976 年，科幻文学重新走上历史舞台。叶永烈、郑文光、童恩正等先后推出了《小灵通漫游未来》《飞向人马座》《珊瑚岛上的死光》等作品，获得了读者的广泛欢迎。但是，此时此刻，人们对科幻文学的认识，却发生了严重的分裂。

一批人在前一阶段科技先导理论下继续退缩，将科幻小说的功能变成科普教育。例如，蔡景峰指出：科学幻想作品是向儿童灌输科学知识的一种好形式，是一种特别生动的对少年儿童灌输科学知识的形式。作者甚至认为，小说不应该留下任何悬疑，这样才是对孩子负责。在这方面登峰造极的是《中国青年报》的一个专栏《科普小议》，几乎每期发表一篇批评科幻的作品，指责某个作品不科学、反科学或伪科学。受到批判的包括上述所有获奖作家。他们还提出“科学性是思想性的本源”的口号，力图将科幻小说全面拉向科普读物。这就是科幻小说“姓科姓文”之争的由来。

但也恰恰是在这样的时刻，长期从事科幻创作的作家们对苏联模式科幻小说和对苏联模式进行简化的科幻观念表现出极大的质疑。童恩正（1979）最先指出，科幻小说不能作为一种科普作品，因为它的目的不在于普及科学知识，科学是服务于故事的手段。遵循文艺的规律而不是科普规律是创作科幻小说的重要出发点。此外，形象思维和逻辑思维的区别，事实上也区分了科幻和科普两类不同性质的读物。那么，科幻小说如果不是普及科学知识，到底跟科学有怎样的关系？童恩正自己也不能完整地回答这个问题，他只是让步性地认为，如果说要普及，那就是普及一种科学的人生观。从今天的角度看，这个想法并不具有创新价值，但在苏联模式和简化的苏联模式长期统治的中国科幻文学界，这一观点是爆炸性的。对所有评论者来说，这样的观点无异于一种异端邪说。

《中国青年报》认为，这种文学理论，是一种典型的"灵魂出窍"的理论，因为科学知识才是科幻小说的灵魂。而对于长期处于困境的作家，这个观点无疑就像是打开了自由创新的大门。例如，金涛（1981）就指出："当然，我并不懂什么是科学幻想小说。但是，我认为，它和其他的小说除了描写的题材不同之外，并没有更多的特殊之处。科学幻想小说的手法尽管千变万化，不断创新，然而它同一切文学作品一样，执着于现实，尤其是立足于今天的活生生的现实……"这个时期，一些勇于尝试的作家撰写了关于社会生活的反思性作品。这些作家和作品包括金涛的《月光岛》，魏雅华的《我决定和机器人妻子离婚》，郑文光的《地球的镜像》《星星营》《命运夜总会》等。

反思现存的世界，让科幻文学表达更加复杂而真实的社会生活，是那一时期科幻作家们的积极取向，而也恰恰是这种取向，使中国科幻小说得到了世界的注意。但是也有人特别忧虑，从1984年起，中国科幻小说受到了限制，创作再次进入冰河期。

回顾这一时期的思想交锋和创作突围，我们可以发现，一种文学类型到底是否应该按照自己的特殊存在价值去自由发展，已经被鲜明地提出并摆在了作家面前。而此前的近八十年时间里，科幻文学一直听凭理论家的摆布，艺术自觉的唤起，是这场科幻小说争论最为直接的导火索。我们不能过分苛求科普教育派别的理论家，他们按照科学普及的基本思路演绎科幻作品，必然会得出科幻小说早已超越了预警线的惊人结论。

在我看来，科普作品是一种围绕科学的语言和知识霸权所构造的文本，科普作品的主要书写，都是要树立科学的霸权，一句话，科普作品是科学霸权的仆从。但科幻作品却与此完全不同，它是作家对科学技术引发心理变化的感受，是一种文学叙事，作家有自己的权力表达对科学和未来的种种不同感受。虽然在科普的视野之下也能创作出成功的科幻小说，像顾均正的《伦敦奇疫》、郑文光的《飞向人马座》等都是这样的作品，但更多的科幻作品并非科普的工具。

科幻确乎是表达人们对科学的感受，对发展的担忧、恐惧或欣喜、向往的载体，它也是反思科学与人生观、日常道德伦理生活与科学方法矛盾的作品，更可以对追求物欲、追求超越自然和战胜自然这种短期享乐中心主义进行批判。这一时期对科幻文学认知的反拨，不但是一种革新，也是一种回归，因为只有在科幻文类获得全面自由的基础上，文化先锋、科技先导甚至科普教育这样的功能才能全面实现。

当然，这一时期的创作也存在着很大问题。例如，过分强调科幻小说要关注现实，导致了科幻损失掉原有的那种想象力和浪漫主义情怀，过分强调批判现实，容易走入实用主义，容易形成新的工具论。再者，作家把自己置于整个大文学的排行榜上的时候，就会发现长期蹲在儿童文学和科普创作园地之中耕耘，已经使他们的思想变得简单，处理问题和表现问题都容易浅薄化。举个例子，通常，文学作品都有内在的焦虑，新时期文学焦虑是解决现代化和个人的问题，而中国科幻从来没有出现过焦虑。科幻作家只看到了作品形式的新颖性，没有找到焦虑的原因。应该反思的是，怎样获得这样的焦虑。

中国的科幻文学再一次经历了起伏之后，于 20 世纪 90 年代逐渐重返文学舞台。这一次，商品经济的大潮开始冲击社会生活的每一个角落。邓小平南方谈话，让许多意识形态争议让位于经济规律。而读者对科幻文学的渴求，使这类文学作品再度复苏。20 世纪 90 年代之后的科幻观念变得非常多元化，在这样的时代，已经没有一个理论能够囊括所有创作现实，而每个作家用自己的创作本身所展示的，恰恰就是科幻可能达到的新世界的边界。由于此前科幻理论主要掌握在科普评论家、儿童文学评论家和作家自己手中，对作品文类的全面文学描述无法进行。但进入 21 世纪以后，文学理论界逐渐开始重视这一文类。一些人从现代文学理论主流逐渐转向科幻研究，如陈平原等，一些人从通俗文学转向科幻研究，如孔庆东等；还有更多人从外国文学理论的主流转向科幻研究。科幻文学思想理论也出现了多元化的局面。

以上我们回顾了科幻文学理论的几场脉动，那么，在今天的中国，科幻文学理论研究到底应该解决些什么问题呢？

二、未来科幻理论的发展走向

从现代性角度全方位观察科幻

从西方文学的历史来看，科幻文学的出现，本身就是西方社会成员缓解现代性冲突的一个组成部分。通过文学的形式展现资本主义发展的种种现象，展现科学与未来对现实的双重入侵，把自身的焦虑投射到小说的人物和故事当中，并借由情节的发展，寻找解决危机、解决焦虑的跨越路径。一些人的路径显得光明无比，凡尔纳、阿西莫夫和波尔都给出了以科学发展、技术进步方式做出的解决；而另一些人则表示未来之路有些艰难，存在着许多障碍，稍有不慎，人类的文明可能全军覆没。雪莱夫人、威尔斯、奥维尔、赫胥黎等的作品就是举起悲观路牌以供世人悬崖勒马的。西方科幻文学的确不是什么科学普及的作品，它是包含有强烈乌托邦/恶托邦元素、全方位展现现代化过程中的问题与期望的作品。科幻小说一方面是现代化过程的描述者，一方面反过来通过作品参与现代化进程，这些作品包含有种种不同的发展观念，激励人们投入方向不同的行动，在多种可能的解决方案中进行有效的选择。在保守的意义上，它让人享受现代化过程可能得到的成果，在惊奇的陌生化叙事中获得美感和抚慰。就像小说在西方社会文化中所起到的作用一样，科幻小说也在当代社会生活和文化进程中起着自己的作用。

虽然中国科幻小说创作也在生动地展现现代化进程中的种种矛盾和现象，但是，这个进程是典型的第三世界后发达国家的历史进程。为了拯救民族，为了获得生存和发展，第三世界国家也需要自己的现代性描述，也需要自己的科学文化，也需要自己的乌托邦想象。这样，在中国，科幻文学就从缓解冲突的治疗性文学，变成了增加冲突的革命性文学。

从理论上看，中国科幻文学的发展就应该比西方科幻文学发展更加艰难。因为西方科幻小说作家仅仅要处理新旧的对立，处理科学认知体系如何拯救/破坏世界的问题，而中国科幻小说则必须把西方科学文化、中国现实需求和东方古典文化三者的冲突都传达出来才行。我们刚刚看到的四个派别，其中很多都受到了中国必须赶超世界强权的现实因素的影响，但是，这种赶超不是把科学当成法术，当成道术，也不能像西方作家那样对科学认知过程侃侃而谈，谈多了读者就会睡着。

坦白地讲，所有其他小说类型都可能存在着一定的中国文化基础，而科幻基本上一点基础都没有，因此，撰写科幻要做大的创新，因此，它势必是发展缓慢的文类。加上早期作家的科学素养缺乏，导致最后失败的例子屡见不鲜，写一半的、写太短的、混乱不堪的情形比比皆是。这也从另一个角度上反映出，第三世界现代化过程本身就是计划不周全的过程，而且我们国家的建设就曾经走过那么多弯路。

西方科学文化在这里遭遇的除了中国的现实需求，还有如何面对东方古典文化的问题。这种古典文化具有尊崇“阴阳五行”这样的人与自然关系的独特系统观念，有对自然现象道德化的基本取向，有将技术过程贬低为手艺而加以歧视的科技形而下观念，有中国传统至上论。正是由于上述这些中国传统观念的存在，中国科幻小说的撰写就变得比较艰难，也比较复杂。在当代，传统文化复兴，对西方的文化抵抗主义也重新出现，这不能不说是一个值得关注的苗头。

我觉得，科幻仍然是一种先锋性的东西，它是内容上的先锋，不是形式上的先锋，恰好跟现代主义的先锋形成对称。科幻的这种先锋性应该能让我们对我们自己的文化做更多反思。例如，儒家文化的确具有一种喜欢向后看的趋势，因而不能说复兴传统文化，就又变成“庙堂文化”，中国天下第一。

反过来，对西方文化也要从两方面看。一方面吸收它的有价值的东西，认真学习它的价值所在；另一方面，也应该看到，恰恰是东方文化提供了科幻创作的新的、可能的价值和空间。近年来，一些青年作家在历史题材的处理上就特别有新意，像潘海天的《偃师传说》、钱莉芳的《天意》、阿越的《新宋》等都是很有启发的尝试。

我们应该反对再度把西方文化的概念强加到中国。在后殖民理论出现之后，这种反对应该更有理论价值和针对性。但是，在现实的体系中，我们可能没有意识地就先入了被殖民的状态。我举个例子，在西方，科幻从产生时期起，就是软性的、弱性的，是一种被压迫的边缘文学。它和主流文学之间确实具有一种主次的权力关系。但是，在中国，科幻文学本来是文化先行者放上神坛的一类文学，而科学，至今仍然在神坛上。可近年来，在商品经济的时代，中国的科幻文学却屡次被打入大众文化、通俗文学的范畴。这到底是怎么发生的？把科幻当成一种“不通俗的通俗文学，不大众的大众文学”，这其中，有创作方面的问题，更有对西方分类学的直接套用。

中国科幻文学本身的现代性尴尬，能引发我们思考，它质问科幻到底是代表谁讲话的。

我以为，在三种文化的矛盾中寻求突围，寻求跨越，是科幻理论工作者和科幻作家当前必须完成的任务。不要以为20世纪90年代之后什么都好了，也未必如此。在我看来，中国科幻文学比西方的科幻文学要脆弱得多。不恰当的现实主义、过分浪漫的理想主义、泛意识形态、文学版图中的霸权体制、泛商业主义，加上作家的幼稚病或妄想狂，都能在瞬间杀死中国科幻。只要中国的现代化过程一直进行下去，我们就要一直注意有关科幻文学的种种问题。

中国作家在科幻文学中的自觉是很晚才发展起来的。作为一种文学类型，它可能仍然在孕育之中。但是，历史是否能继续给中国以时间，去继续孕育和分娩这个新生命呢？一个事实是，我们的时代正在从现代社会进入后现代社会，后现代会一劳永逸地解决科幻的全部问题吗？或者，在这样的境况下，科幻文学还有生存的空间吗？

面对后现代性的超越

从20世纪中叶开始，科技发展已经导致了工业社会逐渐转向信息社会。而信息社会所造成的知识爆炸，已经将未来无限地挤压到现实，甚至超前于现实。这样，传统的那种科技变化影响社会、在先行者心中引发观念并使其创作出科幻作品的基本方式，已经接近消失。

当前，未来和科学大幅度地嵌入了我们生活的现实。当前，人和机器之间已经出现了难以区分的界限。英国女权主义哲学家哈拉维认为，我们现在都已经是机器人，因为我们的身体上或多或少都已经嫁接了人工造物。生活在机器人的社会，我们却全然无知！后人类的现实正在蔓延。再者，也许十年、二十年以后，信息爆炸的速度就会开始冲击人类心理的极限。到那个时候，我们将如何在地球上生存？美国国家航空航天局的科幻作家文奇说，“奇点”到来的时候，我们这样的人类就会灭亡。在这样的时刻，我们的科幻文学又会走向何方？这些都是后现代科幻理论家需要解决的基本问题。

在短期内，科幻作品中提供的故事，可能还会弥合读者与现实的裂痕，起到心理治疗作用。科幻小说凭借它的陌生治疗、奇景治疗、历险治疗、勇气治疗、感情洗礼、爱情治疗，给人心灵一定的抚慰，让人最终能从当代生活的震颤中解脱出来，并痊愈后回到现实。我常常这么说：读者阅读了科幻小说中提供的一千种方案，就会更好地应对现实出现的第一千零一种可能。但是，从长远讲，这种写作方式已经走到了时代的尽头，科幻文学必须在信息时代和后现代的文化状况下给出自己变革的答案。

我刚刚提到了后现代文化的问题。这是跟信息时代相关的另一个重要的社会变革方向。这个方向上也有诸多必须考虑的问题存在。例如，在一个后现代的社会里，启蒙以来所倡导的宏大叙事已经完全崩解，作为中国现代化这一宏大叙事组成部分的科幻，该如何继续发展？再例如，我们已经生活在一个普遍同一化的时代，科幻文学又该追求些什么？还有，在后现代的讨论中，科学是否是我们通向更好世界的唯一通路？这个问题上也存在着很多争论。换言之，科学本身的合法性存在着质疑。在这样的时刻，科幻文学作品到底应该怎样表达世界的变化？

我们知道，中国的主流文学也面对着种种不可解答的难题。虽然每年的茅盾文学奖、鲁迅文学奖仍然在按照传统的价值观挑选着入选作品，但我认为，中国必须面对现实，面对未来，主流文学越早面对这样的现实越好。

相比之下，也许科幻文学比主流文学的日子还好过一些，因为主流文学主要在一个传统的小圈子内思考亘古不变的人的本性和人与人之间的关系，而科幻文学却还享有向外拓展的更大的空间，它可以面向宇宙，可以去发现人类的未来。在这方面，科幻文学所提供的叙事策略，所提供的种种可能的经验，所提供的更大宽容度，也许恰恰能使文学得到拯救。作为未来战争的“尖刀班”，科幻作品将第一个闯入后现代和后人类世界，抢占文学未来的全新空间。

中国早期科幻小说的科学观

2004 年，我接受国家基金管理委员会第一个社科基金项目“科幻文学理论和学科体系建设（04BZW012）”，用六年时间总共编纂了三套（十五种）科幻理论著作，试图全方位打造中国科幻研究的基础。这三套丛书分别是福建少年儿童出版社的“科幻新概念理论丛书”、重庆出版社的“科幻文学理论和学科体系建设丛书”以及安徽文艺出版社的“西方科幻文论经典译丛”。丛书的大约一半，主要是海内外科幻理论的编选和经典引进，而另一半则重点从科幻理论与体系、中国科幻文学史等方面组织力量进行研究。本文是科幻史研究的一个成果，作者还有硕士生方晓庆。本文发表于《自然辩证法研究》，2008 年第四期，第 97—100 页。

一、科学观与科幻文学

科学观是人对科学的总体看法。它可以是个人价值观朝向科学的一部分，也可以是一段时期整个社会对于科学的共识。科学观是一个哲学范畴，但其作用却渗透在日常生活和文学作品之中。当科学观发生质的变化时，整个社会都将受到严重影响。作为以科学和科学家活动为相关内容的科幻文学作品，其中的科学观，一方面可以被看成社会发展的晴雨表，由此观察社会的变化；另一方面，通过作品中科学观与现实生活之间的关系，也可以研判这类作品本身在社会上受读者接受的程度和未来发展。

研究科幻文学中科学观的典型案例，是当代学者对西方首部科幻小说

《弗兰肯斯坦》所做的科学观分析（罗伯茨，玛丽·穆维[①]，1993；王建元[②]，1998等）。在这些论文中，《弗兰肯斯坦》表现的不再是一个科学家在实验室中创造人工生物的简单故事，而是一个关于科学观如何从中古时代包容的女性特质变化为具有侵犯性的男性特质的过程。当主人公维克多从开始醉心于炼金术和巫术式的古代科学方法一跃到采用解剖学和现代电学知识去打破自然秩序创造新人的时候，小说中的科学观发生了嬗变。一方面，这种嬗变反映出从古代巫术到以培根、牛顿为代表的现代科学的彻底转变，反映出那场震撼世界的"哥白尼式的革命"；另一方面，作品中隐含的价值取向与此后日益发展的科学共同体的价值取向存在内在的一致性，从而为《弗兰肯斯坦》以及此后的科幻文学最终成为西方文学领域的重要组成部分提供了可能。这些卓有成效的研究使我们有理由相信，分析科幻作品的科学观，有助于我们更好地理解这种文学在不同历史文化情境中的遭遇。

本文试图通过分析中国初创科幻小说中的科学观，探讨中国早期科幻创作中的诸多现象，并希冀这种分析和探讨能够为科幻文学在中国的当代发展提供理论依据。

二、两部初创小说的科学观

所谓中国早期科幻小说，指从晚清中国科幻小说产生到五四运动这段时期内的科幻文学。这类作品大约发现了不到百种，多数散见在当时的各种文学期刊之上，并被冠以各种名目。根据叶永烈的观点，中国最早的科幻作品是荒江钓叟的《月球殖民地小说》。[③]该书为不完整的作品，共三十五回，但根据其内容可以推测，原文应该长达一百回以上。因此，将《月球殖民地小说》作为中国第一部科幻小说，完整性方面存在着困难。于润琦则认为，中

① Roberts, Marie Mulvey. The Mad Scientist, Male Mid-Wife and Female Monstrosity : Appropriation and Transmutation in *Frankenstein*[A]. A Question of Identity : Women, Science and Literature, ed. Marina Benjamin London : Rutgers University Press, 1993 : 59-73.

② 王建元.《科学怪人》180年：典范转移·女性主义科学·文化研究[J]. 台北：幼狮文艺，1998（8）.

③ 叶永烈. 代序：中国科幻小说发展简史[Z]//叶永烈. 大人国. 福州：福建少年儿童出版社，1999.

国第一部科幻小说应该是东海觉我的《新法螺先生谭》。[①]该文虽然比《月球殖民地小说》晚出现一年，却是完整的作品。笔者无意对此进行断决，但认为，就这两篇作品分析中国初创科幻小说中的科学观，具有典型性意义。

《月球殖民地小说》的科学叙事

《月球殖民地小说》的标题让人感觉作者似乎是想要撰写人类在月球上的殖民生活，许多研究者也的确这么分析（如叶永烈、王德威等），但事实上作者希望撰写的却是月球人到达地球建立殖民地的故事。由于无法从已有的三十五回中找到月球殖民内容，笔者认为，这部小说原本的建制应该相当宏伟，整部作品达到百回以上似才符合设计要求。

与单纯用科学技术展望未来的作品不同，《月球殖民地小说》的主旨其实与《红楼梦》相似，是对现实绝望而导致的空灵幻想，具有典型的中国人伦风貌。小说叙事生动，人物丰满，背景也相当广阔。小说开篇即交代故事发生在巫来由国，告知读者文章的虚构性。作品中的人物名字也有相当多的谐音，如贾西依（假西医）、六百文（刘伯温）等。这种将小说的地点和人物虚化的手法可能起源于对敏感性内容的淡化处理，因为小说涉及中国封建社会的腐败和世界列强的崛起等政治内容。

然而，与普通社会小说不同，《月球殖民地小说》实现故事情节的一个重要手段就是堂皇地引入“科学”。深入分析小说中与科学相关的内容，会发现小说的科学叙事其实包含在四个嵌套的“同心圆”中（见图 1)。层层分解这些叙事圈，能得到若干关于科学观的、非常有价值的启示。

首先，小说中所谓的科学具有广泛的功能，从进行空中飞行、星际旅行到制造电报电话，从配制神奇药水到洗心术、开颅术，从制作氯气大炮到新式卫生枪，科学代表了人类通向更多、更复杂行动的能力。在小说中，这种能力不单单能带领主人公实现环球旅行和岛屿探险，还能协助东方民族摆脱列强和本国统治者压迫下的苦难现实。“科学＝能力”是《月球殖民地小说》

---

① 于润琦．我国清末民初的短篇小说（代序）[Z] // 于润琦．清末民初小说书系．北京：中国文联出版公司，1997．

中科学观的第一个典型特征，而科学导致文明进步速度的变化，也是能力的直接体现。

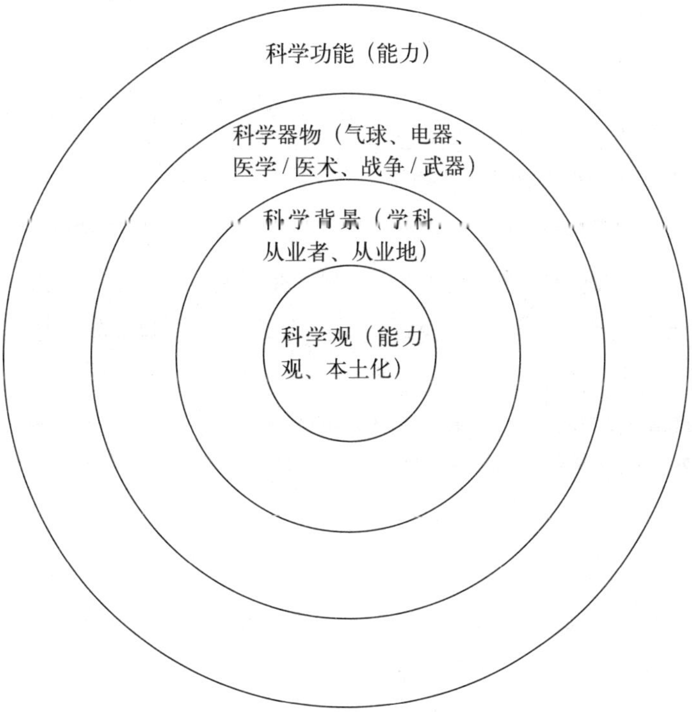

图1 《月球殖民地小说》的科学叙事系统

《月球殖民地小说》中科学观的第二个特征，是它对来自西方的正统科学与来自当地的本土科学给予同样的重视，这突出地体现在小说对中医、中药的描述上。一方面，作者讲述类似X射线透视、血液成分分析仪器的“透光镜”“验症机”如何用于诊断疾病，另一方面，也讲述所有病症都来自“风”的道理。这种对中西医的同等对待，直接表现了作者对科学知识来源多元化的看法。

《月球殖民地小说》中科学观的第三个特征，是其中论及科学时所表现出的模糊性和臆想性。仅仅讲述多种新器物的名字和它们的惊人功能，与《封神演义》《西游记》及诸多声光电化的武侠小说并没有本质差别，洗心、开颅也早在《列子》中就已经出现。《月球殖民地小说》在处理自然问题和社会问题时没有任何一处采用过典型的逻辑探索或认知叙述，也就无法证明其科学观的现代化。不但如此，小说中讲到人发烧可达“一百七八度有零，寻常的水，都煮得沸滚了”[①]，也颇让人狐疑。显然，这本所谓的科幻小说中的科学观，是混沌的，臆想的。

《新法螺先生谭》的科学叙事

在分析了《月球殖民地小说》之后，再看《新法螺先生谭》[②]就比较容易。这也是一部批判色彩浓厚的小说，故事的潜台词是表达对时政的强烈不满。企望把纲纪紊乱不可收拾的世界更新成一个政治清明的世界，是小说的主要目的。从光明的一面看，作家把希望归于中国人的自我觉醒，归于大办教育，归于向全世界的广泛学习和科学技术的推广和发展。

与《月球殖民地小说》用“气球”贯穿全文类似，《新法螺先生谭》也有一个与科学相关的轴心，即利用宇宙的强“风”将人的灵魂与肉体分割，随后上穷碧落下黄泉。在天空，主人公访问了包括太阳在内的诸星球；在地球上，则不但到达了北极，还进入了地下寻找遥远的中华民族始祖。

有趣的是，力学、天文学、动植物学、医学、电学、化学仍然是小说涉及的学科；造访星球、异地探险、对病患身体的治疗也仍然是小说的主要技术创新。但是，与《月球殖民地小说》中插叙科学成就的做法不同，《新法螺先生谭》中的科学叙事无孔不入。小说将时间计量、利用切线进行宇宙飞行、利用生物磁学进行心理治疗等非常微细的知识，与对整个自然世界运作机理的论述交织在一起，直截了当地表达了作者的科学观。这样，读者不必像《月球殖民地小说》那样寻找隐藏在功能、器物和背景中的科学观描述，而可以直接从对科学本身的展示中寻找信息。

首先，细节明显地表达了作者将科学等同于某种现有知识体系的想法，而这正是对现代科学的一种基本理解，《现代汉语词典》《中国大百科全书》

---

① 荒江钓叟．《月球殖民地小说》[Z] // 叶永烈．大人国．福州：福建少年儿童出版社，1999：162.

② 东海觉我．新法螺先生谭 [Z] // 于润琦．清末民初小说书系．北京：中国文联出版公司，1997.

等对科学的描述都与此一致。[①]为了强化这种知识的作用，作品中多处巧妙地使用给细节、给公式、给计算等拟科学叙事的铺陈，营造出一种科学知识贯穿全文的氛围。

其次，小说中将科学的功能或成果表达成新疆域和新人界的发现，也与西方启蒙主义思想一致，而恰恰是启蒙主义导致了西方现代科学的最终产生。在小说中，这种提问、探索、发现的描写颇多。

再次，试图发现宇宙内部的运作规律，也与现代科学的基本导向一致。从开普勒、笛卡尔、牛顿的工作开始，西方科学工作者自信于他们逐渐找到了宇宙内在的规律。而在小说中，故事一开始，作者就将行星之间的作用力作为整个事件的起由，在随后的行文中，还涉及重力加速度、进化论等科学理论。

上述三个分析向我们展示出，《新法螺先生谭》已经是一部具有相当复杂科学观念的比较成熟的科幻小说。

但是，在这种貌似现代科学观的表象之下，《新法螺先生谭》还存在着另一些有趣的特点。

首先，《新法螺先生谭》是根据德国18世纪童话作家毕尔格的作品《法罗先生谭》创作的续篇，“法罗”的含义是吹牛或说大话。这部作品在新中国成立之后的译名分别为《闵豪生奇遇记》《吹牛大王历险记》和《吹牛男爵历险记》。一部根据童话作品续写的科幻小说，自然会受到之前童话思维的影响。小说中所谓的风把人切割成灵魂和躯壳两个层面、灵魂是气体，将人进行身脑易位的处理，将时间加快和减慢，相信修炼能成为超人，以及灵魂能将月球冲碎并撞击太阳，等等，都与古代原始自然观有着直接联系。将宇宙的内部规律描述成“风”“气”“脑”“身”“光”“火”“电”“磁”，或者“变”“换”“合”，其中臆想的成分也相当明显。认为地下也存在着“河南省”、

---

① 《现代汉语词典》的科学定义是：反映自然、社会、思维等的客观规律的分科的知识体系。中国社会科学院语言研究所词典编辑室．现代汉语词典．北京：商务印书馆，1978：631.《中国大百科全书》的定义是：以范畴、定理、定律形式反映现实世界多种现象的本质和运动规律的知识体系。它是社会意识形式之一，有时还指生产知识的活动和过程。中国大百科全书·哲学卷．北京：中国大百科全书出版社，北京东方电子有限公司制作．光盘1.1版第一张，2000.

宇宙的运动模式无非是“变”“换”“合”，则更是中华本土思维的反映。

其次，小说的整体布局是一个简单化的“天堂－地狱”访问模式，这凸现了宗教与作品内容之间的关系。主人公说，他自幼就受到强烈的宗教影响，这种影响甚至让自己怀疑科学！故事中，怀疑科学、轻视现代科学的言语比比皆是，比如感到将世界进行分类、做学科单独研究的想法不能解决问题，再比如，感到科学软弱而幼稚，等等。

再次，小说在科学与社会规律的内在一致性上的看法，也值得分析。例如，作者认为科学的概念、方法和解释体系，可以用于社会生活。在许多地方，作者以科学警示社会，用科学用语暗示政治生活。例如，有光没有热没有声，则无法拯救中国，中国已经成了冷血动物之国。从地下人使用“外观镜”观察地面，讲到一个社会开放的重要性。在谈到中国人心理特征的时候，作者还用一个明确的统计数据描述具有善良天性的中国人和具有恶毒天性的中国人的比例。这些将自然科学的内容直接引入社会科学领域的办法，具有简单化的特征，也与中国自然观中“天人合一”的想法一致。

给科学带上伦理价值判断，也是小说的一个特征。作家在屡次质疑西方科学之后认为，西方科学其实不如东方科学，引进西方科学，不如更多地开发中国人的脑力进行创造。比如，《月球殖民地小说》中强调日本已经成为西方学习的对象，更进一步，《新法螺先生谭》认为中国将领导世界科学的潮流，只有中国超人能够拯救中国。

这样，《新法螺先生谭》现代科学观的外壳下，仍旧生长着中华传统文化的根须，仍旧受着中国古代道家、佛教、中医、文学，甚至方术文化的浸染。它是东西文化交融过程中出现的复杂的“表现型”。

从对上面两部作品的分析可以看出，中国初创科幻小说中的科学观，与当时来自西方或由日本转达的现代科学观具有显著的差别——两部作品都特别强调对科学做功能的展示，都祈求这种功能可以达到民族崛起、国家独立的社会目的。两部作品中都对传统观念和方法抱有敬意，都对地方性的知识（如中医）给予了肯定。在后一部作品中，故事还以宗教宇宙模型（天堂－地狱）作为基本框架。所有这些，都为我们更加深入地观察中国早期科幻小说科学观提供了细致的资料。

三、科学观与科幻文学的中国境遇

笔者认为，科幻小说在晚清进入中国，是文化先驱者应对当时社会变革的一项重要文化试验。倡导这种实验的人包括梁启超、鲁迅、周作人、茅盾等多人。在这些先驱者的眼中，科幻文学中的科学，是某种代表着西方先进文化的“精确的学理”（如梁启超，1902[①]；鲁迅，1903[②]等），它代表认识自然、改造自然的“思想方式”（《新世界小说社报》，1906）[③]；是一种“智识”（成之，1914）[④]，具有“征实”的特征（管达如，1912）[⑤]。一句话，晚清文化先驱者所持的科学观就是西方现代科学观。他们所期望科幻完成的任务，就是向中国人传达这种科学观并“导中国人群以进行”（鲁迅，1903）[⑥]。

然而，晚清科幻小说的创作实践，却给这些文化启蒙者以强大的打击，这一时期作品中的所谓科学构思很多都是缺乏科学根据、违背科学规律的“想当然”。一些幻想若用后世科幻小说“基于科学规律的想象”来衡量，则都属于妄想。如《消灭机》中用拍照一样的方法来摄取物体的“魂魄”，《新法螺先生谭》中的灵魂出壳，《月球殖民地小说》中万能的气球，《电世界》中被严重夸大的“电能”……初创科幻小说和随后更多模仿性的写作实践表明，中国早期科幻小说不但无法传播西方科学革命之后所发掘出的“学理”，推广其智识，更不具有征实性，至多只能是一种对科学能富国强兵、改变软弱状态的主观渴望。不但如此，中国作家对认识自然的方式具有本土化的情感，

---

① 饮冰.《世界末日记》译后语 [A] // 陈平原，夏晓虹. 二十世纪中国小说理论资料：第一卷（1897—1916）. 北京：北京大学出版社，1997：57-58.

②⑥ 鲁迅.《月界旅行》辨言 [A] // 陈平原，夏晓虹. 二十世纪中国小说理论资料：第一卷（1897—1916）. 北京：北京大学出版社，1997：68.

③ 论科学之发达可以辟旧小说之荒谬思想 [A] // 陈平原，夏晓虹. 二十世纪中国小说理论资料：第一卷（1897—1916）. 北京：北京大学出版社，1997：206-209.

④ 成之. 小说丛话 [A] // 陈平原，夏晓虹. 二十世纪中国小说理论资料：第一卷（1897—1916）. 北京：北京大学出版社，1997：454.

⑤ 管达如. 说小说 [A] // 陈平原，夏晓虹. 二十世纪中国小说理论资料：第一卷（1897—1916）. 北京：北京大学出版社，1997：401.

这些情感导致他们无法认同西方人对宇宙本身并无生命的发现。这样，早期科幻作品与文化精英在科学观方面的认知差距，导致精英们最终放弃了对科幻小说的推广，进而导致了中国早期科幻文学的失败。然而，我们也不能因为早期科幻小说中科学观的偏差而否定早期科学小说的价值。客观说来，这些臆想科学今天看来是荒诞不经的，但是，这种状况是由复杂的历史现实因素决定的。一方面由于中国科学素养的先天不足，科学和巫术、迷信的界限混杂，带有神秘论色彩的遗留；另一方面，科学小说的作者在创作中多只是片断、零散地体现着自己对科学的点滴收获，少有系统全面的理解，而启蒙阶段较难避免的激进心态，也使这种理解更趋向断章取义，呈现消化不良的病态。对于晚清科学小说来说，“科学”还没有成为作品的真正“骨架”，而多半是一种符号化的存在。在当时的历史条件下，我们无法强求科学小说能够到达多么“科学”的程度，这种肤浅的、主观性极强、符号化的“科学”，毕竟打着“科学”的旗号进行着涤旧革新的工作。晚清科学小说真诚地表达了对先进文明、理想社会的强烈向往，与“伪科学”有着本质区别，应该充分肯定其探索价值和先驱精神。

“文革”前十七年的中国科幻文学发展

对中国的科幻小说研究是我这些年重点关注的一个重要方面。在一个新生的社会主义国家，科幻文学为什么会起步，怎么起步，又经历了怎样的初创过程？所有这些问题，都具有超越科幻文学的广泛意义。对这个问题，我个人曾经写过一些文章，如《50—70年代，中国科幻的燃情岁月》，也指导过博士研究生就这个问题撰写博士论文。本文是为《百年中国科幻小说精品赏析》中相关部分所做的导读，该书由姚义贤、王卫英主编，科学普及出版社2017年出版，第180—187页。

一、整体概况

从1949年10月1日中华人民共和国成立到1966年“文革”开始，中国的科幻文学事业进入了一个全新的时期。这一时期的科幻文学被从无到有地重新创造，跟晚清科幻第一次创造有所不同的是，这一次，它没有覆盖小说领域的全部读者群，而是集中在儿童文学和科普文学上。也正是因此，中国的科幻文学走出了完全不同的道路。

据不完全统计，在新中国成立到“文革”前的十七年中，整个中国没有出版过一部长篇科幻小说，中篇小说也寥寥无几。除薛殿荟的《宇宙旅行》（1951）和郭以实的《在科学世界里》（1958）较长，其他作品均为短篇小说，总计约九十四部/篇。翻译国外著作约四十一部/篇。这其中散见于期刊中的短篇科幻小说或长篇节选约有五十七篇。

从统计数据可以看出，无论是科幻创作还是翻译都有一个双峰曲线，孔庆东认为，这一时期明显有两个高潮，且后一个比前一个成熟。[①]具体来说，两个起伏分别为1957—1958年和1960—1962年。对照中国社会发展的相关时期，第一时期为“大跃进”，国家颁发科技奖励，试图在十五年内国民经济赶超英国，而第二时期为三年困难时期，经济减缩，但两个时期都明显地存在着短暂的思想解放或文化宽松时段，这可能是科幻发展达到峰值的原因所在。

围绕十七年科幻的发展，我们可以从文类重建，文类走向和主要艺术特色，成就、问题和影响等方面进行详细探讨。

二、文类重建

新中国对教育事业和文化事业的恢复，是从很早就开始且不断加强的。早在新中国成立之后的第三个月，全国教育大会就已经召开。1950年，高士其发表了科学诗《我们的土壤妈妈》，张然出版了中篇科学童话《梦游太阳系》。在尝试将科学文艺介入科学教育的潮流中，科幻小说（仍然称为科学小说或科学故事）开始登场。

从目前的资料来看，新中国最早的“准科幻”作品是1951年9月由三联书店在北京出版的小说——薛殿荟创作的《宇宙旅行》。全书总共二百七十四页，以第一人称方式撰写，属于长篇建制，但故事却相当简单：我跟老师、培文、春生、志高、小茵、小莉等七人共同乘坐“火箭机”进行太空探险，由近及远地探索了月球、太阳、内行星、木星和土星、彗星和流星、天王星、海王星和冥王星，然后，火箭机进入恒星世界且到达了人类肉眼所能见到的宇宙的边缘。小说没有什么特别的情节，基本是一种问答式知识对话，虽然在不同世界遇到过严酷的环境，如在太阳上降落，跟日珥相遇，且受到高温灼烧，但没有发生任何危险，因此小说基本上是一种科普故事。作者在《写在前面》中自述指出，作为教育工作者，他曾经在小学进行过调查，他发现孩子对自然现象存在疑问最多，且鉴于在这一领域中存在着迷信这种旧社会

① 孔庆东.中国科幻小说概说.涪陵师范学院学报，2003，19（3）：41.

的“丑恶遗产”，他想为反迷信工作尽一点力。作者还指出，在创作过程中，他想象了旅行故事，虚构了火箭机、测量仪器、面具等设备，期待读者不要“混淆”。另外，由于篇幅不够，手头材料也不够，有关浑天仪、岁差、磁针偏差等的问题没有在书中充分被说明。《宇宙旅行》的作者透露出一个信息，那就是鲁迅在晚清所提出的那个有关利用科幻普及科学知识的命题，在新的历史时期仍然有效。严格地说，中国科幻小说的这种第二次发源，仍然跟发展教育的现实需求直接相关。

就在原创“准科幻”作品出现的同时，科幻翻译也重新起步。1952 年 1 月，泥土社翻译出版了苏联作家 A. 托尔斯泰的小说《加林的双曲线体》。故事讲的是一个疯狂的发明家加林借助美国资本在全世界建立基于死光武器的恐怖威慑，挟持资本主义财团且破坏国家主权运作。小说的结尾，由苏联特工在加林的生产基地发动大规模工人革命而使加林的梦想破产。该书的出现，也预示了苏联科幻作品将在中国大陆流行。该书译者费明君在《加林的双曲线体 · 译后记》中盛赞 A. 托尔斯泰的预见能力，译者还指出，托尔斯泰的幻想小说有一种特征，那就是“善于用历史的姿态描绘出过去、现在、未来的人类生活”。[①]就在同一年，王石安通过上海潮锋出版社出版了苏联中短篇科幻译著《探索新世界》，他也在《译后记》中提到，科幻作品在中国被“喜闻乐见”不是偶然的，第一，人们在学习了科学后，想做更多阅读；第二，这类作品中的故事结合人们的生活，比较易于被接受。此外，他还特别提到鲁迅对凡尔纳作品的译介。有趣的是，王石安将科幻与科学的位置颠倒，他认为科幻是阅读了科学技术著作之后的补充读物这一想法，在中国科幻思想史上还是第一次出现。在讨论科幻应该具有一种怎样的综合特征时，王石安指出，科学小说可以作为灌输科学知识的工具，在此之外还可以促进读者提升创造新事物的幻想。也正是因此，这种小说，在苏联直接被称为“科学幻想小说”。[②]科幻小说可以使读者面对自然之谜，以假想的方式提出某种新发现，

---

① 费明君. 译后记 // 阿 · 托尔斯泰. 加林的双曲线体. 费明君，译. 上海：泥土社，1952：601.

② 在英美文学的词汇中，没有科幻小说一说。Science fiction 直译就是科学小说，但 fiction 也有想象、非现实、非真实的含义。只有俄文“科幻小说”一词，才将幻想作为一个独特的元素纳入其中。在中国文学领地，至少在 1950 年之前，科幻小说的称谓没有见于印刷文档之中。

进入目前尚不可知的自然境界。此外，他还认为，科幻小说以科学法则为基础，但科学只是在作品中被运用，它必须使故事情节达到圆满的解决。有趣的是，王石安还对中国科幻作品进行了评价和评判，他认为，中国过去创作和翻译的科幻，都是站在资产阶级立场上的。[①]

从对上述两部译著和一部创作进行的目的分析可以看出，在新中国，科幻文学的发展至少要考虑现实的科学教育、面对未来的科学发展，以及处理好新时期政治正确三个重要问题。而新时期如何吸纳曾经的科幻资源和写出跟新时代的文化特征、政治要求相对应的作品，是普遍思索的问题。此时，在晚清对科幻发展具有重要影响的梁启超的观点不再被采纳，而鲁迅的观点与苏联的新科幻观虽然相差很大，但将两者结合以创建新理论的任务已经被提出。[②]

1954 年，《中国少年报》编辑赵世洲提议郑文光给孩子们撰写一些科幻小说作为新的科普形式，而郑文光也发现，自己在过去几年的天文科普讲座和科学小品撰写已经到达一个极限点，需要新的形式协助创新。于是，这一年度的《中国少年报》上第一次出现了科幻小说，郑文光也由此被称为“新中国科幻之父”。[③]

三、文类走向和主要艺术特色

“文革”前十七年中国科幻文学的基本走向，主要是以短篇儿童小说为目标、以轻快而有发展前景的技术发明为科技内核、以快乐轻松的故事为主要形式、以明显的代际知识流动为主要内容的小品型创作。之所以认为这一时期的作品主要是儿童小说，一是因为它们基本上都发表在《中国少年报》《少年文艺》《我们爱科学》《中学生》《儿童时代》等报刊或各少儿出版社的选集中，只有在《解放日报》《中国青年》《科学画报》等发表的少数作品没有针

---

① 王石安．译后记 // 伐·奥霍特尼柯夫．探索新世界．上海：潮锋出版社，1955：336-337.

② 吴岩．科幻文学论纲．重庆：重庆出版社，2011：12-20；星河，陈宁．新中国科幻的起源与发展 // 吴岩．科幻文学理论和学科体系建设．重庆：重庆出版社，2008：269-270.

③ 陈洁．亲历中国科幻：郑文光评传．福州：福建少年儿童出版社，2006：73-78.

对儿童读者；二是因为作品中的社会生活内容相对简单。

统计上述作品的科技内容，会发现百分之九十以上都是轻快而富有发展前景的技术发明，且这些发明在航天、生物技术、交通、气象操控、电脑、农业、海洋科学、低温人体科学、医学等领域居多，但从整体看，覆盖了相当大的科学领域且存在着无法分类的多领域题材。在科学创意方面，远征太阳系（包括太阳）、制造更高产值的农业渔业产品、控制天气、丰富和方便生活、寻找新的医疗技术、开发海洋资源、设计更快捷的方便交通、拓展机械与电脑控制技术等领域跟国外类似题材没有太大差异。但少数作品在创意方面做出了明显的探索。像童恩正的《五万年以前的客人》和《古峡迷雾》等，从历史资料中考察当代科学现象，且特别注重将科技工作的真实面貌进行展现，这些尝试在当时的作品中比较罕见。童恩正在《失去的记忆》中对记忆恢复的设想，把电子技术跟医学技术进行融合，在当时也显得非常具有创意价值。在创意领先方面还有郑文光、迟叔昌、萧建亨、李永铮、王天宝和王国忠。此外，徐青山的《史前世界旅行记》和萧建亨的《球赛如期举行》由于触及了历史回溯和外星生命等特别主题，在当时的中国文化和政治环境中已经属于过分超前。

这一时期的小说故事情节基本简单，但在营造乐观向上、立足现实、团结进步的共产主义社会风气方面进行了很多尝试。在这方面表现最突出的是郑文光、迟叔昌、于止、萧建亨、王国忠等。郑文光试图从少年到青年逐渐拓展他的共产主义文化建设方向，这在他的《黑宝石》《火星建设者》《共产主义畅想曲》中体现得非常明显。第一篇集中在少先队员，第二篇集中在青年团员，而第三篇则试图向更高年龄段主人公的生活发展。迟叔昌的《科学怪人的奇想》是一篇有关三代人如何围绕一个科技主题前赴后继、不断努力的故事，这其中，不同社会的背景对他们的发展起到了积极作用。小说围绕生物冶炼的科技创意，写出了社会主义制度对科技创新的欣赏与促进作用。于止（叶至善）的《失去的十五年》（后来改名为《失踪的哥哥》），小说围绕突如其来的事故而造成的冷冻人状态，写出了十五年高涨的社会主义建设会带来怎样的成就。故事创作的时候，“大跃进”还没有开始，“超越英美”的目标还没有完全提出，但依靠科技带来社会发展成就的想法，已经在作品中显现了端倪。萧建亨的《布克的奇遇》是围绕复杂器官移植问题而构思撰写的，没有像苏联科幻小说一样直接给人换头，而仅仅给马戏团动物进行了头颅的转移，躲避了许多与人类医学进展相关的伦理和社会问题的讨论，使小说充满了温情和快乐。收录在王国忠科幻小说集《黑龙号失踪》中的短篇故事，都显得构思独特，社会生活方面描述得到位。其中，至少有两篇作品涉及了国际关系，《渤海巨龙》面对的是社会主义的整体工程建设，而《黑龙号失踪》则将战争罪责的清算问题引入科幻，使作品的深度增加，也展现了社会主义大国在发展方面的真正实力在增强。

考虑到少年儿童为主要读者，这一时期的作品对社会生活还是进行了大量简化，人物也以科学家、学生、老师和概念化的农民、工人主人公为多。泛读整个时期的作品，郑文光的小说《火星建设者》、童恩正的小说《古峡迷雾》留下了些许人物形象。一个明显的事实是，郑文光受到了苏联科幻小说的强烈影响。作为从越南回归中国的海外华人作家，郑文光对各类文化的影响极为敏感。他自学俄文且翻译了一些俄国科幻理论文章之后，又从苏联作家的作品中汲取了大量营养。《火星建设者》设想了五十年后以苏联、中国、东欧诸国青年为首的世界青年，在共产主义理想实现的基础上决定开发火星。他们拿出主要精力跟火星上严酷的自然环境搏斗，在处理了不同思想的冲突和火星的自然灾难之后，仍然保持着对开发红色星球的热望。小说在《中国青年》杂志发表且在莫斯科世界青年联欢节上获得了大奖。故事中的主人公薛印青那种执着探索、不屈不挠、为爱情和所从事的事业甘愿献身的行为感动了许多读者。与郑文光的风格完全相反，童恩正的小说的气氛显得相当现实主义。他在《古峡迷雾》中把中美考古队在南方民族的走向方面的不同见解，跟西方对东方的控制和压迫战略相融合，塑造出东西方两个不同科学家的形象，这给当时的读者极大的震撼。

这一时期，科幻作品的语言风格具有简单明快的少儿化特色，这在迟叔昌、萧建亨和赵世洲的作品中体现得最为明显。童恩正独特的写实主义语言在所有作品中凸现了科学的严肃性，而郑文光的《火星建设者》、刘兴诗的《北方的云》中富于诗意的言语，使作品带上了一层强烈的理想主义的氤氲色彩。

四、成就、问题和影响

有关“文革”前十七年中国科幻问题的探讨，大致分成两类，第一类集中在对单个作家创作的探索上。这类文章数量众多，在王泉根主编的《现代中国科幻文学主潮》中有一定的收集，可供读者参考。[①]第二类则集中在讨论这一时期创作发展的动因、内涵与成就、不足、影响等方面。

在动因方面，多数学者会肯定政府推动的作用，如繁荣儿童文学和“向科学技术进军”口号的提出、对发展教育的倡导以及向苏联学习等。例如，胡俊就指出，是 1955 年《人民日报》发表的《大量创作、出版、发行少年儿童读物》引发了少儿科幻创作的热潮，孔庆东对向科学技术进军等的影响也给予了肯定。当然，也有人将这一时段科幻作品的读者对象少儿化归咎于这些因素[②]。

在内涵和成就方面，星河和陈宁认为，这一时段的科幻小说主要是作为科普工具而出现的。[③]吴岩确认了这一时期的作品在激发通向科学和理想未来的激情方面的感性作用。[④]胡俊采用吉登斯的现代性视角，全面分析了当时作品展示的工业化、都市化、普遍参与、世俗化、高度的“结构分殊性”和高度的“普遍成就取向”。他还从理想主义、共产主义观念等方面提出这一时段的小说在中国科幻甚至世界科幻发展中的独特性，认为作品自始至终体现了一种现代性的追求。[⑤]

---

① 《现代中国科幻文学主潮》收集了有关郑文光、叶至善、童恩正、刘兴诗、迟书昌、萧建亭、赵世洲等作家的述评。王泉根．现代中国科幻文学主潮．重庆：重庆出版社，2011.

② 萧建亭．试谈我国科学幻想小说的发展：兼论我国科学幻想小说的一些争论 // 黄伊．论科学幻想小说．北京：科学普及出版社，1981：18.

③ 星河，陈宁．新中国科幻的起源与发展 // 吴岩．科幻文学理论和学科体系建设．重庆：重庆出版社，2008：269-270.

④ 吴岩．50—70 年代：中国科幻的燃情岁月．光明日报，1999.2.6；吴岩、吕应钟．科幻文学入门．福州：福建少年儿童出版社，2006：242-244.

⑤ 胡俊．新中国早期科幻小说的现代性 // 张治，胡俊，冯臻．现代性与中国科幻文学．福州：福建少年儿童出版社，2006：81-90.

在问题方面，林久之探讨了延安文艺座谈会所倡导的精神跟科幻小说发展之间的关系，提出两者之间可能存在冲突。[①] Rudolf Wagner（鲁道夫 · 瓦格纳）详细分析了这一时期的科幻作品跟苏联作品、圣西门式乌托邦等的关系，他还发现以这一时期为代表的中国科幻从来没有把科学技术跟生产劳动相互结合，这点似乎跟当时的政治空气并不统一。萧建亨则纯粹从作品本身的特征研究后提出，这一时期的科幻存在“情节模式单一、表现手法僵硬”且少儿化、过分强调知识普及等缺陷。胡俊还确认了作品中的物质主义、教条主义和机械主义的倾向。

但无论怎样，这一时段的科幻创作还是具有相当深远的影响。武田雅哉和林久之在《中国科幻文学馆（下）》中指出，这一时段的作品表达了“在民国时代出现的无拘无束的想象力和创造力，虽然或多或少改变了它的形式，但好像还是适应新的中国而得以顽固地幸存下来”[②]。胡俊也指出，十七年科幻创作基本是一种文类的重新发起和创建，作品那种对科学技术的讴歌与倡导，是非常具有特色的。而吴岩所说的那种理想主义的激情，将在随后的时代中逐渐消失。

---

① 林久之 . 中国科幻文学馆（下 · 第一章）// 武田雅哉，林久之 . 中国科幻文学馆（下）. 日本：大修馆书店，2001 ：1-33.

② 林久之 . 中国科幻文学馆（日文版 · 下 · 第一章）// 武田雅哉，林久之 . 中国科幻文学馆（下）. 日本：大修馆书店，2001 ：1-33.

神秘的金属钠

粉碎“四人帮”以后，中国的科幻文学进入第一个繁荣期。在这个时段，大量作家拥入行业，科幻小说从儿童文学和科普读物中独立，并且被国外翻译引介。但与此同时，也有人认为，这种文类本身存在问题，且有“伪科学”和“精神污染”倾向。受种种原因制约，对这一时段的研究目前仍然很少，本文尝试通过实证资料，确证当时的一些状况。原文发表在《南方文坛》2016年第六期，第44—46页。

1980年，为了听取科学界对科教电影的意见，北京科学教育电影制片厂的吴本立等人访问钱学森。在谈到他们希望拍摄一些科幻电影的时候，钱学森回答说当然可以搞一点，但应该是科学家头脑里那种幻想，而不是漫无边际的胡想。应该搞那些虽然现在还没有搞出来，但能看得出苗头，肯定能实现的东西。他说：科学幻想一定要讲科学。幻想小说的老祖宗凡尔纳在一个地方说，锅炉里烧的是钠，我就有点意见，钠哪有那么大的能量？科学幻想作品不科学就成了污染。他还提到文艺界想拍点太空片的事情，说这不是个好题目。[①]这是钱学森系列性谈论科幻文学的第一次，也是提出的案例最扎实的一次。整个讲话中既有观点，也有佐证。

这次谈话之后，钱学森还有过其他一些涉及科幻的谈话。例如，他在1981年接受卢钟录访问时提出，科学文艺，包括科幻作品，不能搞人为的

---

① 于中宁，李逢武．钱学森同志谈科教电影．电影通讯，1980（13）：14.

东西。他支持科幻文艺，但要做区别于外国，区别于资本主义的东西。不能夸大、离奇，故作耸人听闻，甚至不健康。不能想入非非，要教育人。科幻作品的科学技术不能讲得太死，太具体，那样就不艺术了，也就没有幻想的色彩了，但也要有边，就是有科技的原理。此处，他提出第二个案例，是他四十年代看过的恐龙动画片，认为艺术处理和科学知识都很好。[①]

钱学森早期对科幻的看法还比较温和，但所谓污染科学的说法，却被一些人所接纳。在“污染”科学和政治“不健康”这两个方向上，中国科学技术协会系统下属的中国科普作家协会、中国科普研究所等组织了一系列文章，这些文章分别发表在此后几年的各大报刊上。[②]

鉴于钱学森在科学领域的位置，他的讲话对中国科幻的状况所施加的影响，就不能从轻看待。而这其中，他提出的最重要的缺陷案例，就是凡尔纳的《海底两万里》中燃烧金属钠的问题。对此，必须做更深入的研究。

钠是一种碱金属。1807 年 10 月，戴维受到拉瓦锡影响，通过电解实验首次获得钠。钠非常柔软，用刀可以切开，切口具有金属光泽。钠的密度比水低，熔点只有 97.72℃。通常，为了保存钠，人们会把这物质放在液体石蜡之中。[③]由于诸多性质跟重金属之间具有极大反差，人们对钠、钾等金属的存在，常常表现出惊叹，多种不同的化学演示活动也会选择钠、钾作为原料。例如，在本生灯上烤钠会有明黄色光焰。关于戴维发现钠、钾等元素的故事，几乎成为化学史读本或元素周期表相关科普读物中最重要的内容之一。[④]

一种看起来性质独特的新元素通过有趣的电解过程经具有传奇式的方法而获取，所有这些都给外界一种独特的信息，似乎这样一种物质将引发化学

---

① 卢钟录 . 创造社会主义科学文艺：访钱学森同志 . 科学时代，1981（3）.

② 施同 . 科幻作品中的精神污染也应清理 . 人民日报，1983-11-05 ；炳灵 . 科学幻想不是想入非非：披着科学外衣的精神污染 . 中国教育报，1983-11-10 ；冯风 . 科学幻想小说创作的歧途：评科幻小说中的一些不良倾向 . 文汇报，1983-11-23 ；郭正谊，赵之 . 当前我国科幻小说争论的我见 . 光明日报，1983-12-05.

③ J.R. 柏廷顿 . 化学简史 . 胡作玄，译 . 北京：商务印书馆，1979 ：194-200.

④ 如依·尼查叶夫的科普作品《元素的故事》，就有生动的描述，中译本见滕砥平译的《元素的故事》，上海少年儿童出版社 1962 年出版。

革命。也正是在此感召之下，儒勒·凡尔纳于1869年在连载小说《海底两万里》中谈到，“鹦鹉螺号”潜艇在推进的时候采用了钠。但他的说法并不简单，过程相当复杂，大体应该是：整个潜艇通过电力驱动，尼莫船长考虑从自己栖居的海洋中取电，这种电力产生方式来自电池，工程师将钠跟汞结合生产一种合金，用以取代早先电池中所需要的锌。新电池的电动力比锌电池要强许多倍，而且，最重要的是用于制作电池的钠可以不断从海水中获取。看来，钱学森的主要批评，就针对这个地方。从凡尔纳的小说看，将金属钠用于船只驱动并非简单的燃烧钠，技术路径应该是：获取钠—改进电池—通过钠汞合金替代锌获得新电池。[①]

很难相信这个小小的替换可以给整个《海底两万里》定罪，更无法相信这个小小的替换可以成为科幻小说“污染”科学的关键证据。钱学森看不到这本小说对电力这种具有未来感的能源如此高的评价，看不到小说对海洋中含有丰富宝藏的赞叹，看不到人类最终将借助潜艇遨游海底，创造奇迹，看到的是子虚乌有的所谓“燃烧钠”！

中国的科幻事业起源于1902年，那一年梁启超发表《论小说与群治之关系》，第一次提到哲理科学小说的内涵和价值。1903年，鲁迅翻译儒勒·凡尔纳的《月界旅行》并指出“导中国人群以进行，必自科学小说始”。1904年，本土科幻小说《月球殖民地小说》开始连载。从晚清到民国，科幻小说在文学期刊中产生，在科普刊物中盛行。在很多年里，科幻小说一直被认为如梁启超所设想的，携带了哲理和科学的元素，普惠国人，或如鲁迅所设想的“经以科学，纬以人情”，让读者能在快乐中学到科学。在所有被推介的外国科幻作家中，凡尔纳是金字塔的顶峰，他代表着世界科幻小说的数量和质量的制高点。

进入20世纪中叶，科学小说的名词逐渐被科幻小说所取代。有关这一过程是否真正由苏俄科幻词汇的引入所造成，还没有更加可靠的证据[②]，但

---

① 儒勒·凡尔纳.海底两万里（第一部）.北京：中国青年出版社，1961：100-101.

② 萧建亨、叶永烈都曾经撰文指出，中国的科学幻想小说一词的出现，可能受到俄文的影响。有关这个方面的研究综述，可以参见吴岩的《科幻文学论纲》；这方面的更多最新工作，可以参见清华大学贾立元的相关博士论文。

幻想的引入给科幻小说的存在增添了难度是真实的现状。从大量的语言使用状况观察，“幻想”一词在中国词汇体系中具有负面意味。一般来讲，如果某人对某个事物存在幻想，证明这个人跟一个健全的、成熟的人之间存在差异。充满幻想的人思维独特，但这种独特性指的是跟现实生活的格格不入。在通行的心理学教科书中，幻想是想象的一个组成部分，想象分成再造想象、创造想象和幻想。粗看起来，好像幻想在谱系中层次更高，但阅读后就会明白，三种想象在社会评价上呈现弧形分布，即幻想重新回到低级的水平。在这种语言背景下，科学小说加入幻想导致了一种内部冲突，被认定是实事求是学问的科学和不着边际的幻想之间，具有“不是东风压倒西风，就是西风压倒东风”的两可性。

认为科幻小说中的幻想会损毁科学并不始自钱学森。早在20世纪20年代，周作人就曾经在《科学小说》一文中讨论过这个看法。在周作人看来，天文学家弗拉马里翁的科幻小说比纯粹是作家的凡尔纳的作品要好一点点，但也有着许多“空想”的部分。这里所说的空想，就是指不切实际的幻想。但周作人毕竟不是真正的科学工作者，他所举出的例子是说，下雨的时候，天空中布满雨伞挡雨，看着像童话而不是科幻小说。这种论证也太过随意。

无论科学小说也好，科幻小说也好，鉴于文类名称中含有“科学”二字，因此许多读者对评价此种类型的文学望而却步。再者，在很长一段时间里，科幻文学在中国属于极小众的读物，对于小众化的存在，发言也没有什么作用。只有当科幻文学真正成为大众的阅读资源，真正吸引了社会广泛关注的时候，科学与幻想之间矛盾的状况，才能成为吸引人们去讨论评判的主题。

是历史选择了钱学森。

以想象力和创造力旺盛著称的钱学森，在其一生的科学旅程中提出过许多具有幻想性的技术创新方案。早在美国留学期间，他就曾跟导师冯·卡门一起提出过研究气体动力学的“卡门－钱近似公式”。此后，他协助卡门创建空气动力实验室，并亲自前往战败的德国对火箭专家韦纳·冯·布劳恩进行审问。在美国政府阻碍他从事科学工作并阻碍他回国期间，他转而研究工程控制论并在这个领域中取得领先地位。回到祖国之后，钱学森成为中国“两弹一星”的最大功臣，在技术和管理两个方面为中国的国防科技发展奠定了坚实基础。晚年的钱学森仍然不断释放自己的想象力，在大成智慧、人体特异功能、沙漠治理、城市规划、科技的商业化等方面做出过许多独特的创造性探索。然而，钱学森最为令人难于忘怀的想象力出位，是他通过光合作用对亩产万斤粮食所做的科学计算。虽然叶永烈撰文指出，所谓这个计算引发了毛泽东提出“大跃进”思想的看法其实是一种误传，但对这个测算的合理性，钱学森一直坚持。钱学森对想象和创造这件事本身的看法也非常清晰，那就是不怕失败，敢于尝试。[①]

一个具有丰富想象力和科学创造精神的人，为什么对一个同样具有想象力和创造性的文类不能给予宽容，还要用子虚乌有的罪名去批评呢？原因必须到那个时代去寻找。

1976 年粉碎“四人帮”以后，中国的科普事业获得了长足发展，特别是十一届三中全会之后，科学普及事业突飞猛进，携带着朝向四个现代化的积极目标，取得了骄人成绩，而这其中最为突出的就是科幻小说的繁荣。在那段时间，科幻小说被当成科学普及作品的一个组成部分，通过携带科学精神、科学热情和科学知识，激发青年人追求科学、热爱科学的动机，引导人们向往未来。从《人民日报》《中国青年报》《光明日报》到《人民文学》《北京文学》，从《科学画报》《知识就是力量》到《少年科学》《少年科学画报》，各类报刊对科幻文学的发表不吝版面，连篇累牍，许多科幻作家成了社会上炙手可热的“文化名人”。在这样的时代，科幻文学再不是偏居文学最边缘的一个小小范围中的某种古怪的东西，恰恰相反，其影响势不可当。从这个角度看，钱学森的谈话与其说是一种针对电影类型的看法，不如说是一种针对文化现象的看法。而他站出来发言这件事的动机核心，很可能是想要确立科学家在科幻文学中的话语主导权。

《电影通讯》本来是一个无名的刊物，但因有关钱学森谈论科幻作品的文

---

① 叶永烈．钱学森．上海：上海交通大学出版社，2010；叶永烈．钱学森并非“亩产万斤”浮夸风的元凶．南方周末，2013-09-17.

章而被科幻界捕获并高度重视。由叶永烈编辑的《科幻小说创作资料》，三次收入含有钱学森讲话的摘要。科幻作家们十分希望以此为戒，将创作带入新局面。十分遗憾的是，钱学森建立在对凡尔纳科幻小说妄议之上的讲话在一定程度上导致了对中国科幻小说批判的开始。

金属钠事件的结果至少有下面几个。首先，由于直接挑战科幻文学的始祖凡尔纳，对行业造成了严重打击。以往，人们一直认为，凡尔纳学识渊博，作品充满想象力和创造力，充其量它们只是有一点描写非洲和美洲原住民时流露的自然主义倾向（这个说法来源于俄国科幻批评家）。但金属钠事件告诉人们凡尔纳的作品不可相信，他属于不学无术的科学盲。如果凡尔纳不可信，那还有谁是可信的？其次，金属钠事件建立了一种新的批评格局，那就是可以通过纯粹科学上的“事后诸葛亮”（或者称“辉格史学”）去重新评价历史上的所有科幻作品，对没有能被历史验证的发明发现统统斥为“科学污染”。再次，确立了科学工作者介入文学、成为某种文学类型最高评判人的新的时代。

这就是中国科幻历史上神秘的金属钠事件。

科幻五年，五大飞跃

2016年，为了评估21世纪文学领域发生的主要变化，《文艺报》组织对各个文类的发展进行评估，本文是受邀对科幻文学的五年发生的重大变化进行的简述。文章发表在2016年11月28日的《文艺报》。

以往的五年，是中国科幻文学从小众走向大众、从个体创作到集群创作、从小说到全产业、从国内走向国际、从自发创作到政府支持的五年。总结五年中国科幻发展的成就，有助于我们看清一种文学类型怎样在时代中寻找自己的使命，又怎么由使命感焕发出青春的历程。

一、从小众走向大众

众所周知，中国科幻文学起源于1902年，梁启超和鲁迅是这个文类的肇始者。但是，出于种种原因，中国科幻文学后来的发展经历过几次停滞，特别是在改革开放初期走过一段短暂的繁荣之后，在商品经济和高考制度等外部因素的压力下，这种文学逐渐受到排斥，作家纷纷逃离，市场门可罗雀。十分可喜的是，在21世纪创新型国家建设和大力发展文化产业等外部因素的刺激之下，科幻作家经过艰苦努力，终于迎来了一个全新的繁荣时代。

中国的科幻文学从小众走向大众，是跟作家刘慈欣的名作“三体”系列的出版分不开的。从2006年到2010年，刘慈欣经过刻苦努力，凭借一己之力，创作了中国历史上内容最丰富、故事最复杂、人物矛盾和世界观最具颠覆性的科幻三部曲。从 2011 年到 2016 年，三部曲畅销海内外，不但赢得了科幻迷和专家等业内人士的喜爱，还走向了科技研发、互联网创业、中小学教育，甚至顶层设计等诸多领域。可以说过去五年对“三体三部曲”的传播，不但造就了中国科幻历史中最大的辉煌，还建立了优秀文学作品走向公众的成功范例。目前，各大高校学生研究《三体》的论文与日俱增。互联网行业的诸多领导者也强调，这本小说中隐含着当前互联网行业竞争的法则。教育领域也出现了大量通过作品倒逼教师成长的范例，许多学生买到《三体》交给老师，要求老师限期读完后跟自己进行交流。

不但是刘慈欣，在过去的五年中，更多作家完成了自己从被小众欣赏向被广大读者接受的转换。老作家王晋康在五年中几乎每年出版一到两本长篇小说，这其中，多数作品是他对科技进步过程中人类方案选择和道德选择的严肃思考。韩松的作品也年年刷新自己的创作纪录，他的“轨道交通三部曲”——《地铁》《高铁》和《轨道》，从多个侧面反映了我们时代高速发展造成的奇迹和问题，作家带领读者逃离愚蠢的直线思维进入多元思考境界的勇气着实可嘉。何夕的小说《天年》，从太阳系围绕银河系运转的更加宏伟的角度观察人类的生存，期待我们能克服当前的短暂问题走向真正的可持续生存。

从 2011 年到 2016 年，中国科幻小说出版总数从年度 77 种发展到年度 179 种，原创读物从 35 种发展到 102 种，增长量在一倍以上。其中，刘慈欣小说的单册销量已经超过 300 万本，创造了自《小灵通漫游未来》之后的又一个科幻销售奇迹。在刘慈欣作品的带动下，其他作家的作品销量也出现了不同程度的增长。这些数据虽然看起来不大，但对图书行业一个正在走向衰落和转型的停滞市场，对一个曾经受过许多质疑甚至抵抗的文类，上述数据的变化映射了我们的文化产业发展的稳健和务实。毕竟，科幻行业并不希望大起大落，只要能回归自然，我相信这一文类的表现还将继续向好。

二、从个体创作到集群创作

多年以来，科幻小说一直是精英文学的组成部分。虽然许多批评家对这类作品不屑一顾，认为属于大众文学范畴，但现实的状况恰恰相反，科幻作家的学历和知识水平、思考层次普遍偏高，迈过科幻创作的门槛相当困难。而且，阅读科幻作品的读者也具有相当程度的文化水准和求知欲。但过去的五年，由于社会变革、科技发展，特别是互联网文化的兴起，科幻文学的创作方式正在走出精英的象牙塔，走向大众。在这方面最为重要的代表，就是作家和科幻迷携手成立的世界华人科幻协会。这个以阅读、创作、推广为核心的组织，在过去的五年中试图通过建立科幻作家跟读者、出版人之间的联系，构造了一种新的业界生态。事实证明，实现作家、创作者、出版人、产业人、读者之间的互联互通，不但需要网络等硬件，更需要活跃者和组织者的全力奉献。当来自全国各地甚至世界各地的科幻爱好者和从业者共同讨论作品，讨论阅读和创作中出现的问题时，许多问题本身已经迎刃而解。这种交流导致了集群创作的产生，即出现了大量相互联系相互影响的创作者群体，他们不断研讨着写作，在写作中研讨，作品质量和数量均大幅提高。

除了世界华人科幻协会，在多种平台建设方面，过去的五年也成绩显著。具有优秀传统且曾经引领过时代发展的《科幻世界》增办了少年版本，天津百花文艺出版社出版了瞄准白领读者的《科幻 Cube》。

把创作从小众推向大众的，还有一系列互联网平台和实体书店平台。在过去的五年中，有关科幻的网络平台数量大增。这些平台有的设在腾讯、百度，也有的设在果壳网、蝌蚪网、星云网，甚至有的设在微信。实体书店也在推进科幻创作大众化方面起到了积极作用，发生在实体书店的签售、讲座、朗读、作家读者见面会等活动场次年年大幅度增长。

评奖是人才成长的抓手。具有全国性影响力的“中国科幻小说银河奖”和“全球华语科幻星云奖”持续提高办奖质量，大连出版社主办的“大白鲸幻想文学奖”也重点关注科幻方向。新出现的奖励还包括深圳科学与幻想成长基金的“晨星科幻文学奖”、腾讯网和中国科普作家协会合办的“水滴奖”等。

恰恰是在这种多平台多媒体的支持下，中国的科幻作家队伍获得了长足发展，从曾经仅有的几十人已经发展到数百人。这其中，陈楸帆、夏笳、钱莉芳、马伯庸、宝树、飞氘、江波、郝景芳、梁清散、程静波、陈奕潞、萧星寒、张冉、阿缺、刘洋、迟卉、周敬之、翌平等作家（这个名单还能列得很长）分别在不同领域崭露头角。作家队伍的异质性也大大增强，科技工作者、文学工作者、互联网和高技术企业从业者、大中学生和研究生等的介入，使科幻创作中的创意和生活元素更加丰富，而创作队伍的发展为未来繁荣奠定了基础。

三、从小说到全产业

过去五年科幻文学一个最显著的发展是走出小说范畴，进入电影、电子游戏、主题公园、科幻创意教育等组合的全产业疆域。

随着中国电影事业的发展，科幻电影在过去五年辉煌起步。小说 IP 转化是电影发展的第一步。这其中，游族影业对刘慈欣的小说“三体三部曲”的改编引发了社会的广泛关注。而国家副主席李源潮和科普科幻创作者座谈，显示了国家层面对这个领域转型的支持。正是在这样的努力和支持之下，中国科幻电影迈出了可喜的一步。2016 年 1 月，电影《美人鱼》带动中国电影票房总量第一次超过美国，中国成为世界第一大票房收入国。此后，陆川导演的《九层妖塔》也获得了好的成绩。专门从事科幻电影拍摄的影业公司也在创建之中，像竺灿、十放、壹天传媒、水星、天津地平线等影业公司都在积极运作，希望能在下一个五年创作出有影响力的作品。

除了科幻电影，科幻电子游戏的发展正在考虑更多地跟教育相结合，创意者试图从教育教学的目标着手去设计和引导玩家。把科幻教育教学作为专项发展的清大紫育（北京）教育科技股份有限公司，连续两年举办中小学生科普科幻夏令营和科普科幻剧表演，报名人数年年上升。利用机器人、无人机和借助“STEM 教育”（科学、技术、工程和数学教育）结合科幻的尝试也获得了一定的成果。

有关科幻的主题公园设计，目标除了对准航天、史前生物之外，还有一些针对博物馆的设计和设想正在论证之中。时光幻象公司首创了全国第一个中国科幻博物馆，并开始收集与科幻发展相关的文物和产品进行展出，这个思路具有前瞻价值。由《科幻世界》杂志社承担的建设全国最大的“科普科幻传媒基地”项目已正式列入《四川省新闻出版广播影视“十三五”发展规划》

和《四川省科协系统深化改革实施方案》。

最近两年，年轻人的科幻创业热潮正在逐渐兴起。赛凡科幻空间、未来事务管理局、青蜜科技、八分光文化等年轻人创建的公司，积极响应了国家“大众创业、万众创新”的号召，公司的主营业务是直接运营科幻创意，组织科幻文化传播，设计科幻周边产品，提供科幻社会服务。这些全新的创业尝试的价值可能会在未来几年初步显露。

四、从国内走向国际

过去五年中国科幻文学发展的最大亮点，当然是从国内到国际的突破式发展。虽然早在 20 世纪 70 年代，中国科幻小说就已经被译介到国外，但这些作品在国际市场和读者之中反响不大。2015 年 8 月 23 日，刘慈欣小说《三体》在第 73 届世界科幻大会上获得雨果奖最佳长篇小说奖，则对世界科幻领域产生了震撼。

雨果奖是为纪念著名科幻编辑、美国科幻黄金时代推手雨果 · 根斯巴克而设立的一个奖项。该奖项多年来聚焦于英美科幻文学，极少有外国作家作品能够获奖，刘慈欣是获得该奖励的第一个亚洲作家。刘慈欣创作小说的过程中大量吸取了国际国内科幻历史中的重要成果，并创造性地将工程思维、价值逻辑、社会学和宇宙学相结合。他创造的质子二维展开、维度压缩等概念确为科幻领域首创，而具有独特性的黑暗森林法则，不但给人类认知外太空生命提供了新思路，还给处于日常困惑中的国人提供了考察周边人际关系的方法。刘慈欣获奖最大的作用就是提升了国内外读者对中国科幻的兴趣，但同时也应该看到，这一走向世界的成果，是中国出版界根据商业规律运作国际出版物的成功典范。这其中，借行业内成熟的外国公司“借船下海”，邀请在海外有重要影响力的作者担任翻译，完全按照海外商业营销法则进行设计流程等，都是值得肯定的做法。

刘慈欣获奖后仅仅一年，科幻作家郝景芳的短篇小说《北京折叠》再次摘得雨果奖桂冠，获最佳中短篇小说奖。如果说刘慈欣的获奖是对中国作家几十年孜孜不倦追求作品国际品位和国际水准的褒奖，那么郝景芳的获奖则是对中国科幻创作后继有人、潜力巨大的肯定。《北京折叠》是一部以经济学和社会学为内核的科幻小说，故事讲述了现代城市生活导致的社会分层现象，故事成功地展现了在可能的未来中不同层次个体的可能生存状况。郝景芳的小说引发了很大争论。这些争论包括科幻小说跟现实主义文学的边界到底在哪里，未来科幻发展的道路是应该更多建立乌托邦还是避免乌托邦，社会分层是否是一种全球化的现象，国家的发展是否要最大限度地消除差别。如果说刘慈欣的小说更多地给人对科学的敬畏，那么郝景芳的小说则更多地给人对未来的思考。但无论怎样，两部作品从深度和广度上全面测绘了西方科幻界对中国科幻走向世界所带来的冲击的承受力，也加强了中国科幻能够顺利走向世界的自信。

除了刘慈欣和郝景芳，在过去的五年中，中国科幻作家的更多作品被译介到海外。这其中，微像文化跟美国《克拉克的世界》杂志合作推出的“中国作家专栏”项目，定期发表中国作家的科幻小说。由《人民文学》主办的英文刊物《路灯》也发行了“科幻专号”。此外，由刘宇昆翻译的陈楸帆的小说《丽江的鱼儿们》还获得了2012年第二届世界科幻奇幻翻译奖短篇类奖项。

2013年春天，吴岩和维罗妮卡·霍林格共同主编美国《科幻研究·中国专号》，第一次在国外学术期刊上全面介绍中国科幻发展及在此方向上的研究成果。在这个刊物带动下，国际上许多其他刊物也相继出版了介绍中国科幻的文章。

五、从自发创作到政府支持

五年中还有一个最大的变化，那就是科幻文学从自发创作走向政府支持。在过去的两年中，国家领导人多次对科幻的发展表示了支持。中国科学技术协会、中国作家协会等分别召开了刘慈欣获奖座谈会。2016年3月，在国务院办公厅出台的《全民科学素质行动计划纲要实施方案（2016—2020年）》中，明确指出要大力开展科幻、动漫、视频、游戏等形式的科普创作。5月，习近平总书记出席全国科技创新大会、中国科学院第十八次院士大会和中国工程院第十三次院士大会、中国科学技术协会第九次全国代表大会，提出要加速创新型国家建设。随后，中国科协宣布设立“国家科幻节”。9月8日，“2016中国科幻大会”在北京航空航天大学正式开幕，国家副主席李源潮在开幕式上发表讲话，他希望中国当代科幻科普从业者牢记时代使命，多思考，勤创作，力争拿出更多群众喜闻乐见并可以在国际舞台上大放光彩的优秀作品。中国科协、中国作家协会、共青团中央等单位领导还一起参观了科幻产业发展历史的展示。来自顶层的声音和主管机构的持续动作，已经为科幻文学与艺术的繁荣提供了强有力的支撑和保障。

在科研领域，国家社科基金从2012年开始支持科幻研究，此后几乎每年都会分配一定资金支持科幻相关项目的展开。聚焦科幻学术或产业发展的科研活动逐年增多。2011年8月，《南方文坛》和上海作家协会合作举办第二届“今日批评家”论坛，论坛的主题是“《地铁》与韩松科幻小说”。此后，相关领域的研讨活动一直没有停止。这其中，2015年重庆大学人文社会科学高等研究院主办的“中国科幻文学再出发”研讨会和2016年初海南大学举办的“刘慈欣科幻小说与当代中国的文化状况”研讨会声势浩大。2016年第二季度，复旦大学“科幻文学工作坊”则邀请了海外专家参与。而第三季度，北京师范大学科幻与创意教育研究中心在“中国科幻大会”上发布的《2016中国科幻创意与创新方向年度报告》，成功地把科幻创意跟当前中国的顶层设计、技术研发相融合。第四季度，北师大还将会同中国科普作家协会一起为纪念《乌托邦》出版五百周年举行“乌托邦与科幻文学研究国际会议”。

虽然五年里中国科幻文学和文化事业取得了长足的发展，但也应该看到其中存在着一些问题。首先，作家培训非常缺乏。相关行业将资金更多注入这个领域，政府更多地在这个方面引导和投入，可能是增强科幻发展软实力的最重要的方向。其次，平台建设仍然需要时间。当前虽然新建了许多平台，但这些平台的运营没有创新，不能吸引更多从业者的到来，这一点应该引起重视。再次是行业浮躁现象的出现。跟所有正在高速成长的行业一样，科幻文学走向影视化的过程中，资本的强势注入，导致了部分作家从小说创作迅速转向电影剧本撰写，但在不熟悉的领域中摸索需要大量时间，一些作家感到一种“两面不着家”的困惑。更重要的是，如果作家不注重文体创新、不注重对科幻文学本身的思索，整个文类无法赶上文学和时代的发展需求，势必影响原创能力的发展。

当前，科技革命和世界秩序的改变，已经给科幻文学这个面向未来发展的文学品类提供了更多机会。而如何面对如此丰富和伟大的时代机遇，如何为中国和世界的文学与文化发展做出应有的贡献，是摆在每一个科幻文学创作者面前最为严肃的问题。

科幻未来主义的状态或宣言

2014年5月10日，应“未来事务管理局”之邀，我在这个公司成立会议上发表了讲演，这个讲演主要针对科幻与未来的关系，其中在最后部分我提出了一个《科幻未来主义的状态或宣言》，希望能引发创作界的重视。《宣言》后来发表在同年7月25日的《文艺报》上。此前，在中国科幻文学领域中已经有科幻现实主义的提法，但科幻未来主义的出现与倡导，在整个中国科幻文学领域还是第一次。

一、应该为未来写作

今天，科幻作家为自身的爱好写作，为市场写作，为娱乐写作，这无疑是对的。科幻现实主义者关注现实，现实的种种问题成为科幻写作者批判的对象，这也无可厚非。但科幻未来主义者则认为，真正的未来需要建构性的写作，要为人类打开脑洞，为迷途的羔羊折返自由的宇宙而写作。

二、感受大于推理

科幻未来主义者坚定不移地追随感觉，让创作回归个体心灵而非已有的知识或方法。科幻未来主义者被心灵指引而非科学的推理指引，这使他们的创作明显地表现出超越科学的灵光。科幻未来主义者不是未来学家，但他们通过自己的努力，使思想能在未来人类生活的变化中做出贡献。

三、思想和境界的无边性

在科幻未来主义者看来，幻想不需要边界，科幻是没有底线或突破底线的最佳文类。即，无论是科学底线还是人文伦理的底线，都不会阻挡科幻未来主义者的建构性探索。

四、没有唤起的作品是可耻的

科幻未来主义者为人写作，而不是为宇宙写作。科幻未来主义者不把人当成宇宙的中心，但是，他们清楚地知道地球上跟自己一样的人是创作过程中最重要的隐含读者。科幻未来主义者创作的是大众的未来读本，它以人对未来生存和生活的情感和态度唤起为核心考量。

五、创造力是最终指归

科幻未来主义者不满足于当前的文类状况，他们不会孤芳自赏。恰恰相反，他们反思自己的不足，期待对文类的陈词滥调做彻底颠覆。创造力的孕育是科幻创作的核心潜力，没有创造力的科幻不是真正的科幻。不但如此，在科幻未来主义者看来，没有对自己过去陈词滥调的埋葬，就没有文类的未来新生。科幻未来主义者期待跟世界一起的重返，跟宇宙共同的新生！

论中国科幻小说中的想象

2017年，我从北京师范大学转入深圳南方科技大学人文科学中心工作，同年12月，成立科学与人类想象力研究中心。这个中心的目标，就是融想象力、未来学和科幻研究为一体。在这个中心，我开始进行比较全面的想象力研究。2018年，我主持召开“探索想象力的本源”多学科学术研讨会，随后开设“想象力入门”课程。《论中国科幻小说中的想象》是这个时期的作品，发表于《中国现代文学研究丛刊》2017年第六期，第17—29页。

想象是科幻小说的生命线。无论是创作、阅读还是评论，想象在此过程中都起着不可或缺、不可替代的作用。这里说的不可或缺，指的是一旦科幻小说中没有想象力的张扬，这类作品就会滑入现实主义。而不可替代，指的是任何一种想要通过其他元素替代想象的方法，都会使科幻小说的价值立刻大打折扣。但对于科幻作品中的想象力到底是什么，什么样的模式以及什么样的路径被中国作家用来展现他们的想象力，在过去很多年，很少有人能清晰地论述。这样，一方面，大家同意科幻需要想象，另一方面，大家又无法从理论上发现这种想象是怎么发挥作用的，这使得科幻这种文类在文学领域一直处于某种神秘的悬置地位。

最早试图破解这种悬置的中国作家当推周作人。1924年，他撰写了《科学小说》一文，该文开宗明义地指出，当前儿童教育动辄让孩子看科幻小说（那个年代还在使用“科学小说”的提法）的做法值得怀疑。他列举了凡尔纳和弗拉马里翁的小说作为案例，认为其中的所谓空气动力学、天文学、气候减灾，其实并不是真正的科学或技术，只不过是童话故事，且还缺乏童话故事的美感。他写道："科学小说做得好的，其结果还是一篇童话，这才令人有阅读的兴致，所不同者，其中偶有抛物线等的讲义须急忙翻过去，不像童话的行行都读而已。"[①]文章强烈地暗示，科幻小说应该有自己的想象力展现模式，至少，这种模式跟童话的展现应有所区别。

同样是对想象问题提出自己的批评，顾均正却选择了另一个角度。1932年，顾均正发表《在北极底下》序，该文详细地阐述了他对科幻文学的看法。他指出，阅读同期的英美科幻期刊让他感慨颇多，只有假定的事实、没有科学的根据的作品名不副实，只能当成《西游记》《封神榜》来看待。[②]增进科学以压缩想象，成了顾均正科幻创作的主要追求。近年来，日本学者上原香发现，顾均正故事中那些具有想象力的情节，基本都是直接翻译自西方科幻小说的，他自己的创作就是给这些情节加入一系列科学解释。

新中国成立以后，强调想象是科幻文学的核心的观点大为减少。论者虽然总会谈到科幻中存在着想象，但却乐意跟科学混杂在一起。更有甚者，一些人追逐顾均正式思维，将科学跟幻想强烈地对立起来。但到头来，他们的尝试多数也以失败告终。例如，叶至善就在《〈失踪的哥哥〉的自白》中承认，他想给孩子更多科学知识的做法没有得到认可，孩子记住的反而是其中的神奇想象。[③]而出于种种目的所进行的限制科幻作品想象力的尝试，如新时期现实主义题材科学文艺作品征文，最终也是以失败告终。[④]

看来，无论从理论上还是从实践上，有关想象力在中国科幻中的呈现方式和地位，都必须进行一次完整的梳理。

---

① 周作人．科学小说 // 雨天的书．北京：新潮出版社，1925.

② 顾均正．序 // 在北极底下．上海：文化生活出版社，1940.

③ 叶至善．《失踪的哥哥》的自白 // 竖鸡蛋和别的故事：叶至善科普文选．上海：少年儿童出版社，1988.

④ 20 世纪 80 年代《科普创作》发起的征文。力图消除科幻小说想象力充沛的状况，让这种作品能受到现实的规训。但发表的作品基本上没有任何社会影响，跟之前受到批评的叶永烈、童恩正、郑文光等的作品无法相比。这个征文还通过采用用科学文艺取代科幻小说的办法，力图淡化科幻小说的影响力。

一、中国科幻想象的模式

研究中国科幻小说历史，我们很容易得到一个印象，那就是在某一个时段，作家们会集中采用某些独特的想象模式。这是一种类似集体行动的做法，形成了那一个时代的想象主旋律。我认为，愿望、可能、价值观是中国科幻创作发展在三个不同时期的想象模式的主线。

晚清科幻小说的幻想模式是非常容易辨认的。在那个年代，多数科幻作家的科学素养不足，对科幻作品的理解也才刚刚开始，因此，采用最多的想象模式就是书写愿望。愿望模式指的是将以往早就存在了的群体或个体的愿望通过某种所谓的产品或技术呈现在作品之中。这些产品或技术，多数跟科学无关，只是借用一些科学术语，形成一种语言的外壳。以现在可追溯到的第一部晚清科幻作品《月球殖民地小说》（荒江钓叟，1904）为例，其中的高速气球与科幻小说《气球上的五星期》（儒勒·凡尔纳，1863）中的气球决然不同。凡尔纳会计算风力、绳索的强度、飞行的高度，进而推算出航路和飞行的时间，但《月球殖民地小说》中的气球丝毫不管这些空气动力学的原理，想多快就多快。由于现存稿件是不完整的，因此我们无法知道这个气球是否还能通达真空进入月球轨道。《新纪元》（碧荷馆主人，1908）中所使用的诸多宝物，跟武侠小说中的宝物功能差异不大。但如果打上氯气炮、电子炮的标识，就立刻变成了科幻新器物。《新石头记》（吴趼人，1908）中的科技内容也可圈可点。老少年在泰山山门前给贾宝玉所做的体检，那些所谓的验骨镜、验脑镜撰写起来根本不用医学科学基础。故事中的化学博士用上百气球在空气中撒硫黄驱寒，用百座大炉蒸出热气制造春天，并由于能改变季节而成为“再造天”，是其本领似乎也是愿望加倍的结果。愿望模式也不单单指物品的创想。愿望时代的科幻不但在科学技术和生活上的想象多数来自愿望，在社会发展上的想象也是没有理论背景的愿望产物。《新石头记》中的“文明境界”，《新法螺先生谭》（东海觉我，1905）中对教育和心理学引入中国的种种畅想，《新纪元》对中国变成军事强国的描写，《新中国》（陆士谔，1910）中的万国博览会，所有这些都是当时人的某种期待或所谓的心想事成。阅读这样的作品，人们一方面为未来而憧憬，另一方面会因为作品没有提供通路或背后的可实现性太弱而感到失望。在社会发展方面，除了改良、立宪、共和、打击洋人之外，鲜有其他有独特性的方法。

愿望时代的中国科幻小说充满了对未来的期盼，这一点令人印象深刻，仅仅是词语更新就已经给作品带去了新意。王德威用“另一种现代性”来肯定这种想象的价值[①]，武田雅哉称其为“桃源乡的机械学”[②]，黄锦珠用“拟旧”包裹“创新”来定位这些作品[③]。

遗憾的是，所有这些想象的新意，由于仅仅是愿望的展现，因此跟西方科幻小说中那种由科学的繁荣带来的想象非常不同。愿望时代的作家没有科学教育和全新的价值观、人生观作为基础，纯粹从儒家、道家、佛家的观念去构想科技，难度可想而知。最终的结果是作品根本没有跳出以往古典小说的范畴，常常是作品虽然贴上科技的边角，但也显得滑稽可笑。至于对新小说模式摸索，就更鲜有成果可言。也许，作家们对这种小说本身，就没有什么真诚的愿望。

恰恰是以愿望为基础的想象模式，导致了晚清科幻小说的衰亡。这种衰亡一直到新中国成立前，都没有大的转变。前期热衷科幻繁荣且具有科学素养的人，如鲁迅，早已远离科幻领域。继续坚持创作且有着科学素养的作家，由于主要阵地在科普期刊上，为了照顾科普的需求，也去掉了幻想的成分。仍然保持没有科学素养的作家，只好在鸳鸯蝴蝶派的阵地继续发表他们的作品。[④]这样，想象成就的晚清到民国的科幻，也因想象力未能真正启动而失去了读者的青睐。

新中国成立以后，中国科幻想象的愿望模式仍然继续发展，但由于新一代作家大都具备了科学教育的初级基础，且对马克思主义等社会发展的理论有所了解，因此，愿望模式很快转移到可能模式。所谓可能模式指的是在继续保持人们对未来生活的发展愿望的同时，通过寻找近期实现这些发展的可

---

① 王德威．想象中国的方法：历史·小说·叙事．天津：百花文艺出版社，2016.

② 武田雅哉．桃源乡的机械学．台北：远流出版事业股份有限公司，2011.

③ 黄锦珠．论吴趼人的《新石头记》// 林建群．在经典和人类旁边．福州：福建少年儿童出版社，1996.

④ 任冬梅．幻想文化与现代中国的文学形象．广州：羊城晚报出版社，2016.

能性来实现想象力的投射。郑文光在1958年的一篇论文中，采用“往往走在科学发明的前面”来标识科幻的特性。[①]要撰写科学家大脑中的幻想，则是那个时代苏联科幻理论对中国的影响。[②]

想象模式的转变，给科幻创作带来了新的活力，晚清之后中国科幻的第二个高峰在这个时段出现。《第二个月亮》《从地球到火星》《太阳探险记》（郑文光，1954，1954，1955）用天文学和宇航科技为作品奠定了奔向太空站、火星、太阳的基础。《三号游泳选手的秘密》《大鲸牧场》（迟书昌，1956，1961）用生物技术打造了全新的泳装和大鲸牧场。《失踪的哥哥》（叶至善，1957）用冷冻改变了生命体成长的速度。《古峡迷雾》（童恩正，1960）通过想象大胆触及社会和人文领域中的历史学和考古学。《布克的奇遇》《铁鼻子的故事》（萧建亨，1962，1965）通过器官手术和电子工程，实现了头脑移植并制作了最早的可穿戴人工鼻孔。《北方的云》（刘兴诗，1962）中甚至出现了呼风唤雨的气象学。

与晚清到民国的改良、革新、共和愿望不同，新中国开启的可能模式不但给中国科幻小说带来了因为科技变革而创造的奇迹，更建立了通过社会学或政治学理论阐发未来世界发展路径的方法。《火星建设者》（郑文光，1957）和《渤海巨龙》（王国忠，1963）等甚至开始触摸全球共产主义时代的可能式样。在作品的形式方面，由于建立了科学揭秘的故事模式，导致了文体从过去的没有章法、古体小说模式或科普创作模式，变成了具有独立特征的短篇科幻叙事模式。注重民族特色的作品，如《梦游太阳系》（张然，1950）、《孙悟空大闹原子世界》（郭以实，1959）、《画中人》（李永铮，1963）等也开始出现。这些作品是早期在科幻中融入古典小说、民间传说和童话的尝试。一些作品还难能可贵地将人物塑造放在重要的地位，《火星建设者》重点展现了火星探险家薛印青带领国际团队征服火星的艰辛过程，而《“科学怪人”的奇想》（迟书昌，1963）则通过祖孙三代人的不懈努力最终实现造福人类的科学愿望。

---

① 郑文光.往往走在科学发明的前面//怎样编写自然科学通俗读物.北京：科学普及出版社，1958.

② 苏联的科幻理论读物，是通过输出《知识就是力量》杂志和《论苏联科学幻想读物》等著作进入中国的。它们在这一时段对中国作家产生的影响无法估量。

虽然第二时期中国作家的想象取得了丰硕的成果，中国的科幻文学也已经达到了当时的国际水平①，但由于受到当时的社会发展背景和科技限制，这一时段的科幻小说没有能真正发展出比较多元化的、完整的长篇作品。又由于这种重视未来、重视可能性的追求，因此这一时期的短篇小说也多数只能服务于儿童文学。

从 1976 年粉碎“四人帮”到今天，中国科幻小说中的想象模式进入第三时期。这一时段，思想解放、经济改革、创新中国等的促进，使创作井喷式发展。第三时段的早期，愿望和可能模式仍然在共同支撑创作繁荣，这一点从《小灵通漫游未来》（叶永烈,1978）的脍炙人口就可以看出。但从《珊瑚岛上的死光》（童恩正，1978）、《飞向人马座》（郑文光，1978）等的获奖，《温柔之乡的梦》（魏雅华）和《月光岛》（金涛，1980）等引发的争论，直到《三体》（刘慈欣，2006，2008，2010）、《北京折叠》（郝景芳，2012）等的走出国门，一种全新的想象模式已经产生和成熟。这就是所谓的价值观模式。顾名思义，价值观模式就是通过孕育全新价值观从而构建另一种具有启发性的世界面貌。

价值观时期的作品内容多样，且想象丰富多彩。《珊瑚岛上的死光》将主人公设置为忠诚于祖国，忠诚于科学，要把科学发明贡献给社会，造福全人类的新人。恰恰是这部作品在价值观和故事模式上对社会的深度介入，使其获得第一届全国优秀短篇小说奖。《飞向人马座》力图在以往的儿童文学基础上提升读者的年龄，是第一部货真价实的“青少年”科幻小说。故事没有放弃已经获得的愿望加可能的想象模式，但走向从更宏大的科技视野去全方位考察未来发展和国际关系的道路。小说中的第三次世界大战、中美俄欧四角关系，以及掌握了科学技术的新青年形象，都是在以往想象模式上的拓展，更从相对论物理学视角去观察世界，观察人生，使作品的深度和广度有所发展。新时期科幻创作最有突破性的，是出现了《温柔之乡的梦》和《月光岛》这类触及中国当前现实的作品。小说以全新的姿态，以过去科幻中很少出现

① 例如，1957 年郑文光科幻小说《火星建设者》就曾经获得莫斯科国际青年联欢节大奖。以当时的情况看，这一奖项无疑具有国际水平。

的担忧情感，把中国人当下的种种思索跟科幻小说的创意形式进行了有效融合。在《温柔之乡的梦》中，机器人的百依百顺造成了巨大的灾难。而在《月光岛》中，极“左”思潮的影响甚至超越了本土进入了宇宙。到 21 世纪后，中国科幻作家对这种世界观变革的想象模式已经有了基本共识。《三体》将作者对人类生存的宏观思考纳入现实，尽可能把中国历史和现况置于宇宙的坐标上进行回望，起到了意想不到的“审视过去，通达未来”的效果；而《北京折叠》则通过对一个城市做放大镜式的精密分析，让我们能重新体验时代给个体带来的影响。

完整地观察三个时段中出现的三种想象模式，可以看到它们的重叠、连续产生和发展过程。这些变化，映衬出了中国作家探索如何采用想象的方式应对科技、文学、社会和时代变革所提出的挑战。在逐渐过渡的过程中，我们的社会从不了解科学到全面投入科学，再到因为技术进步太快而疏离科学；我们的作家从完全不懂科学到沉浸于科学知识，再到跳出科学从宏观把握世界观与方法论；我们的文学跟外部世界的关系不断发展导致我们从不了解外国到了解外国，再到主动选择外国……所有这些变化推动了想象模式的改变。当然，最关键的还是，我们国家的社会体制，从晚清到民国再到共和国，有了翻天覆地的变化。想象模式的变化是作家对多因素变化的回应。

二、中国科幻想象的表现方法

虽然从总体上看，一个时代的科幻创作具有比较集中的想象模式，但具体到作品则人各有异。观察想象的具体表现方式，有助于我们更好地理解中国科幻小说的创作特征。下面总结的一些内容并不全面，作者只是期望能抛砖引玉，引发对这个问题的关注。

1. 词汇暴接

词汇暴接指的是根据真实或推想的某些词语的含义，将它们硬性拼接成一个新词并由此产生想象空间，这种方法在晚清科幻小说中最为常用。《新法螺先生谭》中的外观镜和内观镜，《新石头记》中的验脑镜和验骨镜，《新纪元》中的海战知觉器和洞九渊等都是这样的词汇暴接产物。词汇暴接的基本原理，来自人类语义认知本身就是网状的，一种词语的含义可以激活对周边一系列概念的联想。用这种方法进行想象的好处在于可以立即根据词义产生功能或者画面联想。不过，如果没有原理的跟进，词汇的使用过于抽象，这样的幻想方式就会给人以有名无实、夸大其词，甚至可笑至极的感觉。但词汇暴接的成功可能具有化腐朽为神奇的功能，因此这种方法在近年来的创作中也仍然可以使用，像《小灵通漫游未来》和《偃师传说》（潘海天，1998）等就是成功使用这种想象方式的作品。

2. 感官诉诸

所谓感官诉诸，是指通过语言描述使某种当前不存在的事物具有真实的外观从而获得存在感。这种方法在少儿和成人作品中都能使用，在优秀的科幻作品中更为常见。《小灵通漫游未来》尽力将四个现代化的未来诉诸感官，通过气垫船、飘型车、珍珠一样的大米、报时手表等，使未来可视化。诉诸感官的撰写在《飞向人马座》中也特别突出。小说中的“东方号”宇宙飞船携带有全方位的虚拟现实系统，通过语音控制就能启动和关闭，这样，刚才还是狭小的飞船内舱一下子变成了开放的空间，这种感觉是想象力创造的奇迹。《三体》中的感官诉诸登峰造极。小说中所谓的质子的二维展开，是当今科学界都还没有出现过的精彩描述，没有纯粹、高超的想象力根本无法写出这样的章节来。《时间深渊》（付强，2016）中所展示的一系列高速飞船上的时间现象，是通过相对论物理学得出的推论，而一旦这种现象成为感官信息，就导致了奇迹在作品中的产生。一般来讲，感官诉诸的质量影响到想象被接受的程度，无感官诉诸的作品常常是缺乏科幻文学意义的低劣作品。

3. 时间错配

所谓时间错配，指的是通过将不同时间进行线性嫁接，导致场景或生活的错乱。这种想象虽然古已有之，但已经成为中国科幻小说中一个常用的手法，作品不可胜数。《新宋》（阿越，2004—2018）是一部以宋朝发生工业革命为内容的虚构小说。由于真实的宋朝并没有这样的革命，因此，属于时间错配类想象。梁清散的《新新日报馆》是另一个错配的晚清到民国的过渡世界，在这个世界中，报馆的编辑能制造出人工智能记者，交通工具则是由小猫提供能量的自行车。时间错配在中国科幻发展的早期阶段有另一种表现形式，就是将国外高科技的现实当成中国的未来撰写，这种现象曾经由王富仁提出，但在科幻中的研究还相当不足。由于时间错配已经成为当下一种新的穿越小说的常见写法，这里不再赘述。

4. 情境极端化

所谓情境极端化，指的是用通过把事件发展到极端而产生的全新情境去超越在场。在刘慈欣、王晋康的近期小说中，有关宇宙诞生、毁灭、重生等的情节常常出现。《三体》中三体人和更多外星球生命对宇宙的维度变更，也是空间变化极端化的想象。在表现人类社会未来方面，极端化也被采用。城市社会分层在《北京折叠》中被放大，出现了全新的外观。《荒潮》（陈楸帆，2013）是作家陈楸帆将自己家乡一个叫贵屿的小岛上电子垃圾充斥的现实进行的极端化处理。作品中，现实的贵屿变成了“硅屿”，电子垃圾不再是死的，而是活的。《闪光的生命》（柳文扬，1994）是通过将一生压缩到半个小时的极端化处理完成的，作者以此观察人类如何不忘初心，完成自己的追求。情境极端化是创作优秀科幻小说的基础，作家把握这种极端化场景的能力是作品成功的关键。

5. 跨界隐喻

跨界隐喻指的是，通过对一个领域的某种机制或状态向另一个领域转移去实现超越在场的方法。《大鲸牧场》通过比照牧场方式放养鲸鱼，创造了新的想象空间。《失踪的哥哥》通过豆腐被冷冻后出现的孔洞，设想出使冰冻生命体解冻后仍然能成活的方法。《决斗在网络》（星河，1996）中网上网下的活动相互映衬，对网上的描写多数是现实生活过程的跨界转移。《三体》中的思想钢印更是跨界隐喻的一个很好例子。魏雅华是中国科幻小说中采用跨界隐喻撰写作品最多、内容也最为深刻的一位作家，他的《温柔之乡的梦》《我决定和机器人妻子离婚》（1981）等用机器人和人工智能的发展隐喻国家文化的变革，主张从单一封闭进入一种多元的繁荣，这些都给后来的科幻创作提供了有效经验。

三、重新审查评判标准

中国科幻小说界对想象问题既有强烈的好评也有极端的差评，并非特别难以理解的现象。以下四个重要的原因造就了这个现象。

1. 想象思想史上的两极化

首先，从人类认知想象的历史来看，人们对这种独特的能力就带有两极化的想法。无论是中国还是西方，想象一直是使人困惑的能力。亚里士多德虽然提出想象力是一种表象加工，但却认为这种能力起源于人类的欲望，而欲望是容易使人滑入罪恶的。后人用亚当的故事来证明了这一点。柏拉图从一开始就贬低想象力，他的绝对理念体系中，想象力因为只是外物在人脑中生成的像，因此已经是远离真理、走向最外层的东西。他还由此得出了“诗人最不可靠”的结论。经验主义把想象看成是观念的联想，这种能力，跟其他认知能力相比并无显著的独特地位。给想象的最高评价来自浪漫主义文学。在珂勒惠支看来，想象是创造性的，类似“人类最美丽花朵”。但这样的评价好景不长，弗洛伊德把想象当成一种不受控的意识状态之后，想象力的地位再度低落。在中国古典文化中没有西方意义的想象力概念。虽然外面的文化中长期有对意义和图像之间关系的思考，但对想象力的跨界、超越不在场等观点几乎从没有涉及。[①]因此，当前中国话语场中讨论的所谓幻想或想象其实很大程度是外来文化的映射。西方观念在多大程度上造成了我们对想象观念的两极化是一个需要单独且详细研究的问题。

2. 对科学理解的差异

除了对想象力本身的认知差异，人们对科学的理解差异也是造成对科幻

① 参见牛月明在《中国文论构建研究：因情立体，以象兴境》中的一些论述，中央编译出版社，2012 年 1 月。

作品中想象力两极性判断的重要成因。在中国，许多人将科学认同为真理，认同为一种不可抗拒、不可辩驳的知识集合，在这样的状态之下，任何跳出这些知识的判断都会被贴上不科学、伪科学或反科学的标签。一旦对科学的看法落入机械主义或以为科学等同于现有知识，对科幻作品的评价自然会受到影响。

事实上，科学是一个复杂的认知体系，这个体系中已经预设了想象的存在。科学探索是对当前不了解的知识区域的认知拓展，既然是不了解，就需要想象的参与。所谓思想实验就是科学应用想象的绝好例子。[①]只要注意科学界对想象的肯定的看法，就会发现这种能力是行业中罕见且难得的，同时也是成功做出发现的基础。从这个意义上讲，科学本身跟想象就是一体的，想象是科学过程的一个重要部分。如果说科学研究聚焦的是在场，而科幻探索不在场，那么两者的交互地带一定是那些前沿的混合区域。无论是物理世界还是精神世界，无论是自然还是社会，人类的探索总是从已有成果转向未知领域，而一旦到达未知领域，想象的作用就极大地彰显出来。想象为科学创造新的假设并引导验证，同时，也为科幻作品创造新的背景设定和情节走向。刘兴诗就曾经提出过将科幻作品跟科研过程相互衔接的看法。[②]

但科学和科幻之间有着巨大差异，一种假设产生之后，要面对实验的多次检验，直到这一假设能够被接受，成为常规科学的一个组成部分。在这个过程中，许多竞争性的假设都会被否定，但所有这些假设中的每一个都因为想象内容的不同而具有同等的科幻创意价值。作家可以为每一个想象创制一个全新的作品，每一个作品都会覆盖一个全新的不在场区域。检验科幻作品好坏的标准，就是这些想象的新颖性、大胆性和对人的思维的启发性。

一旦从理论上解决了这个问题，那么来自中国科幻历史中对科幻的许多批评就会变得毫无意义。科幻是科学精神的弘扬者，这种弘扬是通过张扬想象，让想象在所有领域发挥作用实现的。王富仁在更高层次上讨论了科幻跟科学的关系。他在《谈谈科幻小说》中指出，想象是人类最初也是最充分的

---

① 托马斯·斯特提亚．作为思想实验的科幻小说．科学文化评论，2008，5（5）．

② 刘兴诗．幻想，从现实起飞 // 赵世洲．科幻小说十家．郑州：海燕出版社，1989.

表现形式，是群体童年和个体童年的思维同构体，这样的观念强调想象在科幻中必须占有重要地位。在王富仁看来，想象有两种发展方向，一种是继续产生想象，丰富自己的形式，另一种则是面对现实，发展起理性和科学。而深谙其理的科幻，正是通过以科学形式表达人类想象或以想象形式表达人们对理性科学精神的尊崇和向往。①

3. 错误的心理学理论

长期以来，在心理学教材中一直把幻想放在一个难堪的地位。由于将再造想象、创造想象和幻想按照一个序列排布，而三者对在场的距离越来越远，人们会自然地认为，幻想是想象张扬到极端的产物。但教科书中却大力否定这种最高级的想象，认为是没有边界的胡想。②这样的说法在很长一段时间里曲解了幻想的含义。幻想应该是指向对存在超越的，不在场是幻想的突出特征。恰恰是因为幻想能力的超越存在本性，导致了这种能力极难把握。因此，它无疑是人类思维能力中最高层的，不可能是被贬斥的。但超越性也导致了它的难于把握，因此，面对日常生活的普通人发展起这种能力有可能是毁灭性的。

可喜的是，近年来，心理学教科书已经对这样的状况进行了修改。一旦这种修改逐渐在社会上获得更加广泛的认可，对科幻文学认知上的错误观念就可以被更好地消除。我以为，幻想是想象力的高级形式，这种形式不是简单的表象改造，而是复杂而深刻的不在场思维。由于幻想问题比较复杂，将专门撰文论述，此处不再细谈。

4. 未来检验的误区

对想象批评两极化的第四个产生原因是所谓的必须接受未来的客观检验。一些人认为，只有能够被客观检验的科幻小说才是好的科幻小说，即想象跟现实之间的吻合是评价科幻的标准，所谓科幻应该写“能够实现的想象”的

① 王富仁. 谈谈科幻小说. 文学评论家，1992（4）.

② 例如，彭聃龄主编的《普通心理学》教材中，只有最新版本去掉了幻想，并将它移动到意识状态的地方。

说法就是这么来的。但想象力跟实现与否无关，恰恰相反，人类最伟大的花朵不是对可能实现的现象进行预写或复写，而是对多种不同观念的思考和创生。观念的创造本身就是人类超越现实的方法。如果说科幻作品中的想象对现实有益，那是因为这种想象让人离开现实。而科幻的作用比实现某种预言要复杂且丰富得多。抚慰人的心灵，提供多种可能的未来蓝图，建立信心，增加生活驱动力，造福个体和种群等都是想象的功能所在。古往今来，许多科幻作品并没有被现实所验证，但却仍然被认为是伟大的作品，那是因为它提供了刺激人类思考的全新资源。

四、重建中国科幻的想象标准

在中国科幻发展史上有关想象的一个最重要的里程碑事件，是将原有的科学小说标识改为科学幻想小说。黄海曾经在一篇文章中指出，海峡两岸都在 1949 年之后逐渐将这个词改为新的标识，这个问题很值得研究。但到底谁最早，为什么这么修改，他没有答案。[①]就这个问题，笔者查阅了相关数据库，找到了 1948 年 8 月《中学生》杂志上发表的符其珣的翻译苏联作家萨帕林的小说《工程师的失踪》。[②]这篇小说是当前发现的历史上最早的具有科学幻想小说标识的作品。可见，早在两岸分离之前，科学幻想小说这个用法已经出现，这很好地回答了黄海提出的问题。

这里要强调的是，一两个作家或一两家出版机构改变用法是一回事，多数作家认同且整个社会接受，就是另一回事。海峡两岸的作家和读者在不同的文化政治背景之下，都确认科学幻想小说的用法可以替代科学小说，这在一定程度上反映了中国人对这类作品性质的认知共识。换言之，这一改变确实捕捉到了科幻小说作为一种独特文类的关键所在。

如果说鲁迅的《月界旅行 · 辨言》发表、科学小说改为科学幻想小说的

---

① 黄海 . 科幻文学解构 . 新北：黄炳煌出版，2014.

② 在 1948 年 8 月第 49 期《开明少年》杂志上，刊登了符其珣翻译的苏联作家萨帕林撰写的《工程师的失踪》，在刊物目录上，明显展示出科学幻想小说字样。这是当前查到的这个用法第一次在中国出现。

完成是中国科幻文学领域摸索出文类独特性的肇始和第一次重大转折，那么今天必须完成第二次转折。这个转折就是要面对丰富的、走向世界的中国科幻文学创作，从理论上建构起想象的独特位置。与此同时，如何破除对科幻中想象的错误认知，建立更多的想象模式和找到更多想象的表达方法，是未来中国科幻继续发展的重要前提。

中国科幻小说中的时间表征

2013年10月16日，我受重庆大学李广益老师邀请，赴重庆大学人文社会科学高等研究院做主题为《中国科幻小说中的时间表征》的报告。此前，我一直注意科幻小说中的过去与未来的表征问题。本文是讲演整理后发表于2014年2月24日《文艺报》的文章。有关这个问题，我的博士研究生张凡目前正在撰写一篇全面深入的学位论文。

人类是迷失在时间的种族。这种迷失发生在最近的400年。

我是从事管理学教学长达20多年的人，管理学就是这种时间迷失的最典型的案例，因为它的基础——效率——就是对时间的压缩和拉伸，是跟生命和宇宙自然进程本身的对抗。而在所有对时间的发现中，对未来的发现和追求，更是现代社会性赖以生存的一个基本动力源。一旦有了未来，人类作为一个群体就有了“希望”。

中世纪之前，人类也有未来，但这基本上不是当前意义上的未来。那里讨论的未来，是作为他者的神确立的某种脱离人类控制的东西。文艺复兴和启蒙，以及随后的科技革命和社会变革，给人类去除了自主思索时间问题的枷锁。通过对未来意义的创建，人类定制了发展的观念，相信通过自身努力，人类可以逐渐地走向更好时代的想法得到确立，以往古典社会中那种平滑的时间线，就被一种上升的时间线所取代，未来于是变为一个全新的“应许之地”，这片土地的开发者和利用者都是人类自身。在这样的概念语境下，人类疯狂地展开了对自然的探索和掠夺，展开了对时间的种种操作。

现代社会就在这种喘着粗气的奔跑中，彻底改变了周边的自然、社会与人文环境。文学，如果反映论仍然是一种有效的文学产生机制的话，自然会在这种喘息中翻开新的一页。波德莱尔的诗歌、巴尔扎克的小说经常被用于谈论现代性与新时间观念在文学中的展现，这当然是不错的，但人们往往忽视了那种对时间直接进行操作的文本。

在文学特别是小说领地中，直接操作时间的故事不是新的发明。瞬间变老或返老还童的故事，至少在童话和宗教小说中有所出现。然而，这些故事中，时间改变本身不是主题，且缺乏现代社会的基本语境。真正站在现代社会的知识背景下直面时间的改变，把时间作为一个宏伟的主题进行操纵的第一个作家是英国的威尔斯。1895 年，威尔斯的《时间机器》问世，小说直接依靠第四维时空理论，采用机械方式，把人类推送到 80 万年之后的共产主义社会—— 一种社会学的人类末端和亿万年之后的终端海滩，一种生命彻底消失的自然世界的末端。

威尔斯是一个时间节点，在他之后，科幻文学彻底地出现并站立到文学领地的一个角落，而在社会学领域，未来学也由此发生。无论是科幻文学还是未来学，都把时间当成一个最重要的主题。

波兰学者 Pawel Frelik（维尔 · 弗雷利克）认为，19 世纪后半叶的科幻文学能反映出西方社会时间知觉的一系列变化。我宁愿使用表征而不用知觉，因为表征是明显的主体主动参与。沿着 Frelik 的思路继续分析，会发现进入 20 世纪之后，科幻作家的时间表征方式发生过一系列群体性的改变。具体来讲，在 20 世纪前半叶，时间表征的过程带有一定程度的科学主义观念，这一点在阿西莫夫的《基地》、海因莱因的“未来历史”系列中都有表现。而 20 世纪后半叶，时间表征由进步主义转移到回溯未来学，大抵是因为科学和进步中发生的种种问题，导致了作家对科学和进步本身的怀疑和停步。回溯未来学让他们放弃了独立的身份，也躲避了当前的境况。这里所指的回溯未来学，是让那些故事的设计回到上半叶，或以上半叶的设计为基础继续向前推演。蒸汽朋克，可以作为回溯未来学的典型故事类型。进入 21 世纪之后，科幻小说中的时间表征的群体变革在于更加集中到奇点未来性的书写。所谓奇点，本来类似数学和物理学的终极点或转折点的概念，但这里所用的奇点，是指一种科技发展导致的技术或社会时段必然终结。奇点是一个终结点，同时也可能是一个翻转点，一个新的开始点。从信息技术、纳米技术、制造业的发展和生物技术的发展看，当前路径的终结点——奇点，都正在不远的未来显现着。人类能否跨过这个终结点，已经成了科幻作家群体关心的主要问题。

那么，作为一个生活在非西方社会、很晚才打开思想和文化大门的、具有丰富古典思想的东方国度，它是怎么通过科幻文学去认知和积累时间观念的？它怎样通过自己的预置构件并结合西方的思潮进行时间表征的？这种时间表征是否也反映了中国思想进程中的某种群体性的东西？

中国古代出现最早的时间词是“久”，《墨子》中最早出现了这个词。对“久”的持续关注，吸引着中国人的注意力。家庭的延续、种族的延续，都跟“久”有关。这样，“久”的相关词素能够把儒家、道家、墨家等的时间关注点都清晰地表达出来。中国古典思想中另一个对时间强调的流派是兵家。《孙子兵法》因为涉及双方对战，所以抢夺瞬时的优势被特别看重。遗憾的是，中国古典的这些时间观念，基本上都不是体验性的表述。在这样的“前现代”（用前现代很不恰当，因为中国问题跟西方问题完全不同，这里只是简单类比）的文化背景下，中国的知识分子必须去认知、体验甚至接受西方的时间思想，要对时间表征做出自己的创新式建构。

回顾过去 110 年中国科幻小说中时间表征群体倾向的历史，我简单地将其分成事件积累型、时空转换型、当下逼近型和回溯未来型四种。

从时间发生上看，晚清科幻小说的时间表征方式主要是事件积累型和时空转换型。《新中国未来记》，无论你怎么定位，它的属性都应该是一部未来主义作品。梁启超作品的第一句话，就定位了这部小说对时间操作的雄心。跟所有复古的小说不同，这种操作是面向未来的，在中国的历史上，还少有这种对未来的倾情表述。不但如此，梁启超还通过自己对未来的分时段描述，把预备时代、分治时代、统一时代、殖产时代、外竞时代和雄飞时代全面展现出来。我认为这样六个时代的清晰划分，是展示梁启超的《新中国未来记》的时间表征方式的最重要内容。这里，我们看到了一种将事件堆垒后形成的时间演进。我相信他是先有这些事件，才开始进行时段分化，再给分化后的段落赋时间值的。在这个过程中，梁启超尝试了一种新的，跟过去讨论“久”、讨论瞬间战胜对方所不同的时间表征方法，这种方法的重要特征是理性分析和逻辑演化。作者在这里所给出的六个时间节点和威尔斯的两个时间节点，具有同样的强烈的理论背景，这就是起源于达尔文且被转义的社会进化论。

梁启超跟威尔斯的小说自然有着巨大的差别。刨除两个作家对小说的认识的差异，仅仅看他们对时间的表征，就会发现威尔斯的小说是以人为中心的，个体对时间的感觉、在时间中行走的体验、对时间所造成的变化的好恶，是作品的主要内容。梁启超的小说是以中华民族为中心的，群体的未来走向、未来发展的时程，是作品的主要着眼点。而通过对个人体验的聚焦和对社会发展的着重，两个作家各自避开了其文化弱点，发挥了文化优势。事件积累型时间表征，使中国作家找到了一个操作时间的有效方法。事件积累法其实是一种历史的撰写方法，而梁启超的发明就是把这种写法推演到未来，梁启超是中国未来史科幻的创立者。

我把《新中国未来记》《新纪元》这类的作品，作为中国科幻作品中操作时间的典型代表，最重要的一点还在于作者表达了操作时间的强烈愿望。两个作品的开头都提到，崛起的中国希望将世界通用的公历改变成以孔子诞辰为标志的中国式纪元，一种想要控制人类时间表征的愿望被明显地透露出来。而围绕这种历法的改变，中国在全新的世界秩序中获得了地位。这种方式的创造性，也许是《想象的共同体》一书的作者所没有发现的，而它是否具有中国文化的独特性，还需要更多研究来证实。

从晚清到民国的一系列科幻文学中的时间表征是复杂的。王富仁和杨联芬曾经谈到，晚清科幻小说呈现的未来状况，其实就是当时所看到的西方发达的现实。这在时间表征的研究中值得特别关注。换言之，中国早期科幻作品（至今仍然有这类作品产生）会将西方发达地区的当前，通过时间投射的方式推送到中国的今后。我们可以把这种将当前的其他国家现状展示为未来的发展预言的小说中的时间表征方式称为时空转换型。时空转换型时间表征方式也是一种避开个人体验展现时间的表征方式。它的目标是未来时间，而操作中的参照物是当前的不同发展水平的社会。作者所依据的和展示的，仍然是非个体体验的时间状况。

从民国到“文革”结束，中国科幻小说发生了一个碎片化和当前化的过程，作家不再希望把自己的眼光朝向遥远的未来。这样，在整个科幻群体中，时间表征的基本方式就是当下逼近型，即便是明显在技术上要超越很远、需要很长时间才能达到的未来故事，作家也希望在中间给人一种马上可以实现的感觉，或者在结尾说，这就是现实。讨论这一时期时间表征对当下的逼近，要结合整个中国社会的政治状况和社会状况。而发掘这一时期作品中被伪装的现在，更是科幻研究者应该投入的一个具有丰富趣味性和学术价值的话题。

进入最近30年，在以往的所有时间表征仍然存在或并行的状态下，回溯未来型时间表征方式也在中国科幻小说中自主地出现。这里所说的回溯未来，具有中国特色。第一种典型的回溯历史的科幻小说，是郑文光等进行的反“文革”科幻的尝试。郑文光在《星星营》等作品中，把科幻的时间点直接放置到“文革”期间。当科学家发明了进化驱动器而造反派头目盲目地启动了这种仪器，世界将变成另外一个样子。金涛的《月光岛》也是“文革”历史科幻，但作者假设并撰写了一个不太遥远的未来。在故事中，“文革”的一切都在重演，但时间是将来式的。回溯未来型的时间操作在当前变得更加流行，潘海天等人尝试的对中国历史的回溯与重构，找回了中国文化中早已失去的那种天地融通的神秘感与灵性。而王晋康的《外祖父悖论》、刘慈欣的《三体》等则站在当代物理学的前沿，完全按照相对论物理学的基本原理操作了时间的移动。刘慈欣的小说特别值得重视的，是有关流失的体验部分已经被提取出来。回溯历史法的科幻操作中最有价值的是韩松的小说《红色海洋》，这部作品的构造是一个时间悖论，而其第四部更是把中国的中期未来跟过往的明朝历史相互对应，未来的时间箭头不再指向前方，彻底转向后方。

以上我们简要地探讨了中国科幻历史上出现的四种群体性的时间表征方式，从内容和形式上都可发现许多有价值的结论。第一，时间表征是一个寻找时间、展示新文化的过程。第二，时间表征的群体变化，是一种文学的自然演变，但受到社会因素的强烈影响。第三，时间表征方式的群体变化，既有中国本土情势的作用，也受国外思潮的促进，而且这种促进，越接近当前越大。第四，研究时间表征，既可以探索科幻的独特性，也可探索社会文化的变迁性。在西方，科幻小说不是关于科学的小说，而是“关于变化的小说”（如阿西莫夫等就持这种观点）。这种变化，不但考量技术和社会环境，也考量人的心理和生理改变。到今天，后现代导致的后人类的产生，促使人类躯体和心灵的彻底改变，科幻几乎成了唯一能够良好反映这一现实的文学作品。在这个意义上，科幻对主流文学的贡献必将改写文学史。

人类是迷失于时间的种族不是一个贬义的价值判断，它表述的是当前的重要现实。从启蒙以后，人类已经无法逆转地走上了操纵时间的道路，人类学的基本规律从这一时代开始，就已经把各个民族带上了时间的列车。如果文学仍然被认为是社会生活的一种反映，那么研究文学，特别是科幻文学中的时间表征就是研究者当前应该完成的有价值的任务。但文学研究不是简单的工具化地寻找群体生存的方式，也不是去肯定当前出现的各种表征，文学研究从来都是针对我们研究者自己的。通过对科幻中时间表征的研究，我们要打开自己内心深处的封闭之门，要揭露生活经验的遮蔽，要像海德格尔所说的去寻找“去了封闭的此在之绽出的时间性”，要探索古希腊人所说的“原初的或本真的时间经验”。

想要完成这些任务，科幻研究是最好的行动载体。让我最后再讲一个故事来结束我的讲演，这个故事是天才且英年早逝的科幻作家柳文扬撰写的。故事讲了发明者发明出一个与自己一模一样的机器人，但这个机器人只有半个小时的生命。当漫长的人生被压缩到只有 30 分钟，他必定要去完成这一生一定要完成的那个使命，这就是要向研究者——他的原型——一直心仪且不敢表白的异性去表白心迹。30 分钟里，机器人跨越了所有物理障碍和心理障碍，当他向那个莫名其妙的女孩说完最后一句话的时候，他的身体就开始分解。

他完成了怎样的任务？在生死和爱情的背后，深深地雕刻着时间的印记。科幻小说用独特的叙事和情节，用客体投射的方式，去除了经验的遮蔽，让你再也不能忽略内心那种深深的对时间的恐惧与焦虑。在这个意义上，我引用大家熟悉的文学评论家伊哈布 · 哈桑（Ihab Hassan）的一句话：将来最重要的文学，恐怕要到科幻小说中去寻找！

西方科幻发展的四个时期

1991 年，我邀请北师大文学院王富仁教授共同在这所学校开设“科幻文学评论与研究”课程。这是当时国内唯一的科幻课程，也是在综合性大学第一次尝试开设科幻课，学生的热情出乎我们的预料，为此，王富仁教授劝我写一点文字，进一步阐述一下这种文学的各个相关侧面。考虑到当时我的教学主要采纳科幻史模式，我就决定撰写这篇文章。完成之后，在王富仁教授的推荐下发表于《名作欣赏》1991 年第五期第 122—126 页和第七期第 104—108 页。由于在那一时段相关文章很少，后来被广为流传。但今天看，有一些信息并不准确，判断也不一定合适，刊登出来供大家批评。

纵观西方科幻小说一百多年的历史，我们可以大致将其划分为四个阶段，即萌芽初创时代、黄金时代、新浪潮时代和新浪潮以后（赛博朋克阶段）。下面分别做些简单介绍。

一、萌芽初创时代（19 世纪—20 世纪初期）

为什么著名科幻小说作家阿西莫夫和奥尔迪斯把第一部科幻小说定为 1818 年玛丽 · 雪莱创作的《弗兰肯斯坦》，这个问题值得研究。因为，在这之前近两百年，德国著名天文学家开普勒就曾写过一部题为《梦》的小说，其中有对安眠药、宇宙飞行的超重、极低温以及真空状态的细致描绘。作者还想象出月球上的巨大植物和奇异动物。任何一位研究者都可以知道，这些内容恰恰是后世科幻小说的典型内容。可遗憾的是，作品主人公实现月球旅行的办法超出了科学的范畴，他使用的是巫术。

我们之所以提到开普勒的《梦》，是为了阐明西方文学传统中很早就有强烈的幻想成分。早在古希腊时期，萨莱斯岛上的卢西恩就创作过《真实的历史》，柏拉图创作了《理想国》。后来，还有托马斯·莫尔的《乌托邦》（1516）、弗兰西斯·培根的《新大西岛》（1627）、乔纳森·斯威夫特的《格列佛游记》（1726）等一系列作品。在这些作品里，作者以丰富的想象力描绘了一些超越现实的世界，在那样的世界里，人们看到了自己的未来。正是这种充满想象的文学传统，导致了科幻小说的诞生。

另一个引起科幻小说出现的因素是西方工业革命。1765 年，瓦特改良蒸汽机成功；1807 年，富尔顿发明了轮船；1814 年，史蒂文森制造了火车。在这一切产生以前，哥白尼确立了太阳的中心位置，开普勒发现了行星运动的三大规律，牛顿找到了万有引力定律。所有这一切，都强烈地改变着世界的面貌，冲击着社会的政治和经济，也冲击着人们的心灵。人们禁不住要问道：科学到底带来了什么？还将带来些什么？

正是在这种情况下，文学，这个作为社会现实的一个晴雨表的意识形态领域里，一种新的文学门类——科幻小说产生了。1818 年，英国著名诗人雪莱的妻子——二十岁的玛丽·雪莱（1797—1851）发表了一部题为《弗兰肯斯坦》（副题为《现代的普罗米修斯》）的小说。

在事后回忆这部作品诞生经过的时候，玛丽·雪莱极力给我们留下这样的印象，那就是：《弗兰肯斯坦》的创作，纯系偶然事件。她在序言[1]中写道：

> 1816 年的夏天，我是在日内瓦郊外度过的。那是夏季，天气阴冷，淫雨连绵，每到黄昏，我们团团围坐在熊熊燃烧的柴堆旁边（当时在场的还有雪莱、拜伦、拜伦的私人医生等），间或借几册偶然落入我们手中的日耳曼鬼怪故事聊以自娱。这些故事，使我们心生异趣，也想依葫芦画瓢凑个热闹。我和两位友人约定，每人根据某起

① 《弗兰肯斯坦》原序 // 玛丽·雪莱．弗兰肯斯坦．陈渊，何建义译，南京：江苏科技出版社，1982.

神秘事件各写一篇故事。

然而，通读整部作品，使我们打消了关于其为偶然的“篝火故事”的推断，因为它无处不透露着作者对科学与世界、科学与人类这些严肃主题的关注。小说的主人公弗兰肯斯坦是位科学家，他通过实验创造了一个丑陋怪物。怪物在人类世界中东奔西撞，却得不到支持、理解和同情；他向往爱情和美好的东西，但得到的却是谎言和追捕；他不顾一切地向人类复仇，但终于被迫漂泊到北极冰原。

著名英国作家、科幻史家布里安·阿尔迪斯在他的科幻史著作《万亿年狂欢》中，曾经高度评价过《弗兰肯斯坦》的故事内容。他一改过去的评论仅仅将这部小说当成“人造人”的技术奇迹的说法，而是认为它在勇敢地证明，技术可以向上帝挑战。“在雪莱夫人的笔下，科学家成了造物主。《弗兰肯斯坦》的主题就是上帝不再造人了，人于是接管了下来。这是达尔文（进化论创始人达尔文）的准进化观点，即一旦人被造出来了，进步的工作就是留给其后代的活动，上帝不再干涉了。”

《弗兰肯斯坦》的确不是一部偶然产生的作品，它具有十分深刻的思想。书中对科学技术的态度，使人想到了一个进退维谷的人类代表，站在新时代的十字路口时，所可能具有的种种复杂心态：一方面，科学向上帝挑战，创造了奇迹；另一方面，这奇迹又与人类的传统本性格格不入。近二百年来，这种尖锐的冲突在人类与技术进步之间一直没有停止，这也就是《弗兰肯斯坦》开创的科学幻想作品的主题。

从《弗兰肯斯坦》开始，科学小说进入了文学的舞台。在它漫长的初创时期里，还有两位作家值得一提，他们是法国的儒勒·凡尔纳和英国的赫伯特·乔治·威尔斯。他们两人从不同的方面开拓出了古典科幻小说的两个主要派别——技术派和社会派。

凡尔纳（1828—1905）写过剧本，当过剧院秘书。他一生创作过上百部科幻小说，其中最有名的有《地心游记》（1864）、《从地球到月球》（1865）、《海底两万里》（1871）、《八十天环游地球》（1873）、《公元2000年的亚眠市》（1874）、《世界的主人》（1904）以及《流星追逐记》（1908）等。

凡尔纳以极大的热情去幻想一个美好的未来社会，他是科幻小说中所谓乐观主题的最好体现者。但是，他的这种热情有时显得有点做作，他像个痴呆人似的去描写一些“狂徒”。那些人试图创造一个大炮飞向月球（《从地球到月球》），或者为了打赌而环游世界（《八十天环游地球》），或者航行于太平洋底（《海底两万里》）。我们之所以觉得凡尔纳笔下的人物是一群痴呆人或狂徒，可能是因为他没有沿袭玛丽·雪莱那种哥特式小说的恐怖写法，而是继承了法国文学中面面俱到的传统。他笔下的人物千篇一律，没有深刻的内心生活，他也不试图去表现技术带给人的内心冲突，结果，他的小说成了科技成果的大展览，成了对未来的预言书。这也正是后来一部分评论家误入歧途、把科幻小说当成科学发展启示录的原因。但是，无论如何，凡尔纳开拓了科幻小说的许多领域，他所写过的纷繁题材，至今仍被作家们重复着。

赫伯特·乔治·威尔斯（1866—1946）则正好与凡尔纳相反，他的注意力集中在描述科学技术对人类生活的影响上面，而对明天将产生多少种飞机和火车不感兴趣。威尔斯是个生物学家，也是政治评论家，他一生涉猎广泛，科幻小说只是其创作早期的一个部分，主要有《时间机器》（1895）、《摩洛博士岛》（1896）、《隐身人》（1897）、《星际战争》（1898，中译本为《大战火星人》）、《月球上的首批人类》（1901）、《神食》（1904）以及《在彗星出现的日子里》（1906）等。

虽然威尔斯与凡尔纳几乎生活在同一时代，但我们可以看出，他们的确分属两代作家。在威尔斯的作品中，文风已不再是古典的了，小说的动作性很强，人物没有脸谱化。通过故事的逐步展开，我们能体会到主人公在变化着的科学奇迹下的痛苦、狂喜和无能为力感。威尔斯作品中的“科学”也比凡尔纳的“先进”许多，凡尔纳基本上是在凭常识写作，而威尔斯则涉及时空变换、元素与化合物等更深奥的东西。

《时间机器》可能是威尔斯最成功的作品，讲的是一个掌握在时间中穿梭行走技术的人，对公元802701年的地球的探索。他发现，在那个时代里，地球上的人分成两支，一支称为埃洛依，他们生活在地球的表面，整日花天酒地，不劳而获；而另一支称为莫洛克，生活在地面以下，他们的身体已经退化，但仍然劳作不止，为埃洛依的世界创造财富。读者很清楚这两类人所对应的阶级。

威尔斯的几乎每一部作品都让人觉得很悲壮，他是科幻文学中所谓“悲观主义”的体现者。《摩洛博士岛》中的科学狂人，《隐身人》中主人公的悲惨遭遇，以及《星际战争》中无敌火星人的烧杀都是如此。如果说，凡尔纳捕捉住了科学给人类的欢娱，那么，威尔斯则讲出了技术奇迹下人类的复杂感受，这一点倒是与雪莱夫人一脉相承。

萌芽时期还有一些作家，比如美国的埃德加·爱伦·坡（1809—1849），他是侦探小说的鼻祖，也是一个非常优秀的科幻小说作家，他把悬念和逻辑推理传统带入科幻创作，取得了极好的效果。

萌芽时期的作品主要有以下几个特点。

第一，作家们并没有意识到自己是在创作一种特殊的文学品种，也许他们意识到了，但不乐意去标榜这种特殊性。他们没有宣言，没有给自己的作品定出特别名称和给出特殊定义。这样做的优点是，避免了来自读者和文学界对于创新的太多责难。

第二，初创期的作品没有固定的格式，作家们尽量从各方面进行探索。雪莱夫人写哥特式故事，凡尔纳的作品属于“漫游”，威尔斯把科学当成探讨社会问题的引子，而坡则是在侦破案件。他们的这种探索，在接下来出现的科幻小说的黄金时代被糅合起来，形成了固定模式。

第三，我们可以看到，从科幻小说的初创开始，科学和技术就没有在其中上升到主要的地位，它不是被当成科普读物或是科学预言而创作出来。作家们更关注的是人类的命运，以及整个世界的前途。

最后，萌芽初创时代确立了后世科幻小说的主要题材，它们是太空探险、奇异生物、战争、大灾难、时间旅行、技术进步以及未来文明的走向等。

二、黄金时代（20 世纪 30—60 年代）

经过众多作家的共同努力，以及 20 世纪初美国出版商的推动，科幻小说有了极大发展。从 20 世纪 30 年代末 40 年代初开始，形成了一个持续的创作出版高峰，这个时期通常被称为科幻小说的黄金时代（黄金时代的起止日期也是有争议的，尼科尔斯 · 皮特将其定为 1938—1946 年，但是显然还有别的观点，我们只能笼统地将其限定在 20 世纪 30—60 年代）。

科幻小说的黄金时代大致有以下特点。

第一，出现了一批科幻活动家。在他们的积极组织下，才产生了作家、作品辈出的繁荣景象。早在 20 世纪 30 年代，美国的书商就看准了科幻小说这一品种。当时，有一套书籍非常廉价，叫作“ 10 美分丛书”，只要 10 美分就能买一本，全是内容、插图十分拙劣的科幻小说——外星人来了，和罪恶势力进行了斗争，英雄拯救了地球美人，等等。这类思想艺术性极差的作品，败坏了科幻小说的声誉，在读者中产生了不良影响。

第一个出来扭转这一局面的是美国人雨果 · 根斯巴克（1884—1967），他是工程师，负责主编《科学与发明》杂志。为了开拓刊物的功能，也为了恢复科幻高雅的名声，根斯巴克从很早就辟出一定版面刊登科幻作品。到了 1932 年，他干脆发行了“科幻小说专号”。专业杂志整本地刊登文艺作品，无疑对读书界造成了震动。在事后的民意调查中，支持改版的读者有 32644 人，占读者总数的 98.52%，而反对者仅为 498 人，占 1.48%。根斯巴克再接再厉，在刊物上开辟了《讨论》专栏，由读者自己发表意见。这样，大众对科幻小说的认识得到了深化。

如果说雨果 · 根斯巴克的主要工作放在启蒙读者上，那么小约翰 · 坎贝尔（1910—1971）的功绩则主要是团结和培养了作者。从 1938 年到 1971 年的整整三十三年里，坎贝尔主编了主要的科幻小说杂志《惊奇科幻故事》。他从来稿中发现作者，不辞辛苦地指导他们，安排新作家之间的交流聚会，改写他们的稿子，甚至给他们设计写作题目。正是在这三十三年里，他发现了包括阿西莫夫、莱斯特 · 德尔 · 雷伊、海因莱因、西奥多 · 斯特金、范 · 沃格特和克利福德 · 西马克等许多作家。

为了纪念雨果 · 根斯巴克和小约翰 · 坎贝尔的贡献，人们以他们的名字创立了两种科幻奖项，其中雨果奖已发展为当今最有权威的科幻小说奖。

第二，出现了大量作家和优秀作品。由于根斯巴克扫清了读者道路，在小约翰 · 坎贝尔的《惊奇科幻故事》的拓展下，当时涌现了大批优秀的作家和作品。

很难数清黄金时代的佼佼者和他们的杰作，我们仅从某些研究家所做的编年史中撷取一些。它们是史密斯（1915—1966）的“云雀丛书”，莱斯特·德尔·雷伊的《海伦姑娘》（1938），范·沃格特的《斯兰》（1940）、“非A丛书”（1945—1946），西奥多·斯特金的《微观世界的神》（1941）、《超人类》（1953），罗伯特·海因莱因的《他造了一所怪房子》（1941）、“未来历史”系列（1950—1953），艾萨克·阿西莫夫的“基地”系列（1942—1948）、《奇妙的航程》（1966），乔治·奥维尔的《1984》，小约翰·坎贝尔的《月球是地狱》（1950），雷·布拉伯雷的《火星记事》（1950）、《华氏451度》（1954），阿瑟·克拉克的《童年末日》（1950）、《2001：太空漫游》（1968），约翰·温代姆的《三尖树时代》（1951），杰克·威廉姆森的《时间军团》（1952），哈尔·克莱门特的《引力使命》（1953），威廉·戈尔丁的《蝇王》（1954），阿尔弗雷德·贝斯特的《被拆散的人》（1953）、《星星——我的目的地》（1965），菲立普·迪克的《太空之眼》（1957）、《高城中的男人》（1962）、《夜翼》（1969），弗兰克·赫伯特的《沙丘丛书》（1963—1980），以及克利福德·西马克的《驿站》（1963），等等。

此外，还有哈伯德、莫尔、詹姆斯·布里什、考恩布鲁斯、弗雷德里克·波尔、安德森、谢克利等的作品，无法胜数。他们的小说水平很高，质量也很整齐。由于篇幅所限，这里我们仅选取三个具有代表性的作家进行介绍，他们是美国的海因莱因、英国的克拉克和美国的阿西莫夫。

罗伯特·安森·海因莱因（1907—1988）是美国作家，受业于密苏里大学和安纳阿波利斯海军学院。在部队服役五年，后又进入洛杉矶加利福尼亚大学攻读物理学专业。1939年开始创作。主要作品有“未来历史”系列（1950—1953）、《星球兽》（1954）、《双星》（1956）、《星船伞兵》（1959）、《异乡异客》（1961）、《月球是个严厉的妇人》（1966），以及近期出版的《野兽的数字》《超越日落的航行》等。

海因莱因是讲故事的能手。他不特别追求过高的文学品位，只求用平易通俗的笔触写故事。中篇小说《傀儡主人》发表于1951年，描写一群专门附着在人体上、控制人类行为的外星人。它们像虫子一样吸住人体，然后进入脑部，于是，无能的人只能俯首听命，成为傀儡。评论认为，这种虫子样的异星生物只不过是海因莱因用来表达人类对死亡恐惧的一个诱因。

《双星》是一部惊险小说，讲一个演员如何被卷入一场政治阴谋，充当首脑替身的故事。他凭借其出色表演，拯救了整个银河共和国。小说对当今政治舞台上的领袖们进行了不动声色的讽刺。试想，当一个根本不懂政治事务和外交法规的演员，居然能够在星际世界的谈判桌成功进行磋商，那么，职业外交家和政治家就变成了很可笑的人物了。这部作品于1956年获得雨果奖。

《入夏之门》写于1957年，是关于时间旅行的。主人公一次又一次地与时间打交道，而每一次使用的方法都有所改变。最后，他终于成功地在历史和未来之间进行旅行。这部小说的情节，一定对20世纪80年代初曾轰动一时的电影《回到未来》有所启发。在电影中，主人公回到三十年前，替自己的父母充当婚姻介绍人。

海因莱因是真正的美国作家，他可以大量使用俚语和民间格言。他虽然塑造过各式各样的主人公，但人们总是感觉到这些家伙属于一个阶层，这就是处于社会底层和上层之间的那一类人。他写的科学家、工程师、军官、工人甚至总统都是如此，风风火火，讲起话来好像挺有见地，其实并不深刻。他之所以被称为黄金时代的支柱，恐怕是因为著述的丰富和广泛的读者群。无法否认的一个事实是，海因莱因的作品构思就是绝妙，悬念不断；加之，他不像别人那样关心机器胜过关心人。

阿瑟·克拉克是英国作家，科学家，国际通信卫星技术的奠基人。他在1945年发表的论文《地球外的中继站》里，第一个讲述了利用人造地球卫星通信的可能性及方法。他的主要作品有《童年末日》(1950)、《城市与星》(1956)、《2001：太空漫游》(1968)、《与拉玛相会》(1973)，以及后来的《天堂的喷泉》(1980)、《2010：太空漫游》(1983) 和《2061：第三次漫游》(1987)、《大堤上的幽灵》(1990)，等等。

克拉克的作品以出色的科学预见，东方式的神秘情调和海明威的硬汉笔法著称，是唯一颇具哲学家韵味的科学家兼作家。在《童年末日》里，作家讨论了当宇宙中的生命想干涉地球文明进程时发生的情况，人类的各种本性在外星生物面前暴露无遗。《城市与星》沿袭了这一主题。最后，地球人突破了自身的桎梏，成为宇宙的一员。

克拉克最感兴趣的话题是人类在宇宙中的地位。在他看来，肯定存在着高于人类的生命形式，这种形式人类根本无法理解，于是，最好的文学表现手法就是神秘主义。这在1969年他与斯坦利·库布里克合作的电影《2001：太空漫游》中得到了淋漓尽致的表现。整部电影分成四个互不相关的独立部分。第一部分写的是辽远的古代，猿人成群结队地栖息在树林里，忽然有一天，一个超自然的长方体降落下来，它探索人猿，也启蒙了人猿，拉开了其与大自然抗争的序幕，人类从此诞生。紧接着，镜头切换到了未来，21世纪的太空站，美国政府官员正奔赴月球。在那里，宇航员们发现了一个奇妙的物体，它埋在地球万年不变的尘土下面，但无疑是超自然的造物，因为它正是我们见过的长方体。在苍白的阳光照射下，长方体忽地发出了声音。影片的第三部分显得有些沉闷，讲的是宇航员正飞向土星，控制飞船的大型计算机不知怎的厌倦了繁重的脑力劳动，发生了"反叛"。它设计谋杀了大批宇宙飞船中的成员，切断了人与地球的联系。唯一幸存的宇航员不得不与计算机较量，取出了它的记忆元件，夺回了决策的主动权。与此同时，飞船接近了目的地土星，观众们惊奇地第三次看到了飘浮在空中的长方体。电影的最后一部分是最为激动人心的，飞行员在宇宙长方体的协助下，穿越了亿万光年的空间，他在绚丽的星座海洋中漫游，终于来到一个火焰熊熊的星球内部。在这里，他找到了一间宁静的小屋，并在其中羽化成一名宇宙婴儿。

《2001：太空漫游》出现在黄金时代的后期，因此，它具有完全成熟的表现手法。它是现代科学技术的杰出产品，同时，也是对现代科学技术的直接评价。无论是外星人长方体的介入，人类的科技成就，还是计算机的反叛，都体现出现代科学技术所创造和认识的世界，是一个多么冰冷的世界。这种技术的冰冷感，加上对外星人无法理解的行为的惧怕，使人们丧失了信心。你好像站在那个黑乎乎的长方体面前，摸到了它坚实的表面，但却无法超越它，你只能顶礼膜拜。《2001：太空漫游》获得1969年奥斯卡奖多项提名。

艾萨克·阿西莫夫（1920—1992）是俄裔美国人，专业科普作家，他的作品已逾三百部。其主要科学幻想作品有"基地"系列（1942—1948）、《我，机器人》（1950）、《钢窟》（1954）、《裸日》（1956）、《奇妙的航程》（1966）、《二百年的机器人》（1976）和八十年代以后的续集等。

阿西莫夫以“没有文风”著称。他每天在打字机前坐着的时间超过八小时，在这八小时里以每分钟 90 字的速度打字，没有间断。他创作的作品涉及科幻、科普、文学、历史、化学等。在这样杂烩式的商业气氛下，“没有文风”成了自然的事情。但恰恰是这种“没有文风”，又成了一种独特的文风，使不少人为之着迷。

阿西莫夫有驾驭大场面的能力。在中篇小说《黄昏》里，作者描述了这样的场景：有六颗太阳照耀下的雷盖什星球上永远没有夜晚，因为太阳可以轮流抛洒光和热。但是，终于有一天，这是千年不遇的时刻，六颗太阳全部进入日食状态，而人类脆弱的心灵根本无法忍受这种绝对的黑暗。于是，为了寻求光明，他们精神崩溃，燃起了全球大火。著名评论家大卫·哈特威尔认为，这是黄金时代的经典作品，它留给人们的宏大场面令人难忘。

“基地”系列由《基地》（1942）、《基地与帝国》（1945）和《第二基地》（1948）等组成。据阿西莫夫自己回忆，当时，他正在研读罗马史，发现整个古代的事件完全有可能在未来，在银河系那样广大的时间范围内重演，于是，他构思和创作了这部庞大的作品，前三部在《惊奇科幻小说》连载了七年才得以完成。阿西莫夫知道，文明早晚是要衰落的，为了挽回这种失落，挽救即将崩溃的银河帝国，他设计了两个保存人类文明的秘密基地。

阿西莫夫作品的另一个特色是喜欢推理。把推理小说的写法和机器人故事结合起来，形成了他的另一系列故事，其中最有名的是《我，机器人》和《钢窟》。在这里，阿西莫夫煞有介事地提出了所谓的“机器人学三定律”——

> 第一定律——机器人不得伤害人，也不得见人受到伤害而袖手旁观。
>
> 第二定律——机器人应服从人的一切命令，但不得违反第一定律。
>
> 第三定律——机器人应保护自身的安全，但不得违反第一、第二定律。

与其说这些定律是贡献给机器人学的，倒不如说是提供给他自己做推理使用的。阿西莫夫正是以这三定律作为起点，把他的每一个机器人故事的主角推入进退维谷的境地，要服从第三定律就得违反第二定律，或者要服从第二定律就得违反第一定律，如此等等。然后，那些阿西莫夫“化身”的机器人就开动脑筋，圆满地解决问题，逃出困境。

随心所欲的商业化写作，有时也能创造出非常绝妙的作品。阿西莫夫肯定是开拓题材的天才，1966 年，他重新复活了《格列佛游记》。为了治疗病人头脑中的血栓，他把一只潜水艇连同几个海军士兵、医生，用科学的手段“缩微”到分子大小，然后让他们进入人体，随着血液流进大脑，再用激光器打通栓塞，拯救了人的生命。

除了海因莱因的故事性、克拉克的神秘性、阿西莫夫的逻辑性之外，黄金时代有特色的科幻作家还有长于讽刺的谢克利、田园风格的西马克、黑色幽默的克莱门特、反乌托邦主义的奥维尔等。

第三，对科幻小说的认识逐步统一。黄金时代佳作众多，人才辈出，推动了人们对科幻小说认识的发展。在这一时期，作者们不再像萌芽时期那样心中没底地左冲右突，而是共同遵循某一固定模式。这个模式是：(1) 必须有一个带有悬念的好故事；(2) 这个故事必须与科学发展或科学家的工作有关；(3) 要有几个恢宏的奇异场面；(4) 无论结尾是乐观还是悲观的，最好能引发人的一定思考。

第四，对科幻小说的定义也开始趋于一致。

黄金时代使科幻作品在读者心目中站稳了脚跟，但是，正统的文学殿堂还没有正式接受这一形式。

三、新浪潮时代（20 世纪 60 年代—70 年代中期）

“黄金时代”对科幻小说认识的统一以及创作方法的标准化，给科幻小说的发展带来了桎梏。第二次世界大战以后的几十年间，国际政治、军事和科技形势发生了很大变化——冷战，左翼兴起，东方宗教的传播，美国对东南亚局势的介入，生态环境的破坏，流行艺术的产生以及毒品泛滥……特别是 1957 年第一颗人造卫星的上天带给人们极大的震动，公众发现，科幻小说中那些美妙故事要么缺少现实性，要么比现实还缺少神奇性。再加上长期以来，科幻作品属于通俗文学范畴，得不到主流文学界的重视，这也深深地刺痛了科幻作家。这样，一场变革的风暴已经是不可避免的了。

1965年夏，著名作家兼编辑家米切尔·莫考克出任英国《新世界》杂志主编。他一上任，立刻对整个英国科幻界产生了新的影响，他推出了包括他自己在内的部分作家的革新作品。这些作品与传统科幻小说对立，不再把物理学一类的正统科学当成主要内容，而是重视心理学、社会学、政治学，甚至神学。它们的写作手法极力接近正统的主流文学，不再像过去的科幻小说那样热衷于两千年、三万年以后的世界，而是极力想表现最近的将来，甚至表现当前的世界。完整、清晰的故事没有了，片断的、琐碎的、意识流的、幽默嘲弄式的、象征主义的手法出现了。初看起来，这些小说晦涩难懂，但仔细品味，其中的寓意十分深远。1968年，编辑家朱迪·梅丽尔选编了这样一本集子，并把它们正式称为“新浪潮”作品。

这场由英国人发起的改革运动，立刻被当时居留在英国的美国作家托玛斯·迪什、约翰·斯拉戴克、詹姆斯·沙立斯和萨缪尔·迪拉尼带回美国，进一步影响到哈兰·艾立森、罗伯特·希弗伯格、诺曼·斯滨那德、菲利普·法马尔等人，形成了“新浪潮”的美国中心。它和以莫考克、巴拉德以及布里安·奥尔迪斯为代表的英国中心遥相呼应，极大地改变了科幻小说的地位。

这里，我们仅对“新浪潮”的几个代表人物的生平与作品做些介绍。他们是英国的巴拉德、布里安·奥尔迪斯、米切尔·莫考克和美国的菲利普·法马尔。

J.G.巴拉德是在《新世界》杂志上最早推出的作家。他1930年生于上海，十五岁后返回英国。他目睹了日本军队的入侵和战俘们的悲惨遭遇，这些经历后被写成非科幻小说《太阳帝国》，并由以导演科幻影片著称的斯皮尔伯格在上海实地拍摄成电影。

巴拉德被日军遣返回国之后，进入了剑桥王子学院攻读医学。早年的经历使他对人性有了深刻的了解。从1956年发表第一篇小说开始，巴拉德就试图以一种新的形式，在更深的层次上表现这种人性内容。他的小说常常具有隐喻、象征和情绪性。他从神话和一般的幻想小说中援引材料，把它们糅进自己的科幻小说中。为了深刻表现人的心灵，他还创造了“内层空间”这一概念，以有别于我们身外的宇宙。

巴拉德最有名的作品是以毁灭世界为主题的三部小说：《沉没的世界》（1962）、《燃烧的世界》（1964）和《结晶的世界》（1966）。《沉没的世界》讲的是太阳突然发生磁暴，保护地球的范·艾伦带消失了，两极地区冰消雪融，世界各地水位上升，淹没了许多城市。主人公站在衰落的土地上的退化的城市中，极力反思，寻问生命到底有什么意义。最后，他穿上潜水服，回到水下城市的天文馆中，在那个圆屋顶下找到人类在自然界中的位置，从而拯救了世界。《燃烧的世界》讲的是一种奇异的油膜阻止了大洋水分的蒸发，使地球陷入了干旱。为了寻找立足之地，人们拥向海岸，占地为王，互相攻击。在这里，人类内心的世界和外部自然的世界展开错综复杂的斗争。巴拉德在该作品中塑造了一个很多人物毫无次序出场的内宇宙，这种丧失连贯的意识状态表达出了人类的孤独。三部曲中的最末一部《结晶的世界》给人的印象最深。这一次，作者抛弃了前两部小说中的“天灾人祸”主题，而是虚拟出一种“天人合一”的现实，即整个人类和外部世界都将凝结为一个晶体。评论家认为，这是对人类存在的一种神圣表达。

巴拉德的小说完全脱离了游行文学的语言风格，最大限度地与主流文学靠拢，这往往从作品的第一句话就足以看出。巴拉德的其他作品还包括《八面来风》（1962）、《终端的沙滩》（1964）、《暴行展览》（1970）、《撞击》（1973）、《混凝土岛》（1974）以及《海底飞船》（1976）等。

布里安·奥尔迪斯出生于1925年，在私人学校毕业后曾在缅甸服过兵役，1948年到牛津书店工作。他当过《牛津邮报》的文学主编，也写过影评和诗歌，是“新浪潮”的重要代表人物，主要作品有《犯罪记录》（1954）、《户外》（1955）、《不停留》（1958）、《温室》（1962）、《黑光年》（1964）、《唾液树》（1965）。还有20世纪70年代末80年代初的《粗暴的觉醒》（1978）、《一个叫莫瑞尔的小岛》（1981）、《海里克尼亚的春》（1982）、《海里克尼亚的夏》（1983）、《海里克尼亚的冬》（1985）以及《飞行的季节》（1986）等。

奥尔迪斯的作品构思奇特，常常是出其不意地创造一种特殊场景。《温室》是一部早期的、结构恢宏的作品。在遥远的未来，地球成了巨大的温室，形形色色的奇异动植物生长于其间，人类在与自然界的特殊争斗中顽强生存。他们结成部落，以应付外来的袭击。小说的主人公是个叫古连的少年，他经过一番奇异世界的流浪，寻找和探索心灵上的爱情之后，终于激活了隐藏在头脑内层的古代记忆，悟出了银河系的神圣法则，成为坚强的男子汉。读过这部小说的人，无不为那种奇异的自然风光所吸引，也为其深奥的法则而困惑。

奥尔迪斯的短篇小说也别具一格，充分体现出“新浪潮”的特点。《户外》写的是一批来到地球的外星人，如何改变了自己的外貌，将内心深处的非人性隐藏起来以适应地球生活的故事。在环境的压力下，这批外星人竟忘了自己最初的来历。这篇小说，用奇异的形式鞭挞了现代资本主义社会对人性的扭曲。在一部题为《月光掠影》的作品中，主人公被反射的月光耀花了双眼，接着，他发现一群人从小路上走来。最初，这些人弯腰驼背，满身长毛；渐渐地，他们开始直立起来，并赶着牲畜；再后来，人们坐上了大篷车、汽车……这些源源不断的人流出现在主人公眼前，各种机器夹杂其间：收割机、打包机、老吊车……行进中的机器越来越大，也越来越复杂，相比之下，人则显得越来越渺小。人们脸上的表情消失了，变得呆板了，而机器遮掩了整个天空。

我们可以清楚地看出，这长长的队伍，正是人类历史演进的缩影。作者将这种历史进程描述成一场“神奇的化装舞会”，他写道：

> 这一奇幻的化装舞会给我带来了极大的快乐，只要看见它，你就想永远看下去。是的，这种舞会似乎会永远继续下去。它充斥着世界，所有的生命都连在一起了。生命本身就是一次华丽的表演。

《月光掠影》肯定是奥尔迪斯登峰造极的作品，也是“新浪潮”运动的代表作。作者对这种“文明演化”的大游行是否可能和怎样并没有兴趣，他只是借用这样的方式表达自身的某种哲学看法而已。

米切尔·莫考克是“新浪潮”运动组织者，《新世界》杂志的主编。但他也身体力行，创作了一些优秀小说。

莫考克的作品常常是巫术与剑术的杂烩。他采用主流文学的手法，但侧重的是讽刺与幽默的成分。这种幽默不单嘲笑传统的科幻小说，而且嘲笑我们积累了几千年的科技与文明。

《空中军阀》写的是一个从1903年借助时间机器来到1973年的人，他惊奇地发现那根本不是现今历史上的1973年。因为那时候英国还是世界的主宰，十月革命以失败告终，人们的交通工具竟是一些飞船……这无疑是对世界历史的公开嘲弄。然而，这一点恰恰体现了“新浪潮”科幻小说的一个特征。

菲利普·法马尔也是个乐于嘲弄的作家。他1918年生于美国，主要作品有《绿色漫游》(1957)、《时间之门》(1966)、《石头上帝的苏醒》(1970)，以及系列丛书“层状世界”和“河流世界”等。

在《恋人们》(1952)里，法马尔以极大的热情去描写地球人和外星人的性爱，这对黄金时代的作家只讲技术不讲人性与欲望是一个极大的冲击。在这部小说中，地球人、地球人与外星人、地球人与“地外混血人”之间的爱欲交织在一起，使主人公终于明白了爱情可以超越一切种族的道理。

《泰格勋爵》(1970)写的是一名读《人猿泰山》着迷的狂徒想模拟泰山，再创出一个人猿的故事。他偷走了一位英国勋爵的小孩，交给猿来抚养，结果发现孩子很快便丧失了讲话的能力。他没有气馁，决心重来，又拐走一个少爷，把他放在丛林之中。这回，他选了一个演员穿上毛皮，装扮成猿去抚养孩子，结果把森林里弄得乱七八糟。评论家们认为，这部小说既有“新浪潮”作品的粗犷无礼，又有法马尔对两性关系的坦率描写。

像其他“新浪潮”作家一样，法马尔也有强烈的悲观情绪。他的一篇微型小说《兽之王》写的是一个参观生物实验室的人异常激动，因为许多被人类消灭的物种在这里被重新培养了出来。但是到头来，他发现人类也在复制的范围之中。难道人类也毁灭了自己？那么，现今世界的主宰又是些什么生物？种种疑问，使人深思不已。

由以上的几例，我们已可粗略地窥视出“新浪潮”作品之一斑。综合起来，这类作品有如下几个特点。

第一是刻意求新。“新浪潮”作品抛弃了传统科幻小说的套路，向主流文学靠拢。这种靠拢最终使科幻小说脱离通俗小说的范畴，进入严肃文学的领域。当然，靠拢是一步一步进行的。最初阶段仅仅停留在模仿上，模仿乔伊斯，模仿帕利斯，模仿汤姆·沃尔夫或者亨利·汤普森。有一个不那么好听的“杜鹃原则”大意讲的就是这种模仿，即使用主流文学作家的“窝”孵科幻小说的“蛋”，或者用传统小说的“旧瓶”装科幻小说的“新酒”。但是，这种模仿很快就被创造性的发展所取代。奥尔迪斯、巴拉德等人的作品得到了主流文学界的承认，不但如此，主流文学家还使用起科幻小说的手法，这样的作家包括保罗·厄尔德曼、约翰·巴斯、托马斯·品钦和霍华德·法斯特等。

第二是强调意象性、隐喻性和心理性。社会现实和人类内心世界并非像古典科幻小说中表现的那样直观，很多东西是模糊的，片断的，支离破碎的。要想从深度上展现内心世界，必须借助于隐喻、象征等方式。文学中现代派手法的引进，使科幻小说的深度有了提高，也使其形式更加扑朔迷离。

第三是嘲弄或悲观情调。“新浪潮”作家们舍弃了传统科幻小说对未来世界的预测主题，不再关注硬性和科技成就。如果你用“预言录”赞扬“新浪潮”作品的作者，他们必定会愤愤不平。他们宣称，自己只是去设计“可能的未来”，设计“人类的多种未来”或“平行的未来”。这样，科幻小说的公式就从过去的“技术成就—未来”改成了“假如这样—未来”。而这里的未来是不确定的，统统是悲观的。

第四是开拓题材。“新浪潮”运动开拓了有关性爱和政治等方面的题材，使科幻小说的内容得到了丰富。

四、新浪潮以后（赛博朋克阶段）时代（20世纪70年代中期至今）

“新浪潮”科幻小说在国际科幻小说界引起的强烈震动是无法形容的，但在它发展之初，就有不少人反对。这种反对集中在“新浪潮”作家们的主要努力——将科幻文学融入主流文学上。

1971年，著名科学家、科幻小说作家兼评论家约翰·皮尔斯写道：

> “新浪潮”的影响导致了对科幻小说评价标准的大破坏……这其

中最妙不可言的，就是科幻小说不能有任何它自身的标准，而必须作为其他艺术形式的一个载体，或者甚至只是它的词汇。

在这篇文章的另一处，皮尔斯写得更加尖刻：

“新浪潮”就是使科幻小说放弃自己的价值、传统，并让主流文学所取代的一种努力。

这种批评不是没有道理的，当一个文学样式失去了自己的特点时，它的本身其实已经走向死亡。因此，在“新浪潮”发展的后期，一批勇敢的年轻作家终于站出来，用自己的激进作品寻求科幻小说的回归。这就是“赛博朋克”运动。

与“新浪潮”运动类似，“赛博朋克”运动也是一群作家发起的，但却不乐意过早地贴上标签。这群作家包括威廉·吉布森、布鲁斯·斯特灵、派特·卡迪根、格里格·别尔、卢迪·拉克、莱维丝·施恩纳、约翰·舍利以及杰特等。在这些作家的作品中，读者们又回到了科幻小说熟悉的高科技场景之中。但是，在文化价值方面，则融入了某些反文化的，既不属于高层人士，又不属于社会底层的“第二世界”文化，这其中，甚至包含了对中产阶级美国价值观的戏谑。20 世纪 80 年代中期，著名编辑伽德纳·多佐依斯创造出一个新词来标示这批作品，这个词是用英文“控制论”的前缀（Cyber）加上新兴的反文化生活方式（Punk）构成的，其意思是，某一类具有超越传统和极端未来主义观念的电脑技师，以他们为主角的作品称为“赛博朋克”作品，其作家称为“赛博朋克”作家。

“赛博朋克”运动的两个中心人物是美国作家吉布森和斯特灵。威廉·吉布森出生于 1948 年，但开始科幻创作的时间较晚。他的故事大多发生在某种颓废的环境之中，在那里，人类似一盘散沙，但却由电脑网络相联结。吉布森的小说故事情节复杂，常常造出一些生僻的词语。他对信息科学和生物工程的描写细致入微，主人公都有某些愤世的“朋克”情感。

吉布森的首部轰动作品是《神经漫游者》，出版于 1984 年。故事的主人公是位“信息世界的牛仔”，名字叫凯斯。他可以将自己的大脑与世界性的电子计算机网络相联通，这样，他当起了信息的窃贼，并为某一公司所利用。整部小说可以说是描述了一场高科技社会条件下的信息争夺战。

《神经漫游者》出版之前，吉布森曾担心，也许读者无法接受自己的新型作品，因为小说的情节复杂跳跃，这是为了使人有那种进入计算机空间后的神奇感觉。然而结果出乎意料，它一下子就赢得了从科幻到泛文化领域读者的热爱，获得多项大奖。评论家在总结《神经漫游者》成功之处时认为，正是作品的那种暗示性，才使其呈现出复杂得使人眼花缭乱的未来世界。在这个世界中，多种文化在最细微之处交汇融合，已经找不到现实美国的样板，连美国的产品商标都已经极为罕见；小说的人物对一切慢速的或烦人的事物都没有同情心。当然，还有一个重要之处应当提及，那就是对网络旅行的描写完全是资讯化的，超现实主义的。与克拉克在《2001：太空漫游》中首次描绘的通过超空间之门一样，网络旅行的幻想盛景让人目不暇接，美不胜收。

在吉布森的这篇小说发表的同时，“赛博朋克”逐渐走上历史舞台。斯特灵的小说《心内海》《人造孩子》《晶体点阵》，卢迪·拉克的《软件》《时间和空间》《生活的秘密》等都是这个方向的重要作品。人们甚至发现，早在20世纪60年代，菲利普·迪克就曾经撰写过“赛博朋克”类的作品。这些作品包括后来改编成电影《银翼杀手》的《机器人会梦见电子羊吗？》等。

“赛博朋克”至今已经有20多个年头。归纳起来，有如下几个特点。

第一是呼唤科幻小说浪潮重新回归。正像“摇滚朋克”不满现状要求回到20世纪50年代的乐曲一样，“赛博朋克”的参与者要求科幻小说摆脱“新浪潮”运动的反科学技术倾向，希望回到阿西莫夫和海因莱因时代。斯特灵曾经在自己的《廉价的真理》中激愤地抨击“新浪潮”运动的后继者们一味向主流文学靠拢，忽视了科幻本身的价值。

第二是引入现代高科技。“回到阿西莫夫和海因莱因的时代”并不简单，因为经过40年的发展，今天的世界已经大为改观。为此，“赛博朋克”的倡导者们希望大力引进高科技内容。斯特灵在批评20世纪70年代的科幻小说陷入停顿时曾经指出，当今科幻没完没了地改装银河帝国，一次次地超光速旅行，一而再，再而三地复制美国20世纪60年代的社会主流，而这些早已落后于变化着的科学技术。科幻小说必须走向信息高科技才行。吉布森也在一次采访中声明，他所写的现实主义作品，是想深刻而真正地尝试着去理解技术。正因为如此，“赛博朋克”作品大多探讨关于电脑或生物工程等新兴科技的内容。

第三，文化价值观的反传统性。“赛博朋克”作品的政治观念常常是反传统的。在社会取向上，它具有某种颓废的特征。他们乐于写关于暴力、药物、堕胎或者其他形形色色的灰色事物，他们设计的未来场面也常常显得冷酷吓人。

第四，反对标签化和不结盟的立场。对“赛博朋克”是否代表西方当代科幻文学主流这点，学者们常常意见不一。但对亲身参加这一运动的作家来说，很少有人痛快地承认自己属于这一文学流派，他们反对给自己的作品贴标签，也反对将自己纳入“赛博朋克”行列。如果你指出他们作品之间存在某种一致性，那更是他们无法接受的。一些评论家认为，正是这种辞藻华丽的大张旗鼓的争吵，使得人们忽略了那些无论数量还是质量上都更高的非“赛博朋克”作品。

事实上，将 20 世纪 80 年代中期以来的科幻发展完全归结为“赛博朋克”史，也是不确切的。在这一阶段，传统科幻小说仍然继续存在，“新浪潮”的后继者们也仍然在努力，人文主义科幻小说、女性主义作品也都很有影响力。到 1987 年夏季，“赛博朋克”已经明显融入主流科幻，由此可见，一个多流派共融并共存的时代即将到来。

但无论未来如何发展，科幻小说作为某种独特的文学形式已经具备了本身的特点。一位西方评论家在《科幻小说新百科全书》中不无感慨地写道：正是“赛博朋克”运动的出现使我们认识到了创作科幻小说存在着许多不同的途径。而在当代，一个人想要不深钻科学或者不了解文学就能创作出好的科幻作品，那是绝对不可能的，现代科幻小说正是高科技与高超文学技巧的完美结合。

从科幻小说的变化中，看到的也许是时代政治生活的折光。20 世纪前半叶，由于目睹了纳粹德国的专制主义，许多作家的内心受到了强烈的震动，一种称为“反乌托邦”的科幻流派应运而生。这类作品对未来的世界政治表现得非常悲观，作者们设想出了专制社会所能带给人类的种种恶果：每个人都被标准化了；生育只不过是一个人工过程；人人受到监视；爱情是愚蠢的；思想自由被一些模棱两可的口号所取代，比如“战争就是和平”“自由就是奴役”“无知就是力量”。同样，冷战、空间竞赛、社会道德价值的沦丧等，都在科幻作品中打下了相应的烙印。一百多年来，科幻小说作家们形成了某种深刻的责任感，他们相信自己的作品可以反映或引导未来文明的走向。

西方科幻小说的发展，有许多地方可以为我们提供借鉴，可以使中国科幻作品的繁荣进程免走弯路。而包含现代科技和社会生活元素的科幻小说在东西方同样受到热烈欢迎的事实说明，在人与科幻小说之间，必定有着某种内在的联系。也许，正是那种对大自然，对整个宇宙，以及个人内心世界的恒久好奇心，才促使了这种特殊文学品种的产生，而这种好奇心一天不消失，科幻小说就一天不会停止存在。

民族振兴与国力赶超

——浅析后发达国家科幻小说中的意识形态

2011年，我在重庆出版社出版了《科幻文学论纲》，这部著作是我对科幻文学作为一种独特文类的系统性思考，全书探索了科幻作家和作品在当代世界所处的位置。本文是根据其中的一个章节改写的，文章探讨了日本、苏联和中国的发展案例。

很少有人系统化地指出，大半部科幻文学的历史，其实是被压迫者企图发声的历史；也很少有人指出，科幻不一定是张扬理性的，也可能是张扬感性的。在一个科学技术协助当权者以极快的速度摧毁古老农耕生活方式、建立起具有现代意义的资本主义帝国的同时，在帝国之内和之外，一些无法忍受这种摧枯拉朽变化的人，用独特的方式所发出的个体声音，就构成了科幻小说这一独特的文类。雪莱夫人的《弗兰肯斯坦》发出的是女性的声音，凡尔纳的“奇异的旅行”系列小说发出的是“大男孩”的声音，威尔斯的多数小说发出的是工业社会底层民众的心声。如果将我们的观察放大到整个世界，从历史的角度去观察，那么还有另一类科幻作家，他们生活在现代化进程相对落伍的地区，在这些作家的眼中，科幻小说恐怕不会单单是一种女权主义式的抵抗、“大男孩”式的对未来变化的幼稚张扬，也不单单是对自身社会结构的控诉或反思，对这些作家来讲，科幻小说可能更是一种企图超越强权、拯救自己的民族、使自身免为落伍者的政治渴望。

本文将对来自日本、苏联和中国的案例进行分析，并由此确认现代化进程中的落伍民族的科幻作家十分关心民族复兴和国力赶超。

一、日本案例

据最新资料显示，最早的日本科幻小说是1857年巌垣六蔵用中国文言文所著的《月洲遗稿》。这是一部受到鸦片战争启发，“感到紧张惊奇，并极力警告日本政府应该增加未来危机感的作品”。[①]小说从一场卷入了中国与印度两个亚洲大国的战争开始，但真正的交战双方却是挺身而出的日本和作为世界强权霸主的英国。在故事的结尾，日本打败了英国，为亚洲赢得了荣誉。小说中并没有什么新式的武器，但却具有未来战争的基本轮廓。1887年，高安亀次郎撰写了小说《世界列国的末路》，讲述俄美在三百年之后的一场未来战争，这一次，日本又是卷入者。1888年，井口元一郎创作了日本的第一部月界旅行小说《政海之破裂》。故事中的主人公在阅读凡尔纳作品时，忽闻一名月球使者“骑龙而来”，他试图说服主人公到月球上调解两个国家的争端。1890年，矢野龙溪的探险科幻小说《怪诞报告》（《报知异闻》）和气候的单行本《浮城物语》，除了谈到海洋探险，更谈到了抗击西方的海洋霸权。到1900年，日本科幻之父押川春浪走上了历史舞台，他的小说《海底军舰》，通过环球旅行给读者展现了广大世界的图景。小说的主人公柳村龙太郎受朋友浜岛武文之邀，护送朋友的妻子儿女回国。在途中，他们遭遇了海盗袭击，龙太郎与浜岛的妻子儿女失散并流落到一个称为“朝日”的小岛。他发现岛上有一位脱离了日本国籍的海军大校樱木，正在为即将爆发的日本跟白人之间的战争制造海底战斗艇。为了协助樱木的大业，龙太郎主动请缨，乘坐氢气球奔赴印度购买海底战斗艇的推进剂。由于气球在飞行途中遭受巨鸟袭击堕海，日本军舰充当了救援部队。在这里，龙太郎跟浜岛一家重新团圆。买到推进剂的龙太郎返回朝日，途中再次遇到海盗，这一次，前来救援的樱木驾驶着海底战斗艇全歼敌人，获胜而归。押川春浪的小说把强烈的政治主题和民族主题摆在了日本读者面前，引起了读者极大的兴趣。作者随后出版了《武侠的日本》《新造军舰》《武侠舰队》《新日本岛》《东洋武侠团》等相互

① Yokota，Junya．Brief history of modern Japan science fiction．Nippon 2007 Souvenir Book，67.

衔接的长篇小说，主题都是“东方人团结起来反对白人专横跋扈”。[①]日本科幻评论家横田顺弥曾经明确地指出：1900 年是日本科幻小说诞生的日子。日本科幻小说包括了撰写到人迹罕至之地探险访问小说、科学侦探小说、科学怪诞小说等类型，但也包括了那些被用于政治宣传和军国主义的非娱乐性作品。[②]

虽然日本早期也有其他类型的创作，例如，吸取佛教经验讨论宇宙的小说，但不容否认，日本科幻小说中以战争和海洋为主题创作的作品数量确实巨大，这跟日本的地理、历史、文化之间的关系紧密，可以做许多更细致的言说。作为一个海洋国家，日本警惕着从四面八方到来的海上侵袭，或渴望通过海洋走向世界，这也是它的科幻文学对军舰、舰队热衷的一个主要原因。但在发展军事力量的同时，对民族生存的强烈担忧，从文化心理方面造就了日本早期科幻小说的基本内容。在这个时段中，也有一些科幻作品强调日本的政治改革。例如，1885 年坪内逍遥的《未来之梦》、末广铁肠的《雪中梅》、须藤南翠的《新装之佳人》和尾崎行雄的《新日本》等。上述历史清晰地表明，对现代化进程中落后的东方国家日本来讲，除了做军事上的改进，还必须做自身政治变革的考量。

总体来看，日本科幻文学在唤起日本民族振兴理想方面，起到了积极作用。它所昭示的黄种人一样能在世界上成为主导的未来愿景，跟日本民族的其他文化产品一样，激发了民族活力，也促使日本的科技实力和国力快速增强。但是，资本固有的扩张性和民族文化的弱点，导致日本把周边国家以致整个世界拖入了一场伤亡惨重且旷日持久的反侵略战争，日本的民族崛起之梦不但没有实现，反而以巨大的悲剧告终。

第二次世界大战后很长一段时间，由于美国对日本的文化干预，日本科幻小说的发展停滞不前。作家找不到写作的方向，也无法定位自己的身份。这种现象持续到 20 世纪 60 年代才逐渐改变，以作家安部公房、星新一、小松左京、筒井康隆、眉村卓、矢野澈、光濑龙、平井和正、丰田有恒、高斋

① 高启明，潘力本，王连安，等译校．世界著名科学幻想小说选介．长春：吉林人民出版社，1982：443–444.

② Yokota，Junya．Brief history of modern Japan science fiction．Nippon 2007 Souvenir Book，67.

正、石川乔司、广濑正、山野浩一、石川英辅、半村良、荒卷义雄等为代表的一代战后作家，逐渐开始寻找到了自己的位置。但即便如此，在诸如小松左京的《日本沉没》这样的作品中，强烈的民族情绪仍旧再度凸现。

二、苏联案例

从比较长程的历史上观察俄国，不难发现这个国家在 17 世纪之前的多数时间中社会形态和科技形态相对于欧洲其他国家都显著落后。为此，1689 年，彼得大帝开始发起了大力引进西方科技的运动。此后，虽然出现了罗蒙诺索夫、罗巴切夫斯基、布特列洛夫、门捷列夫、巴甫洛夫等具有世界影响的科学家，但至少到 20 世纪初期，俄国科技的落后局面并没有得到彻底改变。于是，当苏维埃俄国建立的时候，摆在社会主义者面前的不仅仅是改革封建农奴制，更需要改变人们长期以来感受到的、被欧洲排斥的局面，发展起一种全新的、具有竞争力的科技政治文化。

在《苏联大百科全书》中，两位最受推崇的早期科幻作家是阿·托尔斯泰和阿·别利亚耶夫。阿·托尔斯泰撰写过两部著名的科幻小说——《加林的双曲线体》和《阿爱里塔》。在《加林的双曲线体》中，作家讲述了世界第一美人——佐雅·蒙罗丝怎样跟美国大亨"化学王"罗林格在巴黎订立契约，成为对方的情人。由于化学王代表美国的亿万资产，他正在对欧洲，也对整个世界进行经济战争，因此整部小说也可以被看成一部列宁主义的教科书。在小说的结尾，在帝国主义国家之间既有竞争又有合作的复杂状态下，苏联特工勇敢地粉碎了称霸世界的狂人梦想。《加林的双曲线体》一石三鸟，既宣扬了苏联人的聪明才智，也打击了资本主义的价值观，更展示了帝国主义的腐朽。阿·托尔斯泰的《阿爱里塔》把场景搬到了火星。感到俄国十月革命之后"没事可做"的退伍战士参与了"火星探险"，当他发现火星人仍然沿袭着封建制，社会矛盾异常尖锐的时候，他毫不留情地加入了支持被压迫种族的斗争，于是，一场发生在火星的革命运动轰轰烈烈地展开。

跟阿·托尔斯泰类似，别利亚耶夫的创作也基本遵循着批判资本主义、在科技上超越资本主义的方向发展。在他的小说《陶威尔教授的头颅》中，巴黎是一个糜烂、艳俗、欲望满天的城市。陶威尔教授在哮喘昏迷时被助手杀死，但其头颅却被做了活体保存，于是陶威尔教授成为助手克尔恩的思想奴隶，不断为他完成科研项目。强烈个人主义所产生的道德堕落，暴露了资本主义制度的丑恶。而在别利亚耶夫的《康爱齐星》等作品中，社会主义国家的科学技术远远超越了美国，人类在月地空间建立了永久太空站。

从利用对资本主义和帝国主义的强烈批判反衬社会主义意识形态的强大，从粉碎称霸世界的梦想到向火星输出革命和向外太空投放空间站，苏联主流科幻小说的意识形态主题跟日本科幻小说的意识形态主题有大量的重叠部分。

三、中国案例

如果说日本和苏联科幻文学的发展都还具有一部分自身文化的起源，那么中国科幻小说的发生则纯粹来源于外部引入。1872 年，华盛顿 · 欧文的时间穿越小说《一睡七十年》被翻译出版。此后，爱德华 · 贝拉米的社会进化小说《回顾》被翻译为《回头看纪略》和《百年一觉》，也于 1891 和 1898 年两次印行。1900 年，凡尔纳的《八十天环游地球》出版。科幻小说这种奇妙的体裁，立刻对处于新旧文化交替中的中国知识分子展现了强大的吸引力。1902 年，梁启超首先对此做出回应，他不但全身心投入了科幻理论的阐释，还参与了作品翻译并创作了未来主义小说《新中国未来记》。1903 年，鲁迅发表《月界旅行 · 辨言》，将自然历史、文明路径、人类的探索精神三者相互联系，他赞扬优秀的科幻作家是“凡事以理想为因，实行为果，既莳厥种，乃亦有秋”，且以“尚武之精神，写此希望之进化者也”。

考察清末民初的科幻作品，会发现“新”字是标题中最常碰到的语词：《新中国未来记》《新法螺先生谭》《新石头记》《新纪元》《新中国》……这里的“新”，既可以代表一种民族文化的变革，更可以代表国家面貌的重塑。

以梁启超的小说《新中国未来记》为例。故事发生在 1962 年。为了庆祝孔子降生 2513 周年，“中国全国人民”举行了一次“维新五十年大祝典日”。这一天，万国太平会议在南京召开，各国全权大臣齐聚金陵，签署《太平条约》，参观万国博览会。而博览会除了展览，还有一系列高等级学术报告会。

作品的主要内容就是围绕孔子的“旁系”后代、七十六岁的孔觉民先生主讲的《中国近六十年史讲义》所做的记录。超越现实，给中国的发展寻求一种历史通路，是作家面向未来的蓬勃野心。[①]

再以碧荷馆主人的小说《新纪元》为例。故事发生在1999年，此时，中国进入了“立先政体”，有“中央议院”和“地方议院”，“政党”和“人民私立会社”众多。[②]由于经济腾飞，国力增长，“所有沿海、沿江从前被各国恃强租借去的地方，早已一概收回”。[③]考虑到多年以来中国备受帝国主义的侵略，因此国家在经济繁荣之后，将军费支出保持在年度支出的三分之一。在军事实力和国家经济能力极大增强的情况下，软实力也在凸现之中。由议会提案、皇帝批准的创建黄帝纪年方式，就是其中的一项重要举措。但是，无法容忍中国实力增强的西方列强，以抵制“黄祸”为由，召开世界大会，准备对中国展开政治、经济甚至军事大战。而这场战争最终真的打响，其导火索就是匈牙利华人追随中国政府所进行的年号改变。小说把一种全新的国际关系建立在通过科技、政治改革所获得的经济和技术实力之上，这一点令人印象深刻。此外，全世界华人团结一致，凭借自己的努力，几乎是单枪匹马地打赢了近海、印度洋和大西洋上的三场战争，并在亚洲、欧洲和美洲攻占了重要据点，形成了新的世界格局。作家的这种“全球视野”和对中国强盛过程的那种有根有据的踏实设想，着实震撼人心。

又以荒江钓叟的小说《新法螺先生谭》为例。故事的发生年代无法考证，但作家所提供的宇宙观，是高于宗教甚至科学的一种全新的形而上学观念。最有趣的是，这部小说形象地阐述了站立在传统文化中的人遭遇全新科技文化时所遇到的思想断裂。就在主人公精神即将崩溃的边缘，宇宙的风将他吹向36万公尺的高空，离析了身体和精神。多重断裂之后，主人公的精神跟科学之间相互结合，进而以现实主义精神观察了星体和地球，历史和现实。在故事的结尾，作家的思考要点仍旧落在了如何振兴民族，提高国力之上。

从晚清到民国再到新中国成立，科幻小说一直担负着振兴民族精神、激

---

① 梁启超．新中国未来记 // 阿英．晚清文学丛钞：小说一卷（上册）．北京：中华书局，1960．

②③ 碧荷馆主人．新纪元．桂林：广西师范大学出版社，2008：3.

发国力赶超动力的重任。科学是担当这一重任之不可或缺的武器。

四、结论

多年以来，世界科幻小说研究者很少将现代化进程中的落伍者所创作的作品当成研究的对象。这种现象是不正常的，因为落伍者所关注的科技侧面和国际秩序，跟发达者所关注的社会生活和国际秩序明显不同。对现存国际关系和秩序的不满，改变当前自身的羸弱状况，是现代化进程中落伍者最关心的意识形态主题之一。本文选取多个案例，分析了日本、苏联和中国早期科幻小说，发现其中许多重要的作品都是以抒发民族落后的愤懑、唤起民族振兴的情感、谋划国力赶超的未来为中心的。笔者认为，从这一视角研究科幻文学，可以增进人们对现代化进程中落伍国家科幻文学发展中所出现的种种情况的认知，也有助于形成属于后发达国家的、全新的科幻小说批判体系。

第三辑

作家作品研究

《流浪地球》等刘慈欣作品精选序言

2015年，刘慈欣小说《三体》在美国获得雨果奖，国内掀起一轮新的科幻热潮。2020年，教育部统编中学教材收入他的小说《带上她的眼睛》。为此人民文学出版社邀请我为教材“推荐阅读丛书”撰写序言，在序言中，我比较全面地讨论了刘慈欣的短篇小说创作，以及他的名作《三体》的一些重要看点。

刘慈欣是一位电力工程师，在发电厂从事与电脑相关的技术工作多年。1999年，他的第一篇小说《鲸歌》在《科幻世界》杂志发表。在21世纪的头十九年，他的小说获得了中国科幻小说银河奖、全球华语科幻星云奖、全国优秀儿童文学奖、美国科幻小说雨果奖等多种奖项。刘慈欣的重要中短篇小说包括《流浪地球》《带上她的眼睛》《乡村教师》《朝闻道》《吞食者》《中国太阳》《地球大炮》《微纪元》《诗云》和为少儿创作的小说《圆圆的肥皂泡》等42篇。长篇小说包括《魔鬼积木》《当恐龙遇上蚂蚁》《白垩纪往事》《超新星纪元》《球状闪电》和广为人知的“三体三部曲”。

几乎每一篇刘慈欣的中短篇作品都很有看点。

《流浪地球》综合了自然灾害、技术进步和人类生存的宇宙困境等科幻领域中的宏大主题。小说从太阳的毁灭开始，给出了人类必须逃离太阳、进行悲壮远征的原因。长达二百年的紧张的前期准备以及更加漫长的征程给这一悲壮的行动增添了神圣感，求生的意志支撑着一代又一代人前赴后继，科学技术成为人类的精神支柱。故事的线索是长程的，人们决定将整个地球“拖离”太阳系。光是给地球自转“刹车”就进行了42年，而启动地球发动机飞向遥远的群星则是两千多年的征程。这一短篇小说是刘慈欣探索时间题材的最重要的一部，人类的耐心成为通向成功的最为重要的心理潜质。

《乡村教师》是一篇唤起人们关注中国当代现实的作品。小说开始于一个患癌症的乡村教师如何谆谆教导学生要学好科学文化知识，以面对未来的社会改革和国家建设。孩子们谨记了教师的嘱咐，也记住了描述宇宙深度的物理学规则，于是在受到外星球人对大脑的抽测检验时，他们被确认为高等智慧生物，拯救了地球人被整体毁灭的命运。作者在小说中尝试了荒野和文明、地球与太空、中国与世界等多种对比，使读者能够在不同的距离和视点上凝视中国当时的社会状况。

《中国太阳》则体现了刘慈欣科幻小说所注重的科学化叙事结构。他从基本的人物发展过程入手，将一个农民工踏实勤恳、好学上进，最终成长为航天员的过程进行了全面展现。小说的逻辑异常清晰，三个阶段具有显著的对应关系，是一个良好的结构化的范本。而其中对现实的观照，不但立足当下，同时还超越了当下。

《带上她的眼睛》是刘慈欣科幻小说中最优秀的一篇。故事中，女主人公由于事故被封闭于地心飞船“落日六号”，再也无法返回地面。同伴都已经逝去，她自己也即将被地心的烈火所吞噬。在最后的日子，带着孤独和无法改变命运的忧愁，她抱住中微子传感装置不放，因为只有它才能带来外部世界的最后消息。与女孩的境遇完全不同的是，地面的主人公享受着人生所能拥有的一切——阳光、大地、草原、风雨和不会终结的生命，也恰恰是因为他有着这么多自然而然的东西，他才对女孩子的需求感到那么诧异。自始至终，他对女孩的要求都没有全面满足；而一旦他获悉自己的错误，一生的懊悔命运就已经被彻底铸就。《带上她的眼睛》有刘慈欣科幻小说常有的宏大与细微的对比，有他对科技细节的强调和处理，但更重要的是他对感觉、情绪、人性与命运之间关系的巧妙搭建。此前，刘慈欣常常会提到美国作家汤姆·戈德温的科幻小说《冷酷的平衡》，显然，刘慈欣的故事无论在文学角度还是在哲学角度都超越了那篇小说。从感觉入手的建构，让刘慈欣的作品向上可以追溯到形而上学的源头，向下可以抵达当今时代人类感觉的湮灭。除此之外，

《带上她的眼睛》还开创了中国科幻小说的忧郁主题。

把刘慈欣放入中国科幻小说的历史，一个鲜明的词语就凸显出来，这就是新古典主义。这里说的古典主义，不是古希腊罗马时代的文学，也不是中国古代的文学，古典主义科幻小说是指西方科幻小说黄金时代和苏联繁荣时代发展起来的那种科幻样式。这是一种以科技创意为核心，以科学影响生活，导致生活改变为要点的叙事模式。阿西莫夫、克拉克、海因莱因、别利亚耶夫、叶菲列莫夫等的作品都是黄金时代小说的典范。与西方后来出现的放弃科学创意，重在文体实验或者语言实验的"新浪潮"科幻不同，黄金时代科幻小说强调故事的引人入胜，强调要给人生活的哲理。但是，由于中外科幻发展的时间差距，在中国科幻小说以极大的热情拥抱"新浪潮"的时候，刘慈欣却对这样的走向表示出异议。他通过反思，认为科幻小说中绝不能放弃科学创意，只有在保持科技创意的基础上接受文本创新，进行叙事探索，才能让科幻小说回到引人入胜的那种原初状态。这是一种新古典主义，因为它一方面继承黄金时代，一方面继承了从鲁迅开始倡导的以科普为核心的中国科幻经验，同时，对两者又有所超越。

首先，在叙事特征上，刘慈欣承袭了古典科幻小说中节奏紧张、情节生动的特征，并且在看似平实质朴的语言中，浓墨重彩地渲染了科学和自然的伟大力量。刘慈欣擅长将工业化过程和科学技术塑造成某种强大的力量，作品中洋溢着英雄主义的情怀。《流浪地球》中，地球因为太阳毁灭而必须进行逃离太阳系的漫长而悲壮的远征，作者面对这种漫长提出了自己的思索，设置了疯狂的人类因为短视而群起处死科学精英的一幕，这种疯狂是出于对科学信仰的动摇，出于人性深处的愚昧和非理性，然而最终的事实必然是理性的胜利。科学技术成为人类的精神支柱，在这种极端的困境中展现了无与伦比的伟大力量，因此在作品中，无论是代表毁灭的自然，还是代表重生的科学，都具有了某种象征性。但是，古典主义囿于时代，已经没有足够的现成方法可以面对今天的世界，于是，刘慈欣创造了"密集叙事"和"时间跳跃"。所谓"密集叙事"，指的是无限加快叙事的步伐，使读者的思维无法赶超作者的思维。这种改变，对于 21 世纪的读者来讲具有相当大的震慑力量。我们看到《地火》《吞食者》等作品中，密集化的叙事不但消解了古典科幻小说情节发展缓慢的通病，提高了作品的可读性，还增强了读者对大自然瞬息万变的感受，增强了人们对利用科学技术应付危机的信心。这样，即便大地炫目地燃烧，月球冲出轨道，人类也能借助理性的力量逃离灾难。当“密集叙事”也不能纾解作者心中高速运行的创作风暴时，“时间跳跃”便自然而然地出现。典型的刘慈欣式的“时间跳跃”，就是在叙事过程中留下大量的时间空缺。小说在强烈的情感叙事中突然中断，故事直接进入遥远的未来。《地球大炮》和《诗云》中，这种“跳跃”少则几十年，多则千万载。强烈的时间迁移不但给作者一个脱离文本时间的顺序，将未来发展呈现到读者面前的机会，更会使读者产生一种独特的“沉舟侧畔千帆过”的历史感。

其次，在人物方面，刘慈欣的小说继承了古典科幻小说中的人物塑造规律，即无论是技术专家还是普通人，他们一定要在社会的变革中被推向改变世界的舞台；同时，他也对人物进行了更新，这种更新表现在设计独到的一系列“抽象人物”上。福斯特在《小说面面观》中曾经区分出扁平人物和圆满人物，但刘慈欣的作品中，一些看似扁平、实则具有功能性的人物，给小说理论增添了讨论的素材。比如《吞食者》中无名氏出场，我个人认为，这种抽象本身，作为刘慈欣科幻小说的独特设计，代表了一种隐含的对科学本质的抽象。

再次，在情感线索方面，科幻小说中，通过描述美好的爱情来衬托故事，加强读者对未来的憧憬感，几乎成了一个基本程式，有情人终成眷属仿佛永恒地停留在人们的理想世界之中。刘慈欣对此进行了全面改变。在他的小说中，爱情永远和无奈联系着。当爱情与理想、国家发生冲突时，许多人物都选择了后者。《带上她的眼睛》一文中，女主人公虽然面对永远被封闭在地心深处的残酷现实，但仍然展示出动人心魄的大义和大勇；《地球大炮》里，几代主人公的命运都与献身有关。在他的作品中，科学的诗意永远是一种基本情调，在这一点上，刘慈欣将其与古典主义科幻中为科学献身的精神内核达成了一致。

除了男女关系，刘慈欣还挖掘出古典科幻小说中最重要的一个人物关联，并赋予它新的价值，这就是父子关系。对于多数仍然处于青春期或“青春晚期”的科幻读者来讲，父子关系的确不如男女关系那么引人入胜，但在刘慈欣的笔下，父子关系的某种坚强感，却成了与男女关系相对抗的一种力量的体现。父子关系既是一种血缘的延续、人生的延续和感情的延续，更是一种事业的延续、科学和宇宙所代表的力量的延续。这样的父子关系的主题，在小说《地球大炮》中表现得相当突出。

讨论刘慈欣的科幻小说，必须要重点讨论“三体三部曲”。这个系列是刘慈欣科幻小说的特征的集大成者，也是他获得国际影响的最重要的作品。有关《三体》在国内外已经有连篇累牍的论文、评论、专辑进行分析，这些分析集中在小说中的人道主义与人性观念、个体跟群体的关系、人类在宇宙中的位置、科技时代将把我们带向何方等几个层次。

人道主义与人性观念应该说是“三体”系列的核心内容，这个内容突出表现在《三体Ⅱ：黑暗森林》里面。小说中对于宇宙中是否存在生命，这些生命是否会主动联系我们做出了一种有意义的推测，那就是为了自身的生存，物种之间必须隐藏自己，才能保全未来。这种隐藏，包含着欺骗、强权和诡计，更包含着智慧、道德和某种存在的法则。黑暗森林是不是外星人隐藏自己的计谋并不重要，但理解这种存在的性质，讨论这种存在的各种社会学心理学问题，对我们如何更好地生活在自己的世界中，却能起到十分积极的作用。一些商业公司，特别是互联网公司的管理者甚至从小说中获取了他们所需要的竞争的法则，这一点连作者自己都没有想到。

如果说人道主义问题作为人类自身哲学和社会学的基本问题必须思考，那么个体和群体的关系也凸显出许多重构的必要性。小说中的社会历史时间漫长，在大多数时间里面，民族、国家都还存在。而种群、国家等的存在，阶层差别的存在，决定了故事中人物的生活和选择。到底应该是群体优先，还是个体优先？这个问题也贯穿了全书。一些国外读者认为，恰恰是这个问题使他们看到了东西方科幻作品的差别所在。

在上述问题被解决之后，人类作为整体在宇宙中的位置问题就显现出来。生物到底为什么存在于宇宙？智慧的目的到底是什么？宇宙真的一成不变，还是早晚有一天会迷途知返，折回原初？把人放在宇宙尺度上看，生活的价值是否会改变？《三体》对这些问题的思考也显得尤为突出。

作为一部科幻小说，《三体》的哲学思考全部被隐含在作者对当代社会科技高速发展的现实之后。刘慈欣喜欢谈论人类正在走向“奇点”的问题。所谓奇点指的是一种技术、社会或历史本身走向拐点的转变。当我们拥有了虚拟现实、电子娱乐、太空电梯、生物工程、纳米制造、人工智能之后，我们的社会是否会发生这种改变？当小说中密集的科技创新消除了人类的运动极限、思想极限、生命极限的时候，当外星人就在我们身边的时候，我们还能做什么？《三体》提供了一种有关未来的思维演练。

回归科幻发展的历史，就可以看出刘慈欣怎样反叛了中国科幻小说从科普走向纯文学的整个通路。他用自己有说服力的写作，重新回到鲁迅先生所倡导的科幻的科普美学，但与此同时，他也继承了20世纪80年代开始的科幻小说必须反映社会生活的新的观念。在处理科学内容方面，刘慈欣创造了集成化的方法，让许多过去出现在科幻小说中的科学构思跟他独创的新的构思集成发展，导致了科幻作品中密集的认知起伏。为了让长篇小说的结构更加丰富，他尝试了文体融合，让童话、电子游戏等文本跟科幻小说有机结合，这既体现在小说中的三体游戏和云天明童话，也体现在具有“通关”风格的情节上面。故事中潜入故事，大小构造之间相互映射，消除了长篇小说的单调感。此外，他还特别注意在故事中留下许多蜂窝状的空隙，这些空隙给读者许多想象的空间，一些同人小说由此诞生。最后，也是特别重要的一点在于，《三体》的主人公多数是中国人，他们的所思所想，一举一动，都带有强烈的中国文化特征。小说这种强烈的中国关切又融入了我们这个民族挥之不去的世界情怀。自始至终，故事中的主人公都在渴望和平，渴望新知，渴望文明的升级，渴望自己的文明能对世界文化做出更多贡献。

在《三体Ⅰ：三体问题》获得雨果奖之后，国外科幻界对刘慈欣特别重视。目前，他的科幻小说已经出版了十九种文字的不同版本。2018年，美国科幻小说专业理论杂志《科幻研究》编辑了“刘慈欣研究专号”。2019年，他的短篇小说获日本星云奖。在国外读者的眼中，刘慈欣的科幻小说被认为带有强烈的俄国文学风格，这跟他喜欢苏俄文学具有重要的联系。刘慈欣在不同场合多次说过，他喜欢《战争与和平》和《静静的顿河》等作品，所谓的苏俄风格，可能是从对这些作品有点吸纳后演化而来。除此之外，国外读者还会对刘慈欣小说产生某种怀旧感，这是因为他的小说跟今天西方国家的主要作品创造方式已经大相径庭。当代西方科幻小说集中在赛博世界的呈现，因为信息技术模糊了真实与虚幻、科学与玄想之间的界限，因此吸血鬼、超能力、民间故事等都融入了科幻小说。对比这样的作品，刘慈欣那种对科学原理较真，看重主客体差异的表达，让他们觉得回到了久已忘怀的黄金时代。

在刘慈欣的带动下，中国科幻小说发展进入了新一轮高潮。2016 年，郝景芳的《北京折叠》也获得了美国科幻小说雨果奖。中国人频频获奖的事实证明，中国的科幻小说已经达到了国际水平。目前，一大批新秀作家踊跃地创作了大量新的作品，在中国科幻小说银河奖、全球华语科幻星云奖之外，中国科协每年还会主办中国科幻大会，在世界任何一个国家和地区，由政府组织主导的科幻活动定期举行，是从来没有过的事情。

2018 年，美国阿瑟 · 克拉克基金会授予刘慈欣“克拉克想象力服务社会奖”，以表彰他在科幻领域中的贡献。2019 年初，根据刘慈欣的小说改编的电影《流浪地球》和《疯狂外星人》同时上演，前者破纪录地创造了 46.55 亿累计票房收入，一举成为中国科幻电影的票房冠军。这些成功促使了刘慈欣的科幻创作实践已经走出小说，进入电影空间。

刘慈欣在科幻创作之余，还写作了大量杂文、书评、科普评论等，这些被收入《刘慈欣谈科幻》和《最糟的宇宙和最好的地球》两本著作。读者可以通过这些著作了解到，刘慈欣不仅仅是一位小说家，更是一位具有超前于时代视野的深刻的思想家。

论郑文光的科幻文学创作

郑文光是我国最重要的科幻作家之一，他的四部长篇小说和二十多部短篇小说一直是科幻小说中的经典。我跟郑文光之间有很长的交往历史，本文是为庆祝他七十寿辰所编辑的文集而撰写的文章。在这篇文章中，我从郑文光的个人发展中发现了科幻作家在文学建构和科学建构方面的心理紧张和平衡。由于文集没有正式出版，后来我把这篇文章修改后发表在《大庆高等专科学校学报》2002 年第二期，第 111—118 页。

1．前期科幻创作

若干年来，对郑文光科幻创作的评论大多关注于作品的“语言风格”、“人物塑造”、科学技术与文学风情的“水乳交融”等表面结构，很少有人涉及作者个人生活侧面与作品之间的关系。虽然像铁瓘、董仁威等人的评论中提到过作者的生平，但这些生平和作品之间的联系往往是表面化的。如经历了“文化大革命”和种种个人的苦难之后，他的作品更加成熟。这种事物之间的表面联系的确无法解释作品内在构成方面的变化，更加无法阐明作家作为一个天才加体验者和叙述者在某种文化状态下的尴尬境地与潜意识的心理活动。

作为一个在中国科幻文学领域中进行了重大开拓工作、在半个世纪中作品享誉国内外的重要作家，郑文光的个人生活和文本之间的深度关系，应该是一个非常值得探讨的话题。

事实上，在郑文光文本的表面意义之下，某些相当清晰的图像正通过作家无形的潜意识传达给读者。这是一个深层结构，这种深层结构的简单含义是无意识地呈现出作者在寻求个人天性和环境影响之间如何达成协调的痛苦挣扎过程，而这种过程本身就构成了平行于作品的另一个引人入胜的故事。

根据郑文光的回忆，他的科幻创作起源于1954年。当年，在感受到科学普及读物受到读者强烈欢迎、苏联作家阿·托尔斯泰的科幻读物也十分能激发读者兴趣的情况下，他开始了科幻文学创作。郑文光发表的第一部科幻小说是《第二个月亮》，于当年在《中国青年报》11月23、25、27、30日分四部分连载。次年，1955年2月14日和2月21日分两期连载了《从地球到火星》。在当时看来，小说的“科幻构思”和“文学描绘”都是相当出色的，作品的出版还引起了当时北京地区的火星观测热潮。在这样的成功鼓舞下，郑文光又赶写了《太阳探险记》等几个短篇。《太阳探险记》中，人们借助宇宙飞船到达离太阳前所未有的近的位置，以至于几乎被熔化，成为另一个伊卡洛斯的神话。

郑文光早期的科幻小说明显地使人感到，他在同类作家中属于文学功底深厚的一员。这种文学功底来源于童年的教育、对书籍的爱好和个人在文字操作领域与文学感受方面的天赋。正是这种深厚的文学功底，使郑文光的小说从一开始就处于一种在艺术水平上的先声夺人状态。与词语的连接和气氛的构造相比，郑文光早期科幻小说的科学技术建构没有什么过人之处。恰恰相反，其中的“科学技术”描绘显得相当简单化和概念化。

郑文光的头脑是清醒的，他深知在读者的表面欢迎之下，隐含着相当大的个人创作的危机。他只在大学的天文学系正规地学习过一年，这是远远不够的。他一直对自己的天文学知识欠缺感到不安。在一段关于郑文光与中国原子武器秘密科研小组的领导人之一邓稼先的见面回忆录中，郑文光写道：

> 一天晚上，我因为被子破了，不得不动手自己缝补。正巧让邓稼先看见。他走过来盯着我看了一会儿，然后说：
>
> “看你的样子，针线活蛮拿手的嘛！”
>
> 我让出床的一部分，让他坐下。相互寒暄认识了一下，我继续工作。他又说：

“出生于越南？天文学家？好哇！”

我赶紧声明，我的天文学，只是大学一年级的天文，算不上“学者”。

他沉思了一会儿又说：

“听说你搞科学普及，必定是知识面非常广博，学习的东西无所不包吧！”

“也许将来能这样，不过现在还不行。”

这段谈话虽然发生于1951年，距离郑文光创作《从地球到火星》还有三年，但从之后他的工作繁忙程度来看，他的确没有更多时间将自己的知识补充到令自己满意的程度。这样，《从地球到火星》本身就给郑文光的未来生活制造了一种束缚，那就是如果想继续满足读者的需求，继续赢得读者的爱戴，他必须在科学技术建构上付出更大的努力。

1955年到1957年之间，郑文光的主要业余工作，一是四处进行天文学讲演，二是研读学术著作以创作大型科学文艺读物《飞出地球去》。所有这些活动在潜意识的水平上，都可以看作是作家为提高天文学与其他领域的科技素养所进行的疯狂努力。想要清晰良好地回答讲演中听众提出的各种问题，不是轻而易举的事情，这要求讲演者对科学问题的把握极度娴熟。而从文学水平上看，当时的郑文光对创作一部伊林式的作品已经绰绰有余。这样，他全部的活动只有一个目的，那就是使自己对科幻文学中的科学技术建构的技能尽快发展起来。

1956年3月，郑文光在《读书月报》上发表文章谈论科幻文学。全文始终围绕着这类文学作品的科学性和幻想性进行论述，而把对科幻文学中的其他内容的关心远远地抛在后面。他写道：

现代自然科学的发展使人类愈来愈深入地洞悉物质世界的秘密，掌握大自然的规律，从而也提供了，人类运用数千年间总结出来的科学知识，更有效地利用、驾驭、改造自然界的可能性。比如千里眼、顺风耳、腾云驾雾，等等，原来只是古代人们的朴素的想象，可是电视、无线电话、飞机的发明已经使这些幻想变为现实。

又比如飞到月亮和别的行星上去，深入地球内部，到海底去旅行，改造整个地球的气候，征服疾病和死亡，移山倒海，等等，也都是人类长期以来的美好的理想，在目前，虽然都还没有实现，可是，科学的一日千里的发展已经昭示我们：在不久的将来，这些在一百年前看来还是很狂妄的幻想一定会实现的。

这是科学幻想小说产生的基础。如果说，过去人们只能够借神话、民间传说来表达自己对未来的憧憬的话，今天，人们就可以在现代科学成果的坚实基础上去幻想明天。

对科学建构的强烈关注终于在之后的岁月中得到了收获。1956 年，郑文光无意中听说即将举行的莫斯科国际青年联欢节需要科幻文学时，旋即响应，在短时间内毫不费力地创作出短篇科幻小说《火星建设者》。

《火星建设者》是郑文光三年多科学建构技能补课的优秀答卷。小说以一个人类大同的共产主义未来为背景，将世界各国青年团结一致开发火星的壮举写得恢宏壮阔。以火星独特自然风光为基调，以征服火星过程中所出现的种种意想不到的独特事件为契机和转折，人物的命运与征服自然、改造自然和自然的反扑过程有机地联系了起来。笔者认为，《火星建设者》是郑文光科幻创作中科学建构与文学建构第一次达到平衡。作为一个科幻文学作家，他感到了一种心力上的完全满足，小说也获得了读者的认可，在莫斯科国际青年联欢节上获奖。

随着郑文光逐步向文学领域的靠拢，他的社交领域逐渐展开。在他的交往名单中，科学家逐渐减少，作家逐渐增多。1956 年 3 月，他受邀参加全国青年文学创作者会议。在这次会上，他不但见到了当时文学界享有盛名的老舍、茅盾、夏衍等老一代作家，更加重要的是，他见到了与自己年龄相仿，但却思想深刻、文学建构力无法估量的一代新人。他在后来的回忆中写道：

青年文学创作者会议整整开了一个星期。这是让人相当激动的一个星期，是充满欢笑的一个星期，是疯狂的一个星期，也是我觉得相当不可自制的喜庆的一个星期。这个会议对中国文学本身的发展也产生了重大影响。在随后的30年里，参加会议的大部分作家逐渐上升为中国文学的主要作家，他们的作品无论从深度还是艺术探索上都为中国文学未来的发展奠定了坚实的基础。

我时常回忆起这次会议，更为能结识如此众多的文学天才而感到满足。

如果说《从地球到火星》的成功使郑文光看到科学建构力的重要意义的话，那么青年文学创作者会议以及后来转入中国作家协会工作，则引发了他对自己文学建构力的担忧。在远离科普领域时所遇到的这些人正用自己的独特视角在接触着新的时代，和他们相比，自己作品中的人物、情节、场景以及隐含在这一切之后的“人生哲理”一下子失去了原先的色彩。会议给了郑文光一个新的机会审视自己的作品，他逐步发现，天平正在向相反的方向倾斜。自己曾经在科普界力克群雄的文学建构力，在文学领域只能算是一个中等水平，而科学技术的建构反而成为无关痛痒的部分了。

从对科学建构转向对文学建构的关注，必然受到许多政治生活的影响，因为文学领域受到政治影响的程度比科学技术领域要大得多。1958年，在狂热的“大跃进”风潮中，郑文光开始了完善文学建构的第一次尝试：将政治内容引入科幻小说。1958年第23期《中国青年》杂志开始连续发表郑文光的科幻小说《共产主义畅想曲》，但整个连载只进行了两期便宣告中断。

《共产主义畅想曲》无疑是一个失败的尝试。从已经发表的两个部分来看，它的失败在于对政治环境过分关注，这与郑文光的本性极不相符。郑文光不是一个政治意味十足的作家，这从他选择的文学道路和他作品的内容、个人性格方面，都可以得到证实。早在他参与文学创作的开始，他就醉心于关于科学技术和大自然描述方面的写作，他11岁便写过有关星空的秘密与星球相互碰撞的科学读物。在他对个人生活的早年回忆里，谈及与科学技术和大自然接触的内容比谈及社会生活的内容要多得多。他有一种对科学技术和大自然所能创造的奇迹的无限崇拜与信仰。他喜欢用眼睛、鼻子、耳朵、舌头等全身的感官去观察、感受世界上出现的一切奇妙的事物，赞叹它们，崇拜它们，信仰它们。在与人的交往和社会生活的敏感性上，郑文光承认他是一个崇尚英雄主义的人：

> 但是，和所有这些东西比起来，我最喜欢的事情是听关于英雄的故事。这个世界上有那么多让人惊心动魄的故事，而那些故事中又有那么多使人感动的英雄壮举：关公、岳飞、李逵……再后来，还有鲁迅。这种从小对英雄的崇拜，在今后的一生中一直支撑着我的生活追求，可以说我的一切成功和失败都源于这种英雄主义情结。

对科学技术的信仰以及对人类生活中英雄主义的偏好，造就了郑文光个性中的乐观主义和浪漫主义倾向。但是，这种浪漫主义只适合于简单的科学技术领域和童话的世界，在复杂的现实政治生活面前，作家的个性与极力进行的“文学追求”之间，出现了巨大的反差。

40 年之后，郑文光写道：

> 从我自身的角度讲，我觉得《共产主义畅想曲》是一个彻底失败的作品，它其中没有幻想。如果说其中写到的“可视电话”或者“按电钮喝牛奶”一类的东西可以算作幻想的话，那我的幻想力是完全萎缩了，因为当时的任何一个农民，都知道一亩地可以产粮两万斤的神话；任何一个城市居民，都了解 10 年内中国一定赶上英国、15 年赶上美国的预言。面对这样的想象，我的科幻小说又算得了什么呢？
>
> 当然，更多的问题，还出在对政治和社会生活的处理上。在这方面，我显现出相当的无能。当时凡尔纳的科幻小说和威尔斯的科幻小说都已被翻译成中文，两人的作品相互比较，我发现他们是完全不同的两类文本。威尔斯以社会分析为主，他的科学幻想主题也比凡尔纳的主题缥缈得多。两相对比，我更觉得自己没有处理好社会生活的幻想性。

《共产主义畅想曲》的失败，并没有使郑文光放弃丰富自己文学建构的努力。但是，这种失败促成了他的严肃思考，那就是自己作为一个科幻作家所能立足的位置。

20 世纪 50 年代发生的一些事件，以及许多相当难于预料的因素，都严重地阻碍了郑文光的创作。

在科学技术领域，人为设定的禁区逐渐增多。这其中，对心理学的批判可能使郑文光受到相当程度的影响，因为心理学家曹日昌是他多年的好友，更是介绍他从香港回到祖国内地的引路人。另一个相当引人瞩目的因素是米丘林主义与摩尔根主义之间的“斗争”。郑文光从中看到，在不远的将来，一场关于“爱因斯坦相对论的是非功过”或者“宇宙大爆炸学说是否具有反马克思主义性”的运动极可能在天文学领域发生。在这种对科学问题政治化的风潮下，集中专注于科学技术建构或文学建构的努力都将是十分艰难，也十分危险的。郑文光开始了科幻文学创作领域中漫长的蛰伏期：

> 在《共产主义畅想曲》的失败之后，我觉得无法定位自己的科幻文学写作方向。我当时构思的故事，讲一个人半夜醒来，发现自己的头发全部变成了红色，一种奇怪的变异正在他的身体上发生。这样的开场白，是否是我对过往的政治运动的恐惧？抑或是对未来“文化大革命”的预感？故事继续发展。主人公身上的变异逐渐增多。他的嗓音正在变化，他的四肢也在变化，他的手现在已经长到无法控制的限度上。手的变化一定是人的阶级立场的反映，一个手过分修长的人难道不是他阶级成分的反映？主人公在恐怖的联想中决定逃走。他离开城市，奔向乡村，但是，他越跑，变异得越厉害。他背后的衣服已经被撕破，一对巨大的肉翅展露了出来。
>
> 到今天我也不能肯定这部未完成的小说将如何发展。肉翅代表的是不是人类心灵和思想的自由？肉翅的出现，是否意味着，我对个人独立和整个社会能够脱离沉重负担的幻想，而进入自由王国的境地？
>
> 我的创作最终停止下来。1961 年不是一个产生科幻文学的年代，

或者说如果在这样的年代中创作一部如此题材的科幻小说，将要对作者的思想进行太多的扭曲。我记得当时我设想了几种补救的方案。其中一种方案，是设想这样的变异来自外星人的控制。我认为这也许是个极好的、用技术掩盖社会内含的方法。但是过后我才发现这样的改动也将是行不通的。因为即使苏联科幻小说作家叶非列莫夫曾经大写外星人，但国内科学界早已接受了一种据说来源于马克思主义的定论，那就是根本就不可能有外星人生活在这个世界上。所有关于外星人的故事，都有可能被定性为资产阶级的腐朽文化的体现。

从1960年到1966年，郑文光停止了科幻文学创作。他参加了多次下放劳动，足迹遍及山东、辽宁等地区。断续中仍然写作一些报道或报告文学、政论一类的作品，但发表得较少。这种放逐一直持续到“文化大革命”。在1966年至1971年之间，郑文光仍然在辽宁省鞍山市和广东省中山县农村等地辗转，一些时间是与工人同吃同住，一些时间是以农民的身份参加田间劳动。

2. 后期科幻创作

从1971年到1973年，郑文光进入都市生活的漂泊期。他被落实政策允许返回城市，但却没有正式工作。于是，他靠自己的文字构筑能力打工，教书，协助办刊，当秘书或写作命题作文，到1974年他才找到正式工作，成为中国科学院北京天文台的天文学史研究人员。

是天性使他在众多的选择中挑选了天文学史研究的职业。经过十几年的思考和奔波，郑文光发现，质朴而简单的科研行业仍然是他心中最能承受、也最为得心应手的领域。他独立或与他人共同创作了三本关于中国古代天文学史的著作——《康德星云说的哲学意义》《中国古代的宇宙理论》和《中国天文学源流》。良好的科研环境和顺利的科研工作再度强化了作家对科学建构的技能与信心，更重要的是，它再度恢复了作家对科学技术和科学家生活的直接联系。

这样，1960 年到 1978 年的 18 年虽然是郑文光在科幻文学领域中最无建树的 18 年，但却是最有意义的 18 年。他逐渐体会到生活的复杂性，文学建构力获得了划时代的提高，而纯粹的科研工作又再度提高了他的科学技术建构技能。可以说，所有这一切为未来即将出现的创作高潮打好了基础。在个性方面，郑文光逐渐稳重起来，他不会轻易表述自己未成熟的想法。

1976 年初，上海科学教育电影制片厂的青年编导叶永烈发表了小说《石油蛋白》，第一次在儿童文学领域恢复了科幻题材。紧接着，在粉碎“四人帮”的狂欢中，肃建亭、童恩正、刘兴诗等六七十年代的科幻作家逐渐恢复写作。但郑文光并不着急，他学会了思考和等待。他要静观这一行业的文化变迁，评估从业人员的智力和文字操作水平。

这种等待一直持续到 1977 年：

> 1978 年 8 月，我终于打破沉寂，在人民文学出版社出版了长篇科幻小说《飞向人马座》。
>
> 早在 1957 年，人民文学出版社当时年轻的女编辑叶冰如，就曾经约我写一本科学文艺著作。我记得我们草拟过提纲，但上交之后没有被通过。她的上级编辑认为，一部科学文艺读物似乎不如一部科学幻想读物，更加容易使读者喜爱。但是，时事的变迁，使这个计划的更改版本一直没有出现。粉碎“四人帮”之后，我虽然早就恢复了与作家协会的联络，但因为科研工作实在繁忙，无法抽出时间进行科学文艺或科幻创作。
>
> 但是，老作家的复出激励了我。而且我感到经历了这么多年的生活历练，我已经可以更加稳健地掌握文学作品，特别是长篇文学作品的创作了。
>
> 1978 年 5 月，我终于拿起笔开始了《飞向人马座》的创作。这部小说总共写了三个月。
>
> 《飞向人马座》是一部十三万字的长篇小说。其中科学知识大概占据了三分之一的内容。我个人认为，在当时来讲，它是唯一的硬科幻作品。虽然如此，其中的人物刻画也相当费功夫。

《飞向人马座》是郑文光恢复科幻创作后的第一部作品。与《从地球到火星》一样，郑文光这一次进入创作行业再次给人巨大的冲击力。他以一部十三万字的长篇拉开了个人创作新阶段的序幕。人们惊喜地发现，在《飞向人马座》中，作家不但努力保留了自己在创作前期最重要的成果——强大的科学技术建构，同时力图在文学建构上摆脱政治化的偏向，寻求以人的命运作为文学建构的焦点。

《飞向人马座》的成功是显而易见的。它力克群雄，在语言、气氛、人物情感等诸多方面显著地高于当时的其他作品。特别是在处理其中的科学内容上，作家以一种稍显女性化的文笔消除了知识本身干涩的苦味，不但如此，还给读者一种已经将其中的科学技术内容融入了个人知识结构的独特感觉。英雄主义、理想主义、浪漫主义和科学至上主义再一次回到了郑文光的作品之中，而这一次，所有的内容都与主人公个人的命运休戚相关。

在《飞向人马座》出版的同时，另一部与这部长篇小说水平相当，但却具有更大价值的作品《太平洋人》在天津《新港》杂志发表。如果我们阅读一下郑文光对《飞向人马座》的分析，便会明了《太平洋人》的成就所在：

> 从现在的观点看，《飞向人马座》的缺点是显而易见的。
>
> 首先，其中概念化地发起了一场所谓的与某北方大国之间的战争，这场战争严重地损害了整部作品的气氛。由于受到当时的政治倾向的影响，这部作品在处理国际关系上并不成功。……
>
> 其次，对天文学的课程上得太多了一点。邵继来学习天文学的部分显得生硬，“知识硬块”没有被溶化。与此相似的，还有继来的日记部分，也显得相当不协调。……
>
> 第三，对三对夫妻的搭配匆忙了一些，想象世界的完美性也发展到了感情的世界，但这是不真实的。真实世界中的感情发展不一定那么理想和美丽。这一点我其实是很可以避免的，为什么偏偏要描写三对夫妻呢？

出现于《飞向人马座》中的三个明显的“缺点”，在《太平洋人》中几乎已经全部消失。作为一个潜意识中不断追求两种建构相互平衡的作家，郑文光的作品再一次在两种建构上获得了全面提高。可以说这两部作品的出版，为重新确立郑文光在科幻文学领域中的历史地位，起着决定性作用。

但是，两种建构力的全面提高不等于两种建构力已经达到了平衡。当我们抛弃两部杰作外表的词语包围，观察其中的内在构造时，我们不得不承认，在科学建构的强大统领下，个人生活作为文学建构的中心并不令人满意。中学生的爱情、封闭的宇宙飞船、四角恋爱以及火星玫瑰色沙漠上的追求与奉献，所有这些能和数万光年外接近超新星的航行或远古时代的大爆炸后“太平洋古大陆”脱缰而去并再度归来这样的宏伟事件相互协调吗？

如果说个人潜意识中对自己作品的不满只是一个个体心理现象的话，那么1976年之后的整个中国文坛的巨大变化则构成了郑文光个人创作力改进的另一强大动力。小说领域中“伤痕文学”的出现，昭示了处理作品中政治内容的新的方式；一批以哲学思考为题材的小说加深了文学深度开掘的紧迫感；意识流、象征主义等手法的引进，则更在整体上动摇着以往的文学构筑方式。1979年，童恩正在《人民文学》杂志上发表《谈谈我对科学文艺的认识》一文，则更是敲响了科幻文学必须变革的警钟。

1980年12月，郑文光在湖南少儿出版社编辑了一本“新作选”。在选集的《前记》中，作者先是谈到了科幻文学对青年人向往科学的意义，随后笔锋一转，写道：

> 但是，作为一种新型的、年青的文学式样，科幻小说又具有丰富的表现力。它固然可以驰想千万光年以外的世界，展示千万年以后的未来；它更可以直接反映现实生活，而且由于采取了特殊的手法，它可以在更广阔的背景上、更绚烂的场面间、更深刻的哲理中表现出我们时代生活的各个错综复杂的侧面。
>
> ……文学是生活的镜子，文学创作理应反映我们人民医治旧创伤、建设新生活的各方面的斗争。那么，科学幻想小说呢？我认为，它也是生活的镜子，而且是一面有特殊功效的折光镜，在科学幻想，

> 也就是“现代化”的幻想构思中，曲折传神地展示我们严峻的生活的真实。

《郑文光新作选》中，“直接反映现实生活”的作品一共有五部，占大约三分之二。除《史前世界》仍然保留原来作品的文学风格之外，其他作品具有“全方位的”尝试性。题材直接涉及“文化大革命”的有四部，占全书内容的整整一半。此外，还有关于“工读学校学生生活”的科幻小说一部和纯粹表达宗教哲理的科幻小说一部。

“直接反映现实生活”的科幻小说的极致，是1982年天津《小说家》杂志发表的中篇小说《命运夜总会》。时任中国作家协会党组书记的鲍昌为这篇小说的出版发表了热情洋溢的评论，认为这是一部“将历史和未来放在一起考虑”的成功作品。作家自己也对这部作品相当欣赏，他写道：

> 在以批判社会现实为主题的科幻小说中，我的《地球的镜像》被翻译最多，但《命运夜总会》是我着力最多的一部。

笔者认为，将“文化大革命”题材引入科幻文学的创作，郑文光是提倡最多、作品最多，也成就最大的作家，而且，《命运夜总会》的确是郑文光这一时期的代表作品。

我们可以将1958年的《共产主义畅想曲》和1982年的《命运夜总会》相比较。

第一，人物的数量、个性和命运都显著地复杂起来。在《命运夜总会》中，恩怨情仇从中国最北的北大荒一直伸展到接近最南的香港，时间跨度从“文化大革命”一直到粉碎“四人帮”，场景从阳光下开阔的北方乡野一直过渡到南国阴暗的夜总会，人物从科学家、国家干部、知识青年一直到港商、歌星、私人侦探。20世纪80年代的所有生活潮流在小说中均有体现，而且，主人公的数量几乎等于过去郑文光小说中所有人物数量的总和，他们的性格也具有显著的区别。

第二，政治生活是以独立而不是附带的方式引入作品，并显然成为作家关注的中心。这一点与1958年的作品也构成显著的不同。似乎作者已经不再惧怕触及政治，并具有了相当大的信心和把握来处理这一自己从未处理成功的内容。

第三，在《郑文光新作选》之后，郑文光似乎对悲剧化结尾更加感兴趣。在他的内心，仿佛政治化题材与悲剧化之间具有直接的联系。事实也恰恰如此，从浪漫喜剧转化为悲剧给郑文光的科幻小说涂上了复杂的思考色彩，也具有了开掘的深度性。

但是，任何人都可以清晰地发现，《地球的镜像》和《命运夜总会》存在着一些缺陷。

首先，悲剧化结局与郑文光的个性不符。郑文光是一位天生富于进取、相信英雄主义强大力量的作家，他可能受到"伤痕文学"的影响，可能受到新时期早期的控诉性和悲剧性文学的影响，但他不可能构筑一部真正意义上的悲剧。这就是他的悲剧总是缺乏悲剧色彩、总是含有稀释因素或是过分明朗的"乐观希望元素"的原因。即便是控诉得相当出色的短篇小说《星星营》，读者也发现它缺乏悲剧的动人力量。

其次，几乎所有的"新作"在科学技术建构上都显得相当幼稚。它们几乎是郑文光所有科幻小说中技术含量最低、构造最轻薄的作品。超声波刺激人脑产生的生物电流？没有踪影、没有来历、没有形状的外星人？与生物进化方向相反的"退化机器"？这难道不恰恰是郑文光自己多次在谈论科幻文学创作中批驳过的最浅薄的作品吗？

20世纪80年代初期郑文光科幻创作中这种理论与实践的相互对立，其实是社会文化环境与作家个性的相互对立，是意识与潜意识之间的相互对立。作为一个天才和富于敏感性的作家，郑文光不可能没有发现这一点。他不可能没有看到，在评论家盛赞《地球的镜像》《命运夜总会》《星星营》这样的作品的同时，来自读者的相对冷静的反应构成的那种奇妙反差。正是这些反差，迫使他开始对环境与个性、意识与潜意识之间做最后的协调。这样，在言论上，作家继续大谈特谈科幻小说反映现实生活的必要性和可能性，而另一方面，在创作上，他却迅速重新开始具有强烈科学建构的作品的创作。

正是在这样的潜意识的隐性调整中，《天梯》《孔雀蓝色的蝴蝶》《神翼》

等作品相继问世。这种调整也导致长篇小说《战神的后裔》的问世。在这部作品中，郑文光再一次显示了进行科学技术建构的高超水准，同时也最终找到了处理政治题材最为得当的方法。青年科幻文学评论家严蓬在谈到郑文光的最后一部重要长篇小说时认为，正是将作品的政治内容表面化推向隐喻化，才使郑文光小说的文学建构获得了决定性的突破。将一个来源于未来又被局限于现实无法返程的人作为整个作品的主人公，他站在一个不属于他本人的今生又不属于来生的尴尬的时代里，心灵的哀痛才真正地激发出读者内心的强烈哀痛。这样，作品便跨越了科幻文学与主流文学的界限，成为我们个人与整个时代之间永恒悲剧的象征。

3．环境的阻碍与个性的突破

郑文光的科幻文学生涯是在个性与环境的搏斗，在意识和潜意识的对抗中发展起来的。

1929 年，郑文光出生于一个不太贫穷的家庭，相对稳定的童年生活使他的个性可以充分地发挥。他从小喜欢读书，很能体会书籍之中文字传达的感受。对大自然和科学技术的爱好本身就与这种相对平和的家庭环境有直接关联。作为一个天资聪颖、感官敏锐的少年，郑文光很早就从周围人的反应中发现了自己所特有的潜质。十二岁那年，他曾在越南宣光县古刹中得到一位老年智者的手书。

> “君少年聪颖，可喜可贺！大器早成，天资英纵！”
> 我拿着那张纸指了指自己。
> “这是指我？”我怀疑地问。
> “对！”老者点了点头，赞美之情溢于言表。

正是这样的环境与反馈使郑文光的文学潜质和对科学的爱好能够发展起来，并使他最终成为中国科幻文学的开山祖师。

然而，郑文光的科幻文学道路受到他的本性和社会环境之间无法协调的压力。在回到中国之前，他在科学普及文学领域已经具有相当的影响力和地位，如果沿着这条路继续前进，他可能获得更大的发展。然而，无所不在的“政治化”环境，在他一踏上新中国的土地，便开始在他身上发挥作用。这种作用迫使他不得不将自己对相对简单的大自然和技术问题的爱好与政治生活相互关联。

郑文光的确不是一个善于观察政治形势和处理政治题材的作家，考察他与另一位著名科幻作家童恩正创作之间的差别，就可以清晰地看出这一点。童恩正于20世纪60年代正式进入科幻文坛，他是那种极端善于把握政治气候并可以紧密与其和谐共振的作家。《古峡迷雾》产生于20世纪60年代初期，虽然故事以考古学为中心，但其中充盈着的对美帝国主义的民族义愤、对好青年应该志在深山的热情，无疑被当时的政治路线所欣赏。20世纪70年代，《古峡迷雾》的改编本重新调整民族矛盾的对立面，将美帝国主义者换成苏联修正主义者。及至脍炙人口的小说《珊瑚岛上的死光》出现，强烈的民族主义情感再一次有力地迎合了政治潮流。与童恩正相比，郑文光对政治生活的敏感性相当迟钝。他有一种浪漫主义的情感，他更多的是对政治通达平和时代科学技术的突飞猛进给人们生活造成的影响具有深切的关怀。这样，不合时宜的个性加上英雄主义思想，使郑文光在创作实践中一再碰壁。他早期的科幻小说被认为没有政治深度，《共产主义畅想曲》则处理不好其中的多种复杂关系，而晚期的科幻小说虽然反映了“文革”的现实，但在科幻文学的本体上又失去了原有的感染力。

笔者认为，以郑文光的文学天才和敏锐的感知力，他应该在中国科幻文学领域做出比现在更加巨大的贡献。他本可以在自己开辟的道路上全方位地探索并创造一种全新的文学形式，但社会的政治生活不断地歪曲和击退他的努力，让他个人的能力无法正常发挥。

一个人不可能不受环境的影响。在所有人都认为反映政治生活是科幻文学的中心主题的情况下，郑文光也开始了这一领域的探索。但是恰如笔者前文所述，这种探索的成功和失败并存。

社会环境不但影响到郑文光创作方向上的努力，而且影响到他个人创作改进上的努力。正如我前文所述，在科学建构力和文学建构力相互平衡方面，郑文光也进行了异常艰苦的努力。

科幻文学文本中存在着两种不同形式的建构，这不是今天才产生的新的概念，早在雨果 · 根斯巴克时代，科学技术、预测在作品中所占的比重问题就被提上过议事日程。在我国，20 世纪 70 年代末期到 80 年代初期有饶忠华等人在《科学神话》中提出的两个构思，即科幻构思与故事构思相互结合构成科幻文本，其实也是这种思维不同形式的反映。但是，早期的评论家们虽然发现了科幻文学中独立于科学技术之外的其他结构，但对这种结构的性质没有清晰的界定。

笔者认为，所谓技术建构，指的是作者在作品中营造的科学技术氛围，它包括作品赖以存在的主要科学理论和事实，包括由科学技术或可认知的超自然因素造就的神秘状态或未来奇迹。技术建构力量雄浑，体现在作品中是，精心建构的科学理论精深独到，对技术进入人类生活造成的奇迹或对自然现象神秘状态造成的感官玄想具有极强的疏离效果。赫伯特·乔治·威尔斯的《时间机器》，应该是强烈技术建构的典范。对时间概念的精深独到的见解和时间机器运转所造成的疏离效果，造就了整部小说赖以吸引读者的富于技术特色的美学基础。技术建构不单单指作者阐述的科学理论的独到，更重要的是，作者能对科学技术进入生活领域所造成的感官效果进行恰到好处的勾勒与描绘。英国作家克拉克的小说《2001：太空漫游》就属于这样的作品。小说对太空生活的细致入微的描绘，在唤起人们强烈感官向往方面至今仍然无人能够超越。

与技术建构完全不同，文学建构指作品中对主人公和相关人物的性格、情感和生活命运的构造。文学建构强悍的作品、人物的性格和命运之间的相互作用构成了小说的主要欣赏性美学基础。读者在感受人类命运的同时，更多地思考和体验社会环境和人性弱点给人带来的认知与情感。高水平的主流文学作品常常以主人公独特而发人深省的文学建构为主要特征。无论是托尔斯泰还是陀思妥耶夫斯基，无论是卡夫卡还是加西亚 · 马尔克斯，他们的作品可能流派完全不同，与现实的直接关系有亲疏远近之分，但在文学建构上均进行了强大努力，为读者提供了欣赏、思考和愉悦的来源。

在科幻文学领域内，技术建构和文学建构是两种必须存在的和相互协调的内隐结构。两种建构并不一定必须取得平衡，但大凡优秀的作品，都的确在寻求两种建构的平衡点方面进行了富有成效的努力。《2001：太空漫游》以强烈的技术建构为统领，但正是在这种强烈的技术建构引导下，个人的性格、生活和命运失去了本身独立的价值，必须屈从于小说中技术力量所造成的统御。鲍伯·肖的《往昔的光线》（又译为《昨日之光》）则以主人公强烈的怀恋情感为主导，但这种情感赖以形成的基础，则是慢透光玻璃这种玄妙的技术。也许，最具天才的科幻作家是英国的乔治·奥维尔，他的小说《1984》在处理两种建构方面取得了惊人的平衡。

无疑，优秀的科幻文学家需要两种不同建构技能的协调发展。但是，这些技能的发展和在创作中的真实发挥程度，却不是作家意识与主观控制能够解决的问题。常常，处理两种建构的能力来源于作家本人的知识基础与直接经验，换句话说，并不是有了主观性的强烈努力就可以达到预期的目标。一些科学技术基础缺乏的作家，即便多年致力于小说的技术建构，也仍然无法达到预期的目标。儒勒·凡尔纳就是这类作家的典型代表。他的一生记录了两万张卡片，以求获得优良的科学技术建构基础，但他的作品所涉及的“科学技术”，全部没有脱离常识化、表面化和新闻化的水平。在正统文学领域，主观努力与客观现实之间的矛盾也相当明显。在斯大林时代，许多作家尽管千方百计地寻求一种能够获得当局认可的创作形式，但最终他们的作品受到了严厉的批判。虽然这些作家陷入了这样或那样的艰难境遇，但避免这些境遇的强烈欲望却不足以使他们的作品符合当局的要求，原因是他们的个人经历和认知结构，潜意识地造成了作品主人公的命运必须以某种方式建构起来，这样才能满足作家内在的美学图式。

笔者以为，在意识的层面上，郑文光的创作是寻找如何做到个性与环境之间的协调；而在潜意识的层面上，郑文光的创作则为实现两种建构的平衡进行着不懈的努力。

郑文光是我们时代科幻文学的伟大探索者。他在开创中国的科幻事业，在探索科幻小说的多种可能性上取得了突出成就。他的众多尝试，成功与失败并存，但正是这些成功和失败，才给了后继者许多教训和启示。郑文光是典型的科幻作家，他对科学技术和大自然的那种深刻的爱，融入了他作品的字里行间，他笔下的辽阔宇宙和变换万千面孔的富饶的海洋将永恒地存留在科幻读者的心间。郑文光相信科学技术能给人带来无限明朗的未来，即使这种未来充满艰辛和牺牲，人类也将永不停止对它的探索。郑文光还是一个大胆的闯入者，他多次闯入自己不熟悉的复杂的政治区域，用不断改进着的作品证明政治题材在科幻文学中如果处理不当，完全可能失去其本身应有的价值，但如果处理得当，也完全可以拥有一个特殊的位置。作为一个作家，他的小说具有丰富的表象和内含，他是一个能用有限的文字建构无限的表象的建筑师，由他建筑的时间通道、海底大厦和通天之梯将联系起我们生活的所有方面，更联系起过去、现在和遥远的未来。

郑文光不属于我们这个时代，他应该属于那种稳定、平和，科学技术、浪漫主义和英雄主义能产生伟大作用的时代。但唯其这样，我们才能看到他的伟大之处：他以不屈不挠的意志，以不倦的探索精神，以无畏的自信和力量，在一个不属于自己的星球和不属于自己的时代里创建了一个属于自己并可以承载他人的广阔坚实的科幻大厦。从这个意义上讲，郑文光是我们时代的科幻伟人！

科幻的异境与文学的歧途

——《地铁》面面观

2011年8月，《南方文坛》会同上海市作家协会召开新一届“今日批评家论坛”，张燕玲主编特邀我考虑一个科幻的主题。此时，刘慈欣已经受到广泛关注，但对于下一个应该关注的作家到底是谁，我建议重点研讨一下韩松的创作。会议接受了我的意见并邀请我主持第一天的会议。来自全国各地的许多青年学者参加了会议，我从中学到许多东西，很多对韩松的看法，也是从这次会议得到深化的。为此，我把为这个会议所做的综述放在这里。此文发表于《南方文坛》2012年第一期，第38—40页，原题为《科幻的异境与文学的歧途——韩松〈地铁〉研讨综述》。

2011年注定是不同寻常的一年。这一年，中国的高铁时速突破400公里后在每小时350公里的速度上投入全面运营。不到半年，两列动车在浙江发生追尾，紧接着，北京和广州发生了两起电梯事故，不久，上海地铁“轻度追尾”……这些，让人们不禁怀疑起多年来信仰着的科学技术改变人类生活的信条，越来越多的人在询问，这个时代，科学技术所带来的成就和制造的灾害是否正在同步增长？科学技术真的是一种与价值观无涉的、可以独立发展的、没有道德负载的纯洁认知空间吗？

也恰恰是在这样的时刻，人们突然想到了韩松的小说《地铁》。在故事中，不恰当的高速发展导致了地铁世界发生畸变，并最终使社会发展改弦更张，走向极端。难道，科幻小说真的是一种能够预言未来的文学？韩松又是怎样的一个作者？应该如何看待他的作品？在中国的科幻文学甚至纯文学的版图上，韩松又占据着怎样的位置？

2011 年 8 月 21 日下午，参加第二届“今日批评家论坛”的各地文学理论工作者汇聚在上海作家协会，参加“《地铁》与韩松科幻小说研讨会”，深入细致地对当前科幻文学的崛起和韩松科幻小说在文坛的贡献进行了梳理与分析。本文将从韩松科幻的独特性与继承性、《地铁》的艺术成就与问题、科幻小说的未来前景等三个方面简述这次研讨会的主要成果。

韩松科幻的独特性与继承性

在科幻文学领域，韩松早已成为一种独特的现象。早在 1991 年，他的作品《宇宙墓碑》就获得了台湾地区《中国时报》举办的世界华人科幻小说竞赛的大奖。与当代所有其他科幻小说不同，韩松的科幻作品常常不是以某项科技发展的创新为核心，更多情况下，作品展示了科技时代的怪异，是科幻的异境。那么从纯文学的大版图中，到底应该怎么勘察韩松的创作？是否也会将其当成一种文学的歧途呢？

一些研究者敏锐地看到，韩松在科幻文学方面展现的独特性，在主流文学领域中其实有着扎实的根基。严锋指出，自 20 世纪 90 年代以来，中国文学从先锋回归了历史，曾经在 20 世纪 80 年代走强的先锋文学好像流失不见了。其实，先锋并没有流失，它有可能进入了亚文学。事实上，韩松科幻创作中独特的幻想性、精神性、抽象性跟余华、格非、马原的实验文学有很多相通之处。可能韩松作品的内容更加残酷，因为他已经超越了通常意义上人文的空间，被融合了技术，甚至，作家也超越了人类的观察视角。在讨论韩松科幻小说的继承性时，严锋谈到了韩松小说跟鲁迅的关系。他指出，韩松作品里的“吃人”可以追溯到鲁迅，而像《乘客与观察者》中的“7X7 飞机”，也可以让人马上想到“铁屋子”。铁屋子里的人日复一日，处于催眠的昏睡状态。韩松和卡夫卡也是有渊源的。康凌认同这个跟鲁迅的比较，他通过《地铁》的例子回应说，“但韩松不是在铁路里面呐喊，他是告诉所有的乘客这个轨道的尽头是坟，或者说这个轨道根本没有尽头。韩松对未来是非常绝望的，这种绝望来源于自己身在其中，无法对世界进行有效的批判”。郭凯感到，韩松的创作有后现代背景，还跟村上春树的作品具有某种关联，与村上不同的是，韩松更多地采用了对物本身的解读，“他的吃人场面很暴力，他肢解理性的物质世界，肢解人类本身……如果你对中国的历史和现状了解越深入，就越会发现他的隐喻非常到位”。

针对上述从国外和中国现代文学作品中寻找渊源的说法，郭凯表示反对。他提出，在韩松作品的背后，往往有一个高度理性的框架作为基础，有着大量丰富的资料做铺垫，文学作品更像是对这些框架的变形、延伸、超越和阐释，很难想象村上春树和卡夫卡会这样写小说。他转述说：“几年前韩松说，我们本质上是一个农业民族，是一群辛辛苦苦土里刨食的农民，这个农耕民族现在集合在一起搞所谓的重工业，还发射了几艘太空飞船，所以很有科幻气质。”换言之，韩松的新闻写作和科幻是在一个领域中进行的，从来不存在人格分裂。

科幻作家夏笳的发言比较全面，他指出，阅读韩松的科幻小说要把握三个关键词。“第一是当下，由于人类是没有可能在此时此刻就瞬间地把握当下，小说（特别是幻想小说）就具有了重要意义。第二是现实。韩松的小说不是什么关于现实的隐喻，它本身就是现实。第三是常态，这种常态是通过变态来反映的，他的作品里面会看到很多变态的重口味的东西。”夏笳认为，阅读和批评科幻小说必须有特殊的方式。“需要有一个三维坐标系，这其中，X 轴展示从科技 / 物质到人文精神的程度，在这个主轴上，科学解释或寓言性能带来阅读快感。Y 轴展示从认知到疏离的程度，作家要把所有东西重新架构一下，让你看到习以为常其实是有问题的。Z 轴展示的是从叙事到非叙事的程度，你是要叙事圆满还是要在更开放的空间去思考。传统的科幻小说，最土、最烂俗的科幻电影可能只是在叙事的维度里，而韩松的小说更多的是在对顶角上，人文精神、更疏离现实、非叙事性。韩松的小说多是从点子到意象，无穷无尽的意象，不做矛盾的梳理，好像作者也在意象中迷路了。他尤其不做想象性的解决，这导致他的小说看上去小说的成分比较淡，更像新闻记者在撰写来自某一个和我们平行贴近的宇宙中的事情。”

《地铁》的艺术成就与问题

多数与会者都认同韩松的科幻小说《地铁》是一篇具有独到特征的作品。这些特征主要体现在陈述上的寓言和意象性、故事和语言的鬼魅与晦涩，以及内容触及了科技时代的物我关系等。

刘志荣认为：中国作家写的科幻小说其实很大程度上还是民族寓言，但在韩松的小说《地铁》和《我的祖国不做梦》里，深化出来的是技术时代人类处境的寓言，这说明它已经超过民族寓言的层次。“《地铁》既是时代技术的寓言，也是进化论的寓言。在小说第二部分，进化过程迅速出现了变异和蜕化，还出现了分叉，到第三部分则出现了迷宫式的结构。这个迷宫式的结构是很经典的现代主义文学的结构模式。当然，迷宫也是人类的一个寓言。小说借助了洞穴寓言，人在地下洞穴里面遗弃了地铁，努力地奋斗，重新寻找失去的美好的世界。他们终于到了天堂时，才发现这是另外一个更大的洞穴。”他觉得这是对洞穴寓言的推广和创新。就此，康凌也提出，铁路始终是纠缠在20世纪中国现代思想和文学史当中的一个重要意象，它不仅代表了国家梦想，以及围绕这个梦想展开的斗争和努力，同时也是新感觉经验的载体，比如新的文学里面呈现的速度，管理时空突然的转换等。梁鸿认为，科幻小说可以成为民族寓言，“这不是缺点，反而有意外的美感，因为科幻不一定飘在现实之外，是可以回来的，只不过叙事的方式、介入的方式有非常大的不同”。张莉也对小说的寓言性进行了阐述。

黄轶发现，人们读《地铁》或韩松的其他科幻小说时，会自觉联系到中国文化非常强大的另一个元素，那就是鬼故事。但韩松的鬼故事跟韩国、日本甚至中国古代的鬼故事也不相同，如何定位这些鬼故事是一个重要的问题。飞氘认同韩松喜欢写鬼，但是他认为这里的鬼既是古典的鬼，又是科技时代的鬼。鬼也是有现代性的。韩松的句子读起来还有点玄学味道，很舒服，像水在许多废墟里面慢慢流过，句子是不断延展的。此前，康凌已经提到了韩松小说的鬼魅问题，与之不同的是，他将韩松的鬼魅跟晦涩联系起来，认为晦涩产生的原因是一个作家在新的时代，面对新的问题的时候，遇到的写作上的困惑。“这种滞涩、晦涩难懂是非常可贵的，因为他不是在书写已经有定见的历史，因而可以非常圆滑地表现出来，他是在说明一个新的问题。一个新的问题用什么样新的形式来梳理呢？这是韩松遇到的问题，可能也是试图说明新问题时人们所面临的困难。”康凌还发现，韩松会在文本中没有节制地使用科技语词，甚至达到滥用的程度，而跟他齐名的科幻作家刘慈欣则在科技语词的使用上非常谨慎，每个语词都对应着一个解释。看来，韩松的词语是用来制造独特气氛的工具。

杨庆祥从不同的读者期待上区分了两类小说。他指出，安妮宝贝关于地铁的小说《告别》是符合大众对地铁的期待的。大众对地铁首先没有想到有鬼，他们想到的是地铁一来，周边的房价飙升，是城市现代化进程的一部分，这是安妮宝贝和韩松想象不同的地方。安妮宝贝是一个大众的作家，但韩松不是，因为他的想象和主流的想象，和小资产阶级、中产阶级的想象不一样。韩松给我们提供了很多话题，《地铁》最重要的是题材的敏感性，地铁是非常敏感的，这就证明韩松是非常有眼光的作家。韩松的写作契合了当下的情形。在创作上，韩松和法国新小说写物的传统有关，人应该是小说的配场，这和我们经常谈论的标准是不一样的。在这一点上，韩松是非常超前的。他的作品里有大量的形容词都是写物的，当然，对这一特征在创作和表达上的优劣，杨庆祥也做了相当细致、可信的分析。

与杨庆祥类似，康凌也试图在不同作家的对比中把握韩松的创作。他拿董其昌、王安忆和韩松三个人进行比较，发现：“在王安忆作品中，物和人的关系还是有机的；到董其昌那里，这一关系已经不确定；在韩松这里，人完全被取消，只有物的世界！”他指出，韩松的可贵在于告诉我们，新技术时代，原先拥有的关于人的概念、关于人性的概念、关于救赎的概念已经发生了变化。

刘铁群将自己的分析建立在对韩松自身的作品进行比较上。她从《地铁》和《红色海洋》两部长篇小说中发现，韩松探讨人类的过去、现代和未来，其指向确实都是自我救赎。“这种救赎涉及人兽之间的轮回，是在人性和兽性之间的挣扎状态。在韩松的两部作品中，人类为了拯救自己再次变成动物，这个变化可以说是退化，也可以说是拯救。而极限的环境的形成和文明有关。”

飞氘认为，最重要的是，韩松的多部小说都是在阐述“是否应该把我们的未来建立在前人的尸骸上”这种命题。确实，“这种命题比较适合科幻小说去表达”。张莉同意韩松的小说是在重新建立一种现实，而这种现实有极强的象征性。康凌把《地铁》当成一部打入纯文学领域的科幻作品，他指出“看韩松的小说是一种经验的拓展，让我感觉中国文学不像大家想象的那么不好，只不过（原来）你们把某些人故意排除出去，你们看不见他们，现在我们看见了他们，就感觉非常好”。

对于《地铁》存在着缺陷这一点，评论家们看法一致，但缺陷到底在何处，则看法不一。陈思认为，呈现的世界面貌过分单一。“我认为一部长篇小说是一个辩证的过程，它应该在情调上有所摇摆，这才是形式上内在的动力。虽然《地铁》是长篇，但我感觉是用中短篇拼凑成的，因为他格调内部没有矛盾性，所以无法形成推进的过程。”此外，小说的反省不够。梁鸿也有同样的观点。

杨庆祥也从语言和情节上考察，认为韩松的小说有一个叙事模式，每一个小说的开头都是村上春树的世界末日，而结尾则有卡夫卡风格。霍俊明也认为，韩松的小说在情节方面可以预测，这是一个缺陷。康凌指出，“文本当中提到国家主义、跨国资本，因为他提到C公司，这个东西我开始抱有很高的期待，我想知道它后面会发展出什么样的结果。最后，C公司只是一种随机体，除了液体什么也不是。期待落空了，跨国资本和国家主义之间以什么形式组合，在韩松的书里没有找到，错失了文本往不同方向生长的可能性”。

对上述问题，熟悉韩松的飞氘回应说，韩松的创作其实就是在“急迫地表达”，这是一个自我拯救的过程。韩松作品中最重要的人物形象是急迫的表达者，当人物对话没有逻辑，叙事出现别扭，出现奇奇怪怪的比喻，立刻会让人感到叙事者的存在。“其实，韩松作品里面唯一一个值得讨论的形象就是他本人，他每天这样写着。”

科幻小说的未来前景

联系到刘慈欣的科幻三部曲《三体》正在大众甚至知识分子中走红的现象，很多评论家提出了自己对科幻文学作为一种文类的看法。

黄轶指出，讨论科幻小说应该放在文化思潮中进行。韩松的创作无论是内容还是形式上，都还不是科幻小说的主流模式。科幻小说传入中国是在清末民初，梁启超的小说界革命当中，科幻小说、政治小说、侦探小说和教育小说四大类型里，只有科幻小说和侦探小说流传了下来。科幻小说与民族解放关系密切，因为只有实现了科技的进步，才能够国富民强。当时的科幻小说我都读过了，这些作品创造了一个个神秘莫测的未来想象模式，表现了人们对知识领域中正在上升的科学的接纳。当时，把现代性想得太美好了。事实上，在这类作品传入的时候，西方已经出现了现代性的分裂，但是中国却需要一个国富民强的叙事形式。从 20 世纪 80 年代后期到现在的科幻小说，迎合了一个反现代性思考的思潮，在这个思潮中，有对现代性的批判，资本主义文化确实出现了极大的矛盾。但是我们还是要面对一个问题：我们从提倡科学主义到反对科学主义，非常倾向于一元论。韩松可能陷入了这样一个过程，是从科学主义到虚无主义。作为一个作家，当面对人类被物质控制的时候，进入无限发展黑暗的轨道，找不到光明的时候，要说明我们情感上的悲悯在哪里，我们还是呼唤一种建设的后现代主义。

刘志荣肯定了科幻小说在当前和未来的价值，但他指出，科幻作家还有很长的路要走。“新洞穴寓言会重新引申出一个科学和人文、哲学和技术、古代和现代等多方面的博弈。很多科幻小说已经牵扯到这一点了，但是它们的讨论和对话还不够深入。刘慈欣的《三体》也有这个问题。不是他们想象力不够，不是他们科学素养不足，不是他们文学修养不够，而是在人文方面的修养还有所欠缺。这个方面还可以让很多的议题讨论得更加深入一点，也可以表达得更加深入一点。”

霍俊明则对出版社乱贴标签表示反对，他指出，“韩松的《地铁》，在封面上写‘×××——中国的卡夫卡’，这是非常可悲的，我们在 21 世纪仍然在向西方的这个那个致敬？”

由于时间短暂，许多论题都还没有真正展开，而研讨会的时间趋近结束，暂停是不可避免的。从上海返回北京的路上，我的心情复杂。对于我们这些多年沉浸在科幻领土的居民来说，韩松的小说确实提供了某种与众不同的全新的异境，现在看来，这些异境并非文学的歧途，至少，对纯文学批评家来说不是。我只觉得这样的讨论到来得太晚。如果更早展开这种对话，也许我们的许多研究工作会少走很多弯路。

近年来，随着中国的崛起，世界各国对中国科幻文学的关注正在加强。在《SF 宝石》《当代中国文学》《科幻研究》等外国刊物相继刊发或邀请笔者主持“中国专号”之后，国外出版社也正在邀请中国作家编辑专辑。不能不说上述兴趣的产生不仅跟近年来中国国力增强、国外学者期待更多了解相关领域有关，更跟科幻文类本身能承载一个民族对未来的期待和他们的明日梦想有关。为此，笔者呼吁类似的研讨会能更多举行。

两院院士潘家铮科幻小说的特色

20世纪90年代，中国科学院和中国工程院院士、中国工程院副院长潘家铮突然发表了一系列科幻小说。因为在20世纪80年代有钱学森对科幻文学的反对，使这种文类被紧急叫停，此时，潘院士的创作就显得尤其重要和弥足珍贵。为了在社会上推广潘院士的作品和创作精神，《科技潮》杂志专门召开了潘家铮作品研讨会。此后，潘院士的作品结集出版，中国科协、中国工程院也召开了会议。我参加了上述几个会议，并撰写了一系列文章讨论他的作品。本文是其中的一篇，发表于《科学文化评论》2011年第8卷第二期，第79—89页。

一、背景

科幻小说是一种有关“现代性”的叙事文学[①]，包含了与科学相关的人类活动、思考方式、精神力量，甚至知识本体，全方位地展现了科技革命以后人类的生存现实和社会现实。

将科幻小说用于科普的想法，至少在20世纪初鲁迅撰写《月界旅行·辨言》时就已具备了雏形。此后，一系列作家在这一领域积极探索，先后出现了《新法螺先生谭》（荒江钓叟）、《在北极底下》（顾均正）、《从地球到火星》（郑文光）、《古峡迷雾》（童恩正）、《小灵通漫游未来》（叶永烈）等重要作品，

① 吴岩．序言//张治，胡俊，冯臻．现代性与中国科幻文学．福州：福建少年儿童出版社，2006.

将这种想法付诸实践。

不幸的是，20 世纪 80 年代初，科幻小说被扣上“伪科学”的帽子，受到批判。随后，整个科幻文坛万马齐喑。直到 1992 年邓小平南方谈话发表之后，才逐步恢复正常出版。也恰恰在这一时期，两院院士潘家铮开始了他的科幻创作。

潘家铮 1927 年生于浙江绍兴一个书香门第，自幼除了受到良好的国学教育外，还在业余时间大量阅读爱情文学、通俗文学和民间文学作品，打下了广博且坚实的文学基础。从参加工作开始，潘家铮就不断采用散文或古体诗歌方式记录人生的变故和社会变迁。敏感和善良的本性，使潘家铮有着一颗温润和关切的心灵。他在回忆散文《春梦秋云录》中，描述了许多感人至深的故事，记录了许多令人无法忘怀的形象。然而，他始终没有走上专业创作的道路。在生存的考验之下，他选择了工程技术作为自己一生的奋斗领域。从浙江大学毕业后，借新中国百废待兴、兴修水利的重要机遇，他没有停顿地参与了新中国所有最重要的水利工程的设计和论证。从新安江、乌溪江、锦屏、磨房沟到葛洲坝、凤滩、龙羊峡、二滩再到三峡，他在这个行业中从低到高，直到变成最高级的技术领导者①。由于他创造性地运用力学理论解决设计问题，于 1980 年和 1994 年当选中国科学院与中国工程院院士。1993 年，在一次接受关于三峡工程的采访时，潘家铮怯生生地将自己撰写的科幻小说《康柯小姐的悲剧》拿给《科技潮》杂志主编李慰饴。李如获至宝，很快发表了小说。受到鼓舞的潘家铮随后进入井喷式创作期，先后出版了《一千年前的谋杀案》《偷脑的贼》和四卷本《潘家铮院士科幻作品选》。最后一套书还先后获得了首届中国出版政府奖、第九届共青团精神文明建设“五个一工程”优秀文化作品奖、中国科普作家协会优秀科普作品奖等多个奖项。

作为中国历史上学术职衔最高的科幻作家，在科幻文学刚刚走出饱受诟病的时代参与创作，而且于短短的十年间发表了近百万字的作品，着实难能可贵。不但如此，小说的出版还引发了社会关注，并获得如此多的奖励，这

① 潘家铮担任的最高科研管理岗位，包括水利电力部总工程师和三峡工程论证领导小组负责人等。

既是对他本人作品的褒奖，也是对他敢于介入这一受损文学领域的赞扬。一时间，有关潘家铮现象的说法不胫而走。潘家铮从事科幻创作的话题已经跨越科普或科幻边界，进入教育、出版、大众文化等多个范畴。宋健、徐匡迪、钱正英等科技活动的领导者，金涛、星河、韩松等著名科幻作家，李慰饴、尹传红、鲁礼敏等科普和科幻研究者都对他的创作异常关注。在这些人所发表的专论或参与研讨会时的发言中，我们至少可以找到集中于下述主题的密集讨论：(1) 想象力和创造力对中国人的重要性；(2) 科幻文学的价值；(3) 高级科技工作者从事科幻写作的意义；(4) 潘家铮科幻小说的科普性；(5) 潘家铮科幻小说的人文性和社会性；(6) 潘家铮科幻小说的中国特色；(7) 潘家铮科幻小说在科幻文学领域的价值以及国家对科幻文学应有的态度等。[①]本文不想涉及如此多的主题，仅就潘家铮科幻小说在科普类科幻文学作品方面的贡献进行一些分析，并希望由此证明：(1) 潘家铮将工程运演方法引入想象科学的展示，发展了童恩正、尤异等作家所倡导的细节真实论；(2) 他吸收中国古典文学营养，力图重建中国科幻文学的努力值得肯定；(3) 他在科幻小说坚持服务青少年科普目的的同时，还注重批判现实和超越现实。所有这些都让他的作品在科普和科幻文学领域中占据了重要位置。

二、特色

潘家铮的科普类科幻小说特色很多，以下三个方面非常值得肯定。

1. 引进工程运演，提升科技想象的细节仿真性

科幻小说跟现实主义文学之间具有复杂的关系。由于存在着时间、空间、技术、哲学等方面的超越性，科幻小说中所描述的生活常常会使读者感到突兀、假、不可能。恰恰是这种虚假性导致科幻小说的科普目的无法最终达到，读者会在此止步不前。

---

① 尹传红．科幻院士潘家铮：院士写科幻如教授卖扒鸡．北京晚报，2008-02-02；鲁礼敏．潘家铮现象研究．北京师范大学硕士学位论文，2009.

为了解决这个问题，早在 20 世纪 80 年代初期，童恩正就指出，科幻小说中的细节必须真实[①]。另一位科幻作家尤异也认为，恰恰是各种细节都要真实，才导致科幻小说的结论能被作为类似现实主义生活的状况而被接受[②]。换言之，如果没有这种仿真技术细节的呈现，读者会感到科幻小说中所谈的都是虚假和哄骗。然而，这种细节的真实到底如何获得？很少有人能用系列性的连续实践做出有力的回答。

潘家铮却做到了这一点。作为一个高级工程师，潘家铮熟悉工程技术的基本思维形态，熟悉工程谋划过程中的初始点和结果点之间有着步骤细致的层层递进关系。而恰恰是这种工程化的思考，能够给科幻小说中的想象技术真实性提供帮助，于是，在他的作品中，尚未存在的科学技术常常被分解成一些小的问题或小的步骤，这些步骤由于相对比较现实，跨度比较小，可以立刻被读者所接受。例如，在《沉默的橡胶树》中，植物跟环境之间的信息交换、科学家对植物信息的记录探查、单一植物对犯罪现场信息的记录提取、通过信息对犯罪过程的展现，整个故事中的每个小步骤都跟当代植物学、电子学、犯罪学关系紧密，让人感到小说确实存在于技术可及的范畴之中。而从头到尾阅读作品，你不得不接受作家创造的“植物电子生态学”。再例如，《时空神梭和薄命红颜》的故事建立在如下技术步骤的基础之上：第一步，超轻材料的发明使光速极限可以突破；第二步，模仿超越“声障”和“热障”的技术，想象出一种超越“光障”的技术；第三步，进入时间反向区后解决“祖父悖论”。整个技术的综合贯穿就成为小说的情节线索，也解决了故事中出现的历史悬疑。在潘家铮的几乎所有科幻作品中都能找到这种系列性的工程运演。

工程运演性思维不但能解决自然科学和工业问题，也被作家推向社会科学。《人才天平》和《关于 PMP 的程序故事》等都是作家在应用工程技术解决社会问题方面的尝试。科幻作家韩松就特别推崇《关于 PMP 的程序故事》。他在一篇博文中提到，对拍马屁进行分类的做法所隐含的效果不但是技术上

① 童恩正. 创作科学幻想小说的体会. 科普作家谈创作：158-167.

② 参见尤异 1978—1979 年发表在《文艺报》和 1997 年 10 月 28 日发表在《文艺报》《科技日报》上的文章。

的，更能让读者在笑声中感受到现实的严酷与可笑。

当然，潘家铮知道，鉴于社会现象的复杂性，工程运演只能解决其中的技术问题，但无法解决目的性问题和道德性问题。而恰恰是这种“只能”与“无法”的对立，导致了小说中的工程运演本身受到了嘲讽。潘家铮正是在这种无声的幽默中表达了他的社会认知。

综上所述，潘家铮采用工程运演方式提高了科幻小说中想象技术和科学的真实感，不但从实践上实现了中国科幻作家在长期摸索中感受到的创作规律，更从设计学本身肯定了人的价值。恰恰是因为工程运演必须在人类的谋划下进行，因此，潘家铮的科幻小说永远把人的主体性放在了创作的首要位置。在他看来，人和技术的关系是紧紧环绕、永不分离的。

表2　潘家铮部分科幻作品中科技与人的关系

作品	科技与人的关系	作品	科技与人的关系
《康柯小姐的悲剧》	仿真机器人对人们生活的影响	《晶晶的抗议》	宇宙太阳能聚集站让人类采集太阳能
《洞中幽灵》	灵镜技术让人进入虚拟的现实	《时空神梭和薄命红颜》	时空神梭让人回到过去
《梦里乾坤》	造梦机器让人在梦中实现愿望	《仙女山顶的鬼市》	超全息摄像机让人获得物体的全部信息
《蛇人》	梦幻表能通过人的意念控制各种功能	《一千年前的谋杀案》	解冻技术能让人类解冻千年冰尸
《高科技杀手》	手表型遥控器实现人的远程操控	《雀巢梦》	时间调节仪让人能操控时间
《偷脑的贼》	人脑智慧的转移存储技术让人能获取他人智慧	《神眼》	“神眼”让人能洞察一切
《沉默的橡胶树》	植物的记忆能力让人获得信息	《死亡方案》	生命转移技术让人的生命能够转移
《还魂奇案》	波转换器让人能模仿别人说话的声音	《地下忠魂》	航地神梭让人在地底下航行
《镜中人》	万能复制机能让人复制一切物质	《人才天平》	人才天平仪能测量一个人的能力和才智

续表

作品	科技与人的关系	作品	科技与人的关系
《子虚峡大坝兴亡记》	改变水的性质让人类用水建坝	《关于 PMP 程序的故事》	智能芯片移植让人的大脑受控制
《绿色瘟疫》	研发“绿霸”让人类把沙漠变成“绿洲”	《思想探测仪》	思想探测仪让人了解他人的思想
《地球末日记》	通过核炸弹与彗星相撞，拯救人类	《勾魂使者》	电磁波能让人增寿或者减寿

2. 向各类古典小说寻求借鉴，建构作品的中国风格

任何一位作家的创作起源都跟童年的梦想有关，潘家铮也不例外。虽然他很少谈论其他中外科幻作家，但我们却能从他的作品中看到他所受的法国、苏联、中国科幻作家作品的影响。然而，这些影响跟作家所受到的古典志怪小说、公案小说，甚至言情小说的影响相比，则显得相当轻微。笔者认为，将童年时代阅读这些古典小说的印象融入自己的创作，导致潘家铮能在自己的作品中建立起一种与其他作家不同的中国特色。

《蛇人》是这类作品中的一个典范。这是潘家铮创作时间最长、字数最多的一部小说。作品描写的是几个曾经具有同样理想但走上不同生活道路的大学生在未来二十年之内的生活历程。小说融合了惊悚、志怪、公案等多种不同小说的特点，还吸收了西方犯罪小说的创作手法。故事的主人公分别是辛（新）、陈两位教授以及围绕他们的几位女性，科技主题是对生命的探索。作家仍然采用工程运演方式设计细节，即采用特殊溶液协助不同类型物种或不同物种的精子和卵子内遗传物质的融合。这种技术导致了人蛇同体类生物的产生。在作家笔下，这两种跨界生物不但存活，还跟人类之间具有了代际关系，共享同类情感，并最终在故事中起到了决定性作用。也恰恰是这种安排，导致了小说将中国人关心的伦理姻亲关系推向核心。

《蛇人》可能是中国当代科幻小说中内涵最复杂的作品之一。它的复杂首先在于，小说直接诉诸中国古典神话的原型——女娲。众所周知，女娲的形象便以蛇人同体而闻名。将小说定位于蛇人同体，展现了作家潜意识中企望回归中国文化根源的渴望，而这种根源，是以人的由来为核心的。也恰恰是这种对生命发生发展的关注，使小说跟西方文化甚至整个科幻小说领域建立了联系，因为被称为第一部西方科幻小说的《弗兰肯斯坦》就是一部有关人的创生和发展的作品。在这个意义上说，《蛇人》已经占据了“元科幻”小说的位置。

第二，在关注西方人类创生故事中的生物性与人性的冲突之外，潘家铮还注重家庭伦理的安定与紊乱，以及中国化的政治空间在人的生存发展中的价值与作用。小说中的家庭都是破碎的家庭，但作家也不想把破碎的问题简单地推向“第三者”插足一类的肤浅原因，他更想展现家庭关系本身的脆弱性和活力的变化。小说中，反派主人公占有了绝大多数女性，并不断拓展自己的领地，而对立面则在官场、学术场、情场方面都节节败退。占据优势的反派主人公不但占有自己的家庭，而且无形中控制着自己情敌的家庭。这一点立刻让我们想到古典小说的基本情节构成模式，多数情况下，主人公都是被同情者，只有到真相大白、危险消除的结尾，才能满足读者“世俗神话”的渴求。

第三，作品在志怪小说基础上还吸收了多种类型化小说的叙事特点。故事提供的那种神秘、恐怖气氛，那种不同生物可以杂交的场面，不断让人想到东西方的各类恐怖小说。而家庭瓦解、家庭暴力、谋杀等场景，让读者联想到社会小说。至于蛇与人之间的生物学往来，则无法摆脱与志怪小说的干系。作为以科学普及为主旨的科幻写作，潘家铮借助融合多种类型文学的力量，达到了雅俗共赏的传播效果。

另一部值得认真分析的作品是《梦里乾坤》。这是一部在中国古典梦小说基础上发展起来的科幻作品。所谓中国古典梦小说，是指跟以弗洛伊德《释梦》为核心内容的西方梦小说不同的作品。在西方梦小说中，梦中充满了被伪装的人类愿望，而作品的主要情节就是跟随主人公揭露这些愿望，找到真实的自我和动机。但中国古典梦小说并不认可“愿望伪装”一说，更多情况下，中国古典梦小说认为梦是一种未来的预言，蕴藏着对于娶妻、升官、发财的种种暗示。潘家铮的《梦里乾坤》恰恰是将这些中国古典梦境解释还原到当代现实，小说中的主人公借助技术祈求实现自己的梦想，最终还是受到了现实的规训。

在题材选择方面，潘家铮撰写了较多借助科学技术穿越历史的作品，在这些作品中，作家从历史小说汲取了大量营养。故事跟史实之间的互文性（intertextuality），使作品成为一种宣讲历史的知识类读物。与其他穿越小说喜欢撰写当代人在古代的种种奇遇不同，潘家铮的小说更希望借助返回过去的技术，遭遇历史年代，会见历史人物，感叹命运多舛。这种不改变历史，只在恰当的时候出现，做一个历史的观察者，可能源于潘家铮对自己一生经验的总结。当然，潘家铮不仅仅关注历史，他可能更加关注中国当代的社会现实。在他的小说中，出现的常常是普通的科研人员及他们的妻子、普通科研院所的干部、普通的少年学生、在家中忙忙碌碌的小保姆。而社会骗局、人际关系竞争、不良的生活习惯等都是其小说批判的对象。

综上所述，潘家铮的科幻创作特别注重中国风格的建立。他向传统小说汲取营养，向中国历史和当代现实寻找资源，所有这些都使他的作品跟普通科普作品非常不同。他所描述的科技时代和科技本体是全息性的，是有人参与的，是真正运行之中的。

3. 坚持面向少儿普及科学，也坚持科幻的想象和批判功能

科幻小说对中国人来说是舶来品，存在着许多认知差错。例如，一些家长和教师认为，这类作品虚无缥缈，想入非非，完全不适合中国国情。对这种观点，潘家铮一方面用自己的扎实创作予以回答，另一方面还多次在作品中将小说传达的科学技术主题进行讲解和展示，自己进行导读。为了推广科幻作品，他在《偷脑的贼·作者的话》中写出了自己创作科幻作品的四大原则：

> 少些太离谱的内容（如在银河系外与外星人战斗等），那些有点接近空想，给孩子们的帮助不大，而较喜欢从身边现实生活中去找科幻题材，使作品具有更多的真实感和亲切感。
>
> 科幻应有一定的理论根据，今后（哪怕在极其漫长的时间后）确有可能实现的。但也不赞成完全写“硬科幻”作品，最好是“软”“硬”交接式的。对幻想中有悖于基本原理的地方，最好能予以点破。

> 通过科幻小说，尽量使人了解一些科技发展的前沿和一些具体的科技知识，哪怕只是用了一些名词或概念也好。有心的、有兴趣的读者会自动去找参考书看的。
>
> 注意在小说中描写人间真情（而人和机器间是不可能有感情的），以及善恶间的斗争，针砭时弊，寓教于乐。使读者特别是青少年了解科技发展既能造福于人类，也能引起巨大灾害，幸福和成就只能通过勤奋求得，宇宙间不存在不劳而获的事实。

笔者认为，上述四点声明对理解潘家铮科幻小说的读者定位、基本功能、创作方法、阅读引导等都具有重要好处，它也展示了作家对采用科幻作品实现儿童教育和科学普及的决心与能力。但是，如果把潘家铮的科幻小说局限在传统的知识传递、科普教育，就显得有失全面。这是因为在严格要求自己面对青少年的同时，潘家铮还用一种包容和博大之心更全面地理解着科幻文学。

> ……科幻小说既然是给读者看的，希望它能够对读者起好的作用，能够起到一些有益的作用，譬如说，读者看到你这个科幻小说以后，感到一种很美好的享受，能够帮助他了解更多的、他过去没有想到的问题，能够启发他产生一种探索性，一种好奇性，能够提高他判断是非的能力，能够提高他的一种逻辑性，等等，使他读了科幻作品之后，多少有些正面的效应，所以我也希望科幻小说能够跟现在结合起来。这样讲，我并不是反对写什么银河系大战，和外星系的一些战争，我并不反对这个，你的题材写得好，同样可以起到我讲的正面作用，所以我不反对。

上述看法，已经完全脱离了把科幻小说当成教辅读物的过时理念，而真正将科幻文学当成了一种能培养科学精神、培养创新能力、提振想象力的文学。不但如此，潘家铮还特别强调科幻小说应该开拓禁区，应该起社会批评的作用。仅以开拓禁区为例。由于 20 世纪 80 年代一些电影文学工作者创作的《故宫幻影》被一些人认为是“伪科学”，是宣传了封建帝王宫廷生活而受到了批判，小说中所涉及的某种自然状态能将远古时代的视听信息长期保留这一有趣的题材长期没人敢重写。但潘家铮对此项批判不以为然，他自己就创作了不止一部同类主题的科幻作品，最终使这个主题获得了平反。不但如此，他还对曾经受到批判的机器人题材、梦题材、复制人题材、鬼魂题材、古尸题材、脑芯片植入题材等一一重写，并一一获得成功。一方面冲破禁区，用自己的创作为科幻文学争取地位，另一方面他还特别注重社会批判，将拍马屁、“啃老族”、科技纠纷等写入他的科幻作品，完整准确地把握了科幻文学的想象功能和社会功能。

综上所述，潘家铮不但在青少年科普领域强化了科幻小说的科普价值，更在禁区冲破和社会批判方面勇往直前，勇敢地承担了一位科幻作家的历史使命。

表 3　潘家铮部分科幻作品中的科学主题

作品	科学主题	作品	科学主题
《康柯小姐的悲剧》	超仿真机器人	《时空神梭和薄命红颜》	解决三大技术问题的时间机器
《洞中幽灵》	灵镜技术	《思想探测仪》	探测人的思想
《梦里乾坤》	造梦机器	《宋徽宗之死》	记录历史的慢透光材料
《蛇人》	“生物杂交”技术	《仙女山顶的鬼市》	能记录物体全部信息的超全息摄像机
《高科技杀手》	远程遥控技术	《一千年前的谋杀案》	解冻千年冰尸
《偷脑的贼》	智慧转移技术	《雀巢梦》	“调节时间”的技术
《晶晶的抗议》	宇宙聚能站	《勾魂使者》	增减寿的电磁波技术
《沉默的橡胶树》	解读植物记忆	《神眼》	洞察一切的“神眼”
《地球末日记》	避免星球相撞技术	《天道》	动物安乐死
《镜中人》	复制人技术	《死亡方案》	生命转移技术
《南柯一梦》	蚂蚁社会	《地下忠魂》	航地神梭
《子虚峡大坝兴亡记》	水大坝技术	《人才天平》	测量人才的天平仪
《绿色瘟疫》	绿化沙漠技术	《关于PMP程序的故事》	芯片大脑移植

三、结论

本文对潘家铮科幻小说的创作特色进行了一些分析。这些分析并不全面，也具有个人化的特色。然而，至少在三个问题上笔者可以确认，即潘家铮的作品在引进工程运演，提升科技想象的细节仿真性，在向各类古典小说寻求借鉴以建构中国风格，以及在既坚持面向少儿进行科普，也坚持开拓和批判方面，确实获得了有价值的成功。由于上述成就的取得，与他的个人生活经历、与他长期从事工程科学技术的研究与领导直接相关，因此，更多的分析应该指向将作家个人经验跟创作实践之间的对比分析。总之，潘家铮对科幻文学创作的态度并非像别人所说的是“玩票”或“教授卖扒鸡”，恰恰相反，作者对整个文类及其个体的创作是十分严肃认真的。他在各种场合对繁荣科幻文学的呼吁，跟他自己的创作一样会成为中国科幻小说研究中的宝贵财富。

科幻品书录

在很长一段时间，我给《科幻世界》《中华读书报》《科技日报》《中国科学报》等当过书评人，也给许多作者的作品写过序言，下面选取的是2011年到2019年中我撰写过的书评和序言中的一小部分。由于空间有限，更多书评将来会放在其他作品集中，此处想向所有赠书给我的朋友表示衷心感谢。我的书评中有一部分是跟其他人合作完成的，这些人包括所有科幻方向的博士硕士研究生以及杨鹏、星河、翟小幸等，在此特别感谢。

钱莉芳:《天命》，时代文艺出版社，2011年9月

钱莉芳是中国科幻界一个传奇的名字。

2004年，名不见经传的她，在悄无声息中发表的小说《天意》，竟然冲顶了《科幻世界》杂志当年的销售纪录，并在短短时间内发行超越10万册。在《哈利·波特》等国外奇幻作品已经取得中国幻想文学的半壁江山，国内奇幻文学风起云涌的势态下，《天意》替中国科幻文学打出了一个响亮的阻击球。

现在，七年过去了，钱莉芳携《天命》再度冲顶国内科幻市场。而这一次，她面对的是刘慈欣的《三体》、韩松的《地铁》和王晋康的《全集》。她能否再创辉煌?

迫不及待地打开小说《天命》，流畅的文字和深远的历史便扑簌簌倾泻下来，好个全新的历史叙事！从殷商到大汉再到当代，从灾祸到阴谋再到反

对颠覆，从巫术到科学再到超越极限，从为爱情的对抗到为政权的稳固再到对环境的拯救，小说把古代历史、当代科学和未来发展全面捆绑在一起，而这一切，都是在大禹治水、孔子修编和整理《诗经》、苏武牧羊等历史故事中逐渐显露的。通过信息科学、遗传学、人类学、环境科学的浅度或深度介入，整个历史完成了一次新的祛魅和返魅。

确实佩服钱莉芳对钻研历史的那种永恒不变的嗜好，但这些历史，不是干巴巴的事件，而是由人物的行动与思想共同铸就的。苏武被描写成一个无神论者，因此他才能受命出使异国。谁能知道这种有趣的唯物，还有着更加唯物的遗传学基础？钱莉芳从事教育教学多年，她当然知道人的发展的种种规律，也许，这就是她想用“天命”来预示我们亘古不变的遗传归宿的用意？

当然不可能这么简单，钱莉芳还有更大的野心。当我们读到卫律被中土大国的繁荣文化所感动，一心一意地希望进入繁盛文化的核心，却发现整个社会贫富分化严重，苛捐杂税不可胜数，起自核心的溃烂，让我们怀疑“天命”想要昭示的，恐怕是一种强烈的社会警示。

在笔者的眼中，整个《天命》讲的是一个不同历史人物寻找个人坐标、寻求个体命定未来的故事。一些人找到了未来，一些人没有找到未来。找到和没有找到未来的人都可能生活在多种不同的状态下，就看你的人生意境如何！

最近读王国维的《人间词话》，才知道意境的真正含义和多种体现。词有不同的意境，生活有不同的意境，那么未来呢？也自然是存在着意境的差异。我们将怎样把宇宙和自身结合成一体？中国古代所谓的天人合一，在思想、价值和操作层面上该怎么执行？

也不知道为什么，在毫无联系的情况下，钱莉芳的苏武故事，竟让我们想到了老舍的《茶馆》中的马五爷。也许，《茶馆》就是另一部濒临末日的科幻作品呢！

在谈了太多有关天命跟境界之间关系的话题之后，还是回到小说作为一部科幻作品到底有哪些值得提示的看点吧。虽然在不剧透的情况下写书评确实是件难事，但我们还是想说，除了对历史之谜感兴趣的读者之外，硬科幻读者也会感到小说中充满创意。

"天命玄鸟，降而生商"到底是怎么回事？上至尧舜，下讫周秦，史料留存，唯独商朝历史资料匮乏，又将做何解释？为何商王朝极信鬼神之说，每有大事必用占卜决定？"引路者""受命者"这些颇有神秘味道的脉络设定，使小说完全能够既满足大众读者的爱好，也惠及苛刻的科幻迷的旨趣。至于说小说对其他中外科幻作品的借鉴，就更是让科幻迷们可圈可点的大好场所了。

总结一下，我们认为，在《三体》热之后，钱莉芳的《天命》非常值得推荐。在这部作品中，作者跳过了科幻的严格技术壁垒，在中国历史和传说中重塑了全新的另类想象空间。

飞氘：《纯真及其所编造的》，上海人民出版社，2011年10月

飞氘是一个纤细敏感的人，有时会让我想到普鲁斯特，因为在看《追忆似水的年华》评论的时候我就记得，有人说他常年多病但感官敏锐，这是他能听到隔壁房间中女性衣服褶皱摩擦发声的原因。比起普鲁斯特，飞氘虽然没有他那么多病痛，但永远瘦弱的身体和时常犯的胃病总让他这个正值青壮年的人多少也感到力不从心。青年人谁不是正行走在青春激昂的道路上？谁对未来没有憧憬？谁对美好、爱、明媚的春光、无限量的未来不充满期待？但也恰恰是这种心灵和身体之间的强弱对比，使飞氘的小说平添忧郁。

书中的四个短篇小说里，都有一个身上有着些许史前异族基因的少年，那些和人类迥异的种族在漫长的岁月和通婚中消融于人类之中，只有一些基因的残片存留在某些人的身体里，这使得他们在成长的过程中感到与人类或者说成年人的世界格格不入，因而引发了寻找自我的心灵之旅。在这个像科幻不科幻、像奇幻不奇幻的设定下，整部小说集撰写的其实就是今天年轻一代人的生活。他们为自己的读书、考学而奔忙，为刚刚产生的、朦胧得自己都无法分辨的爱情或友谊而焦虑，为已经失去的和正在迷惘的现实与未来而担忧。一方面，他们尽情挥霍自己敏锐的才思，为一点小事情就面红耳赤；另一方面，他们为整个社会把他们奔放的情怀控制在没完没了的读书和考试上而未老先衰。故事中的世界就在这样一种略带放纵且略带悲悯、略带得意

又略带叹息的情调中发展。而主人公则从一个纯真的少年，逐渐变成一个略带忧郁、略经爱情与生活沧桑的青年。

作者的敏感，体现在能捕捉到青少年身上那些转瞬即逝的微细情感和波折多变的跳跃思维。他对过往年代出现的那些少年才有的壮志和想象，那些因为怯懦而假装勇敢，因为纯洁而假装庸俗，因为想亲近而假装疏离，因为渴望而假装放弃，因为想认真生活而假装胡闹的心态，都表达得那么恰到好处。在这些只有少年才有的那种虚情假意之外，飞氘也会写出那个年龄所特有的直截了当和勇往直前。《枯叶夏大》的中学生主人公竟然要写一部数学史，而且真的在动笔开写。《沦陷二〇〇×》中的大学生主人公为了忠实于观察数据，认真地写下实验结果为零，而得到老师批评之后，又带着严肃的心情开始“虚构”老师期待的数据。

朦胧的爱情和社会生活对青少年个性的压抑，始终是作品的核心。当把爱情写得轻盈似水、朦胧洁净的时候，为了未来的生存而必须把自己装入现实去做题考试就显得那么不近情理。而当把没完没了的抄写、计算和千篇一律的“宿舍—教室—食堂”路径走上数百次的时候，相互的情感试探、狠狠地扣球让对方鼻涕流上一整天的小计谋，就显得那么纯，也那么美。爱情是这些年悲剧生活中唯一的一点点喜感，难怪他们如此怀念过往的那种自由放纵和亲密情怀。

在网上有关这本小说的书评中，多数人第一个想到的，就是自己的青春。的确，飞氘的作品以一种极端写实且浪漫的方式，让童年和少年时代再度从当今读者困苦的生活中抬起头，吸一口清新的空气。网友翟小幸写道：“清凉如水的夜晚，有时候会看到梦想。梦想美丽又很脆弱，以至于随着时间的流逝，许多人干脆将所有的梦束之高阁，屈从于现实的压迫。在这样的时代，对青春的回忆成了我们每个人可望而不可即的事情。唯有那些仍然葆有着梦想不放松的人，还能体会到些许过往纯真的慰藉。打开飞氘新书的那一刻，那逝去的青春开闸泄洪一般，我被淹没了。也恰恰因为我和飞氘同属于一个年代，因此能够深刻地体会他的那种早老和早衰，但这也更让我怀念自己所经历的‘80 后’童年。……高中的时候很流行《那些花儿》，人人都会唱，那个旋律我也很喜欢。……我也想念那个天天和我打架斗嘴却从来没有真正翻脸的同桌，经常两个人自己在‘窝里斗’，却总是联起手来对付其他人。我们谁都没有好好学习，他玩他的游戏，而我就成天沉浸在幻想里，想着考不上大学就自己建一所大学。我很喜欢冬天的时候他用水杯装热水给我暖手，他一定也很想念晚自习睡觉到时间时我喊他起来回宿舍。这难道就是我阅读小说时产生了那么深的怀旧感的现实基础？每个人的心里不都有这样一个同桌的陪伴吗？……不可思议的是，我写的作文也会被老师当范文，其实写的时候我也很愁，平淡、没的可写的那一点点生活，怎么能进入作品？……叛逆是有的，但从来只在心里——那个时候已经虚伪了。所有这些都是不经意就出现在脑海中的。感谢飞氘的文字和故事，让它们再度浮现到自己已经麻木的生活之中。”飞氘撰写的不仅仅是自己的生活，他的作品是这一代青年的生活写照。

我同意翟小幸所说，“阅读飞氘的作品永远能感到他思想的某种纯真，他要创造一种回归并不存在的想象中的过去、回归乌托邦世界的幻觉的真实渴求。我只敢远远地看着，不敢碰触。就像一直隐在记忆深处的那片净土，经常会去怀念，但回忆的时候却总是小心避开。太心疼不忍去回忆，太幼稚不想去回忆”。

除了对青春现实的巧妙摹写打动了读者，作品在语言上的追求更是做到了炉火纯青。他把读书的单调生活比喻成土地丈量，说自己就是个土地的丈量员。作者使用不同的语言描述不同时期的青年人之间的朦胧情感试探，故此每一次都能再度让人感动。作品中多次提到离别，提到一些存在的和想象的相互分手，每一次都是惜别，好像水晶瓶的碎裂，美好往昔永逝不复的怀恋油然而起。

我觉得这本书特别适合于青春大好的中学生和大学生，作家写的就是你们所经历的，更是你们所感受至深或梦寐以求的。他告诉大家，爱本身就是生活的一部分，如果缺乏它，你们所走过的这段路就是失衡的。但同时他也在警告大家，所有这些少年时代的朦胧情感都是容易失去的，因此，体味它的含义，并从中领略其纯真的含义，应该是这个年龄的朋友的必修课程。正如翟小幸所写：“这些年，有关‘80后’的文章和视频越来越多。我们常常从玩过的游戏、喜欢的零食、看过的电视、迷过的影星来怀念过往，认为在抓住青春的尾巴。但《纯真及其所编造的》的作者并不选择这些轻巧的东西，他有更多其他的生活细节能获取我们的共鸣。小学时没完没了地抄板书和被罚站，高考备战时惊悚式的惶恐和迷惘，大学毕业后面临选择时的困惑，沉重但不失最美妙的记忆，轻松但不失幽默的文字，巧妙的明喻暗讽，对我们这些青春期已过的‘80后’或者正在度过青春期的‘90后’，确实是一本亲切的读物。也不知道怎么回事，读完这本书，总是在想月光和狗尾草这两样事物。如果月光代表梦想，那狗尾草大概就是那段青葱岁月的代表吧。在今天，像正义、虚伪、纯真、苍老等许多观念都已彻底改变，我们再也无法回到过去。物是人非之后，重读《纯真及其所编造的》，也许才是让人那么感念的原因吧。”

江波：《天垂日暮》，四川科学技术出版社，2012年1月

宇宙中一直存在一个关于“黄金星球”的传说，这颗星球是处于科尼尔星域边缘的蜘蛛星。据说，人如果到达那里且能活着回来，就必定成为百万富翁。星际流浪汉李约素在寻找这颗梦寐以求的“黄金星球”时发现了失踪多年且属于“雷霆家族”的飞船。而这时，“黄金星球”的周围发生空间扭曲，将李约素和他的捕获物抛入不知所终的时光隧道……

打开青年作家江波的首部长篇小说《天垂日暮》，立刻被这种既熟悉又陌生的场景所吸引。说熟悉，是因为有关在某处暗藏黄金的故事，在中外历史中流传过上千年；说陌生，是因为这一次故事拓展到了广袤的宇宙空间。

再次醒来时，李约素已经在“重装甲号”飞船上，他受邀雷霆家族之约，奔赴熊罴星。科尼尔整个星域都已面临“来自暗宇宙”神秘力量的威胁，而天垂星也即将大难临头。

跟随作者不慌不忙的笔触，读者感受到即将来临的宇宙威胁。此时，来自敌方的先遣探测器小黑球正透露出危机的信息。而面对威胁，雷霆家族全体都期待着天垂星将军古力特能指挥“天龙号”进行大战。在这样的时刻，他们认为，能和“天龙号”进行协同战斗的，唯有飞船“平准号”。但“平准号”又在哪里？李约素临危受命，一定要在荒蛮的宇宙中找到由沙岗人驾驶的“平准号”。

大尺度的宇宙深空探索，是小说《天垂日暮》的技术背景，而不同生命体之间的合作与抗争，则构成了故事的主要内容。

小黑球并非真正的部队，它只是个先遣探测器，这点似乎又跟刘慈欣《三体》中的智子不谋而合。《科幻世界》杂志的主编姚海军说，江波的故事以传统技术为支点，而刘慈欣的小说则寄希望于当前还不存在的新宇航技术。

虽然新老技术各有看点，但两个作家在谈论宇宙构造的时候，都选择了膜理论，这一点又殊途同归。《天垂日暮》中，敌人的战舰穿透亚空间，看起来仿佛"星球级"的黑色堡垒，它只向天垂星那么一坐，巨大的星球便玻璃一般地破裂。天垂日暮，最终的抵抗只有切断侵略者的前行通道。李约素和他的同伴期待着彻底毁掉"伊特星门"以达到御敌效果。

像所有围绕黄金发生的经典故事一样，获取资源的斗争没有坦途。在江波构建的这个"黄金星球"的周围，大自然也有意无意地布满了无法顺利通过的障碍："黄金星球"其实是暗宇宙和宇宙膜之间的脐带区，它把子宇宙和宇宙膜联系起来，且能确保子宇宙的安全稳定，破坏这一部分，无异于彻底改变生物的生存环境。小说中，李约素这次无意间地闯入，最终引发了子宇宙的消失，且导致了异类物种的全面侵入。只有那些他失去的记忆，才包含着御敌的最终秘密。而这一点，将成为拯救宇宙和生命未来的关键所在。

作为在中短篇创作中富有成就的青年作者的第一部长篇小说，《天垂日暮》继承了作家原有的那种描述宇宙宏大、深远和变化的突出特点。为了体现宇宙社会中智慧生命的存在对大自然所造成的重要影响，作者将小说的情节重点放在了详细描绘不同种族的权力关系和资源争夺上，而这种交互战争又充满了《孙子兵法》式的诡诈和《战争论》式的武力宣示，一些读者能从不同的战斗过程和战略设计上看到历史的影子，而将这些战役的规模拓展到星系的宏大级别，则能使人重新思考历史与未来。

进入20世纪90年代以来，中国科幻小说特别喜欢谈论道德和伦理。从星河到王晋康、从刘慈欣到钱莉芳，科技变化总是围绕着一系列的道德难题展开。此次，《天垂日暮》中的种种斗争自然也少不了围绕争夺"黄金星球"而进行的伦理反思，只不过江波小说的道德伦理必须发生于膜宇宙的崩溃等物理法则发生作用的时刻，因此更有一种天人合一、宇宙和智慧文明两大主题交融的感觉。

自从神舟载人飞船发射成功以后，许多作家对国产太空题材科幻作品进行过反思。在我们看来，从《月球殖民地小说》的登月向往到《新法螺先生谭》对太阳系可能存在多种文明的期盼，从《猫城记》对火星生命的观察到《飞向人马座》对小型黑洞的发现，从《超新星纪元》对银河系内部稳定性的担忧到《三体》对整个宇宙安全的忧虑，百年中国科幻小说反映的其实是百年华夏民族对生存空间的视觉范围转换。一旦中国人把自己的目光从土地转向天空，从月地空间转向深层宇宙，这个民族便无法回头地闯入了现代社会，闯入了通向未来的不可逆转的历程。《天垂日暮》所进行的道德伦理追问，也许只是这一历史进程的又一个表现而已。

当然，作为新作者的新尝试，也应该指出其中的不足，唯有这样才能让作者更好地思考和改进。我们认为，最大的缺点是小说的故事进展太慢，许多地方应该艺术化从略的地方，没有很好地雕琢。在谈论种族之间和人际矛盾方面，由于作者社会阅历不深，还有肤浅的地方。在人物塑造方面，也有一些值得改进的地方。

不过，即便存在这样那样的缺陷，小说仍然有许多尝试值得肯定。例如，对人工智能布丁的设计和描写，就很绚丽。这是一个个性十足的机器人，它不够聪明，不够厉害，但却带有鲜明的幽默感，有些地方甚至能与《银河系漫游指南》和《光晕》中的马文与科塔娜相媲美。就凭这一点，也能看到作者在文学创作方面的巨大潜力，期待小说的第二、第三部能写得更好。

翌平：《燃烧的星球》，中国少年儿童出版社，2012年6月

我到成都出差，身上带着一批正在阅读的中外科幻作品样稿。《科幻世界》杂志的主编姚海军好奇地看了所有作品的名字，然后说，对他最有吸引力的，就是这本《燃烧的星球》。

姚海军从20世纪80年代开始科幻阅读，20世纪90年代起辗转于中国两个最大的科幻杂志《新科幻》和《科幻世界》，近年来更是主编了超过200部的庞大的西方科幻小说名著系列和中国科幻基石丛书，可算是阅作品无数

的老科幻编辑。他一眼就看到《燃烧的星球》具有科幻魅力，着实让我感叹。

我是一口气读完这部科幻小说的。故事发生在遥远的22世纪。在那个时代，人类为了获取能源而派机器人到月球上生产，于是，月地空间发生了亘古未有的全面战争。战争中，人类跟机器人之间调整了位置关系，达成了新的和谐。而此时，来自外星球的威胁也已经初露端倪。

我赞赏作家把故事设置在22世纪，这是一个保持科幻小说魅力的合理设计。近年来，随着21世纪的逐渐深入，读者对所谓描写21世纪的科幻作品已经失去兴趣。而科幻作品的那种前瞻性和引人入胜之处，恰恰是将目光投向更加遥远的未来。在这方面，翌平掌握适度。故事距离今天超过百年，这对读者的吸引力是巨大的。如此多的重大危机当前，我们能否生活过百年以上？百年之后又会发生些什么？我感到作者对这些都做了全面考虑，至少，他将故事发生的时代及其相关的科技和政治背景都做了良好的契合。这是一个难度极大的工作，是一种全面性的、将小说现实与未来现实的高度统一。

在大框架确定之后，小说进入了一种对全新的动物、人类、机器、机器人、赛博格、外星人等多种族及事物的复杂关系描述。科幻小说常常被诟病为不食人间烟火，主人公写得人不像人，鬼不像鬼，即便是当前最重要的科幻作家，在这些领域中也仍然存在着许多不足。但翌平在这本《燃烧的星球》中却比较好地处理了多种族的相互关系，人跟动物、跟人造物、跟人机结合体（通常称为“赛博格”）那种纠缠的关系，直观而情感化地表现在读者面前，也贯穿于故事之中。考虑到整个小说的读者对象是青少年，作者特别将他们的独特心理状态写入了作品。这其中，有年轻朋友之间的友谊，有跨越种族的关怀。我特别喜欢他设计的机器智能体和那些小动物，它们具有人类所不具备的记忆和思维特性，却有着跟人类一样的情感。我相信机器人技术的未来，必定会是这样。

从故事中，我发现，人类即便到了22世纪，生存的危机仍然占据主导地位。能源争夺战不但发生在地球表面，还发生在月球，发生在地球跟月球之间的广袤空间。小说中所寻求的新能源氦-3，当前研究较多，也是特别具有前途的替代能源。月球富含氦-3，因此导致了人类能源中心的转移和故事中为了找回自我尊严而发生的地月之战。战争是小说的第二个看点。故事中的战争，是一种超越当代现实的未来战争。信息技术、人机体系、月地一体化的设想，这些都让整个战争显得非常具有前沿性。此外，作者把每一个场景在视觉、听觉、触觉上都设计得逼真而紧凑，呼啸中带着战士们凝神而发出的轻微心跳和喘息，使整个小说成为一部奇特的战争小说。

上面仅仅描述了《燃烧的星球》中的一些个人阅读感受。我自己觉得，这既是一本科幻小说，又是一本战争小说；既是人与机器、动物之间的生存观念的转换宣言，又是未来可能的生存、政治和战争的预警。

多数科幻读者对作者翌平，可能并不熟悉。他来自纯文学和儿童文学的领地，两年前开始科幻创作的尝试。他一直期待将战争故事和未来发展植入科幻作品，且在更宏大的场面上表述当代青少年对未来的向往与期待。也恰恰是他早期在其他领域的深入探索，使其作品在文学构造、人物关系、心理活动等方面获得了其他科幻作品所没有的深度。光看他给作品中主人公所起的名字，念出来的口感，就可以看出本书跟其他科幻作品之间的明显差别。而那种用文字构造气氛的能力，也达到了很高水平。

当然，用科幻文学的分析方式来看，这个作品也还有一些不足。例如，我感到描写百年之后的故事，其中的科技外推和社会发展外推，前瞻性都还不够。回顾过去一百年我们的社会和今天的差异，就可以立刻知道作者在这方面还是过分保守。此外，从小说中提到的病毒攻击、空天一体等战争技术，以及类似奴隶贩卖、集中营关押式地对待机器人的方式，还是感到无法脱离当前甚至已经被摒弃的过去。所有这些，在我个人看来都是一些小的瑕疵，相信作者在未来的科幻创作中会有更好的处理。

科幻作品是一种充满想象和创意的作品，它带给人的思考和启发、快乐和享受，是阅读其他作品所无法替代的。从 2011 年开始，中国的科幻小说领域开始了一轮新的、突飞猛进的发展。在这个时代，期待更多像翌平这样的作家进入科幻文学的创作空间，去施展他们的想象才华。

陈楸帆：《荒潮》，长江文艺出版社，2013 年 1 月

《荒潮》是一部难得的科幻佳作。说它难得，有三个方面特别应该提到。

首先，这部作品有科幻小说典型的超大尺度世界，和极端复杂广阔的社会文化背景。

小说的故事从发达国家如何处理电子垃圾开始，又以一个在发达与不发达之间挣扎着的国家出现灾难为结束，涉及了当今最重要的经济强国，形象地展现出国家间为了各自生存所形成的既相互依存又相互对抗的关系。与当前一些作者一味将国际问题推向外部，推向发达国家的后殖民行为不同，《荒潮》在充分肯定了这种倾向的同时，也没有忽视本土的发展不平衡、外贸与环境保护政策上的漏洞，以及各级公务员的“作为”与“不作为”。所有上述问题加在一起，再把“自然人”本身的利益驱动性放入一起考量，一个本来不应该发生的故事便在稍微超前一点的未来中国自然地发生了，这就是作家所讲述的发生在广东某地一个叫硅屿的小岛上的《荒潮》的起点。

我曾经在不同的展览会上多次看到过中国科学家研制的单晶硅实物。每看一次，我都会感到，硅元素其实有两个截然相反的色调，要么银白，要么深黑。从不同的角度或不同的方向观察，这两个色调是相互转换的，我觉得这点恰恰是以硅元素为基础的当代信息技术的写照。从某个方面看，创意性和先锋性给这个行业带上了银白亮丽；而从另一个角度看，它所带来的社会问题则呈现出明显的黑色。在美国硅谷成功的时代里，大家看到的清一色都是好的宣传；而一旦电子行业进入危机时代，硅谷故事中也充满了失业、颓废，甚至自杀和枪击。《荒潮》中的硅屿则自始至终都充满了黑色，成群结队的来自偏远地区的“电子拾荒者”，为了生存不惜牺牲身体健康，把从发达国家运送过来的废品拆卸回收，忍受着非人待遇，进行着不堪的劳动。家族势力、政府公务员、外国经商者之间的勾结或冲突，甚至雇用打手对人进行折磨的现实，都给人太黑太沉闷的感觉，唯有间或闪动的对正义的坚持和对爱情的渴望，还给小说些许闪光的亮色。但谁规定了作品必须通篇光明不已？如果生活的本身不是这样，光明的外表就会失真。

在宏大的背景和丰富的线索之下，观察人的命运，重视对人的感知与描述，重视人的命运起伏，是小说的第二个看点。

由于此前陈楸帆的一些作品中存在太多说教式的政治隐喻，我曾经跟他私下聊天说，你的这个地方可能是个软肋，因为读者毕竟是喜欢看故事的。

我觉得我的想法应该能代表所有读者，看小说不是上政治课，没有强迫性，只有故事情节丰富多彩，人物命运起伏跌宕，才能让读者抓住书本不放。让我高兴的是，在刚刚读到的这本《荒潮》中，作者彻底改变了过去的那种主题先行的创作模式，自始至终将创作的注意力集中在人物命运上。也恰恰因为如此，一些生动的形象跃入我们的眼帘。我觉得写得最好的是女性主人公小米—— 一个来自“北方”的穷苦孩子，在备受欺侮的状态下劳动和生存。她渴望爱情，也追求爱情，但最终竟然在命运的搬动下变成一个人机结合的“赛博格”体。整个过程中思想变革之猛烈自不用说，就光说身体上的巨变后的种种细腻的心理反应，也是过去其他作品中少见的。作者巧妙地将“赛博格”中生物自我跟电子自我之间的分裂与冲突彰显出来。但无论身体怎样改变，小米的基本道德立场却没有重大变化。这点给人许多启发和触动。

人类发明伦理道德，最主要还是要保证自我生存。伦理用于保证人种不退化，道德则是群体结合的精神纽带。但是，在社会的变迁中，伦理道德常常是站在保守的一边，任何变革最核心的，可能就是打破它们的禁忌。以往，多数科幻作品就围绕着这种技术变迁中伦理道德的改变而构思，但《荒潮》则与此相反，它相信一些更加基础的道德规范可能无法改变，这就是人类对善恶的基本判别。己所不欲，勿施于人，怕是进入宇宙旅行的时代也不会改变。而对伤害他人者则必须受到严惩，怕也是无法随便被废黜的法则。

在对不同国籍、不同阶层、不同行业的种种个体刻画之外，小说还刻意对情节发展进行了多线索的呈现。国际势力跟国内势力的“媾和”，家族权力跟社会势力的融通，金钱的获得者与劳力的奉献者之间加上各种不同的利益代表者的穿插和转换，给故事的网状化带来了合理的融汇动力。爱情，虽然写得不多，若隐若现，斑斑点点，但很有特色。

小说的第三个值得肯定的地方，是对当代技术及环境变革的社会影响的深度发掘。

最近若干年来，环境文学已经逐渐脱离了原来的动物小说、大自然小说的范畴，演变为一种全方位地展现人与环境关系的新型作品。无论在国外还是国内，环境批评作为一种新的批评理论的流派也逐渐生成。科幻小说中的环境题材，则多数是通过“恶托邦”方式展现一个环境恶化且难于拯救的未来。这方面我可以举出诺贝尔奖获得者多丽丝·莱辛的小说《玛拉和丹恩历险记》、玛格丽特 阿特伍德的《羚羊与秧鸡》以及更早时由英国J.G.巴拉德创作的“毁灭三部曲”和日本小松左京的《日本沉没》。虽然上述作品中的一部分环境的恶化或人类的毁灭起因于自然，但每部小说中都特别强调，人类的不良生活方式、认知态度等是造成灭亡的另一个主因。我把这些以环境恶化为主题的科幻叫作“污托邦”，但陈楸帆的“污托邦”，不是简单的生态灾难，更与全球资本主义浪潮和本土信仰缺失有关。我觉得这是一种具有本土特色的“污托邦”，是我们都有可能生存其间的“污托邦”。唯其这些，才更令人深思与警觉。

陈楸帆毕业于北京大学中文系，但对当代电脑网络和信息科技这么熟悉，令我佩服。故事中的某些国家，通过垃圾扩散电脑病毒，已实现定点传播的效果，使我深感恐惧。在某种意义上说，今天的世界将展开与20世纪两次世界大战不同的人群争夺。也许，陈楸帆所谈的，正是这样一场新的战争？在这样的背景下再次思考科学技术发展到底为了什么，其目的到底在何方，显得尤其重要。作为一个佐证，看到美国总统奥巴马宣布的脑路线图计划，发现这项宏伟的科研投入中，许多钱都给的是部队的科研机构，可见陈楸帆是有远见的。

我还可以从科幻历史的角度讨论作者所吸取的“赛博朋克”的创作营养，可以从文化角度讨论小说跟岭南文化之间的关系，讨论作者怎样把他的作品在自己的生长土地（广东）和生活土地（谷歌）之间巧妙地融合。但这些跟他把自己的第一部长篇小说放置到一个未知的小岛相比，都显得不是那么重要。岛屿自始至终都被认为是一片脱离于大陆的稍小的存在。无论是《新大西岛》还是《鲁滨孙漂流记》，岛都是一个孤独的、可以跟整个社会规范存在差异的小的天地。无怪乎培根用它展示宗教乌托邦的可能性，而笛福则用它模拟资本主义原始生产和生活状态的产生。《荒潮》中的硅屿，虽然跟大陆相互接近，但毕竟是海洋中的一个小岛，所以，硅屿上发生的事情，跟大陆上发生的一切，可以彼此脱离。唯其如此，陈楸帆才可以把它做成一面反观大陆的镜子，让它把这里发生的一切向前、向后、向左、向右推演，甚至推向极端。

但愿，《荒潮》的故事纯属科幻，仅仅是虚构！

刘洋:《完美末日》，江苏凤凰文艺出版社，2015 年 9 月

刘洋是个低调的人，低调得让你感觉不到他的存在。

我最初一次见到他，应该是在硕士研究生课堂上。那一年，我组织科幻作家星河、杨平、夏笳共同进行了一次创作培训。整整半年里，我们每个人多次给同学们上课，每次留下一份作业并让他们修改。这次课堂上最直接的效果，是一个研究儿童文学的学生把作业投稿给《科幻世界》杂志并获得了发表。但我们并不知道，在不声不响的旁听者中，还有一个人默默地完成了所有作业并在科幻作家星河的指导下发表了第一篇作品。

这个人就是刘洋。

等到我再次见到刘洋时，他已经是小有成就的科幻作家，在诸多科幻和纯文学刊物上发表了小说，而且广受好评，这时候我才回忆起这个曾经旁听的物理学院的学生。一切似乎都恍恍惚惚。

现在，他回到我的课堂，仍然那么无声无息地坐在那里。他在酝酿些什么?

与无声无息形成鲜明对照的，是刘洋科幻小说中的科学设定。那些设定坚实有力，全部来自技术或基础与应用科学最基本的原理。这些掷地有声的原理生发出的神奇故事，使刘洋成为当今中国科幻界很少有人能跟他匹敌的“硬科幻”作家。

刘洋最引以为豪的作品是短篇小说《单孔衍射》。故事谈的是时间旅行过程怎样遇到了阻碍，又怎样因为单孔衍射作用穿过了阻碍。这个故事一看就是深谙物理学原理的人写的，因为其中所涉及的科幻创意点，其他人怕是想不出来。《坏掉的时光机》又谈到了时间壁垒，这一次，还绑定了有关“快子纠缠态多体传输系统”的问题。还有《神迹》中的超指向性传播的声音，《重力虫》中的“铁壳子”。刘洋的科学构思总是那么洋洋洒洒，不经意那么一写，就让人感到其中的分量。

除了独创，刘洋的科幻小说还会沿袭科幻文学的经典题材。就像一个新相声演员在走向成熟过程中必须要咀嚼经典段子，刘洋对经典题材的处理也

特别注重推陈出新。《二维战争》中出现的铅笔人、几次三番撰写过的时间旅行、《迷雾》中的网络世界等，都在旧有题材中开发了新亮点，你明明知道在看一个曾经被框定了周边的故事，但看到结果出来的时候，你还是觉得惊奇。差距产生了漂移美！

刘洋的小说不单单以构思新颖见长，他的作品还特别关注科学作为一个整体在社会中的影响。《重力虫》中讨论的唯象科学，《神迹》中关涉的宗教问题，还有《井中之宙》，我觉得差不多每一部作品的作者都在讨论科学跟社会的复杂作用和表现形态。但是，他的观点是明确的，基本态度绝不会远离科学，但对这个宇宙中所有的神秘，他的双眼永远保持圆睁！

这其实是一种纠结。

这也是一种境界！

以往，以科学性见长的科幻作家，会忽视社会生活本身的认知，特别是如果这个作者年龄尚轻，更会显得不谙世故。刘洋克服这个缺陷的方法是：照准身边的人去描写，大学同学、硕士、博士、普通教师，还有就是从事各类理论研究或进行应用开发的科学工作者。恰恰是因为他选择了自己熟悉的人和事去创作，使他可以直接临摹生活，不犯“装”造成的错误。在《单孔衍射》中，主人公青年学生遇到的是社会公平的障碍。《神迹》中讲的也是博士生的故事。还有提到“自然科学基金委”的《重力虫》，提到“俄罗斯方块”的《十五岁的装卸工》。一旦故事直通自己的生活，写起来就活灵活现。刘洋小说人物创作的另一个路径，是返回遥远的历史。他的《时振》中出现的是玻尔和爱因斯坦，《昆仑》中出现的是墨家的经典人物。在这些小说中，与其说古人正在说话，不如说今人在和对方对话。时代的准确性是当代所映衬的，事在过去，意在今夕。

从刘洋科幻小说中的语言，也能看出他吸收过往和敢于创造的双重性格。“眼前的一切都那么明亮，像镀上了一层钻石薄膜。”“积水表面泛出绿色的泡沫，密密麻麻地挤成一堆，像有一只巨大的蟾蜍隐藏在下面。”这些话语既能让人想到威廉·吉布森，也能想到新生代的星河和杨平。恰恰是这种特有的语言，让他的小说营造出科幻场景和未来感。但是，在另一些作品中，刘洋的语言又试图去营造一种幽默，《神迹》是这方面的典型代表。

有一次我问刘洋对未来有什么打算，他回答说要抓紧写。然后呢？我问。他说也许应该跟“最世文化”签约。在我的眼中，那个公司主要产品的读者对象，是中学生。如果没有吸引中学生的故事，没有跟他们生活相关的内容，怕不容易。我心中想。很快，我就看到了他写的《勾股》，这几乎是给中学生量身定做的作品，但远远跳出了中学数学的小小范畴。

对风格创造者刘洋的未来，我其实也是有担忧的。我怕对他的作品读多了，会产生审美疲劳。毕竟，物理学创意给人的感觉，多了也还是会逐渐显得千篇一律。大学生研究生也终将离开院校开始新的生活，刘洋是否要追逐这一代人的感觉继续改变？还是仍旧保留着当前这个名片似的强烈个人化的特征？我拿不准。毕竟，像克拉克或德涅伯罗夫这样的作者，一生的风格都很类似，但他们的部部新作都引人注目。也许，创作只是自身的圆梦。我梦故我在。

对刘洋，梦才刚刚开始！

金涛：《美丽的月光》，北京少年儿童出版社，2019 年 8 月

金涛，中国科幻文学史中的传奇人物。

早在 20 世纪 80 年代初，他就以科幻处女作《月光岛》打破了新中国科幻文坛对社会生活表述方面的持久沉默，把“恶托邦”故事带入中国科幻的版图。在小说中，未来再一次出现的极“左”思潮，断送了两个年轻人的政治生命，却也激发了读者从更高文明层次观察自身的渴求。如果说刘慈欣的小说“三体”系列让人从宇宙的高度观察人生，那他的小说在中国的科幻土壤中，有足够的文本渊源。跟魏雅华、童恩正、郑文光、叶永烈等一样，他的作品奠定了今天中国科幻反思现实的内容基础。故事中的“月光岛”，既是一个地球文明跟外星文明交会的地方，又可以被看成是现实和未来的交叉点。

这是我第一次从金涛小说中领略到月光的象征意义。

现在，三十多年过去了，当我再度拿到金涛老师的新作《皎洁的月光》的时候，我的期待也油然而生。这是一本关于《月光岛》的续集吗？那些远走他乡躲避极“左”思潮的孩子是否回到了地球？抑或，他们已经在另一个世界开始了全新的生活？

我的猜测大错特错了。

这是一个跟《月光岛》彻底不同的故事。在小说《皎洁的月光》中，一个富足的全新时代展现在读者的面前。在这个科技进步、中国人的梦想得到充分满足的时代，主人公会有怎样的遭遇呢？

如果你是金涛的老读者，便能获知他的创作范围其实非常广泛，除了强烈的社会批判小说，他还写过以科技进步为主题，对科技进步中人类生活应该怎样适应的内容进行全面书写的作品。我觉得《皎洁的月光》应该属于这一类作品。而一旦你把他的作品放入这类作品范畴进行考察，另一组熟悉的金涛模式便显现在眼前。通常，字里行间，一个侦探格局会逐渐显露，而情节丝丝入扣的发展，把你的注意力深深地引向作者的谜团。

我觉得《皎洁的月光》有如下几个特点值得展现。

第一，采用简朴的文字展现神奇的科技，是金涛科幻小说自始至终没有变过的追求。而《皎洁的月光》恰恰让我们回到了金涛式的日常生活。你能感受到那种从办公室到家庭的世界，能感受到他给出的那座城市的大街小巷。用简朴文字勾勒场景的好处，在于可以立刻把读者带入其中，让真实的一切包裹着读者。但恰在这样的日常真实里，惊天动地的事情正在发生。

第二，金涛科幻小说中的人物选择，常常能跟他生活中所经历的各个职业有着显著的关联。金涛在大学教过书，当过新闻记者，还是一位重要的出版人。也恰恰是在这些工作生涯中，他会选择最喜欢或印象最深的人物进行描写。你在金涛的小说中最容易看到公安人员和科技工作者，这跟他所从事的教科文卫领域的新闻记者职业有关。他熟悉教师，是因为他太太就是一位工作在教学第一线的教师。接下来，金涛的小说还特别喜欢写各类蓝领。我觉得这跟金涛老师广交朋友有关。他为人谦和，总是能跟各种人打成一片，这样的态度，让所有人乐意跟他打开心扉。不过，《皎洁的月光》还有一些在金涛科幻小说中不是特别常见的人物关系，这就是校园生活和家庭中的亲子关系。选中这些对象进行写作，首先反映了作者不像当前多数读者那样看不起孩子，不乐意为青少年写作。恰恰相反，金涛总是觉得，青少年才是当前科幻的主要读者。为了接近这些青少年，他才选择了学校中的人际关系和家庭中的亲子关系。但他写的不单单是学校和家庭中的孩子，更是强烈的社会互动中的孩子。这些来自他的观察，更来自他的体验。这些年见到金涛老师，他常常会谈到儿子辈甚至孙子辈的状况，而在津津有味的谈话中，你能体验到他积累起来的那种内心丰富感。这些无疑是小说中人物塑造得成功的原因。

第三，这篇小说特别注重发挥科幻文学的特色，即把科技、想象力和对神秘现象的破解放在了首要地位。在过去的三十年里，由金涛、魏雅华等开创的这个反映社会生活的发展方向，确实聚集了大量科幻作家关注的目光，但是，这不可能是唯一一条科幻的行走路径。我觉得金涛是那种不会在一条道路上一直走，而是要不断变换自己尝试方向的作者。科幻的根到底是什么？如何真正让科幻的功能有所发挥？这可能是金涛老师这篇小说主要聚焦于航天和太空科技的原因。在小说中，中国的航天技术已经进入普通人的生活，而常驻月球，以月球为基地走向更加遥远的深空，已经是人类进行的新的生存探索。如果考虑到美国国家航空航天局发现了外太空跟地球高度相似的行星这点，那么金涛老师所描述的这个走向月球跳板的航天之旅，一定能为人类的未来发展积累足够的经验。

优秀的科幻作品，特别是儿童科幻作品，需要作者全面展现时代和科技变化的能力，而这些能力的体现，不能是突兀的，硬块的，说教的，主题先行的，相反，它应该是润物细无声般地走入读者的眼帘，让读者潜移默化地感受时代、感受科技的变革带给自己的未来前景。在这方面，我觉得金涛老师的作品已经发展到非常娴熟自然的地步。

然而，在作品精深地展现科幻魅力的同时，我们也应该看到，今天少年儿童的生活已经发生了巨大的变化，这些变化影响到了他们的思想和行为。众多与过去完全不同的道德观、人生观、世界观、物我观都已经泛滥于孩子们的生活，而且常常会占据主流地位。我在从事科幻教学和日常跟青少年的接触中，就常常能发现这一点。在这样的时代，怎样能打通他们的思想，跟他们真正做到沟通与交流，也成为我们这些年龄较大的作者所必须面对的现实。我觉得对所有这些问题的新的思考，是金涛老师重开自己创作的一个重大前提。期待在未来的作品中，能看到这些思考的结果。

任何一位科幻作家个人的梦想，都是科幻文学宏伟梦想的一个组成部分。

那么，金涛老师将怎样续写月光下的科幻传奇呢？

让我们拭目以待！

“移民外星人”与我们当下的时代状况

从2018年开始，我的创作中心从科幻小说转移到影视和艺术方面，我先后参与了《海尔兄弟太空旅行记》和电视剧《天意》的一些工作，充当这些作品的科学顾问。此后，我又开始关注科幻艺术，并成功地跟随孟建民院士和法比奥·卡瓦卢奇（Fabio Cavallucci）等共同争取到“2019年深港城市建筑双城双年展”的策展权。2019年12月23日，我跟刘慈欣、孟建民、吟光合作的展品“九座城市，万种未来”在双年展正式亮相，我跟艺术家陈娱共同策展的同名展览也在深圳市当代艺术与城市规划馆开幕。本文是这个时段发表的关于科幻艺术的文章之一。文中提到的傅榆翔是重庆画家，他的作品“移民外星人”系列曾在意大利多地展出。科学与人类想象力研究中心成立的时候，我还邀请他带着作品来南方科技大学巡展。本文发表于《雕塑》杂志2019年第二期，第36—38页。

2017年12月，南方科技大学人文科学中心下属科学与人类想象力研究中心正式成立。在成立会上，来自重庆的艺术家傅榆翔的一套“移民外星人”大型系列装置雕塑作品也开始了在中国的首次巡展。两个事件同时发生并非出于偶然，而是精心所为。作为一个研究科学如何引导未来、想象力如何创新人类社会的研究组织，为什么会以“移民外星人”作为研究中心的开创展？“移民外星人”这组雕塑又在怎样的意义上阐释中心的研究主题，进而反映我们当前时代的特征？所有这些问题构成了参观者心中的一个悬念。

我第一次听说艺术家傅榆翔想要制作一系列“移民外星人”雕塑，是在四年之前海南的一次聚会上。那一年，海南著名作家张品成邀请我共同为文昌新建的宇航发射基地编辑一套科幻丛书。我因为多年对宇航题材情有独钟，至少写过两部与此相关的长篇科幻小说，遂答应了他的邀请，并带领一批作家进行了一次海南文昌的探索之行。由于没有得到航天部门的允许，我们只能在城市中远望发射塔。夜幕降临，灯光下的城市组成的地面圆盘，衬托起发射塔的突兀尖顶，用不了多久，在这里整装待发的中国新型火箭，将沿着跟赤道有一定夹角的方向升向苍穹。就在那个晚上，傅榆翔作为海南主办方邀请的朋友出现在聚会上。我记得他当时就说，自己正在构思一套以外星人为主题的系列作品。对这样的宣称我是不以为意的，这些年因为工作关系，听到太多人说他们在进行怎样的构思。但一百件构思中能出现一两件像样的作品就已经是很值得记录的事情了。太多人想法多，但能力或者时间有限，作品要么一直在自己的心中酝酿，要么就是成品质量太差。所以，傅榆翔的这个宣称，在我耳边一带而过，没有被我存在心里。

但仅仅过了一年，傅榆翔就通过微信发给我一系列照片。在这些照片中，他的“移民外星人”不但已经做完，而且在威尼斯第 57 届国际艺术双年展期间受圣马力诺国家馆和当代极负盛名的意大利策展人温琴佐 · 桑弗先生邀请参展，并获得威尼斯十大重要作品之一的赞誉，他被西方一些媒体评价为“中国最有意思和想法的艺术家之一”“中国新一代最有趣的艺术家之一”。能如期实现自己的预言，并在学术和质量上被国际认可，这让我对傅榆翔有了新的认识。

细看这组照片，第一组是一群栩栩如生的外星人出现在威尼斯大街小巷、广场和游船上，另一组则跟电影“007 系列”中的女演员玛莉亚 · 嘉西亚 · 古欣娜塔共同拍摄。两组照片相互补充，无形中好像能听到外星人的窃窃私语，娓娓讲述它们形单影只、根本不被接纳，同时又好像左右逢源，被众星捧月般当成座上宾的故事。

我追问自己，这种矛盾的感觉到底是怎么来的？一组小小的雕塑，怎么能引发我这么多的感受？答案恐怕还要到作品和所表达的意义中去寻找。

我没有跟傅榆翔有过深度的交谈，虽然看过他的一些作品和阐释，但谈话总是零星的，片断的，我知道他对佛教有研究，还知道他对环保，特别是动物保护很尽心，一些作品聚焦在这个方向。在这样对原作者意图一知半解的状况下，对其作品的分析就只能由自己的观摩和揣度来完成。我感觉威尼斯这套雕塑作品，应该从跨界方面引导观众的心理感受，即必须从外星人这个跨界概念去寻找雕塑代表的今日生活之主要特征。

在中国的本土文化中，外星人基本上是一个负面的概念。这主要是因为，没有人见过、不能肯定是否存在的事物在中国文化中是应该被贬斥和摒弃的。“子不语怪力乱神”，儒家文化对外星人的态度不言自明。而道家文化对融入自然的崇尚，并没有使它试图去超越身边的存在。佛家文化倒是包含了一系列不同凡响的世界，但这些世界通常只能出现在思辨或玄想之中。外星人这样的奇迹，是需要进入某种境界或者到达某个关键点时才会出现的。鉴于中国本土的自然条件贫乏，外星人主题在这样的世界中一定是受到排斥的。即便有些志异故事中出现过，总体文化也不会给予其地位。新中国成立以后，社会主义现实主义文化熏陶下的造型艺术领域是否会有外星人的地位，也是不用多说的。然而，社会发展到今天，科学技术强势地进入日常生活，将未来的到来无限拉近，可以说生活每日每夜都在发生巨大的改变。身份证中加入可读取的信息只是昨天的事情，而今天，人脸识别、步态识别等技术已经取代了芯片身份证的功能。语音识别是昨天发生的故事，而今天语音的创造已经毫无问题。基因检测只是昨天的事情，而今天，基因治疗正在兴起。缓慢的代代异种杂交选取优势植物物种的过程早已被放弃，通过基因改造，现在能够精准地创造出新的农作物。交通运输在高铁和飞机的普及带动下发生了巨变，社交网络则把人和人的关系时时刻刻固定在云端。在这种令人应接不暇的全新社会发展过程中，原本仅仅适应于荒野中采摘和狩猎的自然人，已经处于无所适从的地位。他们站在森林的边缘踌躇，在迈向城市的步伐中痛苦，在走出个体的小圈子时怀疑，在进入无法控制的巨大社会交往体系时愤懑。我们到底是什么？是怎样的存在？在这个科技带来的新时代，我们到底是原住民还是外来人？我觉得，“移民外星人”首先是捕捉到了人类当前的巨大嬗变，并将对这种变化的踟蹰、不快、犹豫、心动、兴奋、忧郁、思考，全部投射到作品之中。作者对几个外星人的表情、姿态和动作设计，清晰地表达了我所提到的这些感觉。在恐吓中抱住自己的面孔、想要捂住自己的眼睛、无可奈何地摊开双手、自以为是地指向前方，这些动作和表情具有普遍性，是人类当前处于困境的一种延伸和投射。而“移民外星人”的外貌，正像卡夫卡的作品《变形记》所展现的，已经脱离了我们自身的形象，变成了另 种存在物。即便是那个全身发光的金属造尤物，又比其他种类的外星人好了多少？这种不同材质的对比，具有佛教中众生平等的意味。意指即便你有钢铁的身躯，你的心灵也仍然受到其他人所无法逃脱的现代性的多元煎熬。

这套作品中一个独特的家庭组合显得很有韵味。一个身穿航天服的猩猩，正在手搭凉棚对新世界进行观望。在他的肩膀上，扛着一个倾斜着正在安眠的地球人。从航天服的穿和不穿可以推测，这个猩猩来自另一个世界，而躺在他身上、未穿航天服的人则来自我们的世界。来自他世界的人有一种惊恐和迷惑的眼神，而我们自己的朋友则处在一种安稳的休眠状态。这到底是什么意思？难道说，作者是想提醒我们，长久地生活在自己造成的幻境之中的我们已经到了必须醒来的地步？而只有来自外太空的异类他者，才能唤醒我们？外星人是怎么找到这位地球人的？外星人的到来是否意味着我们的这种长久的幻想即将破灭？抑或，我们将可以得到拯救？所有这些，观看者都没有答案。而外星人的脚上根本就没有穿鞋这个状态突然提醒了我们，太空服在猩猩的身上其实只是一种伪装。他要么越过了无数宇宙，到处都跟我们世界的环境类似，但无人存在；要么，他其实就是已经遗忘了出发目的地，是原本我们世界的一员。无论是哪一种，他带来的讯息都是值得追问和怀疑的。

总结一下，移民外星人的主题，是一个站在今日世界所处困境的自我表达。作者想要展现的，是这种困境的深度和广度，以及人类能够解决这个困境的可能性。

恰恰是移民外星人这种站立在人类和非人类两个世界之中观看现实的设计，使它可以在更多的场合对现实进行描摹和解读。例如，作品可以很简单地用于展现土地与人之间关系的复杂性。在这个资源有限的世界上，外来物种和地球人之间的关系越来越成为一个重要的社会冲突元素。本土对外来人到底是迎接还是拒斥？一旦你把这个雕塑放置到不同的世界背景之下，就会有所感悟，而且每次的感悟都不相同。

我觉得，傅榆翔的这组雕塑不但提出了问题，还在解决问题。历史文化丰润且水域纵横的威尼斯，知识意味和宗教意味双重丰富的都灵，以科技和创意为引领的深圳南方科技大学，雕塑走过的地方无不如此。以威尼斯为例，在我看来，无论从人文、历史还是社会的角度看，“移民外星人”都不属于威尼斯，因为文化内涵存在着天壤之别。但威尼斯是流动的，这种流动又给了“移民外星人”生存在这里的可能性。建筑、码头、玻璃工厂、不同房间多种不同形状的窗户，所有这些在瞬间的观察中都是包含着深度玄机的，都有许多包容外物的空间。而傅榆翔的“移民外星人”的外观又是柔滑的，一种无法判断质地的皮肤构成了这种生物的外表。流动和适宜在流动中生存的造物之间，圆融的可能性大大增强。这就是为什么外星人站立在威尼斯大街或者漂浮在河面的时候，一切都显得恰到好处。在某种意义上，威尼斯为外星人带去了深远的背景，而外星人给威尼斯带去了某种惊诧或者庄严，两者的关系非常适配：威尼斯的流动性包容了外星人的诡异，外星人的独特和奇异性重建了威尼斯的神秘。都灵又是另一种情况，一个宗教城市，一个以知识和创造为基础的城市。外星人站在都灵大学外的巨大草坪上，无异于对人类知识状况的一种检验。所有这些知识对外星人来讲都是神秘的，令他们无所适从的，甚至是毫无价值的。但他们的亲切表情，告知了都灵的生命，外来者不会因此给这个世界造成灾难。及至这组雕塑来到深圳的南方科技大学，穿过这个 2011 年才批准新建的“九山一水”的校园，跟来自各地的学生和教师见面的时候，巨大的文化差异再次体现出来。深圳人毕竟见多识广，学生们对这个雕塑的认同度跟意大利人的差异很大。乐观的中国人对这组怪物的出现展现出的是快乐，是接受，但从内心里，他们似乎并不认同。他们的表情中，许多是看婴儿奇怪举止的容忍，看孩子搞怪的理解。这就是“移民外星人”在不同地区引发的完全不同的反应，也是我们这个世界和我们这个时代映衬的人类心灵的透射。

最近几年，我对科幻艺术的多种形式给予了许多关注。科幻创作正在转型。在多种转型方向中，从文字进入视觉是一个已经非常明显的方向。在这方面，我已经读过的著作或画册中，有许多很值得推荐给大家。像法国的科幻画册《未来的梦想》，汇聚了历史和当代的电影、绘画、雕塑、装置、虚拟现实等以未来为目标的作品。阐述的时候还会围绕科幻发展的历史和科技创新的步骤来安排，读起来很有韵味。Steve Holland（史蒂夫·霍兰德）创作的《科幻艺术——一个图像史》则比较中规中矩，全书分成起源、封面艺术、漫画艺术、概念艺术、电影艺术、其他媒介艺术等几个部分，也是历史性和现实性的结合。《从保罗的笔丌始：弗兰克·保罗的想象力画面》是美国科幻绘画的重要创始人保罗的作品和生平的组合。保罗对图书、期刊、概念艺术的革新，在这本书中有丰富的体现。还有几本书，像罗伊·阿斯科特的《未来就是现在——艺术、技术和意识》、张海涛的《艺术档案》和谭力勤的《奇点艺术》，都是把当代科技当成一个重要的内容进行探讨的、有关科幻艺术发展的专著。我很赞成他们的呼吁，要关注科技，关注未来，关注科幻创造的新的创作天地和表达天地。

回到傅榆翔的作品上来。我觉得虽然内容上他很大胆，把外星人这种不被认可的形象用于现实在场的表达，但他在基本形式上还是比较保守的，即便从外星人这种形象的角度也能看到这一点。在我看来，通常艺术创作中的外星人大致有三类。第一类是来自 20 世纪早期传说中目击的外星人。这类生物的形象通常是跟人的高矮差不多，肢体构造方式也差不多，面孔上有三个洞洞。如果将人类跟不明现象遭遇后存留的记忆进行加工，结果就是一类很有特色的亲和的外星人形象。美国导演斯皮尔伯格的电影《外星人 E.T.》中的主人公大致就是这样的形象。第二类外星人的形象来自美国电影导演雷德利·司各特创作的著名影片《异形》，这种类型的外星生物像大型甲壳类昆虫，头部类似蝗虫身体，仿佛放大的蟑螂。这种外星人形象的制造基本是人类恐惧和厌恶的形象的拼合，现实生活中目击者的报告很少。当然，还有第三类外星人，这类造物基本不采用人的形象，完全是非人类的外观。在科幻小说中，这类外星人的长相可能类似聪明的猩猩、聪明的海豚、聪明的猫狗等。对三类外星人的形象选择，彰显出作者对艺术、对世界、对人生的许多看法。从傅榆翔选择第一和第三类外星人进行创作，就能看出他内心的那种美学倾向。他渴望人与人、人与各物种、人与世界的关系变得更加融洽，让世界更加美好的愿望充盈在这些作品之中。

当然，形式上的保守不代表社会气质的保守。“移民外星人”从更宏大的背景上是在讲述人类历史上不断重演的、跟自身发展有关的故事。遭遇、对抗、较量、理解、融合，“移民外星人”暗示了世界的过去和未来。在文明冲突、宗教冲突、战争、难民、贸易战、大国之间的博弈状态下，“移民外星人”既展现了作者对人与人、国家与国家、民族与民族关系的未来担忧，也有他对这种关系的解决抱有希望的愿景。

最后，从科幻文化的角度看，“移民外星人”是一套能跟现实世界、科幻世界、神秘世界三者构成互文的作品。外星人到底是想象力的产物还是人们在现实探测中无法解释的现象，我们不得而知。因此，“移民外星人”的创作其实把我们引向了一片神秘的地带，也让我们不断反思我们的知识和方法的有限性。

正是在这个意义上，我们最终决定选择傅榆翔的这套作品作为科学与人类想象力研究中心成立展览会上的唯一作品。我们期待人们就此思考存在和未来的更多问题，也更希望表达一种态度，即在后人类时代，我们鼓励科幻艺术的繁荣，并期待这种繁荣能更多地体现我们当前的时代特征。

克拉克的宇宙全史

在西方科幻作家中，我最欣赏的作家是英国宇航学家阿瑟·克拉克，他的小说曾经在很长时间里被我认为是不可超越的典范之作。20 世纪 70 年代到 80 年代，我跟克拉克建立了通信联系，并在后来撰写了多篇有关他的文章。本文只是其中的一篇，发表于 2013 年 8 月 16 日的《北京青年报》。

20 世纪 40 年代，美国科幻作家阿西莫夫尝试构建人类全史，他写了整整三部，分别是《基地》《基地与帝国》和《第二基地》，后来合称“基地”系列。这一尝试获得巨大成功。虽然该系列并未声称完结了整个宇宙和人类的命运，但小说所提供的一种决定论的历史观和人类的发展前景，其实已经完成了历史的所有部分。此后，有关人类全史的构想仍然打动着科幻作家，像海因莱因在同时代也创作了未来历史的种种年表和细节，但这些行动都不能超越阿西莫夫。毕竟，未来历史仍然是人类历史的一个小的片段而已。

上述状态一直延续到 1968 年。这一年，克拉克跟库布里克合作的电影《2001：太空漫游》问世。第二年，同名小说正式出版。有关人类全史的问题获得一次全新的突破。这一次，克拉克仅用了一部作品，就涵盖了阿西莫夫的所有内容，且远远超越了阿西莫夫的人类学视野。

说《2001：太空漫游》超越了阿西莫夫的“基地”系列，主要是指它补全了“基地”系列中缺失的人类起源部分，更增加了人类的终结篇章。

小说从原始人类的产生讲起，到人类被羽化成一种新的非人生命结束，作家只在全史中选取了四个点，就把整个问题彻底讲清了。如果说阿西莫夫的人类历史是处于自我管制和自我发展的小圈子之中，那克拉克就是把人类放在了宇宙大家庭的相互关系中。通过黑色巨板、虫洞通道，人类被彻底并入宏大的宇宙世界。如果说阿西莫夫还是希望在传统的文学领地建构科幻小说，把人作为作品的核心，那么克拉克的雄心则瑰丽无比，他要穷尽时间与空间的所有历史。在这里，人是可以忽略不计的。

比较阿西莫夫和克拉克的两个全史作品还有其他不同方法。例如，两个人都看到了时间的重要性，但阿西莫夫处理的是牛顿式古典时间观之下的时间，他通过对人类历史的缩放，把三万年黑暗减少成一千年。大自然的时间流逝是单一坐标系的，是恒常的，只不过为开明的民主留下更多可能性而已。但克拉克的时间操作则既有牛顿式古典时间观念，更有爱因斯坦相对论式的时间观念。在两个人共同关注的心理学，特别是变态心理学方面，阿西莫夫采用了进步主义和超心理学的灵能论，而克拉克则采用了人工智能心理学和非理性的宇宙不可知论。

很难说文学作品一个比另一个好，要看阅读者的个人偏好。我不想在这里让阿西莫夫迷失落，我只能说对我来讲，克拉克比阿西莫夫更合胃口。我喜欢克拉克散点式的小说构造，这点不像阿西莫夫故事的那种平铺直叙。他具有克制力的、短而刚性的语言，跟他所想展示的宇宙的非人性神秘莫测也相互吻合。记得有一次我跟江晓原教授聊天，他说他不明白为什么中国科幻作家都喜欢克拉克。我说这很简单，大家是被他的语言迷住的，是他所提供的那种玄妙的话语方式打动了大家。

众所周知，克拉克跟阿西莫夫同属科幻大师和科普大师，阿西莫夫的重要特征是著述丰富，涉猎面极为广阔。但在科幻生涯中，克拉克却有一个对方无法匹敌的绝对优势，这个优势来源于 1945 年他给《无线电世界》杂志创作的短文《地球外的中继——卫星能给出全球范围的无线电覆盖吗？》。恰恰是在该文中，克拉克严肃地讨论了卫星通信所可能使用的频段、卫星高度所能实现的空间覆盖度，设计了通信所必需的天线的类型，计算了卫星的功率和能源，他甚至在自己的文章中讨论了如果出现星蚀现象，将怎样保证通信设备的正常运作等问题。这一文章给后人的相关研究提供了全方位的指导，也正是由此，克拉克的头上增加了“未来学家”的桂冠。敏锐的商家没有放过这个大家小小的差异，极尽可能地使用它进行宣传。任何人都能看到，克拉克所有的作品的勒口、腰封上都会谈到作者的预见力，而克拉克自己也心领神会地在前言和后记等辅文中历数小说里哪些部分最终能成为现实。

认真阅读这些前言或后记，读者可以发现，作者不仅简单地声称自己怎么怎么能成功，他更会谈到哪些地方的推测“过于保守”或者“根本没有摸到发展的脉搏”。而所有这些，都能表现出作家克拉克的个人风范。

有多少人知道克拉克对中国科幻产生过多大影响？

虽然中国大规模引入克拉克的作品是在粉碎“四人帮”之后才开始的，但这些作品立刻对作家们产生了巨大影响，像刘慈欣、星河、韩松和我个人等，都曾经被克拉克作品的风采迷倒。中央电视台在对刘慈欣的一次采访中，让他推荐他所喜欢的科幻作品，他提供的第一个名字，就是《太空探险》。他说，他恰恰是在填写高考志愿的当天看到了这部作品，而那一天，他彻底被深邃的宇宙迷住不能自拔。一部小说能让读者忘掉将要决定一生的高考，算是够重要、够伟大的了吧？科幻作家星河也曾经说过，对克拉克的小说，他能对所有情节如数家珍。这些人的家中，都保存有英文版《2001：太空漫游》，他们会在写作中随时翻阅。

《2001：太空漫游》出版之后，克拉克本来是不打算为其写后续的，“但读者每天都会给我一大沓信件，期待谈谈之后的故事”。这刺激了作者的写作欲。20 世纪 80 年代以后，克拉克为小说撰写了三本续集。为了使自己的续写跟其他作家的续集有所区别，克拉克没有采用续集创作通常采用的那种时间延续法，而是别出心裁地创造了一种部分重叠、逐渐放远的续集设计，这使小说的后续看起来跟第一部之间有一种逐渐放大、若即若离的涟漪效果，就像水塘中一枚石子所产生的那种来回振荡，人们会在阅读续集的时候不断回归第一集，与其中的故事进行交叉印证。同时，由于在续集的创作过程中世界秩序发生了许多变化，这些涟漪在振荡中也会轻微地走形，这更让整个小说系列看起来回旋起伏，跌宕交织。读者如果能配合创作时代的真实历史去阅读这些续集，更会感到回味无穷。

“太空漫游”系列是科幻界的瑰宝，无论是欧洲、美洲，还是亚洲，无论是在英国、美国、俄国、日本，还是在中国，都有许多学者研究这一系列。

在英语国家的词典中，《2001：太空漫游》已经成为一种固定用法。

在探索“太空漫游”系列小说的过程中，我个人也体会良多。给我感受最深的除了上述各个部分，还有作家对智慧生物怎样从肉体走向心灵，从物质走向精神过程的大胆推测。而不少批评家所指出的，小说所具有的东方神秘主义情调，则更是使它区别于其他英美科幻小说的动人之处。

当然，不是所有人都喜欢克拉克的这个小说系列，特别是许多铁杆儿科幻迷或电影迷，对三部续集的吐槽不可谓不多。我同意他们的看法。小说开篇所展示的那个宇宙全史，已经宏大得无法继续拓展，后面的三本充其量只是在补充第一本的相关细节而已。而且，作者的面面俱到，反而使前面一些具有超越性的线索变得过于现实，这在一定程度上使故事落入俗套，消解了神秘感。

感谢“世纪文景”第五次在中国出版克拉克的“太空漫游”作品。这次精装的四卷，形式和内容俱佳。翻译上博采众长，译者和编者都做了很多研究工作。这一轮的印刷、装订和编排方式也显得大气和空灵，字距和行距适合阅读，这样的设计，能让阅读者引申出许多超出文本之外的思考空间。

我至今保留着克拉克跟我个人的数轮通信信件，这些信件显示出我是中国科幻读者中第一个跟克拉克建立联系的人。在他早期给我的信中，他曾经写过，他要撰写的最后一本“太空漫游”作品叫《20001》，但是，在真正出版的收官作品的封面上，却仅仅印刷着“3001”。看来，即便对于克拉克这样的预言家来说，想要呈现遥远的万年之后的人类世界，也是一个不可能的任务。克拉克在最后的关头退却了，他没有硬着头皮让自己走上一条无法返回的道路。想到这一点，我就觉得百感交集：我为自己失去了观望万年之后的全新世界而沮丧，更为作家敢于在自己能力所不及的当口说“不”而心悦诚服。直到今天，我还会时常拿起小说的最后一卷翻检，试图从中发现一些蛛丝马迹，看看作者是否仍然在这些字里行间留下了那种建立万年历史的雄心的痕迹。我相信，即便只是些蛛丝马迹，也会非常引人入胜！毕竟，这套丛书至今还是人类曾经创作的宇宙全史中最伟大的一部！

科幻小说的神学边疆
——读 C.S. 刘易斯的“空间三部曲”

科学与宗教的关系，常常被认为是直接对立的。而科幻文学又常常超越科学，走入哲学甚至宗教领地。如何平衡这两者之间的关系？科幻作家对此到底是怎样的态度？所有这些都使 C.S. 刘易斯的作品成为一个需要深入研究的文本。本文是为他的“空间三部曲”撰写的书评。文章发表在 2011 年 10 月 19 日的《中华读书报·书评周刊》。

C.S. 刘易斯有很多使人惊讶和赞叹的故事。

第一，他和《魔戒》的作者托尔金之间关系“暧昧”。两个人都是大学教授，都是语言学家，都笃信宗教，都创作幻想小说，都获得过巨大的成就。刘易斯把托尔金当自己的导师，然而托尔金有时候却看不上刘易斯。

第二，刘易斯是多方向的多产作家，他的创作范围广泛。《纳尼亚传奇》是成功地将第二次世界大战写入奇幻小说，通过壁橱走入幻境的故事，打动了千百万读者的心。但他不单单写奇幻故事，他还是非常成功的基督教作家。在战时和战后，他的许多作品通过广播和书籍影响了大量民众。

第三，对我来讲也是最重要的，就是他曾经撰写过“科幻小说”。在布莱勒的巨著《科幻作家》一书中，专门有刘易斯的章节，而其中提到的作品，最著名的就是“空间三部曲”。

“空间三部曲”由《沉寂的星球》(1938)、《皮尔兰德拉星》(1943）和《黑暗之劫》(1945）组成。这是一套从内容、形式到写作方法上都略有差异的系列小说。故事的场景分别发生于太阳系近日行星——火星、金星和地球。

《沉寂的星球》是系列小说的第一部。故事的主人公，剑桥大学语言学博士兰塞姆被一个笃信科学能够征服世界的疯狂科学家韦斯顿和校友狄凡绑架，被带上一艘宇宙飞船，奔向火星。之所以绑架兰塞姆，本来是想用他作为牺牲品，敬献给火星国王。在获得对方信任之后，韦斯顿和朋友希望占领火星，并夺取价值连城的宝物"太阳之血"。凭借强大的语言能力，精通古太阳系语的兰塞姆在新的星球化险为夷。他跟火星上的各类物种都进行了深入的交流，无论是智商很高的贺瑙，还是智力低下的动物，他都有接触。他发现贺瑙也分成两类，从事诗歌创作、捕鱼和种地的称为贺洛斯，看起来是高级种族，而从事挖掘、雕刻和其他手工的是皮特里奇，可能是低级种族。但人际阶层的差异在这里并不重要，因为在这个古老的星球上，有形与无形的神灵跟人混合在一起生活。但神灵也是分类的。一些神灵遵从天地间的最高统治者马莱蒂，另一些则走火入魔，做着种种毁灭的勾当。也正是由于神灵的存在，在火星上的物种也可以知道太阳系其他星球上发生的故事，因而地球上的情况在这里早已尽人皆知。在化解了个体的危机之后，兰塞姆跟整个太阳系和宇宙最大的上主之间建立了默契关系，他决定要用自己的独立思考面对未来，不受撒旦类神灵的诱惑。如布莱勒所言，《沉寂的星球》的主旨，其实是通过探索发现了一个事实，那就是对神见证才是宇宙的本质。

小说《皮尔兰德拉星》是兰塞姆的第二次太空历险。这一次，他收到来自马莱蒂的召唤去金星访问。金星上海洋环绕，浪涛冲荡会把岛屿不断拼接后再冲散，每一个时刻，大地都在改变模样。除了波动之外，这个星球显得相当原始和美好，陆地上鲜花灿烂，芬芳氤氲。小说的人物非常简单，多数情况下只有兰塞姆和一个总在询问是否"更老"的绿夫人，但他们之间的种种对话引发了兰塞姆的思考。在小说的后半部分，曾经在第一部中绑架过兰塞姆的疯狂科学家韦斯顿再度出现。这一次，他的水平在撒旦的控制下也有所提高，因为他竟然也会说古太阳系语，能跟绿夫人深入交谈。谈话中，韦斯顿被魔鬼附身，不断怂恿绿夫人走出金星伊甸园般的世界。例如，他教导绿夫人产生对裸体的羞愧感，并建议她用衣服遮挡自己。他还把一系列地球人的陈腐道德灌输到绿夫人心中。为了迎合对方关于变老的种种设想，他告知对方有更多智慧就能改变现状。兰塞姆对韦斯顿这种破坏女王单纯美好伊甸园生活的作为非常愤慨，他跟韦斯顿展开了激烈的较量。最终，无论从精神上还是从肉体上，他都打败了对方。有人评论说，第二部的内涵其实是金星避开了地球上亚当和夏娃偷吃禁果所带去的命运，因为绿夫人最终也没有被撒旦类的神灵所诱惑，保持了像耶稣一样的纯真。

《黑暗之劫》是三部曲的最后一部。小说完全改变了前两部作品的太空探险的科幻外壳，进入了一种奇幻境地。小说的故事完全发生在地球。故事以英国"国家研究院"怎样征用大学并从中吸收高水平的研究人员从事科研为开始，把读者带入了知识创新机构之间的相互竞争与资源抢夺。随着小说的发展，人们逐渐发现，这个表面上装饰着唯物主义科学精神的研究院，内里却在做着许多神秘的非科学研究。主人公之一马克是个机会主义者，他从高校跳槽到研究院，加入了不良组织。而跟他处于矛盾和婚姻危机中的妻子珍，本人有着独特的梦中预测功能。也恰恰是两人之间不良婚姻导致的距离，使她没有投到那些已经被邪恶势力所暗自支持的古怪研究，而是投到了光明力量的一边。此时此刻，地球处于危机之中，因为宇宙中的邪恶力量纠集在一起，准备跟正义和光明的一边展开一场搏斗。被撒旦类的神所控制的研究院正准备复活沉睡了千年的古代巫师梅林，而他们所控制的所谓"社会改革家"，一群为自己牟利的所谓专家，已经在欧洲占据了领导地位。虽然你可能觉得《黑暗之劫》的开始已经将一个科幻系列转化为奇幻与科幻的混融，但是，作品仍然围绕知识探索的群体和个体展开。就在邪恶者与科学家结盟，力图颠覆自由与光明的时候，在前两部作品中受到历练且跟马莱蒂建立了稳定联系的兰塞姆出场，在地球上，他已经被尊崇为抵抗黑暗群体的导师。在他的组织和协助下，珍和其他一些志同道合者一起，调集了来自宇宙的各种伟大的神灵，抢先一步复活了梅林并取得了他的信任。小说的结尾是，兰塞姆等人在古代巫师的协助下，粉碎了邪恶势力在地球上的毁灭阴谋。

阅读"空间三部曲"，即便是我这个多年来从事科幻研究的人，也不免产生疑问：这是科幻小说吗？科幻小说能讨论神学吗？如果不是传播科学知识，指引科技未来，科幻小说至少也应该思考科学局限，警世未来灾难吧？难道科幻小说不应该弘扬科学，打败宗教，击倒神学对思想的束缚，洁净唯物主义的世界？所有这些想法，恰恰是一个深入探索科幻文学概念、讨论阅读对公众价值的好机会。

其实，关于科幻文学到底是什么这个问题，在学术领域和大众心目中一直没有统一的答案。20 世纪 70 年代之后，加拿大学者达科 · 苏恩文的观点逐渐引起了人们的重视。苏恩文依据俄国形式主义和马克思主义理论的推导指出，科幻小说是一种包含着疏离、认知和创新三个特性的文学作品。所谓疏离，指科幻的描述和思考常常跟现实生活和日常性的状态有所不同，是陌生化的。所谓认知，指的是科幻作品通常提供一些认知资源或路径，引导读者去思索。而创新，则指科幻小说必须以人类的文化和文明为参照，做出自己的全新选择。在多年的研究中，笔者也发现，科幻小说其实是围绕科学作为一种社会活动所进行的一些“外周”思考，这些思考有别于科学活动的核心和主流，常常对核心和主流思想提出质疑、询问，并用独特的实验性和愿景拓展夸大现实的一些侧面，直到颠覆已有的知识体系。如果观察近年来科幻领域所获得的学术进展，就可以发现，在这样的理论域的观照下，科幻文学其实有着极其广大的空间。它不是也不可能是一种科学的奴仆，而是具有独立人格的一种思考作品，它通过激发人们的新思想和新情感，去解构当前和建构未来。即便是采用一种幻想文学的外壳，其内涵也仍然是今日的复杂现实。

用上述理论观察文学的各个领域，会发现人类所创作的科幻小说其实比原先所想象的要多很多；也恰恰是在这种理论观点的观照下，“空间三部曲”才被纳入科幻跟奇幻、现实主义文学的交界地带。没人怀疑该三部曲是幻想文学，而且其跟科学息息相关。想象出的火星、金星和地球的世界，有趣的古太阳系语，飞越空间的火箭飞船和可降解飞船，各个行星上琳琅满目的生命形式，所有这些，都展现出该三部曲的科幻奇幻交织样态。作者将太阳系的生物分成不同层次，高层次的具有更广泛的感知与思考力，也能预知和控制现在与未来；低层次者则只能感觉和接触当下身边的环境。在高层次与低层次生命之间，还存在着进化。所有这些都证明，三部曲确实是跟科学有关，且疏离于当代知识和现实主流的三部曲。

但是，仅仅有跟现实的疏离、跟科学相关还不能算是科幻作品。小说中是否存在着认知通路或认知资源呢？它是否给我们许多思考世界、了解世界的新路径呢？它是否会依据逻辑推理，发现信赖的知识呢？

对这个问题应该是见仁见智的。从一个方面看，回答是否定的。小说中的思考、逻辑和推理常常只针对人的信仰和生活态度，缺乏科学所具有的那种客观现实性。而且，讨论所依据的背景知识多数建立在神学基础上。但从另一个方面，又不得不让我再次感叹作者使我本人对宗教看法的改变。这是因为在这部小说中，作家没有像庸俗宗教论者那样，把神学观念强行输入读者的大脑，更不要求读者放弃自身的思考自由去恪守某些信条；恰恰相反，作者通过一次次辨析和谈话，感悟和领会，让读者自身感觉出在小说所创造的世界中，信仰确实具有巨大的力量。而当小说中稳健地提出“亚当夏娃不吃禁果”的命题这一颇为具有创新性的想法之后，我几乎可以把它纳入一个另类科幻小说的范畴之中。

“空间三部曲”就是这样行走在唯物主义和唯心主义、科学和神学交互作用的空间之中，它让我们用不同于当前的观点去认识世界，思考世界。换言之，它比 20 世纪 60 年代英国“新浪潮”作家更早地向科幻小说中引入了软科学和人文学科的内容，是对科幻小说的一种革新尝试。

作为刘易斯的一部重要作品，“空间三部曲”也展示了作家心灵自我拯救与治疗的过程，更反映出 20 世纪两次世界大战中英国知识分子的生活状况与工作状况。C.S. 刘易斯 1898 年 11 月生于北爱尔兰。童年时代，母亲的突然去世使他不但失去了对神之万能的信仰，还让他过上了被放逐的生活。他被送到英国多个寄宿学校读书，流离辗转的过程中，他体会到了失去安全的天堂的跌落感。为此，他将在未来的生活中，通过自己所能获得的种种特权或名誉进行补偿。

由于不放弃自己的艰苦努力，刘易斯的早期教育相当成功。他的学业开始蒸蒸日上，一些老师认为他很有天赋。激励起到了积极作用，他最终进入英国顶尖大学从事语言学学习并最终成为著名的语言学教授。

在牛津和剑桥两个大学的教学科研生活，几乎占用了刘易斯的整整一生。在这里，他跟未来的好友兼合作者托尔金相识且交往多年。他们共同参加淡墨社的活动，畅谈思想，宣读作品，相互建议和改进创作，是托尔金等人让刘易斯再度找回了对神的信仰。也正是因此，刘易斯将“空间三部曲”中的兰塞姆博士直接写成了他眼中的托尔金教授，并尊称为导师。

两人都从事语言和民族民间文化的研究，因此对许多民间故事特别熟悉，这为两人卷入奇幻和科幻创作奠定了基础。在“空间三部曲”中，不但主人公是语言学家，精通古太阳系语且能很快在另一星球上学习他者的语言，还在许多部分展现了语言学解决问题的魅力。考虑到在那个时代正发生着社会学研究的所谓“语言学转向”，托尔金和刘易斯的这些作品确实传达了一种未来发展的先声信息。

当然，作为一个生活在现实中的作家，刘易斯清楚地看到了学术界帮派林立，沟壑纵横，人和人之间的关系不但有学术观点造成的裂痕，更有时代、社会、家庭的碎裂所造成的问题。更重要的是，两次世界大战，他要么短暂地参加过，要么在旁边观察过，这使他这个希望和平美好、幸福充满世界的人更加忧心忡忡。但是，毕竟在象牙塔中生存太久，刘易斯的小说也只能通过壁橱逃离现实，或者，像“空间三部曲”中的主人公一样借助外部的神力抵抗黑暗。不过，他对操纵者的那种反抗精神一直贯穿在作品之中，即便是在讨论主和神的问题时，也保持着人的自由。

从科幻文学的意识形态角度观察，“空间三部曲”对科学和科学家本身有许多特殊的看法。他借助主人公的口说道，作为工具的科学技术本身力量有限，掌握和使用的方法才是重要的。此外，他还对唯物主义和唯心主义进行过系统的讨论。在他看来，唯物主义虽然导致了科学的发展，但可能会造成人类对世界的绝望，这种绝望的感觉并不容易被新的科技成果所消除。在这个意义上说，他是首先直接提出了反对科学无度发展的科幻作家中的一个。出于自身的意识形态和个人体验，他的小说展示了唯心主义作为唯物主义补充或两者相互融汇，作用于人类生活的价值。而小说对科学家和科学机构的反思与批判，则应该参照英国当时的状况进行分析与解读。至少，在刘易斯的眼中，科学家可以分成疯狂的和正常的。疯狂科学家的举动不但危害人类，甚至危害宇宙的健康，而科学机构的作为也存在着好坏之分。

对于一个从事科幻研究的教师，我感觉“空间三部曲”是科幻领域中一个独特的作品。正因为它踩在科幻与奇幻、神学、现实主义文学等多个范畴的有效边界，才最具有阅读和讨论价值。

笔者在阅读过程中，也发现了作品中的一些缺点。例如，在跨越唯物主义和唯心主义的边界方面，作者的手法还不够圆融和自然，常常使人感觉生硬。主人公采用科技向天使行贿的情节，也令人感到滑稽。作者对女性的认识也值得认真考察。有证据表明，作家在与女性关系上曾经存在一些障碍，这也许就是他把国家研究院的女警察写成一个强壮的、肌肉发达的、有性虐待和同性恋倾向的人的原因。还有，由于太注重宗教主题，许多段落显得说教味道太浓，对这个问题没有热情的读者怕是难于阅读。此外，第三部的结尾，在完成了光明和黑暗战争之后，作者回到基本的世俗婚姻，也感到有些平庸和不尽兴。而作者预言说 20 世纪还将出现十六场世界大战，也被事实证明是子虚乌有。但这是否正是刘易斯这样的作家不断警告人类的结果呢？

但是，所有这些，都是从技术角度的分析。笔者认为，“空间三部曲”是继承了玛丽 · 雪莱、H.G. 威尔斯批判现实传统，真正把科学家当成主角来认真创作的严肃的幻想文学作品。难怪乔治 · 奥维尔在阅读了这部作品后感叹说，在文学和思想领域，“科学家登场了”！

从《人性分解》到《发条女孩》

进入21世纪之后，出于各种原因，我对国外科幻思潮的跟进已经远远不如从前迅速。但此时的西方科幻小说发展却变得更加快速，也更加波澜起伏。为了不被时代所抛弃，我决定定期选择一些作品进行散点式观察，本文就是在这种状态下写成的。文章中提到的两位作家都跟我有私人交往，分析他们的作品对我来说很有意义。文章后来以《从〈人性分解〉到〈发条女孩〉——我眼中的西方科幻的当代发展》为题发表在《名作欣赏》2013年第十期，第27—30页。

进入21世纪以来，世界科技和社会发展的提速前所未有。人们越来越感到，原本海市蜃楼一般漂浮在远方的未来，正以无限高速接近现实。难怪一些人疾呼，未来已经严重撞击当下，给人们的生活造成不安和困扰。这其中，新媒体技术、生物技术、纳米技术等的发展尤为突出，人们几乎每天都能在报刊中发现连篇累牍有关科技创新的报道，而这些创新所带来的社会和文化改变，任何人都还无从知晓。在这样的时刻，以科学及其对社会影响为主题的科幻文学，应该怎样应对和怎样发展？这个问题引发了国内外文学界的关注。

2007年，笔者在跟韩松和刘秀娟在《文艺报》的一次对谈中曾经指出，作为一种将科学当作社会发展动力、撰写科技进步带给社会的影响的文学形式，科幻文学正在衰落。这种衰落可以从两个方面进行观察。第一个方面是外在的因素造成的，即影视媒体的冲击，导致所有以文字书写为表现形式的作品都将消亡。作为佐证，可以拿出从20世纪70年代起至今科幻产业的主要盈利点已经转向电影、动漫和电子游戏的事实数据。第二个方面则是内在因素的结果：产生于19世纪、繁荣于20世纪的科幻文类，无法适应未来的冲击。当今报纸电视中的科技和生活的进展栏目，早已超越科幻作品的神奇感和刺激感。科幻文学的危机正在从里到外地爆发出来。

我们的争论虽然没有获得广泛关注，但在随后的几年中，笔者在世界各地访问和参加科幻会议的经历，却坚定了相关看法。因为无论是在美国还是在日本的几次科幻会议上，我都听到来自各方的感叹，多数人认为，西方科幻大会的规模正在减小，科幻读物和作家在社会上的影响力也在下降。为此，一些国家甚至展开了所谓的拯救工作。以日本为例。日本科幻俱乐部（SFWJ）大力呼吁作家"为青少年写作"，力图在短期内增加更多爱好科幻的青少年，使科幻的"香火"能够延续。他们还给成人科幻读物换上孩子们喜爱的卡通封面讨好青少年读者。在美国，一些作家甚至到中小学给孩子们讲演，推广自己的作品，有关把科幻作品引入学校教育的研讨会也多次召开。但是，所有这些都是外围的操作，对于科幻作品自身，如何能摸索出一种应对当前高速变化的革新模式，是更重要的问题。

在这篇文章中，笔者想结合刚刚在国内出版的两部西方科幻作品，谈谈西方科幻作家应对当前变化的两个最基本的策略——回归和跨越。

一、从《人性分解》看罗伯特·索耶和他的回归策略

《人性分解》是加拿大作家罗伯特·索耶创作于1998年的作品。小说描写不远的将来，人类获得来自外星球智慧生命的2841条信息。科学家凯尔负责破解这些信息，但他被女儿指控有乱伦行为。对凯尔的妻子希瑟来说，这则消息有如晴天霹雳，她想到自己的另一个女儿在一年前接受心理治疗后自杀的事情，猜测也跟丈夫的乱伦侵害有关。离散家庭是当今社会一个重要的时代顽疾，小说聚焦于这一现象，将它与儿童性骚扰等犯罪行为关联起来，使故事的走向尤为引人注目。主人公凯尔坚决否认自己有过乱伦行为。在分居之后，他继续从事破解外星人信息的工作并获得进展，由外星人设计图纸

所引导的、使自己跟全球七十亿人中的任何一个的思想连通的设备已经被造好。

此时，小说的第二条线索沿着凯尔的妻子希瑟展开。由于凯尔的矢口否认，希瑟怀疑孩子对丈夫的指控有着背后原因。经过分析，她逐渐将发现的焦点聚焦到女儿的心理大夫身上。为了探明心理诊所的奥秘，她假装病人，主动上门要求治疗。在就诊过程中，希瑟发现这位所谓的心理大夫有独特的反社会倾向，因为她对任何一个病人的诊断，都是少年时代曾遭乱伦侵害。至此，希瑟不但探知了女儿问题的由来，更肯定了另一个女儿的死也来源于这个大夫对她进行过毫无根据的观念植入。就在这同时，在实验室中忙碌的凯尔也取得了新的进展，他成功地连通了女儿的心理大夫的思维，采用科技手段发现了妻子找到的秘密。至此，家庭问题得到了顺利解决，而外星人给地球人的“礼物”，也被当成是一种改进人类相互关系的利器。

索耶生于20世纪60年代，自20世纪90年代开始科幻创作并获得巨大成功，获得过星云奖和雨果奖。读者通读他的作品会发现，索耶是强烈地希望使自己的小说回到儒勒·凡尔纳、赫伯特·乔治·威尔斯、艾萨克·阿西莫夫等经典作家原典的那种作家。他的这种做法不无道理，因为自20世纪60年代起，英美“新浪潮”科幻小说就试图接受现代主义影响，脱离故事，脱离人物，粉碎情节，放弃对科学知识的关注。这些革新虽然使他们获得了主流文学的赞赏，但却失去了大量读者。看来索耶是希望用自己的作品跟这些作家划清界限，因为在他的小说中，故事性、科学知识成了维系小说动力的核心。

当然，索耶也不是简单地回归古典，在许多方面，他的小说是具有创意性的。例如，和凡尔纳等人直截了当地让人相信科学知识的重要价值不同，索耶反其道而行之，他的主人公似乎对与知识相关的各个侧面都表示出怀疑甚至反对。但渐渐地，通过情节的发展，知识的作用显现，主人公必须信服。经过这种来回来去的反复，科学塑造故事的能力被重新发挥出来。

除了通过反向方法呈现知识，小说还尽量把一些新兴领域纳入科幻之中，让人感受到时代的气息。在这本小说中，星际生命的探索、思维神经心理学、媒体和通信技术的发展、社会学的科研难题……所有这些激动和困扰都被摆到了我们的面前。

2013 年 8 月，索耶被邀请来中国巡回讲演。他在北京和上海的两场报告中都暗示，科学是他所笃信的社会发展动力。他说：人类的确有一个未来，这个未来还将延续几百年，几千年，甚至几百万年。他相信人类正处在寿命无限延长的门槛：我们很可能会成为能活过多个世纪的第一代人。这种对科学技术发展的强烈肯定，使他的小说重新找到了早期科幻那种激动人心的触点，获得了读者的交口称赞。

我总结索耶成功拯救科幻的模式是：回到科技变革引发社会变革的原有主题，放弃对无聊的哲学理念的玄想；通过多种途径增加科学知识在小说中的含量，让科学本身的活性激发阅读快感。此外，他对变化时代中道德观和价值观的稳定性非常看重，认为这样的稳定才是供读者把握当前的基本方法。

索耶的小说在西方和中国都取得了极大成功。2007 年，他到成都参加"国际科幻 · 奇幻大会"，人们为他的出现而长时间欢呼不已。但是，他拯救科幻的"经典回归"策略是否唯一？是否还存在着拯救科幻的其他方法呢？

二、从《发条女孩》看保罗 · 巴西加卢皮的跨越策略

"70 后"美国作家保罗 · 巴西加卢皮的表现就跟索耶完全不同。他从 21 世纪之后才开始文学创作，而小说《发条女孩》一举获得西方多个重要的科幻大奖。

《发条女孩》是一篇奇怪的小说。故事讲述在百年后的未来，生物大公司的间谍安德森潜入泰国。通过观察，安德森发现，在这个国家里，粮食、水果等才是国家发展的重要支撑点，这样，转基因作物便成为贸易的重点，特别是许多农作物无法承受锈病和象鼻虫的侵害，更需要新基因的对抗。在那个时代，泰国仍然把防洪当成一个重要的任务随时警惕，但由于化石能源枯竭，人们只能依靠自身的生物能源驱动发条储能，他们还驯养大象去充当起重机。小说的情节在这种奇异的环境中继续发展。在安德森看来，整个世界有两条清晰的人际关系线。第一条在社会的高层。泰国仍然是君王制，外国

势力为了自己的经济利益，一直希望操纵泰国的政治走向。而政治竞技场的核心就是对基因安全的认知，此时，环境部被置于种种压力的风暴中心，它是政府最重要的一个部门，一方面它要抵挡外来转基因作物的狂热倾销，保护本国农业；另一方面，它也必须为种子的更新而寻求解决方案。当然，环境部甚至整个社会政治都不会是一块净土，政府和反对派都在针对食品问题相互指责，是否捣毁环境部是争斗的核心。

安德森眼中的第二条人际关系线，是这个社会下层的形形色色的人。这其中，有来自日本的转基因少女惠美子。她被从基因上设置为取悦男人、接受男人性爱的服从者，但她心中却充满梦想。惠美子是一个被她的日本主人抛弃、扔到泰国的少女，她的身体设计无法适应泰国的气候，但她更不能承受的，是每日嫖客对她的身体伤害。在遇到安德森之后，她虽然有些许安全感，但在其心中，找到一个让转基因人安全幸福生活的乌托邦才是她的真正追求。保罗的这部小说，在处理新人类与旧人类关系时很有特色，因为新人类不是变得向前进化，反而更加具有原始本能。但惠美子是人，她有自由的梦，她不会像小说中被凭空制造的动物“柴郡猫”那样任人捕猎和残杀。

除了惠美子，小说中还有来自世界各地的人种和民族，不同种族相互杂糅，形成了复杂的社会动力系统，作者用此暗示了当前多民族混居的社会现实。我很关注其中对中国人的撰写，因为作者曾经在中国生活且熟悉中文。我发现在其故事中的华人，为了融入当地社会，基本不问政治，从事着特别能赚钱的买卖，甚至控制了整个有机肥料的行业。但是，即便成为“粪肥大王”，地位比一般人高一些，也仍然无法跟安德森这种具有基因技术背景的白人相抗衡，社会动乱到来的时候，还是会首先遭到绞杀。

双重线索在这种政治和生存的斗争中逐渐发展，最终的结局是，环境部彻底失败，外国势力通过安德森的协助，向斗争的一方提供军事和粮食支援，使该方取得政权。与此同时，外国势力要求新政府必须打开国家的种子库，让外来跨国公司可以随意取用他们保存着的、本国独有的生物基因！小说就在这最后防线被彻底击破、民族独立的根基被摧毁中结束。

通篇阅读小说，读者会发现，《发条女孩》的创作方式跟《人性分解》具有重大的差异。如果说索耶的小说是让故事回到一种相对慢速发展的世界，一板一眼地讲述科学如何破解谜团的话，保罗的故事则是对高速变化的现实的赤裸呈现。打开纸页，多种复杂的未来词汇铺天盖地而来。大量基因技术、生物农业、能源、工程方面的语汇，作者不加解释地不断投放。逐渐阅读下去，你一点点开始熟悉并知道这是一个怎样的世界。我个人感觉，对这种读物的阅读策略，就是在突如其来的猛烈打击之下，你要尽量放开胸怀去适应，要在朦胧中寻找故事的方向和发展定位。这种寻找不但发生在对技术词汇构成的陌生感上，还发生在人际关系上，你要经历一段有思考的阅读，才能发现故事中人种的多元性。

如果说《人性分解》的作者举出了多个技术领域，不断地解释现象，那么《发条女孩》的作者则超越当前科技，让作品通向遥远的未来，这是一种超越转折点（奇点）的新的现实。由于化石能源被生物能所替代，而生物能主要是通过摄入能量后通过个体运动输出，于是整个小说还具有了一种“蒸汽朋克”式的小的风味。杂糅，杂糅，杂糅，一切都是杂糅的。

上述一些策略的展示还不是最重要的，我个人认为，保罗的这篇获奖小说，其最核心的阅读要点是全面放弃了民主说教。故事的价值观正在发生嬗变，未来世界将被一种怎样的道德体系取代，也还在探索之中。小说暗暗地告知读者，预言是无法未雨绸缪地预测未来的，只有增强适应能力，才能面对所有可能的明天。

三、科幻的未来在哪里？

通过详细分析过去十五年中出现的两个获奖作家的作品的案例，我希望向读者展示西方科幻作家为拯救科幻文学命运所进行的不同策略的尝试。我觉得到目前为止，两种策略都是成功的，但也都有失败的地方。说它们成功，是因为都获得了读者认可；说它们失败，是因为科幻小说的读者仍然在下降的循环之中。

如前所述，虽然西方科幻的读者不如几十年前多，但这种现象也许能以被电影卡通等抢夺了观众资源来解释。此外，近年来，科幻思维方式其实已经走出科幻文类，进入更广泛的艺术空间也是一个解释。如果按照这样的方式进行统计，科幻作品的真正读者比过去增加了无数倍。令人欣慰的是，在中国，随着刘慈欣的小说“三体”系列的出版，一轮全新的科幻创作和阅读热潮正在兴起。由于中国的发展具有独特性，因此，世界许多国家的作家和出版者也逐渐将眼光看向中国，发出期待中国能在振兴科幻方面做出更多努力的呼声。能否真正激发我们的创作并使中国科幻走向更广阔的世界，是摆在所有科幻工作者面前值得深思的紧迫问题。

第四辑

科幻赋能研究

中国小学生基础阅读书目（科学类）的编制

2011 年，我受邀加入朱永新教授和王林博士领导的“中小学生基础阅读书目编选课题组”的小学组，主持了小学生阅读书目科学类的编制，小组成员包括杨鹏和我的硕士生杨琴琴。有关这个书目的编制过程的文章发表在《教育研究与评论》2012 年第五期，第 35—42 页。这虽然不是一个对科幻本身的研究，但因为书目对推广科幻作品具有积极意义，因此也把它选入文集。

一、问题的提出和研制的过程

儿童科普读物的推荐在中国并非新生事物。早在 1955 年，著名儿童读物作家陈伯吹就曾经在《文汇报》发表文章《向教师介绍一批儿童科学文艺读物》[①]。此后，图书推荐工作由多种不同类型的评奖和获奖书目完成。从 2004 年起，国家新闻出版总署向青少年“推荐”包括科普读物在内的优秀图书。这一直接指向受众群体的靶标行为，给急于寻找适当图书的家长和青少年提供了良好帮助。自此，新闻出版总署分年度继续发布书目，期待在读者中产生权威的声誉。相关出版机构及其联合体也随之跟进定期发布各种书目，这些书目有综合性推荐榜，也有专题内容或难度划分推荐榜。

虽然向读者推荐儿童科学类图书的行为出现较早，但在理论界至今没有一篇文章全面展示推荐书目的形成经过。从笔者和周围熟悉的人员参加这类

① 陈伯吹 . 向教师介绍一批儿童科学文艺读物 . 文汇报，1955-10-15.

编制工作后的叙说中可以看出，上述书目的制定过程各不相同，简单的就是将近期出版的书刊汇总，而复杂的则由出版社自荐或读者推荐，然后选定一组人员从自荐或推荐的读物中拣选。一些书目还参考了其他书目或各个单位历年的获奖作品。在考虑难度的分级书目制定过程中，研制机构还会参考教师提供的意见。

上述书目的产生，虽然能够协助读者在浩如烟海的少儿科普读物中寻求导航，但其存在的问题也很明显，归纳起来有如下的几个。第一，前期书目基本都缺乏总体性构念。一个书目的关键在于需要一种构念，你到底想给读者一种怎样的阅读结构？你推荐的价值观是怎样的？由于基底书目（最初形成的涵盖范围比较大的备选书目）来自各出版单位或零散的读者推荐，因此这些图书的分布很不均匀。第二，书目的市场依赖较强。由于上述书目的形成具有强烈的时间性，更有出版机构作为背景，因此书目背后的商业利益不能排除。第三，研制时间通常较短，没有多次反复论证和增删机制。综上所述，迅速建立一种全新的并具有科学程序的科普书目形成机制，已经成为当前图书推荐榜单研制中所必须解决的问题。

在这样的状况下，我们接受了新阅读研究所朱永新教授主持的“中国小学生基础阅读书目”中“科学书目”的研制工作。研究的带头人期待这份书目能为小学生提供一份“科学、权威、公正、独立”的阅读书单，而选择的“公正性、学术性、公益性、广泛性、科学性、权威性和实用性”被当成了遴选的主要原则。

本着上述理念和研制原则，科学读物书单研制组对书目的研制进行了规划。首先，我们将研制过程分解为平行的两个部分。第一部分为文献查找。此部分工作力图从以往对儿童科学读物的研究中吸取有价值的成果，为形成科学读物遴选的基本构念服务。我们将这一过程贯穿整个研究的始终，不断接纳和吸取新的文献以丰富构念。研究的第二部分则是按照新阅读研究所安排的时间顺序，征集目录，汇集读物，阅读读物，依据构念拣选读物并最终形成书目。

文献检索发现，有关小学生科学类图书的论述或研究，无论在国内还是国外都具有一定程度的历史，且已经成为科学教育、儿童阅读、科学普及、科学传播领域的一个有效范畴。

以国内为例，早在1953—1954年，高士其就在《人民日报》发表了《为儿童科学读物的创作和发展而努力》和《谈谈儿童科学读物的创作问题》等文章[①]。此后，郑文光、赵世洲、王国忠、哈经雄、杨献益、秦牧、苏淑南等纷纷介入这一领域，在“文革”前已经形成一个研究的高潮[②]。“文革”后，随着改革开放和向科学技术进军活动的展开，儿童科学读物的研究进一步深入，出现了叶永烈的《论科学文艺》[③]、章道义等主编的《科普创作概论》[④]这样的著作，在这些著作中，儿童科学读物都被列为重要章节进行讨论。

国外对少儿科普图书[⑤]的研究几乎跟国内同步开始，例如，20世纪50年代，中国就翻译过大量伊林讨论儿童科学读物性质、内容、创作方法的文章[⑥]。20世纪70年代到80年代，西方相关研究逐渐增多，且方法和内容随着时间的推移越来越细化，研究也变得更加系统。

在阅读总结相关文献的过程中，我们发现，这一领域中的多数研究集中在儿童科学读物的功能、形式、学科分类和拣选标准等方面。

从功能方面，王国忠指出，儿童科学读物应该能对孩子的智育、德育和美育的同时发展起到积极作用，即它应该既能对智能进行训练，又能开发动

---

① 高士其. 为儿童科学读物的创作和发展而努力. 人民日报，1953-11-03；高士其. 谈谈儿童科学读物的创作问题. 人民日报，1954-06-01；高士其. 孩子们需要科学读物. 大量创作、出版、发行少年儿童读物. 中国青年出版社，1955.

② 郑文光. 少年儿童科学读物的创作问题. 读书月报，1956(7)；赵世洲. 儿童科学读物要通俗又有趣. 光明日报，1956-06-01；王国忠. 科学文艺读物创作中的一些问题. 儿童文学研究，1957(6)；哈经雄. 谈儿童科学文艺创作中的几个问题：读十年来儿童科学文艺作品札记. 华中师范学院学报，1959(1)；杨献益. 儒勒·凡尔诺的科学幻想小说. 世界文学，1959(5)；秦牧. 自然科学、文学、儿童读物. 作品，1960（6）；苏淑南. 繁荣少年儿童科学知识读物创作. 儿童文学研究，1960（11）等。

③ 叶永烈. 论科学文艺. 北京：科学普及出版社，1980.

④ 章道义，等. 科普创作概论. 北京：北京大学出版社，1983.

⑤ 在英美，少儿科普图书的研究常常被归结在“Science trade books for children”（儿童科学贸易书籍）的项目中，这样的分类区别于教材类读物，显示读者是主动购买的。

⑥ 陈伯吹. 苏联儿童科学文艺作品前进的道路. 山花，1958，4；伊林. 论儿童科学读物. 中国青年出版社，1953；伊林. 科学故事. 邵殿生，译. 苏联儿童文学论文集. 中国青年出版社，1954；高尔基. 伊林作《人和山》美国版序言. 高尔基论儿童文学. 中国青年出版社，1956.

手能力，且能在情感与理性的发展上做出贡献，具体来说，是要在科学道德意识和审美能力的提高方面起到积极作用[①]。Karissa Saville（卡丽莎·萨维尔）也指出，儿童科学图书的一个很重要的功能就是为理解科学知识提供一个有意义的情境或相应的科学背景知识。[②]科学概念具有抽象性，而儿童科学读物可以把这些抽象概念与具体的故事形式相结合，从而减少科学与阅读之间形成的人工障碍。图书中包含的注解与图片也可以帮助理解困难的科学概念，减少内容中存在的困惑。将科学知识融入有意义的情境当中，从而能够帮助个体更好地投入到所学习的知识中去。Chatton（查顿）则认为，建立情境与科学的联系，能够更好地吸引孩子们的注意，从而激发他们的好奇心与求知欲。[③]Rice（赖斯）、Dudley（达德利）和 Williams（威廉姆斯）的研究指出，儿童科学读物具有提升学生兴趣与成就感的潜能。[④]Karissa Savill 还指出，儿童科普图书能够帮助孩子们更好地认识内容和主题之间的联系，为主题中的科学概念提供充足的理解框架，提升学生的概括能力，帮助学生建立解决问题的分析框架，如"是什么、在什么地方发生、什么时间、进展怎样、为什么"的问题分析模式。[⑤]Cartwright（卡特赖特）指出，儿童科普图书的功能是可以在科学和文学之间建立起一个一个概念性的框架，即搭建起二者之间的桥梁，用科学表达文学，用文学表达科学。[⑥]除上述几点之外，儿童科学读物还有一个很突出的价值，即为主题的理解提供一个深入的视角与广泛的探索题材，更加注重概念的扩张与深化。

---

① 王国忠．少年儿童科普读物 // 章道义，等．科普创作概论．北京：北京大学出版社，1983：121-138.

② Saville, K. (2005) . Understanding science concepts through trade books. Master' s thesis. University of North Carolina. Retrieved from http：//facstaff.unca.edu/jmcglinn/Karthe_whole_paperrev.doc.

③ Chatton, B. (1989) . Using literature across the curriculum. In J. Hickman & B.E. Cullinan (eds.) Literature in the classroom：Weaving Charlotte' s Web. (pp. 61-71) . Massachusetts：Christopher Gordon Publishers, Inc.

④ Rice, D.C., Dudley, A.P.& Williams, C.S. (2001) . How do you choose science trade books？. Science and Children, 38 (6)：18-22.

⑤ Saville, K. (2005) . Understanding science concepts through trade books. Master' s thesis.University of North Carolina. Retrieved from http：//facstaff.unca.edu/jmcglinn/Karthe_whole_paperrev.doc.

⑥ Cartwright, J. (2008) .Science and Literature：Towards a Conceptual Framework. Science & Education (2007) 16：115-139.

相比于在功能上的分析，在形式方面的研究显得更加容易把握。例如，沈晨光在《浅谈儿童科普读物的出版》一文中提出了问答解疑式、词典式、童话式、小品式等四种少儿科普读物的表现形式。[①]而Donovan（多诺万）和Smolkin（斯摩金）则更加注重从体裁分类，这些体裁分别为故事类、非叙事性信息类、叙事性信息类、双重目的类。[②]后来又有学者把"诗歌"作为第五类加入其中。[③]

在内容和学科覆盖方面，国内有学者将少儿科普图书的类型分解为基础科学启蒙科普、高新科技科普、自然百科科普、科学人物与科学史类科普、动脑动手科学实验类科普、科学文艺类（科幻、童话、动物故事）、卡通连环画等。[④]而美国科学教师协会则通过推选优秀青少年科普图书展示他们主要关注的类别，这些类别被我们统计之后发现至少有以下类别：考古学、人类学、古生物学、个人传记、地理与空间科学、环境与以下态别、生命科学、物理科学、综合科学、科学相关职业、工程与技术。近几年，该书目又添加了科学本质与历史、健康科学、个人与社会前景科学、探究科学、将科学中的概念与过程统一起来等主题或内容。[⑤]

当然，最为重要的还是对国内外选择推荐书目的标准方面的研究。在国内，有人指出，科学知识正确，语言生动有趣，图文清晰美观，互动性强，构思巧妙，科学性和人文性结合，版式精良可以作为一个系列标准。[⑥]而在国外，Wellington（惠灵顿）和Osborne（奥斯本）以及Pappas（帕帕斯）等则

---

① 沈晨光，中国教育学会湖北省学前教育研究会理事，省美育学会理事，武汉市作家协会会员，儿童文学委员会理事。共编辑出版儿童类图书31套150余种，复审图书80余种。

② Donovan，C. A. & Smolkin，L. B.（2002）. Considering genre，content，and visual features in the selection of trade books for science instruction. The Reading Teacher，55：502-520.

③ Rearden，K.T. & Broemmel，A.D.（2008）. Beyond the talking Groundhogs：Trends in Science Trade books. Journal of Elementary Science Education，20（2）：39-49.

④ 李文杰 . 中国少儿科普的回顾与思考：访北京少年儿童出版社副总编辑赵萌 [J]. 中国图书评论，2000（7）.

⑤ Anonymous（2012）. Outstanding science trade books for students K-12. The Science Teacher，1979（3）（Mar.，2012）：47-54.

⑥ 谢清风 . 加强科普读物的人文内涵：读"科学之门丛书"[J]. 中国图书评论，2000（1）.

指出，容易理解的科学语言对儿童科学读物至关重要。[①] Crowther（克罗瑟）、Venable（维纳布尔）和 Barman（巴曼）等在对美国优秀青少年科普图书的评选标准的研究中发现，书目的评选主要包括注解、版式设计、体裁、内容四方面，他们还把每一个方面分为五个等级进行评分。[②] Ekstrom-Valenzuela（埃克斯特罗姆·瓦伦苏埃拉）在 2010 年的一项研究中，则主要从精确性、内容、语言、视觉特征四个方面对科普读物的选择标准做出了阐述。[③]

更加综合性的研究是由 Wellington 和 Osborne 以及 Pappas 等人完成的。他们的研究主要探讨了儿童科学读物本身的特征以及优势与不足，还对主题、体裁及其发展趋势进行了分析。这些学者还对儿童科学图书提升青少年的科学素养的作用进行了实验。[④]

将上述儿童科学读物的研究成果跟新阅读研究所提出的书目编制的理念及原则进行比对，我们发现，两者至少在兴趣、趣味、思维能力的培养、包含多种题材和体裁、跟生活背景的紧密关系等方面完全吻合。而新阅读提出的市场性与经典性、民族性与普适性、自我阅读与亲子共读和年龄分级等方面，前人的研究少有涉及，需要我们做出自己的判断。此外，考虑到科学读物应该包含科学精神、科学态度、科学方法和科学知识等不同的内容，科学书目应该比文学和其他类型的书目更具有科学教育上的完整性。

在这样的基础上，结合课题组讨论而获得的全套书目的价值观评估构念，我们开始对图书进行汇集、阅读和拣选。从 2010 年秋开始，以吴岩和杨鹏为子课题负责人，以整个课题组的综合讨论为主要过程，在经历了多重推荐和对此前科学读物获奖情况的扫描之后，形成了一个基底书单，再对这个书单进行反复甄选和讨论。经过了四次大的增删改动和接受了外部读者及专家的

---

① Rearden，K.T. & Broemmel，A.D.（2008）. Beyond the talking Groundhogs：Trends in Science Trade books. Journal of Elementary Science Education，20（2）：39-49.

② Crowther，D. T.，Venable，C.& Barman，C.（2005）. The Making of the list. Science and Children，42（6）：43-44.

③ Ekstrom-Valenzuela，L.K.（2010）. Rconmmended list of trade books to read aloud to teach first grade California science standards [D]. California State University.

④ Rearden，K.T.& Broemmel，A.D.（2008）. Beyond the talking Groundhogs：Trends in Sciencc Trade books. Journal of Elementary Science Education，20（2）：39-49.

两次意见征询后，最终形成了以7种入围的30种基础书目和14种入围的70种推荐书目。该书目已经于2011年4月25日前发布。

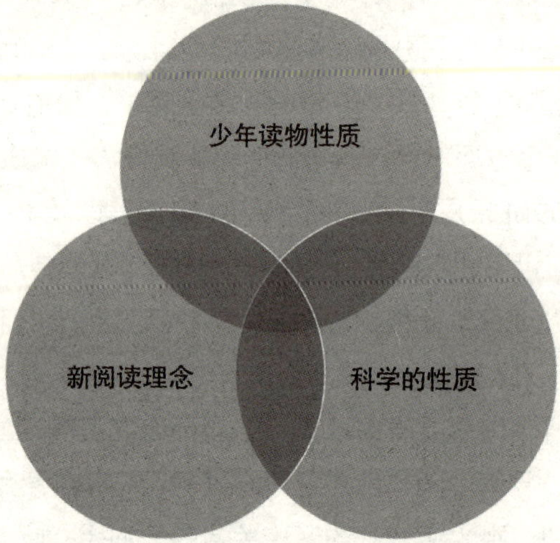

图2　小学科学读物的遴选构念图示

此构念图由三个部分组成，它们是科学的性质、少年读物性质、新阅读理念。

科学的性质：科学精神、科学态度、科学方法、科学知识等。

少年读物性质：内容和装帧的质量、前期接受情况（如经典性）等。

新阅读理念：包括七个方面。1. 关注作品所体现的核心价值观。2. 尊重孩子的兴趣，也强调图书的引导性。3. 尊重市场的选择，也强调作品的经典性。4. 关注作品的趣味性，也关注作品中的形而上的思考。5. 凸显本民族的文化传统，但也强调孩子作为未来世界公民所具有的现代观念。6. 强调共读共写共同生活，但也尊重孩子的自由自主选择。7. 关注小学阶段的年龄特点，也考虑与学前、初中阶段的阅读衔接。

二、书目的基本数据和相关讨论

1. 科学读物在整个书目中的比例

从总体看，科学读物在整个书目中的比例在20%—23.33%，即占据五分之一以上。考虑到整个书目由文学、科学、社会三个部分构成，这个比例略显较少。但由于整个书目的结构模型中并没有权重分配，且考虑到小学是基本文化教养的形成阶段，应该偏重人文和社会素养的建立，偏重一种文化中的基本伦理和生存要素，因此，研究者认为这样的比例比较恰当，但还需要参考更多阅读调查的结果给予验证。

表 4　科学读物在整个书目中的比例

书目名称	总数量（种）	科学读物数量（种）	比例（%）
基础书目	30	7	23.33%
推荐书目	70	14	20.00%
总书目	100	21	21.00%

2. 科学读物在各年龄段中的比例

从总体看，科学读物在各年龄段中的比例为 20%—22.50%，仅在高段比例稍微增加，这点符合科学读物本身的循序渐进的特点，但还需阅读调查数据的支持。

表 5　科学读物在各年龄段中的比例

年龄段	总数量（种）	科学读物数量（种）	比例（%）
低段	25	5	20.00%
中段	35	7	20.00%
高段	40	9	22.50%
总书目	100	21	21.00%

3. 科学读物中科幻 / 童话类跟事实科普类的数量和比例

考虑到中国科普界通常将科学精神、科学态度、科学方法和科学知识综合起来，认为真正的科普读物必定是这些内容的综合体现，因此，我们将科幻读物纳入推荐目录之中。在这方面，本科学读物目录的独特性便体现出来。

由于经过多年检验，中国科普界发现科幻读物和科学童话读物对激发小学生科学兴趣、热爱科学、热爱探索方面能起到积极作用，因此我们特别将科学文艺读物中具有想象力的作品纳入其中，以期更多地保持读者的科学兴趣和对未来的展望。

在操作上，为了注重想象类作品和现实类作品跟年龄特征的吻合，推荐书目特别设计了接近 3∶2 的整体比例和在基础书目早期，侧重平衡推荐，而到后期则强化现实类作品的做法。上述推荐方式期待读者的认可和检验。

表 6　科学读物中科幻 / 童话类跟事实科普类的数量和比例

现实度	基础低段	基础中段	基础高段	推荐低段	推荐中段	推荐高段	总计
科普类	1	1	2	2	5	2	13
科幻类	1	1	1	1	0	4	8
比例	1∶1	1∶1	2∶1	2∶1	5∶0	2∶4	13∶8

4. 作品来源的国别数量及比例

虽然整个书目的编制要求在国别性和普适性方面的平衡且偏重本国家作家与作品，但由于科学读物在中国的发展跟国际发展之间存在着不平衡，中国对国外读物的译介过程存在时间和路径依赖，更由于科学本身的无国界性，因此在选择这类读物进行推荐时，没有更多从国别进行考量。在最终的基础书目中，法国作品最多，而在整个书目中，英国作品占据最多位置。这一做法是否合适，还期待专家和读者的检验及科普理论方面的解释。

表 7　作品来源的国别数量及比例

国别	基础作品量	推荐作品量	总量	比例（基比 / 推比 / 总比）
英国	0	5	5	0/35.71/23.81
中国	2	2	4	28.57/14.29/19.05
法国	3	0	3	42.86/0/14.29

续表

国别	基础作品量	推荐作品量	总量	比例（基比 / 推比 / 总比）
德国	0	3	3	0/21.43/14.29
美国	1	1	2	14.29/7.14/9.52
日本	1	1	2	14.29/7.14/9.52
韩国	0	1	1	0/7.14/4.76
苏联	0	1	1	0/7.14/4.76

5. 作品的学科分布状况

在学科分布方面，我们的主要考量是，要从小学生的现实出发，从他们身边开始拓展他们对科学的阅读与接受空间。同时，我们也必须考虑到当代科技的发展热点和社会上通常出现的相关信息。在综合上述两个考量之后，我们选入最多的作品来源于生命 / 气候 / 环境领域，其次是天文 / 地质 / 古生物；科学与人、科学与社会和工程技术占据中等数量；而基础学科如数理化则占据数量较少。上述安排既考虑到科学与孩子周围所接触的世界的关系，也考虑到了当前科学发展的前沿和他们所学的课程，尽量做到了全面覆盖和有所凸现。

比较遗憾的是，在工程技术方面，有关电脑与通信技术的专门作品始终没有选到，而这一代表发展前沿的科技内容，将在未来的书目修订时予以补充。

表 8　作品的学科分布状况

学科	数量	比例
生命 / 气候 / 环境	18	34.62%
天文 / 地质 / 古生物	8	15.38%
科学与人	7	13.46%
科学与社会	6	11.54%
工程技术	6	11.54%
物理 / 化学	5	9.61%
数学	2	3.85%

6. 知识阅读和技能学习读物的数量与比例

从总体看，知识阅读（包括兴趣获得性的科幻读物的阅读）跟技能学习读物的阅读相比，知识阅读占据极大份额，约为 10∶1。在研制过程中，我们多次感到这种比例存在偏颇，因为技能学习读物本身跟普通科学读物之间的数量对比就很悬殊，更因为在读者中，动手行动者跟阅读者之间数量还不完全等同。这样的比例是否存在问题或最终需要怎样的比例，还需要进行读者调查才能确认。

表 9　知识阅读、技能学习读物的数量和比例

读物性质	基础书目	推荐书目	总计	比例
知识阅读	6	13	19	90.48%
技能学习	1	1	2	9.52%

7. 经典作品跟非经典作品的数量和比例

所谓经典性作品，是指已经在历史进程中受到过考验的作品。研制者都同意，经典性作品有一种历史性的、包含着商业销量含义的表述，但大家也承认，这种历史的认可对读物的选择具有重大意义。但是，在操作上，有关经典读物的选择必须突破两个障碍。第一个障碍，科学是积累性发展的，在学术界，科学论文的实效性具有重要意义。在过时的论文或经典，跟当前的论文和著作之间，科研人员更倾向于选择新的读物进行阅读。但是，对于为小学生提供的科学读物，常常只涉及一些最基本的科学内容，而这些内容在学术领域中具有一定的稳定性。历史上，这些读物之所以能保留下来，经久不衰，主要是因为其中所采纳的叙事和描述方法是一种有效的叙事与描述方法，造就了这类读物的历史经典价值。在认清这一问题之后，我们选择经典的第一个障碍就被排除。

有关经典选择的第二个障碍，是国外科学读物引入中国过程中出现的时差问题。例如，虽然有些西方作品的创作时间较早，但进入我国受到我国读者欢迎的时间并不太长，而有些作品相反，具有长期的阅读和销售成果。在

这方面，我们认为，更多考虑读物在中国市场的行销是关键，毕竟，被本土读者检验的数据才是它展现经典性的证明。

通过以上分析，我们定义了儿童科普经典是以在中国发行超过三十年为标准的。选取三十年的原因主要是，三十年可以成为一个代际过渡的时间，换言之，这类作品至少被一代人以上所认可。

从结果看，在基础书目中，经典作品占据七分之二，在推荐书目中占据七分之一，而总体占据五分之一弱。

表 10　经典作品跟非经典作品的数量和比例

入选作品	基础书目	推荐书目	总计
经典类	2	2	4
非经典类	5	12	17
比例	2∶5	1∶6	4∶17

8. 小结：对整个书目的定位性评价

对上面的数据进行分析后，我们认为，《中国小学生基础阅读书目》和它的附属《中国小学生推荐阅读书目》是一套以“科学相关内容的获取”和“科学兴趣激发”为双支点，以力求“全面覆盖当代科学范畴”，但更多“关注小学生周围环境”为学科入选要求，以“知识阅读”为主兼顾“技能学习”为内容，以“经典”和“非经典”读物搭配为特征的跨历史和跨文化的推荐书目。

三、成就、问题和未来发展方向

朱永新在设计整个图书清单时，曾将科学读物书目的研制目标设定为“求真”。而求真本身，又处于追求真善美的更大背景下的一个阅读或个人成长的维度。《中国小学生基础阅读书目》和它的附属《中国小学生推荐阅读书目》的编制，从实践角度完成了这一求真书目的系统化编制。

从学术角度看，我们的实践对前期相关研究文献和书目编制的总要求进行了力所能及的实验性的满足。不但如此，我们还力图占据中国少儿科普研究的制高点，使书目带有中国特色。

在市场考量方面，我们没有单纯地根据某个作品的销售量去选择作品，而是通过经典读物的历史性市场积累来选择作品，这在理论上解决了单纯从销售量判断市场性的缺陷。

我们通过对科学本身的跨国界性分析，确认了中国和外国作者的比例完全可以突破以往必须由中国作家占据主成分的想法，与此同时，这样的安排也不会破坏整个书目中普适性和民族性的关系假设。

当然，本研究也存在着一些问题。例如，对自我阅读与亲子共读、年龄分级两个新阅读研究所特别注重的评价方向，我们都没有找到有效的方式进行观照。究其原因，针对这两个问题的科学拣选，需要以市场提供足够读物、我们有足够时间进入中小学进行数据收集为前提。如果市场没有足够的亲子阅读读物，我们就无法在这方面做出选择；而时间的紧迫使我们不得不将许多实验留在书目公布之后进行补充编制。

此外，在区分思维培养和知识呈现的方面，我们也还没有做出清晰的判断。究其原因，主要是我们还缺乏有效的分析这两类读物差异的工具。作为编制者，我们不会说这个书目中没有或缺少思维培养的内容，只是我们当前的技术还较难对读物中的这些成分进行解析。

因此，在未来的研究中，我们将沿着两个途径继续完善书目的研究。

首先，要对入选作品继续进行一系列深入的文本分析和图像分析，从这个角度解读文本带给读者的信息特征，发掘出优秀作品的文本特征，并用这些分析方法继续寻找更多有价值的作品，将其纳入改进后的书目。其次，与此同时，我们还会就书目中的作品在读者中的接受度进行心理学、教育学、传媒学领域的试验性探索。我们期待对这个书目的更多研究能让书目本身更加完善，同时，也为从理论上彻底解决推荐书目的科学形成机制和制定有效过程规范贡献出自己的力量。

附：中国小学生基础阅读书目和推荐阅读书目（科学类）

中国小学生基础阅读书目表（科学类，7本）

年龄段	书名	作者（译者）
小学低段（1—2年级，2本）	第一次发现（濒临危机的动物）	法国伽利玛少儿出版社/编，（法国）雨果/绘，王文静/译
	神奇校车（在人体中游览）	（美国）乔安娜·柯尔/著，（美国）布鲁斯·迪根/绘
小学中段（3—4年级，2本）	奇妙的数王国	李毓佩/著
	让孩子着迷的77×2个经典科学游戏	（日本）后藤道夫/著，施雯黛、王蕴洁/译
小学高段（5—6年级，3本）	科学家故事100个	叶永烈/著
	昆虫记	（法国）法布尔/著，陈筱卿/译
	地心游记	（法国）儒勒·凡尔纳/著，杨宪益、闻时清/译

中国小学生推荐阅读书目表（科学类，14种）

年龄段	书名	作者/译者/编者/绘者
小学低段（1—2年级，3本）	一粒种子的旅行	（德国）安妮·默勒/著，王乾坤/译
	鼹鼠博士的地震探险	（日本）松冈达英/著，蒲蒲兰/译
	动物王国大探秘	（英国）茱莉亚·布鲁斯/文，兰·杰克逊/图，杨阳、王艳娟/译

续表

年龄段	书名	作者 / 译者 / 编者 / 绘者
小学中段（3—4 年级，5 本）	生命的故事	（英国）维吉尼亚 · 李 · 伯顿著 / 绘，刘宇清 / 译
	最美的科普 · 四季时钟系列	（德国）雅各布 / 著，顾白 / 译
	有趣的科学	（英国）温斯顿 / 著，刘建湘 / 译
	101 个神奇的实验	（德国）安提亚 · 赛安，艾克 · 冯格 / 文，夏洛特 · 瓦格勒 / 图，谢霜 / 译
	我的第一本科学漫画书	（韩国）洪在彻，等 / 著，林虹均 / 译
小学高段（5—6 年级，6 本）	飞向人马座	郑文光 / 著
	潘家铮院士科幻作品集	潘家铮 / 著
	安德的游戏	（美国）奥森 · 斯科特 · 卡德 / 著，李毅 / 译
	森林报	（苏联）维 · 比安基 / 著，王汶 / 译
	万物简史（少儿版）	（英国）布莱森 / 著，严维明 / 译
	科学家工作大揭秘	（英国）理查德 · 斯皮尔伯利、路易斯 · 斯皮尔伯利 / 著，王庆 / 译

中国小学生基础阅读书目和推荐阅读书目（科学类）学科分类分布状况明细表

书名	数学	物理 / 化学	生命 / 气候 / 环境	天文 / 地质 / 古生物	工程技术	科学与人	科学与社会
第一次发现（濒临危机的动物）			+				
神奇校车（在人体中游览）			+				
奇妙的数王国	+						

续表

书名	数学	物理 / 化学	生命 / 气候 / 环境	天文 / 地质 / 古生物	工程技术	科学与人	科学与社会
让孩了着迷的 77×2 个经典科学游戏	+	+	+		+		
科学家故事 100 个	+	+	+	+	+	+	+
昆虫记			+				
地心游记			+	+		+	
一粒种子的旅行			+				
鼹鼠博士的地震探险		+		+			
动物王国大探秘			+				
生命的故事			+				
最美的科普 · 四季时钟系列			+	+			
有趣的科学		+	+				
101 个神奇的实验			+				
我的第一本科学漫画书			+				
飞向人马座				+	+	+	+
潘家铮院士科幻作品集			+	+	+	+	+
安德的游戏			+		+	+	+

续表

书名	数学	物理 / 化学	生命 / 气候 / 环境	天文 / 地质 / 古生物	工程技术	科学与人	科学与社会
森林报			+				
万物简史（少儿版）		+	+	+	+	+	+
科学家工作大揭秘			+	+		+	+
总计	3	5	18	8	6	7	6

科幻与自主创新能力开发

2006年，时任中国科普作家协会科学文艺委员会主任委员的金涛老师找到我，说他已经向科协提出一个研究项目并获批准，想专门研究一下科幻与民族自主创新的问题。我当时是科学文艺委员会副主任委员，又在高校从事科幻研究，所以欣然同意加入。我负责整个项目的整体设计和数据收集与统计，项目参加人员还有金涛、郭曰方、郑培明等。本文是这个项目的结题报告缩编本，以我和金涛的名义发表在《科普研究》2008年第二期，第50—54页，题目是《科幻与自主创新能力开发》。

一、问题的提出

在西方，科学幻想文学已经产生了将近两百年，进入20世纪，新媒体的产生极大地带动了科幻的发展。到20世纪末，西方科幻文学已经成为电影、电视、电子游戏、主题公园、印刷媒体、无线短信等共同构成的强大产业，科幻的思想也已经进入主流文化之中。以美国科学普及的《2061计划》[①]和高等教育改革的《领导力的测验——规训美国高等教育的未来》[②]为例，两个报告都采用了科幻作品所特有的标题方式，以对普通国民进行警示。此外，

① 美国科学促进协会.科学素养的基准[A]. 中国科学技术协会，译. 北京：科学普及出版社，2001.

② Secretary of Education Margaret Spellings. A test of leadership：charting the future of U.S. higher education[R]. U.S. Department of Education，2006.

美国国家航空航天局一直有一个部门为科幻作家和普通读者提供新点子和新设计，企图由此更新宇航方式和相关技术。①美国情报部门还专门邀请科幻作家参与反恐行动的计划，可见，在美国，科幻与自主创新已经走出关系推测的阶段，而进入了实用阶段。②

与国外的情况相反，在中国，虽然科幻也有超过一百年的发展历史，③但多年以来，对它的概念、作用和价值，都有许多观点不同的争论。进入21世纪以来，虽然在“双百”方针和繁荣文艺精神的指引下，科幻文学已经取得了相对自由的发展空间，但在科幻与自主创新之间关系的研究方面，还存在着诸多空白。为此，探索科幻与自主创新能力开发之间的关系，探索如何有效开发科幻的自主创新及自主创新对科幻创作的积极影响，应该是一个相当重要也相当紧迫的课题。

二、研究的设计与执行

为了全面介入该领域，对相关各个侧面进行探索，课题小组设计了自上而下（top down）和自下而上（bottom up）的三个连环子项目。

自上而下是第一子项目，它主要是有针对性地对科学家进行专访，请他们畅谈科幻与自主创新之间的思考。自下而上是第二子项目，主要研究国内科幻读者群对科幻及其与民族自主创新关系的本土看法。第三个子项目从中间插入，主要研究科幻从业者对相关问题的理论思考，这一课题是以向全国科幻作家、读者、编辑、电影工作者征文来完成，征文内容是他们各自对科幻与自主创新方面的理论论述和相关建议。

三个子项目同时展开，并列进行。2006年底到2007年6月，郑培明领导的小组在《科学时报·科学与文化周刊》重点访谈知名科学家和文化名人，受访者包括白春礼、郭传杰、王渝生、刘嘉麒、殷之光、张会军等。同时，吴岩领导的小组通过北京师范大学中国儿童文学研究中心会同《科学时报》

① 详细资料见美国《轨迹 Locus》杂志的新闻报道。

② 金元．美国科幻反恐在行动 [N]. 北京科技报，2007-06-11.

③ 吴岩，吕应钟．科幻文学入门 [A]．福州：福建少年儿童出版社，2006.

《科幻世界》《世界科幻博览》《科幻大王》《九州幻想》等报纸杂志发送了问卷，最终获得有效数据问卷458份。整体样本从12岁到66岁，多数取样跨越两个年龄段，第一是中学生阶段，从13—18岁的样本占总样本百分比为46.6%，第二是大学生或初次进入工作岗位阶段，从19—22岁的样本占总样本百分比为42.3%。样本中，大学以下文化水平占50.4%，本科以上文化水平占47.2%。这个样本状况与《科幻世界》或其他研究者所做的读者情况调查结果基本一致，可以认为这个年龄分布相当符合当前科幻读者的情况。

表11　调查样本的学历分布表

学历	频数	百分比（%）
大专以下	231	50.4
大专	9	2.0
本科	216	47.2
硕士	2	0.4
总计	458	100.0

在此样本基础上，采用spss统计软件进行频次和百分比等相关数据处理。

由金涛主持的小组负责论文征集，这次活动受到全国各地作家、科学家、读者和出版人的支持。但是，由于应答者工作繁忙，许多人未能提供他们的论文，最终总共收到论文近30篇。

课题小组进行了几次综合会议之后，将三组数据统合成如下的三项结果。

三、研究结果

1. 科幻作品对民族自主创新具有影响力

科幻文学在一个提倡自主创新的时代里，具有自身重要的价值，三组数据在这一方面如果看法一致，那就是确认科幻作品能够激发民族的想象力，提高智力和创造力，为国家自主创新人才的早期培养提供帮助。例如，高萌

（中国科学院研究生院，硕士研究生）详细分析了国内外一些科幻文本在自主创新方面的典范作用。张静（国家海洋局退休干部，科幻作家）指出了科幻文学中内含着的自主创新和探索精神，及其这种精神对引导人们正确思维的能力。王渝生（中国科技馆原馆长，科普作家）从自然科学技术史发展的角度指出了科学幻想是科学的一种本质属性，它在自然科学技术发展历史中占有地位。他的论证上溯到近代实验科学诞生之前，发现思辨性科学在不同地域、不同民族的神话、传说、假说和幻想中比比皆是。近代科学革命之后，科学技术逐渐成为第一生产力，科学思想则逐渐成为第一精神力量，人类对未来的科技发展和社会形态有了更多的基于科学精神和人文精神以及二者相结合的深入思考和理想幻想，这些共同组成了科技史的篇章。[①]刘嘉麒（中国科普作家协会理事长，院士）考察了科学幻想、科学考察、科学普及等概念，他认为科学幻想是创新的灵感，有联想才能产生幻想，有幻想才能提出问题，有问题并能找到解决问题的钥匙才能做出创新的成果；问题是创新的前提，创新的过程就是解决问题的过程。[②]

除了正面肯定科幻对自主创新的促进作用，也有人从反向分析当前创新乏力与科幻发展的关系。例如韩松（新华社记者，科幻作家）就对当前中国科幻文学缺乏自主创新、一些理念与自主创新相悖进行了深度剖析，他提出繁荣科幻将对自主创新产生“原汤”作用、“桥梁”作用和“面向未来”作用。

一些论述表明，科幻文学本身还可以成为考察一个国家科学技术与民主社会发展的晴雨表。例如，苏湛（北京师范大学，博士研究生）在认真分析了7个国家87位科幻作家的出生、创作时间与该国科技繁荣方面的关系之后，通过数据指出，科幻文学的繁荣，与一个国家成为世界科技中心之间具有一定的相关性。虽然对他的计算方式有着不同的意见，但在研讨中，大家认为这一分析思路十分可取，相关结果也应当引起重视。

关于科幻与自主创新的关系，读者调查的结果中，多数读者普遍认同科

① 郑培明．科学幻想是科学的本质属性之一［N］．科学时报，2007，4（20）．

② 郑培明．科幻科考科普与创新［N］．科学时报，2007，5（11）．

幻与创新之间属于互相促进关系，但也有一部分读者更加认同自主创新能力会增加科幻作品的质量。

2. 科幻作品对个体心理发展具有促进作用

在科幻对个体心理的作用方面，读者调查和专家访问也获得了近乎一致的结果。这一结果认为，科幻文学是一种虚拟的社会生活试验场，能让人安全地体验多种可能的生活变化，因此，它能在信息时代给高速变化的社会提供心理适应的资源。

数据表明，读者对“科幻作品最吸引人之处”的回答，按照百分比的大小顺序为：想象力、引人入胜的情节或人物、场景和震撼感受、未来生活的展现，只有很少的人谈到科学知识、精神或方法。可见，获得科学知识并非读者阅读科幻的初衷，读者对科幻作用的直接选择倾向于拓展想象空间和激发创造灵感。上述成果表明，科幻作品不能被当成一种简单的科普读物，它的重要作用在于促进自主创新能力的开发。这一点获得了专家的肯定。例如，白春礼（中国科学院，院士）认为，科幻作品对于年轻人热爱科学、选择科学作为他终身从事的职业具有非常广泛的潜移默化的影响；科幻作品很多是在科学前瞻、技术预测基础上产生的，对于社会公众理解科学、相信科学都起到了非常重要的作用。[①]郭传杰（中国科技大学，党委书记）认为，科学幻想对自主创新、对提高人的创造能力来说极为重要，“首先它对小孩的兴趣影响很大”。在诺贝尔奖获得者中，大概有50%的人对科学产生兴趣都与科学幻想有关。郭传杰还就科学幻想有助于增进创新意识，有助于培养学生独立思考、敢于质疑、唯实求真的精神等方面做了阐述。[②]

鉴于科幻文学是青少年读者非常喜爱的一种文学形式，作为正规教育之外的辅助性读物，与正规教育之间具有相辅相成的关系。陈宁（北京师范大学，文学硕士）公布了她对北京一个学校学生的科幻调查，结果指出，大量学生在9岁时已经接触了科幻读物，这与西方国家所调查得到的数据非常相

① 郑培明. 科幻促进自主创新. 科学时报，2007，1（19）.

② 郑培明. 科幻：唤醒科学兴趣，拓展想象空间. 科学时报，2007，1（19）.

似。而殷之光（朗诵艺术家）则在谈到科幻产品、读物与正规教育的关系时认为，为了不让孩子在课外沉溺于电脑游戏等纯粹的娱乐当中，应该开发更多的具有科幻内容的新产品。[①]

3. 提高科幻对创新的作用需要整合资源

在谈论中国科幻的缺陷时，读者普遍认为"缺少好的创意"是中国科幻的最大缺陷，这部分读者已经超过半数。其次是"社会整体科幻氛围的缺乏"。再次是"作品中国特色不足"。由这个结果可见，虽然读者更偏向于认为科幻的缺陷在于作品创作方面，但对外部环境缺乏创新自由空气的担心，也相当明显。看来，当前中国科幻文学现状并不令人满意，在创作、出版、发行各个环节，都存在着许多问题。例如，刘兴诗（成都理工大学退休教授、科幻作家）指出，当下中国科幻文学必须在科学性、文学性、民族性和现实性方面做出更多努力，这样才能保证科幻作品的价值不再衰落。董仁威（四川省科普作家协会秘书长，科幻作家）、星河（北京科幻作家，专业作家）、罗洪斌（北京复兴医院，中医师）、郑宇（自由撰稿人）等也提出了相同的看法。熊健武（江西财经大学学生）指出，科幻读物的阅读门槛过高（即需要一定基础科学知识）、作品开头不能引人入胜、题材陈旧、内容与现实关系脱节等是当前影响科幻传播的重大缺陷。

在科幻电影方面，许多人指出日本和韩国的科幻动漫产业已经在国民生产总值中占有重要份额，美国电影中，科幻大片则更是在商业和对外推进美国生活观方面取得了成功。郑培明（科学时报，《科学与文化》副刊主编）还用实例分析了科幻电影在概念创新、技术创新等方面的价值，并从对科学的双刃剑、启蒙、激发思考、体验善恶、挑战极限等方面解析了科幻电影的思想内涵。张会军（北京电影学院院长）也提出，科幻电影在中国还受到市场化不够完善、没有产出机制、电影人对科幻电影兴趣不足等的影响。他指出，科幻电影应该从小型科幻片做起。

在期刊出版方面，王垚（北京大学，硕士研究生）和周琼等人各自分析

① 郑培明．艺术家在宣传科学方面有义不容辞的责任．科学时报，2007（3）．

了在市场上具有领导力的《九州幻想》和《科幻世界》两大科幻品牌杂志的成功，并由此提出了对国家出版政策的建议，分享了期刊编辑如何与读者互动、创造人性化等方面的经验。

三种结果都证明，如果希望大力发展科幻文学，必须调整整个系统，并令其良性运转。例如，张文武（美国通用电气公司高级工程师，科幻作家）就特别强调，当前对科幻文学最重要的是政策导向。他指出，创新是一个国家获取优势的重要方式，而思想僵死、教育僵化、政策不利都对自主创新具有压制作用。在这方面，科幻能够发挥重要作用，它在鼓励人们在脚踏实地的基础上学会敢为人先的勇敢态度方面作用巨大，同时，又很好地起到了使不同学科交叉融合的作用，因此，如何调整政策是繁荣的关键。李重民（上海科技教育出版社，副编审）提出，加速有利于科幻人才建设的“Y”型地区联合建构，这个“Y”，指的是以北京、成都、福建三个科幻远点和上海这个三通枢纽，统合全国科幻创作力量。李重民和陈养正（科学出版社，编审）还通过各自的编辑实践，探讨了科幻翻译和编辑校对质量提高的问题。

有读者就科幻如何提高自主创新能力也提出了一些有建设性的意见。他们认为，首先是要“加大对国内作品的宣传力度，提高国内作品的影响力”；其次是要“更多借鉴外国优秀作品”；再次则是要“鼓励更多年轻人投身科幻事业”。

四、若干建议

通过以上论文分析，我们认为，科幻文学和艺术的确对国家的自主创新具有重要作用。与此同时，正确解决当前科幻创作、出版、影视中存在的问题，大力向优秀的作家和作品学习，大力传播前沿媒体的先进经验，对提高科幻文学本身的自主创新性，同时提高科幻对创新型国家建设的作用力都非常重要。通过上述三点结论，结合国内创作出版情况，我们提出如下几点建议，供相关部门参考。

第一，应该从国家和政府层面研讨繁荣科幻文学的方针、政策和执行措施。例如，应该设立全国性奖励，以奖掖优秀作品和作家的成就。奖励可分为“鼓励创新构思”“鼓励对科学与社会关系的良好展现”“鼓励对科技和社会灾难的预警”和“鼓励科学传播”等不同的分项，这样可以有目的地引导创作。

第二，中国科协应该在组织专业和业余创作方面增加投入。应该设立投资，与中国作家协会等联合进行科幻作家、编辑、科幻美术家、导演的培养，开展学术交流。应当采取措施，鼓励科学工作者介入科幻创作，鼓励文学工作者进入科学领地，鼓励教育工作者利用业余时间更多创作。应该将相关创作成果计入相关从业者的考核。

第三，应该推进媒体对科幻的宣传。利用各种可能的契机，传播科幻在创新和发散思维方面的主要功能，让读者知道科幻的作用不在于知识获取，而在于创新激发和思维激发。

第四，应该加强对青少年的科幻阅读引导，并将其纳入素质教育的范畴。在课程改革中增加科幻相关课程，这可以辅助常规课程，达到开发创造力的目的。为此，应该编制各年龄层的科幻读本，并对思维方式进行引导。

第五，科学规划部门应该增加对科幻文学和艺术作品的专项研究，由专家将其中的创新点进行学术整理。综合美国国家航空航天局和反恐部门的经验，科幻作品可能会对技术创新和应对突发事件提供有效帮助。

第六，辅助科幻出版、动漫、电影等方面产业链的形成。加大投入，梳理各个环节的薄弱点，加强编辑队伍的科幻培训，加强发行人员宣传的针对性培训也应该提上日程。

论科学文艺的可持续发展战略

2000年，面对世纪之交，中国科学技术协会和中国作家协会联合召开会议讨论科学普及发展问题。在会上，我作为两个协会的共同代表发表了《论科学文艺的可持续发展战略》讲演。这是我采用PEST框架，站在世纪之交对世纪科学文艺布局的思考。现在看，许多想法是正确的，但仍然没有被实现。这个发言整理后发表在《面向21世纪科普创作及科学文艺——全国科普创作研讨会文集》，科学普及出版社2000年4月出版。

一、对五十一年科学文艺发展外部环境的分析

新中国五十一年发展的历史，对于科学文艺来讲，是一段动荡的历史。1998年以来，我和我的工作小组开始对中国科学文艺发展的环境进行“PEST”分析。所谓“PEST”分析，是国际通行的一种战略分析方法，指对事业发展的外部环境进行的政治（P）、经济（E）、社会（S）和技术（T）分析。

“P分析”即“政治环境分析”，采用“新闻计量法”。这个方法选取最有代表性的报刊进行关键用语的计量学分析。我们选取的主题词是“科学技术”和“科技工作者”，词汇的内隐情感方向从文章的内容进行分辨，积极和消极的情感方向构成两个极端。我们选取的报纸是《人民日报》。由于这项分析工作量巨大，目前仍然没有完成。但从对部分时段（如1958、1968和1978年）的分析可以看到，在“科学技术”和“科学工作者”问题上，国家的态度决定科学文艺的可持续发展。

“E 分析”即“经济环境分析”，采用“阶段划分法”。目前，对中国经济阶段的划分国内外学者看法基本一致，那就是以 1978 年为分界线，将中国经济划分成国家计划经济的结束和社会主义市场经济的开始。由于两种经济体制对创作和出版的刺激作用不同，当计划经济时期政府对科学文艺创作的控制和组织转化为市场经济时期的市场调控时，许多作家走入了无法摆脱的适应性危机，造成了创作可持续发展的中断。

“S 分析”即“社会环境分析”，也采用“阶段划分法”。根据当前流行的理论，我们将新中国文化发展划分为“前现代”“现代”和“后现代”三部分。三个部分的基本特征不同，科学技术在其中所占的地位也不相同。当后现代文化逐渐拓展疆界时，许多具有前现代观念、现代观念的作家和出版家会遇到社会文化适应不良的困扰，最终造成繁荣在可持续发展上的波动。从另一个角度进行的文化分析曾经于 20 世纪 80 年代末 90 年代初在科幻文学领域中比较流行，这种分析方法站在国际发展的横向角度，将中国文化与西方文化中科学的位置进行了梳理，也认为中国当前的文化现实对科学文艺，至少是其中的重要品种——科幻小说具有根源性的抵触。[①]

“T 分析”即“技术（科技）环境分析”还没有全部开展，我们计划采用“文献计量法”和“阶段划分法”共同进行。从已经找到的文献来看，科技发展处于逐渐加速的状态，这种逐渐提高的速度，对作家的知识积累和更新形成了压力，而这种障碍也对创作的持续发展产生了影响。

总之，由“PEST”分析可以看出，在新中国五十一年发展的主要宏观环境中，缺乏促使科学文艺创作和出版可持续繁荣的背景。

二、21 世纪中国科学文艺的可持续发展战略

21 世纪中国科学文艺必须建立一种可持续发展的机制，这种机制保证即使在外界环境不良的情况下仍然能将创作的能量发挥出来，将事业导向繁荣。

① 郭建中 . 中国科幻小说盛衰探源 . 杭州大学学报（哲学社会科学版），1992（1）：87-90.

可持续发展战略应该从宏观和微观两个方面构建。

1. 宏观战略构想

可持续发展的宏观战略应该能从整体角度上平抑科学文艺发展中可能出现的危机。笔者认为，宏观战略包括如下几部分内容。

稳固科学技术在政治生活中的位置

国家对科学技术的看法，对科技发展、科技人员的态度是否能在未来的较长时期保持稳定，将在很大程度上决定科学文艺可持续发展的外部环境，为此，下大力量保持国家对科学技术与科技工作的看法显得非常重要。20 世纪 90 年代中国开始的“科教兴国”战略政策，虽然为科技在政治生活中的稳定定位提供了保障，但是，继续加强科技重要性的宣传仍然是一项必要的工作。稳定科学技术在政治生活中的地位也可以促进科技管理和科学文艺创作出版管理的民主化和法制化，而建立社会主义民主和法制，将更加有利于创作的繁荣。

推进科学文艺创作和发表的市场化

在中国社会主义市场经济的进程中，科学文艺的创作和出版也必须市场化。所谓市场化指的是要按照市场规律办事，而不是以人为的方式控制创作和出版。纵观新中国科学文艺发展的轨迹，不按照市场规律办事，人为地对某种作品类型限制、压制，如 20 世纪 60 年代中期至 70 年代末和 80 年代中期至 80 年代末对科幻文学的两次限制，已经在作家、读者中产生了不良的影响。

推进科学文艺创作出版的市场化，意味着根据读者的要求不断生产新的、符合时代特征的科学文艺作品。读者喜爱是检验作品的重要标准。读者喜爱的健康的科学文艺作品将得到最大的繁荣；创作读者喜爱的作品的作家，将得到最大的精神和物质鼓励；传播该类作品的出版社、电影制片厂、电视台、电子游艺公司将得到巨大的收益。

建立多元化的作品评价和创作导向机制

市场化不等于将科学文艺作品的艺术评判权完全交给读者。恰恰相反，在艺术方面，必须对创作者建立导向，以鼓励优秀的艺术探索和超前性作品的产生。

科学文艺作品的基础是科学技术和科学探索活动。衡量科学文艺作品的艺术标准，最重要的就是作品与科学之间所建立的联系。作为一种文学艺术的创造物，科学文艺主要以人文主义视角审视科学，探讨科学技术及其变化带给人类的激动、紧张、兴奋、渴望、恐怖甚至威胁，探讨科技变化带给人类物质和精神世界的冲击。科学文艺作品是文艺作品，审美性是它的核心。

正因为科学文艺作品内容和形式的多元性，产生了创作评价标准的多元性，也使多元化的导向成为必要。在科学文艺创作领域，任何单一的标准都无法涵盖整个创作实践。许多作品在一个视角下可能无法凸显其价值，而在另一视角下却呈现异常美丽的风采。

2. 微观战略构想

可持续发展的微观战略是一系列在宏观战略引导下的操作化战略。笔者认为，微观操作至少应当包括如下几部分内容。

建立全光谱的国家级科学文艺奖项

为了推进科学文艺的可持续发展，应该建立一个全国性的奖项以鼓励创作的繁荣。这个奖项可以每两年颁发一次，奖励在两年中涌现的各类优秀作品。奖励应该具有全光谱性，即它能涵盖科学文艺的所有领域，包括影视和电子游戏。奖项数量可根据创作形势和市场的发展逐渐增长，并给贡献突出者以终身成就奖。奖项不必具有太多的金钱意义，但应给人充足的荣誉感。

建立作家与科学机构、科学家的直接接触

为解决科学文艺作家远离科研现实的现状，应该建立作家与科研单位或科学家之间的直接接触机制。在这个问题上，中国科协和中国作家协会的合作相当重要。科学文艺作品的创作基地应该设立在科研机构，至少，科协应

该协助作家进入科学领域进行采访，定期为科学文艺作家组织科学前沿报告会或讲习班，引导作家从科学发展和科研过程中获得灵感。

为了诱导科学家进入创作领域，中国作家协会也应该定期组织科学家与作家的接触，给科学家提供文艺生活的氛围。

建立科学文艺作家培训基地

在加强新作家的培养方面，可以吸取国外的经验，建立一些新作家的培训基地。每年举办科学文艺新作家的培训班也是一种办法。在美国各地设有多个此类培训班，较为有名的是克拉里森培训班。这个培训班每年邀请著名作家参与教学，对帮助新作家提高技巧和水平起到了十分积极的作用。在国外，培训班的费用一般来自学员，但大学和作家协会、出版社也提供一些力所能及的奖学金或其他支持。

院校科学文艺理论课程建设和学位建设

在高等院校开设科学文艺创作课程，有利于寻找潜在的科学文艺创作者和提高科学文艺在公众中的普及水平。在这方面，本人在北京师范大学开设的“科幻文学评论与研究”和李毓佩教授开设的“数学科普学”等都积累了丰富的经验。以“科幻文学评论与研究”课程为例，迄今为止，少数毕业生已经成为全国知名的作家，另一些毕业生工作在报刊、影视、电脑创意等多个行业，更多的人则在教育教学岗位上应用着课程提供给他们的生活和工作的灵感。

2000 年或 2001 年，北京师范大学还希望提高科学文艺人才的培养层次，本人也希望在不久的将来能取得科学文艺方向的硕士或更高级学位的指导权。

建立研究中心以推进科学文艺理论的基础科研

科学文艺与“科普”或“科学传播”不同，它具有更多的复杂性和自身的发展规律。依托大学建立科学文艺研究中心，有利于对科学文艺的基础理论的发掘。增加对科学文艺理论研究的投入，在重点科研方面立项，也将给专业本身的繁荣带来好处。研究中心还可以与作家培训基地相结合，并有可能进行更多的国际学术交流。

建立科学文艺作家的版权保护机构

科学文艺创作的部分题材（如科幻小说）已经成为盗版的热门领域。部分作家的姓名在当今都已经成为盗版者使用的招牌（如作家星河的作品，不但被多家光盘制造商盗版，而且还莫名其妙地被用来编辑各种盗版科学文艺读物以吸引读者）。为了保护科学文艺作家的创作积极性，应该成立科学文艺作家的版权保护机构。

最后，为了推进中国科学文艺的发展，笔者认为，在中国作家协会内部成立一个以科学文艺作家为主体的委员会相当必要，也是完全可行的。新中国成立五十一年来，我国的科学文艺作家已经形成自己的队伍，这个队伍还需要不断壮大。以中国作家协会重视青年和发展青年的传统观之，委员会的建立必将对科学文艺新人进入这个领域并获得认可、获得支持起到积极作用。

中国科学文艺的繁荣不是一个偏僻文学或科学普及领域的小事。恰恰相反，它是中华文化转型和社会转型过程中的一项伟大事业。对这项事业关注的本身，就是对中国现代化的关注，就是对中国未来的关注。从这个意义上讲，保持中国科学文艺的可持续发展，就是保持中华民族在更加广大意义上的可持续发展。

对中国特色科幻事业的一点思考

2015年刘慈欣的小说《三体》获得雨果奖之后，中国科幻发展进入一个新的高潮。对于如何看待这次高潮，该怎么使繁荣保持热度并继续发展，作为一种积极的形式反作用于国家发展与社会进步，本文提出了一些新的思考。这是从2016年12月我当选中国科普作家协会副理事长之后所进行的一系列关于行业发展的整体思考的成文的第一篇，文章发表在《科普创作》2017年复刊第一期，第47—50页。

一

在2016年5月全国科技创新大会、中国科学院第十八次院士大会和中国工程院第十三次院士大会、中国科学技术协会第九次全国代表大会上，中国科协主席韩启德在题为《坚定不移地走中国特色的社会主义群团发展道路，团结带领广大科技工作者为决胜全面建成小康社会、建设世界科技强国而奋斗》的工作报告中特别指出，未来的五年要实施科普创作繁荣工程，推动设立国家科普创作基金，重点支持科幻创作，设立国家科幻奖项，举办中国国际科幻节，推动科普产品研发与创新。同年9月8日，在由中国科协牵头主办的中国科幻大会上，国家副主席李源潮出席并发言。他的讲话以一个科幻迷对科幻的喜爱开场，以国家领导人对事业发展的前景期待结束。他指出：科技创新是推动人类社会进步的重要力量，科普科幻是科技创新的重要源泉。讲话强调了科幻作品对青少年教育的重要作用，呼吁中国科协和各级科协组织要把创新科普科幻作为科协改革的大事来抓，发现培养科普科幻人才，支持科幻创作，动员社会力量促进中国科普科幻事业繁荣发展。10 月 21 日，中央政治局常委、书记处书记刘云山出席繁荣发展社会主义文艺推进会，与会作家包括《三体》系列小说的作者刘慈欣。2017 年 1 月 22 日，教育部科技司正式发文，决定在北师大建立科幻创意与科普战略研究基地。

事实上，这一轮从国家层面对科幻文艺的关注并非开始于 2016 年。早在 2014 年 11 月 4 日，李源潮已经在中国科普作家协会成立 35 周年的科普作家座谈会上谈到过科幻的重要性。在听取了六位与会人员发言（其中五位以不同方式谈及科幻创作或作品）后，他询问大家，美国科学传播人才聚集在哪里？当大家给出高校、科研院所等答案后，他提醒说不要忘记好莱坞。言外之意是，不能小看科幻电影（成为科学大片）对科普的作用。2015 年 8 月，刘慈欣获得美国科幻小说雨果奖，不到一个月，中国作家协会就召开了“《三体》与中国科幻原创力研讨会”。会上，中国作协副主席李敬泽指出，中国科幻文学正在进入高速发展期，作为一个正在崛起的文学类型，拥有数量众多的读者和广阔的发展前景。中国作家协会将成立科幻委员会。

为什么在这样的时刻，国家和相关主管部门对科幻文艺表示出如此强烈的关注？为什么随后出台了系列计划予以扶持？对此一些朋友存在着疑问。第一种观点认为，各级领导多数是从科学传播方向提出想法，但科学传播是以扎实的科学知识为基础的，科幻作品提供的知识在很多情况下无法确认甚至存在“错误”。中国科协在 20 世纪 80 年代还组织过对这个领域的批判，怎么现在态度有了如此大的转变？第二种观点从教育孩子的角度出发，认为当前各种作品种类太多，阅读包括科幻作品在内的幻想文学作品会让孩子走火入魔，想入非非，只要有高考制度在，科幻作品就不应该大张旗鼓地推荐给青少年阅读。第三种观点是针对政策方针的，提问者指出，国外没有哪个国家把某个文艺门类纳入重点支持的先例，中国这么做会让人笑话。

针对上述观点，我就想科幻文艺到底是什么？它跟科学传播的关系到底是怎样的？青少年是否应该阅读科幻作品？将这种创作的繁荣纳入国家层面的发展规划是不是“开国际玩笑”？下面谈一些我自己的思考，供大家批评。

二

今天我们所说的科幻文艺是工业革命之后产生的一些特殊作品的总称，这种作品最初是从小说开始。英国作家布里安·奥尔迪斯在流传很广的科幻史专著《亿万年大狂欢》中把这种作品的起源追溯到1818年玛丽·雪莱的《弗兰肯斯坦》。而加拿大文学批评家达科·苏恩文则在西方科幻理论的奠基读物《科幻小说变形记》中将其推向更早的乌托邦文学。但不管起源于何时，这种文学是一种有关现代性的文学是有共识的。面对文艺复兴和启蒙运动时那种对个体自由的诉求，面对科技和社会发展导致的生活变化，一些敏感的作家首先创作出一种新内容也包含着新形式的、以科技发展影响生活为主题的小说。在19世纪下半叶的欧洲和20世纪上半叶的美国，科幻小说的蓬勃发展使这种文学式样不但深入主流文化，还找到了适当的产业形式。20世纪后半叶，科幻电影产业逐渐成熟。随后，电子游戏和主题公园加入其中。近期的人工智能和VR技术，作为载体也很快找到了科幻的支撑。

今天，科幻文化已经成为发达国家的主要文化元素之一。以科幻为基础的产品已经形成了一种可以单独计算产值的文化产业门类。每年全球最卖座的前10名电影中，一般有4—6部属于科幻题材，跟这些电影相关的周边产品，在随后的许多年中都会持续产生利润。科幻电子游戏也是如此。在像芬兰这样的国家中，科幻游戏产业正在走向支柱产业并协助他们渡过了金融危机。科幻创意还会带动创新咨询和教育的发展。2013年，加拿大作家罗伯特·索耶在中国科技馆的讲演中提到，欧美作家每年的创作时间只有四个月，其他八个月除了休假，最主要的是在全球范围内进行技术创新咨询。

科幻之所以在当代社会有如此大的发展，主要是因为这种作品有着其他作品所少有的重要功能。因而，弄清科幻的功能，有助于回答前面提出的疑问。

首先，科幻反映独特的科技现实。在当代，没有一种叙事文艺形式这么持续热衷于聚焦科技改变人类生活。然而，在中国，这一文学并没有很好地发展起来。这个问题已经被讨论了许多年。传统文化对科技不聚焦，现代文化关注救亡图存，当代文化受各种因素影响总是转向等，都是原因。即便如此，我们发现，在过去的一百年中，只要中国社会的主流重视科技发展，中国的科幻文学马上会蓬勃兴起，吸引人们面对科技发展的现实。

当然，反映现实也不是一味地说好话，科幻对科学现实的态度是多元化的。许多科幻作品有着强烈的批判性，这种批判功能强化了作品对科技或发展的思考。以往的历史证明，是科幻文学最早看到了航天、生物技术、人工智能的潜力，也是科幻文学批判了在这些方向人类的狭隘和发展过程中的问题。当前，在中国高速的现代化过程中，科幻作品对后人类、城市化、生物改造等问题的思考，也会有助于我们更好地迎接未来。

科幻的第三个功能是谋划。人类是有计划地面向未来的种族。在额叶增长的智人时代，战略和谋划给人类带来前途。作为创意类的作品，科幻富含多种技术和社会变革的灵感。

科幻的第四个功能是抚慰。面对工业化之后环境的加速变化，面对相对稳定的心理格局受到的惊吓，想象力充足的文艺形式提供了抚慰。在这一点上，科幻跟奇幻、童话、民间故事等有些类似，难怪高尔基曾经把这种文学当成一种新时代的科学神话。不同的是，科幻在提供抚慰的同时，还协助我们承受压力，改变价值观。

科幻与科普之间确实存在着较大差异，这些差异表现在作者不同，作品形式不同，功能不同。科幻作者不一定都是科学工作者，但必须对科技变化异常敏感。科幻作品的形式不是简单的说理式，而需要建构叙事。科幻的功能不是说理，而是抒情和畅想。虽然存在着这些不同，但正如中国科协书记处书记徐延豪在一次会议上指出的，只要能在公众中传递科学、引发关注的，都是科学传播的组成部分。不是传统意义上的科学普及，但能起到传统科普作品不能起到的作用，科幻更多地会让读者感受科学，关注科学，增加探索热情，发现科学家的生活秘密。针对所谓的知识错误，这些年我们做过一些研究，发现有错误的科学阐述能给读者增加辨析的机会，使他们真正体验到知识的核心是“能辩护的真”。此外，我们的教育总是要求青少年不能犯错，但现实生活是，科学工作者每天都在犯着这样那样的错误，对他们的正确形容，就是“在探索和错误中前进”。我认为，绝对的“正确拜物教”会彻底压缩人的想象力、创造力，会败坏一个民族的创新能力和跃迁动力。而且，传统科普更多地协助人用认知分析世界，科幻作品用想象和直观把握世界，两者并不矛盾。科幻不应该被从教育中清除，因为它弥补了想象力的缺席。

上面我们从特点和功能方面有重点地阐述了科幻的意义，下面我们从国际社会对科幻文学的推崇和喜爱方面，考察一下政府介入去推进科幻文艺的发展是否应该。

首先，考察最近半个世纪科幻文学获得的各国主流文学奖就可以发现，无论是欧美还是日韩，主流文学圈都在逐渐“发现科幻文学”。哈瑞·马丁松和威廉·戈尔丁的小说，其实是准科幻性的。多丽丝·莱辛写过不少科幻作品。小库特·冯尼格、托马斯·品钦、玛格丽特·阿特伍德、村上春树、圆城塔等的科幻性作品，分别夺得过国内的文学大奖。几年前，日本的芥川奖就曾经颁给春田沙耶香的科幻小说《便利店人生》。在电影方面，奥斯卡金像奖早就突破了类型限制，以特殊成就奖方式授予过《第三类接触》《星球大战》《超人》。此外，导演阿方索还因创作《地心引力》夺冠。

教育领域发现科幻的步伐，也可以追溯到半个多世纪前。早在 20 世纪 50 年代，科幻小说就进入了美国课堂。20 世纪 90 年代，我去美国纽约州参加美国科幻研究协会年会，就进入过他们的科幻教学论坛，在那里还收到过各种课程大纲。美国的科幻课程从小学到大学都有，内容也千变万化，五花八门。利用科幻讲科技，讲未来，讲方法学，甚至讲密码破解的，应有尽有。STEM 教育兴起以后，我跟威斯康星大学的包德珍一起，连续六年在国际 STEM 教育会议开设科幻论坛，得到了来自中国以及美国、澳大利亚、加拿大等国家和地区的学者和教师的支持。

在文化产业领域，借助科幻增强国力的情况更是真实的存在。2013 年我应邀参加日本科幻大会。会上，巽孝之教授就告诉我，日本政府的文化外推战略计划“Cool Japan”（酷日本）就很好地协助了本土科幻走向世界。2014 年，在韩国驻华大使馆文化参赞组织的《雪国列车》看片会上，我们再次看到韩国驻外主管对本土科幻作品的直接外推。而美国国家航空航天局、国土安全部等对科幻作品的关注，则制度化地通过年度的课题设置或者直接邀请作家就专业问题参加研讨来完成。

上述领域的这些案例证明，世界各国都在试图提取科幻作品中的有效成分，以便帮助自身创意实力的孕育，帮助创新大国、文化大国和产品输出大国的建设。这些内容值得我们参考借鉴。

随着中国科幻作品的国际输出，我们更多地进入国际讲坛。这些年在几次科幻大会上，我都听过这样的说法：中国当前的科幻发展局面跟美国 20 世纪 40 年代到 60 年代相当类似。这些发言全部来自国外的学者或作者，他们认为，从社会对科幻的关注、科幻作品受到的拥戴情况、科幻作家走向大众和科幻作品销量上升等方面，中国出现了所谓英美科幻黄金时代的征兆。一旦我们观察科幻史就会明白，在那样的时期里，社会从“二战”后的萧条中走向恢复，技术大范围地受到重视，社会发展进一步成熟。而这一时期的结束标志，恰好就是美国教育改革取得初步成效和阿波罗飞船的成功登月。

如果真的像他们所说，我们正在面临一个大发展的时代，那么政策的指引和政府的支持必不可少。

三

我觉得要想发展好具有本土特色的科幻事业，应该重点考虑如下几个方面。

第一，继续在国家战略层面支持科幻事业和产业的发展。保持年度中国科幻大会的持续召开，会议的内容除了聚焦科幻文艺的繁荣，还要更大范围涉及创新文化建设。要把科技前沿发展、创意设计、城市规划、教育改革等都纳入这个会议的讨论范围。要更多地引入科技工作者、文化名人等，既为创新提供思想，也为科幻发展站台助威。在国家科幻大会上，可以考虑设置国家奖励。这是体现我们的文化正从传统走向关注科学的一个重要部分，是中国特色的一种展现。

第二，要设计促进科幻创意创新的可持续机制。要大力开拓作家和从业者的培养方式。围绕当前国家的“双创”（大众创业、万众创新）活动，围绕“一带一路”、人类命运共同体等未来发展方向，设置科幻创作大赛。要给成功的作品重奖，以往的经验证明，后期奖励比前期奖励有效得多。因此，保持对成品的强化比进行预先支持更加重要。要给有困难的作者改善创作条件，要增加科幻专项培训，例如，当前影视业对科幻很有雄心，但囿于人才不足，许多项目无法很好地完成，我认为要进行大规模扫盲培训才能解决科幻电影重大人才缺口的问题。

第三，要建立科幻运行良好的市场环境和市场机制，鼓励科幻创业。最近两年，在政府政策带动下，一批科幻创意企业已经萌生。像聚焦科幻电影创作的竺灿、十放、地平线、壹天传媒，聚焦 IP 转化的微像和八光分，聚焦作家培养的未来事务管理局，聚焦周边产品营销的赛凡空间，聚焦青少年科幻教育活动的清大紫育和青蜜等公司，都已经初见成效，有的已经取得了二轮融资或正式取得了经济收益。这些经验需要认真总结。要完善税务和法律机制，保证作品版权的成功转化。

第四，各地区也可以根据自己的情况将科幻纳入城市规划的范围。目前，多数国家在建设城市的过程中，会将一些区域设计成未来感强烈的科幻新区。我觉得，建立新的城市名片需要在传统上嫁接未来，科幻正是这种嫁接的合理元素。

第五，要从文学艺术走向文化发展，就必须重视科幻教育。要鼓励中小学设置科幻方向校本课程，鼓励中高考等加入科幻内容，这种加入不是要给学生增加一种死记硬背的学科，而是要让他们能把更多从科幻学到的技巧用于生活。

第六，要鼓励科研院所、规划院所和高校跟科幻作家更多地交流，支持从科幻作品中提取素材，丰富原创性。各类企业在考虑未来发展的过程中，也可以将新纳瑞欧等一定程度来源于科幻的方法用于计划和战略制定。鼓励奇点大学、未来教育、人类想象力研究中心这样的新型研究和教学机构的设置，这是推进想象力文化的重要方法。

第七，要增加跟海外科幻文学艺术界的双向交流，重点鼓励对外推广者。更多地向世界学习，向发达的先行者学习。要多支持海外交流，在路费、食宿方面提供方便，在专题方面要有重点地设置那些我们薄弱的部分，对口学习。应该设置专项的科幻推广基金，鼓励向海外推广中国科幻。应该设立国家级奖励，奖掖在海外替中国科幻翻译、印行、评论，甚至摇旗呐喊者，这些人长期无报酬地替中国科幻进行海外宣传，国家理应给他们相应的尊重。

第八，要增加科研投入。继续鼓励各种科幻创作方式、创新方式、转化方式方面的基础研究。各种基金应该继续支持科幻研究的发展。鼓励留学生在海外学习科幻电影、游戏、小说、设计方面的知识，并吸引他们归国工作。

以上是我对当前中国发展自己的科幻产业的一些想法，很多都是在这些年工作中的感受，说错的地方，请大家批评指正。

想象力、科幻与新文科建设

文章最早宣读于2019年10月22日南方科技大学人文社会科学学院与《探索与争鸣》杂志社联合主办的"新文科之新与创新人才培养高端论坛"。后以《从"守城"到"攻城":新文科建设的时代转向》为题发表于《探索与争鸣》2020年第1期（总第363期），第26—28页。本文从知识管理角度探讨了新文科建设，并阐述了科学与人类想象力研究中心的发展远景。

常有一种说法认为，"新文科"的产生是由欧美国家近年来文科式微，学生不再报名，甚至不再选课所引发，由文科教师的危机感所促成，为了减缓这种危机发生的可能，他们开始了创建新文科的努力。还有另一种说法，"新文科"的发生是由于面对科技的高速发展，文科没有跟上理工科发展的步伐，文科教师过分聚焦在自己的圈子，讨论自己的小问题，跟时代脱节。也有的人把这个问题追溯到1959年C.P.SNOW（查尔斯·珀西·斯诺）在剑桥大学的讲演，就是后来风行的《两种文化》。[①]这些说法无疑都是对的，但也都是不全面的。每一个国家，每一个地区，甚至每一所高校在建构自己文科体系的过程中，都要遇到这样那样的问题，人们为试图解决这些问题想出了许多办法。2004年，我在澳大利亚昆士兰科技大学当访问学者，那时候他们特别夸耀的是，把原来的英语语言文学、教育学、影视艺术等整合起来，创建了自己的创意产业专业。在那个年代，"创意产业"还是个新词，我都找不到对应的翻译，但他们

① C.P. 斯诺. 两种文化. 陈克艰，秦小虎，译. 上海：上海科学技术出版社，2003：里德讲演1-35.

解决问题过程中摸索新构念的热情和努力，给我留下了深刻的印象。

2017 年，我受陈跃红教授邀请加盟南方科技大学人文科学中心团队。针对如何把人文学科的建设跟这所新兴学校的发展融合的难题，陈老师要我们集思广益，开拓思想。我在同年 12 月 1 日于该校建立起科学与人类想象力研究中心，初步让我的想法跟实践汇合，交出了我的答卷。最近两年，我们在想象力的基础、想象力触及科学与社会前沿、通过想象力与前沿的科学知识获取创作科幻作品三个方面都取得了一些有价值的成果。我们开设了想象力系列课程。我们的《年度科幻产业报告》成为中国科协在这个领域进行决策的不可缺少的参考资源。我们发起或直接组织召开了“探索想象力的本源”“科技时代的中国文学状况和科幻文学变革”“重新定义文化：二次元与娱乐互联网”“当代新古典主义科幻暨刘洋《火星孤儿》”等学术会议，兑现了用想象力进行发展前沿探索的诺言。我们编写了用于中小学科幻与想象力教育的教材，编选了中国科幻史的诸多历史文献，以应对逐渐兴起的教育、教学热潮，两个系列的著作都将很快出版。上述这些工作给我们信心，让我们确信我们所提出的以知识管理为核心的新文科建设方式是对的，它至少给我们这样的学校所进行的一流大学建设带来一种良好的辅助。本文将就知识管理意义上的新文科建设——这是一种在南方科技大学人文科学中心实践过的新文科构建方法——进行一些简单阐述。

想要理解我们所认可的“新文科”建设的含义，需要从普遍的大学建构方式谈起。众所周知，大学教育的发生是跟最近几百年工业革命和科技革命的兴起，跟职业分工的细化，跟就业岗位分层化有着直接关系的。在今天，人类社会前所未有地重视分科，重视研究领域的尖端化，重视科研要超前于产业和就业实践，所有这些都为高校管理者提出了创新知识的强烈要求。但与此同时，出现得更加久远的教育理念，即保持种族发展和文化延续，保持人文精神的传承，也在高校中占据着牢不可破的地位。从亚里士多德的“七艺”到中国古代的“六艺”，其基本出发点都是以修身树人为核心的。以这样的传统发展起来的教育理念跟当前分层、分科、尖端化的教育实践之间，存在着知识论或方法论上的对抗。简单地讲，以当代科学技术为核心的所谓理工科教育有自身的知识积累方式，这种方式通过纠错和迭代，使自己保持快速增值和增长。在这个领域，一个新近入行的人不必阅读过去几千年或几百年的所有经典，只要从论文的综述中就可以大致领略这一学科在这个分支上的简单历史，跳过这些历史马上进入前沿。但是，修身树人所启动的文科体系对人的规划和培育无法按照这样的方式完成。人文知识本身的弥散性和多元化，每一个人在领悟上的时间差异和多方向性，导致了人文学科的教育仍然必须从经典开始认真完成每一个步骤，教师需要在每一个被教育者身上观察各种可能的发展契机，施以必要的努力，从而改变他的价值观、行为方式，让他们变得更加适应未来的生存和发展。虽然人文学科也对领域内或周边环境进行反复琢磨，提出对各种现存价值观与行为方式的批判和建议，推动这些领域向前发展，但从总体上看，传承和守城是人文学科知识组织和管理的主要方式，这与以范式改变（paradigm shift）和攻城为特征的自然科学知识管理有着显著的差异。一个是在守城的过程中推进改变，一个是在攻城的过程中发现新世界，这种状态的存在已经是天经地义。也恰恰是这种差异，导致了 C.P.SNOW 所说的两种知识分子的分裂。

我们认同当前的这种状况的历史必然，但不认为这种状态是亘古不变的高校运作的法则。恰恰相反，能够根据时代的变化，根据社会的需求进行合理的改变，才是一个学科获得充分活力的基础。笔者想要争辩的是，两类知识分子的知识管理方式必须进行大的改变才能更加适应当前的时代。例如，科学技术领域的知识分子在以更快的速度打开新疆界，发现新事物，更新知识领域的同时，如果忽视人类主体生存的自然环境和社会环境的质变，他们赖以存在的这块社会和文化土壤就会不复存在。而人文知识分子如果仍旧纠缠在以往几千年的文化积累，进行守城式的维护和远距离隔靴搔痒式的批判，也会失去自身存在的价值。在这样的状况下，对于我们这些从事人文学科教学和科研工作的大学工作者，想要在转基因、环境变迁、人工智能、生物本体的改造等重大环境转变下进行新的批判，甚至对人类还没有探索到的领域进行人文关怀，就必须让自己的知识管理从守城式变成攻城式。一句话，必须用拓展的方式组织人文学科的知识管理，极大程度地把新知识的探索和获取加载到已经走向失效的现有人文学科，让这种学科获得新的生命力。这就是我们所认可的新文科建设的基本理念。

在知识管理范畴之下的新文科建设，要从三个方面改变以往以文化传承为核心的知识组织方式，将这种方式调整为以新文化探索为核心的知识组织方式。首先，在知识空间的选择上，必须极大地强调新文科更重视对未知空间的探索，而不是对已知知识空间的守城，即新文科以面向未来、开创未知空间为己任。以我自己在南方科技大学人文科学中心建立的科学与人类想象力研究中心为例，我们的这个研究中心主要探索科学和想象力怎样改变世界的面貌并能创建怎样的未来。这是一个面向社会变革、心理变革，同时也是面向科技变革的独特意义下的研究领域。在以往的学科体系中，从来没有这样一个研究机构可以面对如此重叠覆盖的新异知识空间。与以往出现的学科互涉（interdisciplinary）并强调边界作业（boundary work）不同，我们更强调边界拓展和新边界的建立，强调在知识管理的范畴中寻找蓝海（blue sea）。[①]再以南方科技大学人文科学中心唐克扬教授主持的空间与媒体实验室为例，它也是力图从建筑、设计、媒体、文学等多个侧面综合探索知识领域。如果知识空间是创造的而不是守城的，知识的内容就必须创新而不是对旧的事物反复咀嚼和评价。我们开设的一系列以想象力为核心的课程就是这个目的。在这些课程上，我们力图跟学生共同建立以想象力拓展知识为目标的能力。例如，我们的想象力入门课程要求学生做太阳系地球之外的高等智慧生命调查。我们假设在太阳系所有星球上都有高等智慧生命，这些生命的形态怎样？跟环境的关系怎样？文化历史怎样？当我们人类跟他们接触的时候会发生些什么？学生面对这样的问题，就必须运用他们在课堂上学过的方法和自己的直觉去创建新的关系和结构。我们的科幻电影课程，也要求学生自己拍摄影片，并通过这种自主行动，去发现这一过程中的波兰尼意义上的个体知识，舍恩意义上的实践性知识。[②]最后，新文科应该放弃旧有文科现存体系和基本路径，寻找更好的方法去汇集本身就具有弥散性特征的文科知识，这是新文科需要

---

① 朱丽·汤普森·克莱恩．跨越边界：知识·学科·学科互涉．姜智芹，译．南京：南京大学出版社，2005：1-6.

② 迈克尔·波兰尼．个人知识：朝向后批判的哲学．徐陶，译．上海：上海人民出版社，2017：第二编 81-292；唐纳德·舍恩．反映的实践者：专业工作者如何在行动中思考．夏林清，译．北京：教育科学出版社，2007：第二章 19-62.

改进的方法学路径。与科学技术这样的学科需要专业训练，知识的积累跟与历史发展之间有直接路径关系不同，人文知识通常是在整个社会中被反复发现、反复提出、具有弥散性的不同近路的知识存在。面对这种散点知识，当前的文科知识管理还需要用更好、更有效的方式进行处理。笔者在陈跃红和姚新教授共同组织的计算人文学研讨会上就曾经提出人文知识具有散点式存在方式，需要散点式加工和存储的想法。但这种想法仍然是初步的，仍然没有上升到理论层次，急需新文科建设过程中给予回答。

我不想说我们的新文科在知识管理系统中是站在传统文科的对立面上的，但我要说，跟传统文科存在这种理念的差异才是新文科之所以成为新文科的原因。为此，在新文科建设方面，我们有如下一些建议可供参考。

第一，鼓励新知识领域的建设，通过投资和政策推进人文领域新知识探索。

要通过管理方式鼓励对新知识领域的开拓和建设。适当改变传统的科系结构，让管理弹性发展得更加健硕。在这方面，南方科技大学的经验是鼓励教师建构新的、具有想象性的知识探索空间，从资金和人力资源方面放开支持。在过去的两年里，南科大科学与人类想象力研究中心成功地在脑科学与行为研究的设备引入、助理人员雇用方面进行了尝试，并取得了有价值的成果。扩大跟其他研究机构的合作，也是鼓励拓展的有效方式。2019 年以来，我们跟中国科普研究所和中国科普作家协会合作研发产业报告，通过资金借助，培养了一批新领域的开拓者和从业者，我们创建了一些新的产业估算方式。

第二，要强化新知识的积累，并以此鼓励和稳固新领域的创生。

新文科创建的新体系和新空间有可能跟旧体系和旧的空间无法对接，这就需要强化新知识的积累，并鼓励其形成新的稳定形态。根据库恩的范式理论，只有新的发现形成广泛共识之后才会被学术圈认可，[1]因此，积累、扩散、共识过程是新文科必须重点面对的管理内容。这些年，我们对新获得的知识，尽量通过学术会议、主题报告、论文著作等方法进行积累、推荐、推广，并设想在未来通过建立新的学会或协会稳固新知识领域，创建创新群体

① 托马斯 · 库恩 . 科学革命的结构 . 金吾伦，胡新和，译 . 北京：北京大学出版社，2003：第二章和第三章 9-31.

和知识携带与创造者集群。

第三，以知识管理的创新带动教学创新，完善课程和教学改革。

新文科在教学方面要推进教学改革，这其中最重要的是改变学生对知识的认知个性。要设法通过我们的教学改变学生对知识的态度，让他们从将知识当成永恒真理转化为当成一种可建构的，需要通过探索、讨论、辨析、批判等方式达成的阶段性共识。在知识去真理化的同时，阻碍知识探索的难度会相应降低，对探索新知识的热情会相应提高。这种学生认知习惯的改变，必须通过教学测评表现出来，并通过人格建立进行稳固。

第四，注重方法学研究，推进新文科的多元化发展。

人文知识分子跟科学知识分子之间的裂痕，在很大程度上跟人文学科的守城性受到科学家鄙视有关。因此，新文科的建立希望在很大程度上弥合两类知识分子的认知裂痕，同时，新文科跟理工体系之间的多种融合也让两种文化的矛盾缓解。我们认为，在这样的时候提出文科知识的探索难于理工科知识的探索是有必要的，这与前面谈到的所谓弥散性、平民性、难于整合性有关。因此，注重新文科建设本身就要理解这种难度，要给新文科设定多种不同路径的可能，让新文科发展本身就在新文科的知识管理理念上完成。我们认为，只有在这个意义上发展新文科，才能得到我们所需要的新的、能面对未来的知识，才能更好地面对当前的发展。

科幻与学校教育对话录

我一直是科幻教育的呼吁者和身体力行者。2011—2012 年，北师大教育家书院的郭华教授两次邀请我给该院研究员谈科幻教育问题。此篇文章是其中一次的谈话记录整理稿。为了让内容完整，其中加入了一些理论资料。2020 年，我们主编的一整套《科学幻想——青少年想象力与科学创新培养教程》在江苏凤凰文艺出版社出版，实现了我将科幻教育从高校覆盖到中小学的愿望。本文所探讨的一些教育教学问题，相信会对其他教育工作者有所助益。

一、我是怎么开始科幻教学的

郭华：吴岩老师不仅是我们教育学部的老师，还是中文系的导师。他是国内著名的科幻文学评论家。待会儿他会介绍他每年出的集子，该集子中选录了当年最好的作品，在国内非常有影响。我们一般看科幻小说都要先看吴岩老师的推荐，他跟刘慈欣也比较熟。我们今天先请吴老师给我们介绍。在吴老师讲的过程中，大家有什么问题随时可以提出来讨论。吴老师也非常亲切友好，大家放心。那下面有请吴老师来讲。

吴岩：谢谢郭老师，谢谢各位校长，还有各位老师。郭老师说要请刘慈欣老师来做报告，大家知道，这几年刘慈欣在中国大陆是最红的科幻作家。2011 年 7 月份，香港图书展请了二十位作家，就包括了刘慈欣，很多粉丝是从内地追过去听刘慈欣的报告的。台湾版的《三体》也出版了，但是销量不是很好。《三体》的故事很有意思，它是从“文革”开始讲的，是一个三部曲。

“三体”就是三个物体，搞物理的都知道，三个物体的问题是复杂的，两个物体之间的问题很好解决，如果是三个物体互相影响，就很难去解决。

《三体》的故事大致就是说在“文革”中期，当时美苏争霸，美国和苏联都想建立一个和外太空联系的基地，想通过和外太空的联系获得外太空的高科技。中国当时虽然技术水平很低，但是也想做这个事，国家就决定设立一个“红岸计划”。这个红岸计划搞了一个很大的天线和外星人联系，结果弄了半天，美国和苏联都没能联系上外星人，就咱们中国联系上了。是外星人中的一个收到的信息，那个外星人就给我们回了一条很简单的信息说：他们星球是最残忍的，只要知道、听到有智慧生物存在，就一定要去捕杀。但他是这群人里面很特别的一个，他就告诉我们说别再发信息了，再发就要倒霉了。正常情况下，人类得到这个警告就不给他们发信息了。但是恰恰接收到这个信号的科学家是一个青年女性，她的父亲是“文革”中的“反动学术权威”。她得到这个回信的时候正好她父亲被批斗致死，当时她就感觉被外星人毁灭跟现在被毁灭也没什么不同的，一气之下就回了个信儿，大致是说：好，我不在乎之类的。这下可坏了，三体人收到回信以后马上就派了一支舰队过来剿灭咱们地球人。

这个开始就是一个力度很强、很有意思的故事。但是这个三体星球离地球非常遥远，飞到地球得要四百年。大家知道“文化大革命”十年就结束了，还有三百九十年的时间人类就等待着三体人的到来。所以，这整个《三体》的故事就一集一集地写下去。三体人是很鬼的，为了怕你发展高科技来防备他们，他们就在地球上搞了一套系统把你的高科技都停止了。什么叫高科技停止了？就是人类想获得高科技，如探索宇宙粒子的奥秘，他们就让你这粒子打不开。不是在瑞典那边有加速器嘛（中国也有类似的设备），但现在他们让你这个加速器无法打开粒子。这样你的高科技就不能发展了，而只能发展低科技。什么是低科技？就是传统科技，像航母这种，像电器都属于这种没有超越性的科技。

这个故事就讲人类世界在知道三体人打过来之后，在三四百年的时间内怎么去应对这个事情。2010 年出版了最后一部，最后一部出版以后就一直所向无敌。小说中整个宇宙都毁灭了，毁灭的宇宙里面只剩下两个人—— 一男一女，还有爱情，还有信仰。

这套书一出版就给大家一种很大的震撼，感觉跟之前写的科幻作品有很大的差别。过去大家看郑文光的作品感到相对简单，而《三体》就写得非常复杂，全世界都进来了，而且人类的命运、地球的命运、中国的命运、宇宙的命运都联系在一起了。刘慈欣是山西娘子关发电厂的一个高级工程师，他这个人特别低调，很少出来，甚至他的同事也不知道他爱干什么，只知道利用业余时间写科幻写了十几年。

郭华：网上很多刘慈欣的作品，像《乡村教师》。

吴岩：对，这个作品写得也非常好。

郭华：写得非常好。网上有，大家可以搜一下。

吴岩：对，你们可以自己去看。刘慈欣自己说他是从 20 世纪 80 年代末期开始写科幻的，写了有十年。这十年中是没有任何人知道，只是偶尔发表几篇作品。写了十年以后才逐渐开始有名，就是刚才郭老师讲的几篇作品得奖了之后，他才开始有名起来，其中有一个是《流浪地球》，就是讲将来太阳要毁灭，太阳温度降低了，怎么把地球变成一个“大飞船”，然后飞走。我看过 20 世纪 50 年代郭沫若写序的一本书叫《科学家谈 21 世纪》，里面也讲过这事。刘慈欣还有一系列的其他作品，他七年蝉联《科幻世界》的读者投票第一名。我刚才就是讲他这个人是比较低调的，很少外出讲学，到现在为止，他只参加《科幻世界》组织的活动。《科幻世界》每年在成都都会搞一次颁奖会，他一定会去。这次香港会他去了，其他的活动找他，他基本上都是不去的。北京有时候有些新科幻片、香港来的导演搞个发布会请他来，他只来过一次。我跟他一起去参加过《机器侠》的开幕式，这电影后来就没法看。这电影是《大话西游》的导演刘镇伟导演的，当时觉得刘镇伟导演弄了一个科幻片，所以我们就去了。其实他来了以后，跟你话都没说就走了。郭老师说以后有机会就请他来，听听他是怎么想的。

我再介绍一下我自己。我 1982 年考入北师大，从 1978 年开始写科幻小说，1979 年发表了第一个作品。1980 年，我去参加全国的科普研讨会，原来全国的科普研讨会是有名的。我 1981 年参加高考，但是没考上。当时在社会上闲话很多，我就被当成一个反面例子来批判，就是说你是年轻作者，结果却连大学都考不上。当时对我的意见很大，我的压力也很大。第二年，我又考了，好不容易考上了。我大学本科念的心理系，毕业以后，北师大因为要建立教育管理学院，我就留下了。到 1991 年，北师大想要扩大它的课程资源，准备搞公共选修课，当时我特别高兴。因为我是讲管理心理学的，不可能去讲科幻，但是有公选课，我就赶快去填了一份资料交了。交了以后，心里边有点害怕。因为我不是搞文学的，怕到时候我的申请审不过。我就去找我的同事赵玉兰老师，她是中文系王富仁教授的太太。我就跟她说，您能不能请王先生参加我这个课，请他在前面签个名？她说她给我问问，就拿着表格回家了。晚上，她打电话给我说王教授已经给我签了，快来拿吧。就这样一报就成功了。因为王富仁教授是中国第一个文学博士，他很有名，所以我们这个课从 1991 年就开始上了，一共上了十年。许多时候，上课点名，发现人都不认得，就是上课的时候老来不同的人。一问才知道是北师大周边的学校，像清华的、北大的学生。有一次，南京大学的一个学生跑来听课，一查才发现整个中国没有讲科幻的，我们北师大是唯一的一家！这样就比较有价值了。大家都知道，唯一永远是有价值的，结果就开始在媒体宣传。后来发现港台地区也没有这种课，就连整个泛华人的文化中都没有这种连续性的科幻课程，我们北师大是第一家。

到现在为止，只要国家有重大的科技进展，中央电视台配发的新闻里面肯定有我们北师大。从载人飞船上天开始，每次上天，我们一定会出现在电视台里。要么在香港，要么在内地或者其他地方，也就是说，中国人还在向往更高的前景。

确实，在那个年代，北师大的课程资源非常缺。我的这门课最好的一年有六百个人来上，可最大的教室也就是五百座，而五百座的是一个礼堂，不准你上课，所以就改成每星期上两回，三百人一批，就这么才刚满足需求。这个课程实际上培养了很多潜在的科幻爱好者，这些人毕业以后就到了中央台、地方台和各大报刊，他们就进一步推波助澜。

到了 2001 年，我出国了，2003 年回国。文学院的王泉根教授找我，当时他正好在中文系当副主任，他问我愿不愿意把科幻文学变成一个硕士专业方向。我说当然愿意啦。然后就给我认证了导师资格，才开始有了硕士的方向，在现当代文学里。

设立科幻方向的硕士点，别说在华人地区了，就是在非华人地区，在全世界也是非常少的。在全世界，我找到的大概是在英国有一两家，在利物浦大学和雷丁大学，美国的堪萨斯大学有一家。大概全世界加起来也不多，这样我们就有了一个所谓的国际领先地位。

2011 年，美国有一个非常有名的科幻杂志《科幻研究》，跟我合作做一个“中国专号”，到 2012 年，我们要出一个“中国专号”。我参加组稿，稿件专门谈中国科幻的经验及演变。由于到了文学院，兼职做这些事就占用了大量时间，从 2003 年开始，我就没写过作品。在这之前我写过长篇、短篇，出过一二十本科幻书。再加上多年来职称问题解决不了，像这种跨界的，爱好太多、不务正业的，评职称方面就很困难。其实不单是职称，我的学位也一直没解决。我本科就留下来跟顾明远老师搞教育管理学院，做到 1990 年中期，北师大规定本科学历的老师不能教书，我就只能念硕士，念完硕士是 1999 年。可是念完硕士之后，发现北师大要博士，然后我就又念。念完博士就到了 2004 年，所以整个儿就耽误了。但是总体我就是朝两个方向发展，一个方向是我在教育管理学院做事，还有一个方向就是在文学院搞科幻，所以我对校长非常熟悉。

一个老师：2000 年，我见过吴老师，那个时候您在管理学院教领导素质与艺术。

吴岩：对。那时我到别处去讲学，什么也不带，讲几天也都没问题。现在我接近五十岁了，再这样两个方向搞下去就觉得不太好，然后就想要以爱好为主。2009 年我就把管理心理学放弃了，到这个学院并在科学教育这个领域做科幻教育研究。今天，我就给大家讲一下科幻与科学教育之间的一些关系。这些事情都是我过去三十年中经历过的，所以你们问我科幻就是问我的生活，我主要就是讲我过去发生的事情。

我想从两个方面来讲：一个就是科幻作品中一些最基本的东西，第二方面就是探讨科幻作品与学习教育的关系。

二、什么是科幻？

吴岩： 首先，就讲讲科幻到底是怎么样一种作品。

《哈利·波特 7》正在热映。《哈利·波特》是 2000 年英国作家 J.K. 罗琳发表的，这个小说对我们科幻来说实际上是一个灾难。为什么呢？因为它不是科幻，但是它极大程度上把喜欢幻想文学的读者吸引过去了。在这之前，西方最有名的所谓的奇幻小说（fantasy）是 20 世纪 40 年代的《指环王》（《*The Lord of the Rings*》），《指环王》之后就没有什么大作品了。《哈利·波特》的作者罗琳是个家庭主妇，她没什么事干，就在家里把自己想的写出来了。

刚开始写出来的作品非常不起眼。罗琳的小说到现在为止给世界儿童文学界留下的一个疑点就是这个作品确实没有特色，她的作品有过去所有作品的好的特点，但是并没有她独创的东西。从儿童文学的角度来看，曹文轩是那种古典美。郑渊洁是以孩子为中心，孩子想什么就写什么。所以多年来在儿童文学界就有两个问题解决不了：一个是罗琳的作品，一个是中国的杨红樱的作品。杨红樱的情况跟罗琳的情况很相似的，就是孩子特别喜欢，但是其作品在哪个方面都没有特别的地方。那这就涉及是不是和人的天性有一种暗合，就是不用你创新，只要你按着它那天性写出来就可以了。罗琳的作品，大家都知道，是关于一个小孩，家里发生了一些事，从小寄养在姨父家里，受到姨父的压迫。但他感觉自己有一些超常的能力。有个偶然的机会，他就获得了一个超越——他被请到了魔法学校。到魔法学校以后，他发现有很多和自己一样的孩子。七部书就一直围绕着他写。当然，还有一个对立面伏地魔，伏地魔是一个魔鬼，杀了他的父母，最后和他有一个对决。然后我们这些人，普通人，就等于麻瓜。麻瓜不懂魔法，而他们懂魔法。

那么它和科幻作品的差别在哪里呢？就是这个魔法。一旦奇迹发生以后，奇幻作品、魔幻作品都是以魔法来解释。而这个魔法是说不清的东西，只要一归到魔法，就不需要谈了。但是科幻小说中所有的奇迹背后都有一套认知的逻辑，是可以归纳到某种认知的模式中去的。科幻和奇幻实际上都包括在大的幻想文学体系内，但是它们确实是不一样的。科幻小说发生在工业革命以后，是跟着工业革命逐渐发展起来，跟工业革命紧紧地贴在一起的。现在认为奇幻文学也跟工业革命有关。科幻追踪了工业革命，相信了工业革命，相信了它的成果，依赖它的知识体系。而魔幻干脆就放弃了工业革命的体系，就回到原始里面去。所以两者是有差别的。

现在进一步给大家介绍一下科幻小说的定义，比如《中国大百科全书》的观点。在这套书中，科幻小说就是科学、幻想加小说，就是说科幻小说首先应该是小说，里面要有人物，有叙事，同时也应该是幻想的小说，就是它不是现实的，最后它的幻想又应该是符合科学的。现在有辞典对科幻小说的解释是：科幻小说，是科学幻想的小说。是幻想的，不能离开科学，这是我们中国的主要观点。

在国外，关于科幻小说的观点比较多。举一个很有名的作家阿西莫夫，他提出科幻小说是关于变化的小说，即关于 change。它描写的是种种变化，而这种种变化是由科学引发的。阿西莫夫在科幻小说史上也是很重要的一个人，你在跟西方人聊到科学教育、讨论到科学普及的时候，他们都知道。阿西莫夫一生写了将近五百部作品，他早上六点起床一直到晚上十二点就一直坐在打字机前写作品，哪儿也不去。他坐飞机有恐惧症，一般开车去近处参加活动，然后就又回纽约。他也不自己买房子，就住个豪华公寓。但是这个公寓不是我们所说的公寓，而是有专人打扫卫生的那种公寓。他在 70 多岁时就去世了，因为他得了艾滋病，是他在做心脏手术输血的时候感染的。得了艾滋病之后，他又活了十年之后就去世了。他对科幻的观点不是文学体系里的观点，而只是从感受中得出的观点。

对科幻小说的定义，苏恩文（Darko Suvin）做得最好。苏恩文最早是克罗地亚人，是东欧的科幻作家。20 世纪 70 年代以后，他到了加拿大，在麦吉尔大学教文学的时候提出科幻文学的界定。他是从文学的角度来讨论科幻，从文学批评的角度来考量科幻的。他说科幻文学是陌生化和认知宰制的小说。陌生化也经常被翻译成间离，其实它是俄国形式主义的一个提法，俄国形式主义认为跟现实生活一样的不是文学。真正的文学大家为什么喜欢看呢？因为它跟现实生活有差异，就是疏离了 / 间离了现实生活，使读者觉得陌生，大家才愿意看，比如像布莱希特的戏剧就是陌生化的。科幻文学给的场景、故事就是陌生化的。

但是只有陌生化还不行，《哈利 · 波特》也是陌生的，一撞火车站的墙，人就进去了。苏恩文指出科幻文学还要有认知性。认知性就是不仅陌生，而且还要跟你解释到底怎么陌生，就是讲背后的科技关系。《哈利 · 波特》中为什么能穿墙过去？是 种魔法，这样的解释就没有认知性。所以由这两点来宰制一个作品，或者说由两点把这个作品霸占起来才能是好的科幻作品。从20世纪70年代苏恩文提出这个观点以后，整个文学界就特别认同他的这个观点，因为这个定义确实是文学体系中产生的理论。而在这之前，对科幻文学下的定义大都不是文学体系中的定义。

郭华：大百科的那个界定比较经验。

吴岩：对，就是比较经验，不是从理论体系推导出来的。我们马上要出版苏恩文的两本书，本来还想书出版之后请他来的，但是他已经超过80岁了，不敢请了。

从他的这个观点我们可以发现，苏恩文把文学作品分成两个维度。第一个就是自然主义小说对陌生化的小说。自然主义小说是描写感觉经验的，一旦有感觉经验，就一定是有客观物体存在的。没有物体就不能经验。陌生化的小说，我们就不会有感觉经验。对穿墙我们确实没有感觉经验，因为从来没见过穿墙。这是第一个维度，要么是自然主义者，要么是陌生的。还有一个维度就是认知的对非认知的。认知的就是解释这个逻辑并推理，非认知的就是不解释，不逻辑化推理。

这么看来就可以有四类作品，我们可以举一些例子。如果是自然主义的又是认知性的，那这就是我们经常说的“现实主义”文学：是描写感觉经验的，但又是按照客观规律来描写的。像中国就大力推崇现实主义文学。它应该和我们的现实经验相符合，并且告诉我们背后的逻辑推理。这是第一类作品。第二类作品就是，它是自然主义的，但是非认知的，就是不符合认知规律的，实际上这就属于现实主义的通俗文学。什么是“现实主义”的通俗文学？典型的例子就是美国电影，好莱坞的电影，大团圆、有情人终成眷属。实际上，在现实生活中，这种大团圆、有情人终成眷属的事也不是很多，至多是一半一半，而不可能像在美国电影里看到的每一部结局都是大团圆、有情人终成眷属。这种作品就是明知不是这样但是还写成这样，这就是“现实主义”通俗文学，这是第二种。第三类就是它既是陌生化的，又是非认知的，这就是神话、民间故事和奇幻故事，神奇的，不给你解释的。第四种是既陌生化又有认知性的，在这个体系里面有科幻文学。应该说苏恩文是非常全面地把界限划清楚了。我觉得国外做到这个地步是非常好的。

刚才我讲的陌生化就不用再介绍了，至于认知性就非常有意思。实际上，人类在阅读过程中并不是很喜欢认知，并不是很喜欢有推理过程在里边，往往你有的时候看到这些推理就不想看，所以还有一部分人逃离这个认知，想尽量没有这些解释。这就造成了科幻小说的一个悖论：为什么科幻作品的读者不如普通作品的读者多？就是因为有认知在里面。有的人说天天上班，天天做研究特别烦，好不容易休息一下看看小说还要推理，那我还不如看点日常的。到底是认知还是逃避认知，按照苏恩文的观点，科幻小说经常在认知的逃避上不断地波动，因此给它起了个名字叫“发达的矛盾修饰法”。

苏恩文是马克思主义者、左派。在国外，对科幻小说很肯定的人主要是西方的左派。因为左派是批判救世、建构新理论的人，而科幻小说最能建构新的东西。比如美国有名的后现代主义者杰姆逊（Fredric Jameson）就对科幻小说很关注，2011 年，出版了他的一本书叫《未来考古学》，讲的是科幻故事。

有关苏恩文的观点，我就简单跟大家讲到这儿。这部分主要讲的就是：什么是科幻小说。

三、科幻是边缘人的呐喊

吴岩：澳大利亚的汉学会会长研究一点中国科幻问题，有一次我问他：“中国和外国的科幻有哪些不同？有没有不同？”他说：“中国没有中国特色的科幻。”我记得当时作家星河就解释说，科学在全世界都是一样的，中国也没什么特别。后来澳大利亚的人又说，外国人看科幻主要看的是小说，主要看的是想象，可中国人说看科学，很严肃。所以，他说这又和外国不一样，各个民族差别就挺大。

在科幻作品里边我就做了一个简单的划分：一个是认知的难度，一个是现实陌生化的程度。根据陌生化的程度和认知难度的不同，实际上科幻小说在很广大的空间里生存。比如说，要是认知难度不强，现实陌生化程度不强，就是世情小说。科幻小说为什么不可以是世情小说呢？《达·芬奇密码》这些就是世情性的东西。认知性更低的小说就可以是娱乐小说，美国的《星球大战》《超人》《异形》就更娱乐化，都成恐怖小说了，那就真的只有娱乐功能了。但是如果它的认知难度很强，就可以过渡到教育小说，就可以真正用来教育人。如果它的现实陌生化很强，就可以变成实验小说，就可以真正去想一个未来，想一种新的生存状况。所以有的政府把科幻打入黑名单。把科幻看成是一个思想实验场也很有价值。美国国家航空航天局每隔两三年就会出台一个新项目，就是去研究科幻里面有什么新技术。科幻是用想象的方式重构现实，所以它具有功能性。这就是后面要跟大家谈的科幻和教育的关系，就是创新和重构现实。就科幻小说的研究而言，我在理论课上也经常跟学生讲，你们可以选择一个非常恰当的位置来做科幻研究，因为科幻的范围太大了。

回到理论方面。我个人以为，科幻作家是一些特别的人，都是一些社会的边缘人物。

比如科幻作家里女性很多。我们到国外去也能看到很多女性科幻作家。刚才我讲国外许多家庭妇女也写作，很多都是写科幻，还得了奖。还有一些科幻作家是宅男。再有的边缘人，就像一些当代全球生存的落伍者。

现在我给大家放一个小的电影。这个电影是 2011 年奥斯卡最佳动画片，是由一个澳大利亚的画家画的，他也是半个中国人。他叫 Shaun Tan，中文名字是陈志勇。他在 2000 年的时候出版了一本童话书叫《*The Lost Thing*》，中国翻译为《失物招领》。后来他找了一个人一块儿把这本书变成了一个动画片。故事的主人公是收集瓶盖的，有一天，他在一个海滩上发现一个很大、很奇怪的东西。可是海滩上的其他人都看不到这个怪东西的存在，只有他能看得见。这个怪东西会动，跟他很友好，于是他们俩就玩了一个下午。可等到下班的时候，大家都走了，没有人来认领这个丢失了的东西。他就四处去问，希望能帮这个怪东西找到家。可谁也不认识这个怪东西，于是他就去找他的一个什么都知道的朋友。这位朋友就做实验，做测量，可最后他也不知道这东西从哪儿来的。这个主人公就只好把它带回家，因为大家都怕这个怪异的东西，而且对它也有点视而不见。正好这时候电视里在放一个节目就是“失物招领处”，说如果你发现了一些不能归类的东西，那你就赶紧把它送到失物招领处来。第二天他就去了，在他填表的时候，一个人碰了下他的胳膊并且小声说“不能把它搁在这儿”，于是给他一张名片，暗示他去找名片上的这个地方。终于，他找到了这个地方，这里阳光很灿烂，而且都是些奇奇怪怪、无法归类的东西。他把东西放下，但有点恋恋不舍。这个东西跟其他的明显不是一类，但把怪东西放在这里，好像它自己挺高兴。电影的结尾，作者回到普通生活，他说，他能看到的怪东西越来越少了，是他自己的眼睛不行了，还是他逐渐习惯了这种庸庸碌碌的生活，失去了对事物真实性的敏感？

故事的含义很深，也很多元。如果把科幻想象成一个非常大的空间，像这种片子就很有价值。它实际上讲的是一个关于我们自己的事情。在某种意义上说，我们每个人都是四不像，我们的很多东西是不符合社会规范的，是完全无法分类的。有时候，我想我自己是搞科幻的，但是到哪儿我都分类不了。记得我第一次去国外访问时，我提到我自己搞科幻，那个大学的管理学系主任就说，要给我找一个特别的人来当我的 host（接待者）。然后我问为什么找这个人，他说因为那个人是他们那儿最怪的。因为我搞科幻，所以他就给我找了个最怪的人来。这是从怪人这边想影片的含义。再从另一个角度看，不怪的人，普通人从中能得到什么？实际上，这个片子就是讲现实生活中有很多无法分类的怪东西，大家要么对它视而不见，要么退避三分，要么干脆麻木不仁。故事的主人公真的很敏感，只有他看见它了，而且还跟它有一定的交流，还四处去找它生存的地方，最后终于找到了。可惜的是，找到了以后，主人公讲，他自己的观察力、感受力也越来越低了。像这类内涵很多的作品，就可以用来讲很多东西。

科幻作品在今天已经变得非常非常复杂，和我们过去说科幻就是一种科技、创新、发明不同。其实，将来如果有机会的话，我们可以把这个作者请来。他的图画书也特别有意思。

郭华：他的画面很好，二维的比例，三维的动画。

四、科幻用于学校教育的理论探索[①]

吴岩：科幻小说的教育理论认为，科幻小说属于科普范畴，写作目的是（或应该是）科学知识的普及。例如，鲁兵在《形式与内容的结合——再谈趣味性》一文中讨论过包含着科幻小说的科学文艺，他认为，一些作者把心思投入到使故事情节动人、构思精巧、人物生动上，却忽略了根本的传播科学知识，普及科学知识，是错误的。包括小说在内的文艺形式必须为内容服务，“做到这样的结合，才能有利于您说的，激发读者的兴趣，启发读者的求知欲，把他们引进科学大门”。在《内容、形式及其结合——就〈灵魂出窍的文学〉一文答友人》中，他再次写道：“‘科学’二字，并非商标，亦非服饰，而是科学文艺的实体。我曾经将它比作‘灵魂’，‘科学文艺失去一定的科学内容，这就叫作灵魂出窍’。”在另一篇文章中，作者也指出：“科学幻想，不是为了猎奇，不是为了逗乐。它应当给广大群众特别是青少年以有益的知识，并开阔他们的思路，更应为当代的科学技术导航。”“极端”教育小说理论的持有者坚持，科幻作品要能够准确地传达现有的、被科学家所认定的确切知识。例如，甄朔南就曾斩钉截铁地指出：“所谓‘科学幻想’，是建立在科学基础上的幻想，因此科学幻想小说首先要尊重不以人们主观意志为转移的科学事实。”在更早的一篇文章中，他还写道：“科学性是思想性的本源。”蔡景峰也在一篇文章中强调，“科幻作品是对儿童灌输科学知识的一种好形式”。章道义、陶世龙和郭正谊等则在他所主编的《科普创作概论》中将包含着科幻小说的科学文艺的第一任务，确认为普及科学知识。

事实上，在中国，最早持有科幻小说科普教育理论的代表人物当推鲁迅。他在 1902 年撰写的《月界旅行·辨言》上指出：“盖胪陈科学，常人厌之，阅不终篇，辄欲睡去，强人所难，势必然矣。惟假小说之能力，被优孟之衣冠，则虽析理谭玄，亦能浸淫脑筋，不生厌倦。”鲁迅的观点在中国各个时期被广泛流传，影响了很多人。

---

① 此段是讲座之后根据资料加入的，这样可以保证资料的完整性。

顾均正是另一位强调科幻小说必须普及科学知识的学者。他在《在北极底下》序中分析了威尔斯的科幻小说和美国流行的科幻杂志，他就此认为，当代的科幻小说空想成分太多，科学成分太少，只有假定的事实，没有科学的根据。但是，科学小说入人之深，也不亚于纯文学作品。“那么我们能不能，并且要不要利用这一类小说多装一点科学的东西，以作普及科学教育的一助呢？我想这工作是可能的，而且是值得尝试的。”强调科幻小说是一种科普读物，希望多多承载科学知识，是顾均正科幻观念的主导和动力，也是顾均正科幻创作的主导和动力。他在期刊上发表选集中小说的时候，甚至增加了一些“习题”。其中一个习题是：“这是一篇小说，当然有许多想象的地方，不合科学，你能不能把它们一一指出来？”由于这个问题让读者对前面的作品大倒胃口，顾均正最终没有将这个习题录入小说集中。在顾均正的科幻思想中，科幻是一个有价值的重要体裁，但是，如果能解决读者不受空想成分吸引这个问题，就更加美好。

叶至善也是持科幻小说教育观的代表。他在《关于〈失踪的哥哥〉的自白》中指出，自己之所以写《失踪的哥哥》这样的作品，是希望采用有趣的形式，向读者宣传科学。“我想把科学技术的所有方面都展现在读者眼前，好让他们各自挑选自己要走的道路。在形式方面，我努力做到多种多样。”与顾均正不同，叶至善不把自己的作品局限在传递科学知识的狭隘路径上，他还希望在科学态度、科学家工作和生活等多方面触及科幻文学。“可是结果我彻底失败了。我着力表现的自然是我的主人公——医生和工程师，可是大多数读者似乎只看到那个失踪的哥哥和他的弟弟；我讲的是关于生命冷藏的设想，可是大多数读者感兴趣的却是弟弟变成了哥哥，哥哥变成了弟弟；我还想向读者灌输一点关于科学活动的基本态度，在这方面，读者似乎一点儿也没有察觉到。”虽然是采用反思的方式，检验自己创作上的失误，但作者对科幻文学是一种教育性文学的看法却清晰地展露出来。叶至善的许多作品在20世纪50年代到60年代脍炙人口，这些作品包括《到人造月亮上去》《没头脑和电脑》《失踪的哥哥》等。

在国外，将科幻小说等同于一种科普教育小说的观点也大有人在，这里不再赘述。

在科幻文学的历史上，有些作品更加具有教育的特征。在这些作品中，最值得提到的，是两位重要科学家撰写的小说，一个是斯蒂芬·霍金与其女儿合著的小说《乔治的宇宙秘密钥匙》，另一个是由乔治·伽莫夫撰写的汤普斯金先生漫游物理学世界小说《物理世界奇遇记》。在《乔治的宇宙秘密钥匙》中，小学生乔治和他的伙伴通过特别的电脑“宇宙”进入了真实的宇宙，就像一次爆炸，突然，他们就站在宇宙之中。对这个最富有想象力的过程，作者几乎没有解释，而且，最终告知读者，这只是一种虚拟的幻象。读这本书的要点在于，小说中充满了有关行星、恒星星系世界的运动和常识。故事中插入了许多真实的星体图片，还有相关的知识卡片供读者获取这些星体的资料。作者在作品中还借助主人公的口，多次对科学到底是什么及其作用进行表达，并力图使读者信服和向往。“科学是一个大词，它意味着利用我们的感觉，我们的智慧，以及我们的观测力来解释我们周围的世界。”“‘是的，’埃里克表示赞同，‘科学是美妙而激动人心的学科，它帮助我们理解我们周围的世界和这个世界所有的神奇。’”

《物理世界奇遇记》讲的是一个银行小职员在百无聊赖中去听了一次物理学讲座，在课堂上睡觉，梦中进入相对论世界后，反而爱上物理学，他一次次地进入这种无聊的讲座中去打瞌睡，不过在每次睡觉过程中，梦境都与课程内容有关。于是，他从相对论的尺缩钟慢世界、平行时间世界、封闭宇宙和弯曲时空，跳到量子力学中不稳定的概率世界，还梦到了宇宙起源。在小说的结尾，他竟然跟物理学家的女儿结婚。小说中除了这些简单的梦游，还有一些章节，题目就是《教授那篇使汤普斯金先生进入梦境的相对论讲演》《教授那篇关于弯曲空间的讲演》《上次讲演中汤普斯金先生因为睡着而没有听到的部分》，这与霍金小说中所给读者的知识卡片如出一辙。但考虑到读者的年龄，霍金以知识碎片的形式呈现给小读者，而伽莫夫则用理论讲演保持知识结构的完整性。这些报告中充满了方程式和无法理解的物理学分析，读者可以想象出报告是如何难懂。阅读者中到底有多少人真正会翻阅这些报告，确实是一个有趣的问题。与霍金的小说出版公司宣传这是一部科幻小说不同，伽莫夫在序言中说：1938 年冬，我写了一篇从科学角度看有点异想天开的短篇小说（不是科幻小说），想给不懂物理学的人解释一下时空曲率和暴胀宇宙理论的基本概念。我决定在做这件事的时候，尽量把实际存在的相对论的现象进行夸大的描写，以便使这篇小说的主人公——一个对现代科学感兴趣的银行小职员 C.G.H. 汤普斯金先生——能够很容易地观察到它们。这是一段非常重要的宣示。作者不但将教育小说的写法和其与科幻小说的区别都有效地呈现了出来，而且还指出从科学角度看，小说也是一种“异想天开”。

有关教育小说的极致性作品，还有一些。这些作品的最大特点是毫不掩饰地将大量“确凿”的科学知识装入一个比较简单的故事框架，换言之，要符合科学普及作品的基本内容要求。

一般来讲，所谓科普作品，指的是一种以科学霸权为中心的大众话语体系。科学霸权是作品的核心，小说中的任何内容或结构，如果跟科学内容之间产生冲突，就必须依从于科学霸权。所以，这里所说的确凿的知识，指的是在小说创作的时代，被纳入教科书或科技手册的内容。而对小说中可能跨越到确凿知识之外的推论，无论这些推论到底来自哪里，都必须小心防范。于是，霍金父女的小说中借主人公雷帕博士之口说道：“你必须学会将科学幻想和科学事实分开。”这样的说法，无论在故事中的什么部分，无论是对怎样的情境所做的反馈，对读者来讲都是一种间离，一种失落，小说作者与读者之间的那种心理上的叙事协议在这里被彻底打破。在小说中，针对科学内容做一些相关的巧妙隐含，也是这类作品常常采取的一个策略。乔治的神奇电脑叫作宇宙，汤普斯金先生的名字和姓氏来源于光速（C）、重力加速度（G）和普朗克常数（H）。虽然这些安排都相当巧妙，但如果不经揭秘，可能无人知晓。所以，这样的谜团到底在作品中起着重要积极作用，还是仅仅为作者自娱自乐的消遣，就很难弄清。最后，故事情节较为简单，也是教育小说的一个重要特点。极致性的教育小说，从来不将叙事部分做更多渲染，对作者们来讲，好像故事太复杂，就会冲淡作品的知识传递作用，这让他们的小说游移在一般科普作品和科幻小说之间。在这些作品中，并不设有未被解释的、跟科学相关的谜团，所有的内容，都被解释得很清楚。但是，虽然没有较强的探究故事发展的压力，在这些作品中，却存在着强大的认知压力，多数读者在阅读中出现了种种类似科学课堂中所遇到的困难。本来是一种流畅的、快乐的阅读，却在知识难题的压力之下，变成了一场可怕的经历。

确实，在科幻文学的领域中，多数作品都没有这样极端化的表现。让我们将鲁迅、顾均正、叶至善等翻译或创作的科幻作品拿来跟上面的作品比较，就会发现太多的差异。鲁迅选择的是两篇凡尔纳的作品：《月界旅行》（《从地球到月球》）和《地底旅行》（《地心游记》）。前者讲述航天技术的未来发展，小说对如何实现这一技术进行了详细描述。虽然到 20 世纪 60 年代末美国国家航空航天局成功地实现"阿波罗计划"之后，人们清晰地发现，凡尔纳小说所谈论的航天项目，与今日的登月项目有诸多相似之处，航天炮弹的速度，飞船可能遇到的超重、失重，严寒状态，起飞和降落地点的位置，甚至飞船乘坐的人数等，都与今天的飞行相差无几，但仍然能从人文化的设计上，看到该作品的那种强烈的人文追求掩盖了对科学知识准确性的追求。而后者有关地球内部的考察，借用了生物进化论、古生物学和地质学等方面的知识，几乎无法从故事中抽离。此外，就连作者所依据的"空地球"理论，在当时也不是流行范式科学的观点。顾均正的小说虽然确如他自己所说，是一系列扎实的科普作品，在短篇集《在北极底下》中的三篇故事都详细谈论了科学原理，这些原理涵盖了从阈下心理学、催眠学习、社会心理学到电磁原理、地球磁学、普通化学方面的知识，故事中还插入了方程式和天线的类型图画，但小说仍然有许多内容，只能算是根据科学理论所做的推测，例如，催眠学习就从来没有被试验证实过。只有作者创作的第四部小说《性变》，完全是聊斋志异类型的，通过喝药转变人的性别，离当代科学的实践相距太远。等到了叶至善的《失踪的哥哥》，虽然作者详细谈论了与低温生物学相关的一些科学内容，但读者能看到的，仅仅是水结冰会膨胀这样一点点中学课本中的常识。而小说所描述的生物冷冻技术，直到作品发表后的五十年之后，仍然存在于想象的空间。可见，囿于作者的知识水平、专业水平和个人见闻，上述论者或作者所选择或创作的教育小说，并没有达到他们自己对这类作品所提出的要求。但他们的作品在读者中，却被认为更像科幻小说。换言之，对上述三点特征的背离或 / 和弱化，才是走向真正科幻空间的一个重要标志。后面所提到的这些作品，其共同特征是科学知识无论从数量还是质量上都趋向减少，而叙事和故事成分无论从数量还是质量上都倾向于被加强。凡尔纳的小说和顾均正的小说都是惊心动魄的故事，而叶至善的小说也充满了悬疑。

事实上，任何一种科幻小说都可以进行科学教育，并不需要作品严格展示现有科学成就。第一，科学知识的投放也是一种索引，引导人对相关领域和问题的兴趣，从而促使人们建立兴趣，寻求更多讨论与科学相关的问题。因此，正确与否并不重要，重要的是投放。美国天文学家卡尔·萨根就曾经提到，最终他不但成为一位天文学家，专门研究包括火星在内的行星，还创作了长篇科幻小说《接触未来》，力图将自己的科幻梦想传递给下一代。第二，科学是一种人类活动，只要这部作品涉及了人类活动，就已经成为讨论科学和相关问题的一个引子。科学活动造就了当代社会，也造就了当代人。特别是在今天，这个世界上再也找不到一个地点能排除科学活动及其影响。因此，让读者更多关注科学家、关注科学行为，是对这个社会的一种关心，是强化公民行为的一种体现。第三，在苏联和中国等社会主义国家都曾经出现过这样的论点，即科幻文学要能展现一种未来新人的风貌。这样的展现，其本身就是一种理想主义的人格教育。在西方，认为文学作品在构筑新人和新社会的观点也不在少数。英国作家 C.P. 斯诺就曾在自己的《新人》中塑造了掌握当代科技、不墨守成规的未来科学家的形象。第四，科幻小说中保有的种种跨界的想象力和创造力，可以极大地开放人的思想，而思想解放和创造力才是人类生存的保障，这也是自启蒙以后，人类获得的所有成果的根本来源。“科幻小说，至少它的一些重要组成部分，是一种‘另类’文化——科学和技术文化——的文学。它的读者总是不仅有科学家和技术人员，也有寻求消遣的普通公众。它把前者的体验和思考传达给后者，它也向那些仅仅是被动地参与日益机械化的社会的人阐述了科学家的世界观”。

确实，科幻小说用于科学普及或科学教育不是一个知识准确性的问题，科学是一个丰富的概念，既有知识含量，也有科学探索作为一种人类活动的成分，更有一种求实探索的精神。因此，科幻小说的教育理论的偏颇之处在于，它不适合地将科幻文学与科普读物等同，没有认清文学作家的主要价值到底在哪里。当然，在这样的大的判断之下，并不反对科幻小说可以用于教育，在如何使用科幻小说完成科学教育方面，至少应该做到如下几个方面。第一是选择恰当而优秀的作品，这样的作品不在于知识的准确性，而在于作家是否传达出某种对读者的吸引力和认知的提示力。第二，做好读前读后的引导也很重要。科学教育的对象是少年儿童，对他们的诱导必须遵循科学教育的基本原则。第三，可以提供更多相关科技资源，供深入阅读、观摩或实验。第四，在使用科幻文学进行科普和科学教育时，要提倡讨论和多元思考，反对单一结论。第五，科幻文学特别适合于了解科学家的生活，对如何评价这种生活，可以提出很多讨论的主题。第六，科幻文学由于内容复杂，特别适合于教授学科跨界和学科交叉相关的问题。

但是，如前所述，科幻的科普教育理论只能关注科幻文学的一个小小侧面，而科幻文学还有更多侧面，不是科普教育所能涵盖的。因此，科幻的科普教育理论在国际科幻研究领域受到的关注不大，反而是中国或其他第三世界国家科幻研究者对此特别关注。个中原因，可能与这些国家正处在现代化进程的初期阶段有关，也可能跟当前国际科技发展和现代化进程的不平衡性有关。

五、科幻怎样进入课堂教学？

吴岩：由于现在的科幻作家都是占据边缘地位，和过去想用科幻去普及科学知识其实是不一样的。在科幻作品和学校教育上，我想谈几个方面。第一个方面是从作品的特点看科幻怎么进入教学。第二个挺重要的方面就是教师。搞科幻教学要是能找到好的教师就能做，找不好教师就不能做。然后是评价问题。

1. 教学问题

科幻很复杂，它里边是有认知性的，是讲科学原理的。特别是像有些作品，它里边有丰富的科学内涵。比如霍金和他女儿合写的《乔治的宇宙秘密钥匙》。讲有一台电脑叫宇宙，在这台电脑运转得特别好的时候，砰的一声就像发生了爆炸，然后突然你就站在小行星上了。这个故事就是讲班里的同学怎么拿到电脑，然后等到电脑砰的一声看到了什么。然后，书上就出现了一个被隔离的文字区域，是个教科书中常见的文字方盒，中间写了火星离地球多远，它的周长是多少，核心是什么构造……这里其实没什么故事情节。但是，纳入科学教育是可以的。那它的价值在哪儿呢？我们现在有科学教育啊，我们自己也可以做啊，完全不用霍金来做嘛。我感觉它可以改进传统的课堂教学。传统的知识教学太理论化，和现实之间的接触太少。老师就可以去试验怎么能够通过科幻作品让知识教学活起来。用这个作品引入，就能让学生喜欢，前面的故事也能让课堂活跃。

人民大学附属中学一个副校长带领两个老师开设一个科幻物理学课程。我去看过，听了好几次课，它这个课很有意思。初三、高一、高二可以选科幻物理学，但同时还要修物理课，这两门课同时进行。第一次课讲超人，他就放了一段视频，两个老夫妇开着车，小超人经过，夫妇把这个孩子收养了。正准备开车走的时候发现车不能开了，要换轮胎，但是没有千斤顶。结果这个大概四岁的小超人一下子就把车举起来了。这个老师就提问题说这个超人的力气有多大。其实可以建一个直角三角形的分析模型，然后就可以算出小超人的力气，得出结论说超人的力气是 10^7 牛顿。同学自己建模，建模以后根据合适的模型去算出一个结果。为了巩固这个知识点，我第二次去上课的时候，那老师又放了另外一个视频。就是超人长大了到一个报社去工作，有一个坏蛋来了以后，把报社顶端一个巨大的球体推了下去，大家都在躲那个大球，不然会被砸死。这个时候，超人从远处看见了这个情况，他就一下子穿透那个建筑，跑到前面把这个球接住了。老师就问，从这里可以看出超人的力气有多大？这个要怎么看呢？同学各种观点都有了，那这个课堂就很活跃了。最后大家建立了不同的模型，老师再做点评或甄别。最后老师说应该用自由落体定律。球从屋顶落下来，落下来的高度可以数窗户的个数，然后就可以知道。但整个楼有多高？老师提示说，这个是芝加哥一栋真的楼，可以去网上查它有多高。这样的话就知道了下落的高度，下一步就要知道球的质量有多大。电影中有一个细节，可以看到超人的手扣住这个球，这个球基本上是金属造的，而且金属球的直径大致跟超人手的宽度差不多，根据这些你就可以估算出球的质量。用自由落体定律一算，就把超人的力气又算出来了，是 10^6 牛顿。看来，随着超人年龄的增大，它的力气在不断地变小。这个结论和物理无关，但是和科幻有关。这样学习，孩子们就会觉得很有意思。这个老师还在《超人》里选材做了其他的许多教学实验，我看了以后就觉得，原来知识教学可以用这么一种很合理的方式把它和现实之间建立起联系。我这个人物理学考试成绩很好，但电灯坏了也不会修。为什么？学的知识和现实无关！这是第一个例子，在对传统知识教学的改进上，科幻作品可以提供一个很好的引入。

科幻总能提出一种陌生化的东西。用科幻作品来做科学教育，要抓住科幻作品是以创意为核心这一点，这种创意会激发人的创造性，而科学是有创造性的。

举一个例子，就是美国作家Greg Bear(格里格·贝尔) 写过一个作品叫《血的音乐》(*Blood Music*)。它是讲发明了一种小的纳米机器人，这种纳米机器人像血细胞，但比血细胞小很多。大家都知道纳米级是很小很小的，那它用来干什么呢？就是用来打进人体，用来改善人的生理状况。刚把纳米机器人打进人体内以后，它做的第一件事就是探测一下血糖、血脂、血液黏稠度等，然后探测大脑里的血栓、体内的酸碱平衡，一发现有不对劲的地方，它就开始治理。由于在人的身上不是打一个纳米机器人，而是打一串进来，经它治理两三个月以后，人的身体各部分就都调节得特别好，你感觉到上下班走路都神清气爽的，感觉思维也特别清晰，腰也不疼了。这个机器人在里边还会相互接触繁殖，进一步跟人体建立联系。所以到小说的结尾，它就和人的神经系统建立了联系。你想想，这个小机器人在你的身上不断繁殖，繁殖到几百、上千、上万个，可能上亿个，再加上最后和你的大脑都建立起了联系，你的智力最后就扩展到超人的水平了。这只是在一个人的身上做的改进，而每个人身上都做改进，那会是怎么样的一种状况？整个世界就完全变了模样。所以像这种作品，你就可以发现它的这种创意核心是非常好的。如果你在生物学的课程里，在物理学纳米的课程里，在创意的课程里讲到这些东西，就会引发学生的思考。你只要提一点，然后问学生还有什么可能性，或者说我们不做纳米机器人，而是放另一种东西在身体里面会怎样，这就给学生们提供一种非常好的引子。

我在2007年的时候去日本参加国际科幻大会。日本有一个老师也是作家，他在大学里教书，他基本上就用这种方法。就是把作品的开头交代给学生，甚至他还用武侠小说来做，因为武侠小说里边也经常有奇怪的花、奇怪的动作，然后想改进成什么样就会怎么样。这就成了一个推想，让想象往前的过程。而咱们现在的学生是，老师教给学生 1，然后老师告诉学生 2、3、4 是它的结果就结束了。因为要考这个，所以就背这个。然后，所有可能的 5、6、7……学生就都不管了。实际上就是把知识局限住了。我们就想，能不能通过科幻小说再把它推到远方？这是我要说的，科幻是知识创意的发源地。

还有个要讲，科学是在社会中运行的。前段时间，我请清华大学的刘兵老师做了科学教育的讲座，他说现在最重要的，是告知学生科学联系着社会问题，像福岛核电站就是一个很重要的例子。中国大连的一个化工企业发生了一个事，大浪把防潮堤冲垮了，冲到那个化学品，而那个化学品会对人的身体造成影响。这就是社会问题。这些科学问题不放在社会范畴考虑，而只考虑它的科学本身或能带来多少收益是不对的。像只考虑现在的高铁能够有多少收益，GDP 增加多少，但却没有想到有那么多连带的问题在里边。韩松的《地铁》是 2011 年初出版的，它就是讲地铁开太快以后就出问题，小说推到结尾的时候已经不知道这是什么社会了。这个小说写得有前瞻性，写的就是高铁的这个事。

韩松写了好几本小说，比如《红色海洋》。《红色海洋》写的什么？就是写未来已经完全不行了，空气污染得很严重。最后人全部跑到海里去生活了，就是未来水世界。但是到海里面，食物很少，那靠什么来维持生存呢？就靠互相狩猎，就是我这个部落要抓你这个部落的人来吃，然后每个人都没有安全感。小说的中间有一部分讲一个人好不容易当了头儿，就被别的部落的人杀掉了。就成了这么一种原始社会，当然这是讲的未来世界。最后他讲怎么去解决这种未来。这个小说很有意思，我就不说了。它里边有一个时间悖论。最后他讲的结尾，关于我们真正的未来讲的是什么呢？变成了一个非常亲密的世界，然后会发生什么呢？郑和下西洋。郑和开着船队，那时候天空是蓝的，水是蓝的，世界等待我们去开发。《红色海洋》讲的就是这么一个故事，它里边很复杂。我有一个学生写的硕士论文就是专门写的韩松的《红色海洋》。他这本小说出版以后，过了两年左右，英国有一个作家写了一本书，在世界上很有名，叫《当中国统治世界》（*When China Rules The World*）。内地简体字版是删减版，香港繁体字版是全的。它就是讲现在的世界是美国主导，美国主导世界基本上是按照西伐利亚体系。这个体系是现代社会以后，国家之间互相竞争产生的。说随便点，按照这个做法，如果我打过你你就割地，从你那儿拿经济好处，这是西方的法则。将来中国要真成了崛起的大国会是怎么样的？它这本书最后就认为，中国会选取以往历史上被认为有效的管理方式治理世界。

一个老师：这个讲得还真有道理。

吴岩：讲得有道理是吧？我再讲一个更早的小说。韩松在 20 世纪 90 年代的时候写过一篇小说叫《2066 年之西行漫记》，它的副标题叫作《火星照耀美国》。原来《西行漫记》是"红星照耀中国"，这个是"火星照耀美国"。在这个作品里边，他就写过世贸中心被袭击。

一个老师：什么时候写的？

吴岩：20 世纪 90 年代末。我记得当时是我约的一套书，就是写 2066 年世界会怎么样。最后我的书系没出成，因为就韩松一个人写了，别人都没写，然后他自己就找了一个出版社出版了。《2066 年之西行漫记——火星照耀美国》马上要重新出版了。那么我们想想，像这种作品为什么能够有预见性？最主要是它考虑到人文，考虑到科学放到世界的体系里边会怎么样。而科幻作品确实有利于我们去考虑这些。

人类面临很多跟科学相关的决策问题。比如说那天我请刘兵来，刘兵是在清华搞科学教育的，也是现在最重要的科幻作家之一。有人问他，到底该不该吃转基因食品，好不好？因为现在大豆是转基因的，木瓜很多也是转基因的。欧洲人认为转基因这个问题很严重，因为转来的基因是自然界没有的基因。比如把老鼠的抗病性转到木瓜里边，自然界里并没有这个基因。而你吃了、消化了这个木瓜，就把这块基因嫁接到你的身体里了，而过去我们吃过的东西自然界里都有。所以，我们会有一种感觉，就是你不知道吃了转基因的食物，身体会不会有什么变化，会不会生病。为什么有人反对转基因，就是这个原因。最后刘兵说，我们回答该不该吃这个问题的时候，应该通过科学教育把所有的可能性告诉大家，然后由你自己决定吃不吃，这样才是真的考虑科学对社会的影响。如果我告诉你吃，或者告诉你不吃，都是不对的，因为我替你做决策。而我替你做的决策很可能就是错的。你自己要对自己负责。未来的科学教育就是要教人有判断力、决策力，所以我觉得科幻作品是可以给人带来这个品质的。

刚才我讲的是怎么把科幻作品纳入科学里边。其实科幻作品不单单可以纳入科学作品，还能纳入语文教学。我的案例就是重庆的一个小学校长跟我们讨论，特别小的孩子，比如说小学低年级的学生，你让他写作文，写我的爸爸，写看到的一朵花，它确实比较难。你别看现实生活是感觉经验，但是小学生确实写不出来。但是他有一个发现，就是让小学生写他脑子里的幻想，写一个你想象的明天世界怎么样，他们能写好多。他们学校现在就是在实验，看能不能先从想象力作文开始，先从科幻这种作文开始，然后逐渐要求孩子们去观察生活，把某一部分生活写进作文。我觉得这样一种替换、一种尝试，将来是有前途的。

再有一个，科幻作品里有时候能提供一些很独特的东西，比如，语言文字的价值。我们现在很少讲一种语言、一个文字的价值。中国文字很伟大，它是象形文字，它像太阳，像月亮。我就想讲一下《你一生的故事》，它是美国的华裔作家特德·蒋写的。这个作家非常有水平，他到现在只写过 9 篇小说，都是中短篇小说。他每两年发表一篇，只要一发表，绝对得奖。他是个电脑工程师，我们 2007 年在日本见了他，就聊了聊。他每次写一篇小说就写一个学科。他最有名的小说叫作《巴比伦塔》，写的是造巴比伦塔。他把它完全视觉化了。《巴比伦塔》讲的是摸月亮，最后由于语言不通就倒了，总也造不成。

郭华：这是两种说法。一种说法是人们想建巴比伦塔，深入云端跟上帝对话。但是耶稣说我们把语言打乱，语言乱了它就建不成了。因为语言不通，所以老是建不成。最早大家商量要造巴比伦塔的时候，人们的语言是一样的。后来耶稣说不行，还是要让他们在各地分散居住，让他们的语言不同，这样就永远也建不成了。

吴岩：您说的这个是对的。巴比伦塔本身就是建造不了。但这个作品竟然写怎么造巴比伦塔！为了建塔就必须搭脚手架，所以，围绕这个塔，搭了一圈转着的脚手架。这个脚手架搭建的道路非常宽，因为车得上去运砖头，所以脚手架要多宽是要计算出来的。当时是推着车上去的。一定的高度以后，砌墙的工人如果把砌墙刀给掉下去了，这把刀要几个月才能掉到地面。那等着送上来新刀的这几个月里，砌墙工就白吃饭不干活了。而且旋转上升的路太长了，走到哪儿都得有一片居民区，得让他能洗澡、吃饭、休息啊。小说整个儿就写造巴比伦塔，最后一直摸到了天上，完全把作品视觉化了。

特德·蒋的《你一生的故事》讲的是来了个外星人，他们有一种自己的语言文字。而这种文字就一个字。就是我给你写一个字，这一个字里边就包含了我要告诉你的所有事，包含了这件事的过去、现在和未来。你能想象这么一个字吗？其实它就是以汉字为模板的，这儿多一块，那儿少一块，因为西方是拼音文字，不可能是这种象形的。这个作品很有意思，可以让我们去重新观察我们的文字，看看它的魅力在什么地方。一旦给学生看了这个作品以后，老师就可以拿出一个一个中国字来让学生看，看字里边给出的信息是什么。

其实研究文字是很有意思的。20 世纪三四十年代，艾伟就做文字改革实验。当时他做了一个实验，看怎么简化汉字。他把一个汉字先放在田字格里，写有字的田字格被平均分成四份，他请大家根据每个四分之一去猜，看它是什么字。最后你就可以发现这个字中哪个四分之一最重要，信息量最大。哪一部分是其次的，哪一部分是最不重要的。结果他发现，其实左上角的那一块最重要，所以在简化汉字的时候就要特别小心，这一块就不能简化，因为这一块是去预测这个字的最重要的地方。但是后来我们简化汉字完全不根据这个科学的做法。讲远了，回到刚才讲的，科幻作品可以增进语文教学。

那么政治教育呢？当然也可以用科幻作品来教，因为科幻作品就是乌托邦作品。科幻作品提出了太多可以讨论的社会形态。刚才我讲的马克思主义在威尔斯的《时间机器》里被写得很形象，工人阶级、无产阶级、资产阶级最后都变成什么样了。还有苏联的一系列科幻小说，写共产主义的未来是什么样的。那么，还有没有不理想的社会形态？当然有啦。我们有一系列的反乌托邦的小说，像《1984》《华氏 451 度》。西方的反乌托邦有三部曲：《我们》《美丽新世界》和《1984》。如果用这些作品来做政治教育，能告知孩子我们想避免什么。

我想，还有更多的其他学科、其他地方，科幻作品都是可以融入的。

近几年越来越感觉，包括我们做一些企业咨询的感觉，创造力不是说谁有谁没有，它是谁都有的。好多企业，只要建议它们稍微把管理的模式放松一下，创造力马上就出来了。这说明，没有创造力主要是因为做很多事不被允许。比如在北师大，如果你非得要我按照校长说的那么做的话，那我以后就都只会按校长说的做了，创造性就没了。所以现在越来越多的企业在做咨询的时候，我们就建议他们让政策富有弹性。科幻能给学生建立弹性空间。

通过科幻文学来发展批判性思维也是非常好的一件事情。你把批判纳入科学教育里，在科学教育里去教批判，是不会受到反对的。可以把在科幻里建构起来的批判能力再拿到社会生活中应用，我认为批判性思维就应该从这儿开始。

科学与社会关系、科学工作作为一种职业，这些概念的建立，都可以通过科幻来实现。科学家本身是一种职业，这种职业是一种什么状态，可以通过科幻作品来教。作品里边的科学家都是活生生的，我们也可以进行讨论。在 20 世纪 50 年代的时候，科学家都是“动脑筋爷爷”，大胡子，是伟人，现在科学家给人的刻板印象是傻博士。但这些都跟真实的不同。科学家还有很多问题，比如剽窃，这些就可以通过作品来反映。总之，要让学生能够清楚地认识这种职业，以后谨慎选择职业。这是科学教育的一些内容。

2. 教师问题

吴岩：最重要的就是教师。因为我们到许多学校去做相关工作的时候，发现得先给教师做培训，让老师知道有哪些科幻作品是比较难的。大规模地做几次报告，老师们还是不知道。所以就得找真正喜欢科幻的老师，像钱莉芳，她就很了解科幻，她本身也是作家，也写科幻。让她来做的话效果一定很好。像北京还有个郑重老师，他是作家，且曾经在中华女子学院工作，你让他来做科幻教学就很恰当。

教师对科幻要有个总体的把握，因为它不像某些学科，就是这点知识，就只要搞通这点知识就行了。科幻教学是开放的，有的时候你还要去平衡多个知识体系，并在其中游走。

做科幻教师要有民主风格，得允许学生发言，允许学生创意，而创意的最大的敌人就是否定。说这个不对，那个不对，只要这么一说，学生会说那以后要小心了。咱们中国学生是最懂得怎么小心的，到国外以后也是非常小心。我就发现，外国学生问的问题有时候你会觉得有些蠢，但是他们没有这个概念，他们问什么都行，而这就是对创意的一个促进。

老师还要熟悉电脑技术。人大附中那几个老师把电影切成很短的片段，从第几秒到第几秒，他们下了很大的功夫，编好以后给学生看。另外，老师要会处理课堂发生的种种现象。有时候，学生的有些创意你不能够判断，那你应该给他一个怎样的回馈？

另外，我感觉团队是很重要的。人大附中是由副校长领衔，那位副校长就是物理老师，而且英语很好，带着两个年轻老师组成一个团队。

要做这种课还需要点科研能力。2011 年，我成立了一个科幻与科学教育研究中心，想在两年左右的时间内出点成果，之后开个国际会。因为这些年在国外也见了好多人，而且也想把科幻做好了，就想着能成立一个中心，做出一些成果。如果各位老师将来在你们的学校里做出东西来，就可以在会上做一个重要发言。我在国外的几次会上讲科幻，他们也很有兴趣。因为他们觉得科幻在中国就很特别，把科幻研究得这么认真，又把它引入课堂，确实吸引人。

3. 成绩评价问题

吴岩：最后讲讲评价。如果用科幻来学习知识，是可以评估的。国外也做过评估。有一个人做了一个实验，很有意思。他给一组学生看科幻小说，给另一组学生看科普读物，看完以后当场做评估。既评估学生知识的获取情况，又评估学生的记忆。过了一周以后再评估。第一次评估的时候，你会发现看科普读物的学生比看科幻读物的学生水平都高。因为在科普读物里，知识都直截了当地告诉学生了，学生只要记忆就行。但是过了一周，你会发现读科普读物的那一组学生跟读科幻小说这一组的差别逐渐减小，而且诸如科学与环境的关系，即它的语境关联性方面，科幻比科普还好。为什么？因为它可以让人通过情节把知识记住。

顾均正是一个著名教育家，原来跟叶圣陶在一块儿搞开明书店。顾均正在 20 世纪 30 年代写过科幻小说，他写的全是科技，甚至文章里还有方程式。

比如他的《伦敦奇疫》，讲伦敦的奇怪瘟疫。有一阵伦敦人突然得怪病，症状是身体溃烂，要是不穿衣服就会溃烂。最后研究了好长时间，才发现伦敦是雾都，水蒸气多，伦敦又是工业城市，空气污染严重。NO（一氧化氮）和水蒸气里的水结合变成了硝酸，强酸腐蚀人的皮肤，造成溃烂。他这小说里就有方程式。你讲方程式，可以让学生去探索这些东西，跟故事结合之后，更容易记忆了。

对学生的科学情感、科学态度可以做一些评价。还有刚才我讲的批判性思维、创造力，都可以评估。所以，这几年国外有的文章就把科幻放在公民教育里边。

郭华：感谢吴老师，我们就先讲到这儿了。吴老师的新浪博客是“幻想的边疆”，新浪微博是“作家吴岩”，欢迎大家登录吴老师的博客和微博当粉丝。

参考文献

著作：

[1] 鲁迅．鲁迅全集：第十卷 [M]. 北京：人民文学出版社，1981.

[2] 叶永烈．论科学文艺．北京：科学普及出版社，1980.

[3] 王泉根．现代中国科幻文学主潮．重庆：重庆出版社，2011.

[4] 王德威．想象中国的方法：历史·小说·叙事．天津：百花文艺出版社，2016.

[5] 张治，胡俊，冯臻．现代性与中国科幻文学．福州：福建少年儿童出版社，2006.

[6] 陈洁．亲历中国科幻：郑文光评传．福州：福建少年儿童出版社，2006.

[7] 牛月明．中国文论构建研究：因情立体，以象兴境．北京：中央编译出版社，2012.

[8] 章道义，等．科普创作概论．北京：北京大学出版社，1983.

[9] 达科·苏恩文．科幻小说变形记：科幻小说的诗学和文学类型史．丁素萍，李靖民，李静莹，译．舒伟，校审．合肥：安徽文艺出版社，2011.

[10] 达科·苏恩文．科幻小说面面观．郝琳，李庆涛，程佳，译．合肥：安徽文艺出版社，2011.

[11] 武田雅哉．桃源乡的机械学．台北：远流出版事业股份有限公司，2011.

[12] 林久之．中国科幻文学馆（下·第一章）// 武田雅哉，林久之．中国

科幻文学馆（下）. 日本：大修馆书店，2001.

[13]Ray Kurzweil. 奇点临近 [M] . 李庆诚，等译 . 北京：机械工业出版社，2011.

[14]C.P. 斯诺 . 两种文化 . 陈克艰，秦小虎，译 . 上海：上海科学技术出版社，2003.

[15] 迈克尔 · 波兰尼 . 个人知识：朝向后批判的哲学 . 徐陶，译 . 上海：上海人民出版社，2017.

[16] 唐纳德·舍恩 . 反映的实践者：专业工作者如何在行动中思考 . 夏林清，译 . 北京：教育科学出版社，2007.

[17] 托马斯 · 库恩 . 科学革命的结构 . 金吾伦，胡新和，译 . 北京：北京大学出版社，2003.

[18] 朱丽·汤普森·克莱恩 . 跨越边界：知识·学科·学科互涉 . 姜智芹，译 . 南京：南京大学出版社，2005.

文章：

[1] 饮冰.《世界末日记》译后语 [A]// 陈平原，夏晓虹. 二十世纪中国小说理论资料：第一卷（1897—1916）. 北京：北京大学出版社，1997.

[2] 顾均正 . 序 // 在北极底下 . 上海：文化生活出版社，1940.

[3] 于润琦. 我国清末民初的短篇小说（代序）[Z] // 于润琦. 清末民初小说书系. 北京：中国文联出版公司，1997.

[4] 黄锦珠 . 论吴趼人的《新石头记》// 林建群 . 在经典和人类旁边 . 福州：福建少年儿童出版社，1996.

[5] 任冬梅 . 幻想文化与现代中国的文学形象 . 广州：羊城晚报出版社，2016.

[6] 郑文光 . 少年儿童科学读物的创作问题 . 读书月报，1956（7）.

[7] 赵世洲 . 儿童科学读物要通俗又有趣 . 光明日报，1956-06-01.

[8] 王国忠 . 科学文艺读物创作中的一些问题 . 儿童文学研究，1957（6）.

[9] 哈经雄 . 谈儿童科学文艺创作中的几个问题：读十年来儿童科学文艺

作品札记．华中师范学院学报，1959（1）．

[10] 秦牧．自然科学、文学、儿童读物．作品，1960（6）．

[11] 苏淑南．繁荣少年儿童科学知识读物创作．儿童文学研究，1960（11）．

[12] 叶至善．《失踪的哥哥》的自白 // 竖鸡蛋和别的故事：叶至善科普文选．上海：少年儿童出版社，1988.

[13] 萧建亨．试谈我国科学幻想小说的发展：兼论我国科学幻想小说的一些争论 // 黄伊．论科学幻想小说．北京：科学普及出版社，1981.

[14] 童恩正．谈谈我对科学文艺的认识 [J]. 人民文学，1979（6）．

[15] 童恩正．创作科学幻想小说的体会 // 科普作家谈创作．北京：地质出版社，1980.

[16] 叶永烈．代序：中国科幻小说发展简史 [Z] // 叶永烈．大人国．福州：福建少年儿童出版社，1999.

[17] 王富仁．谈谈科幻小说．文学评论家，1992（4）．

[18] 郭建中．中国科幻小说盛衰探源．杭州大学学报（哲学社会科学版），1992（1）．

[19] 刘兴诗．幻想，从现实起飞 // 赵世洲．科幻小说十家．郑州：海燕出版社，1989.

[20] 黄海：科幻文学解构．新北：黄炳煌出版，2014.

[21] 金元．美国科幻反恐在行动 [N]. 北京科技报，2007-06-11.

[22] 于中宁，李逢武．钱学森同志谈科教电影．电影通讯，1980（13）．

[23] 卢钟录．创造社会主义科学文艺：访钱学森同志．科学时代，1981（3）．

[24] 施同．科幻作品中的精神污染也应清理．人民日报，1983-11-05.

[25] 炳灵．科学幻想不是想入非非：披着科学外衣的精神污染．中国教育报，1983-11-10.

[26] 冯凤．科学幻想小说创作的歧途：评科幻小说中的一些不良倾向．文汇报，1983-11-23.

[27] 郭正谊，赵之．当前我国科幻小说争论的我见．光明日报，1983-12-05.

[28] 尹传红．科幻院士潘家铮：院士写科幻如教授卖扒鸡．北京晚报，

2008-02-02.

[29] 鲁礼敏．潘家铮现象研究．北京师范大学硕士学位论文，2009.

[30] 杨献益．儒勒·凡尔诺的科学幻想小说．世界文学，1959（5）.

[31] 吴定伯．美国科幻定义的演变及其它 [A]// 吴岩．科幻小说教学研究资料 [Z]. 北京：北京师范大学教育管理学院，1991.

[32] 王建元．《科学怪人》180 年：典范转移·女性主义科学·文化研究 [J]．台北：幼狮文艺，1998（8）.

[33] 费明君．译后记 // 阿·托尔斯泰．加林的双曲线体．费明君，译．上海：泥土社，1952.

[34] 王石安．译后记 // 伐·奥霍特尼柯夫．探索新世界．上海：潮锋出版社，1955.

[35] 胡捷．论苏联科学幻想读物 [A]// 黄伊．作家论科学文艺 [C]. 南京：江苏科学技术出版社，1979.

[36] 托马斯·斯特提亚．作为思想实验的科幻小说．科学文化评论，2008（5）.

[37] 施羽暇．英美两国人工智能战略比较研究．北京：人民邮电出版社，2017-05-18.

附　录
我的学术生涯

本文是为即将创刊的《中国科幻评论》第一期撰写的文章。该刊为四川大学文学院与《科幻世界》杂志共同主办，2020年正式出版。

1978年5月2日，我以《别具一格——读叶永烈的科学文艺作品》为题，在《光明日报》第四版发表了自己平生第一篇文章。没想到这篇文章成了我后来长期介入科幻批评和科幻研究的一个先兆。

我是在小学阶段开始对科普和科幻作品感兴趣的。那个年代能找到的科普书不多，有小朋友拿着的也都被翻得很烂。如果他们能借给你，通常也约定一个很短的时间，因为其他人还等着看。我姑姑当时是北京市第117中学的教师，她能去被封闭的图书馆偷偷借点书出来。我等她儿子——我的表哥读完了，就借来读读。这里最让我喜欢的是苏联作家伊·尼查叶夫的《元素的故事》。那真是故事，科学史的每一章每一节都是故事叙事，我发现我更喜欢纯粹跟物质世界打交道的科学探索，而不是道德人伦这样的人际关系故事。我一生都在读这类读物。当时我在北京灯市口小学读书，教授常识课的教师叫宝习珍，是个戴着厚厚眼镜、有白色眉毛的老人。宝老师那时候跟太太和孩子合不来，常常被赶出来住在办公室。我呢，就借故去他办公室请教，一来二去，成了他那里的常客。他那里的几个柜子里面，有各种常识课使用的仪器，发电机、电动机、一些昆虫标本、一些书。我替他擦拭和打扫柜子，这样就能触碰这些东西。找他借书，是每一次离开时必须要做的。在这些书中，有《一颗小水滴的旅行》，还有《燃烧以后》。跟着小水滴上天入地，给我一种脱离了自身、行走在自然中的感觉。而《燃烧以后》让我认识了叶永烈。

叶永烈在那个年代是给我印象最深的科普作家，“文革”前我读到的书中，数他的名字最响亮。《燃烧以后》是关于化学史的，跟《元素的故事》异曲同工，当然我觉得它还没有能胜过《元素的故事》。即便如此，我也已经很满意。为了让这本书永远在我这里保存，我决定进行抄写。我一生里只抄写过这本书。

作为叶永烈的忠实粉丝，我买过他的好几本书。他是“文革”后期就开始恢复创作的少数作家之一，粉碎“四人帮”以后，他的创作兴趣转移到科幻小说上，写出了《世界最高峰上的奇迹》等许多激动人心的作品。我的那篇文章就是对叶永烈科学童话、科幻小说、科学小品的阅读分析，观点很幼稚，但情感很真切。

多年之后，我在课堂上还会常常跟学生说，写作最重要的是独立的感情和自主的判断。还有，想要成为一个作家或者研究者，需要的是无畏、勇敢。无知者无畏，我根本不知道投稿意味着什么，就把自己的读后感放入信封投到了《光明日报》。而这个投稿遇到了拨乱反正，国家希望大力发展科学文艺的时候，我的文章很快便被编发在一个呼吁繁荣科学文艺和儿童科普的专版上。如果没有这次不知深浅的冲动，今天我跟科幻理论和批评的关系可能完全是另一副样子。

那个年代，我是科普和科幻作家的狂热追星族，是高士其引荐我认识了叶永烈，郭以实引荐我认识了郑文光。有关这一段的具体情况，我已经在其他文章中回忆过。总之，在一个科普科幻繁荣的大潮中，我有机会把过去曾经见过的科幻大家一个一个地熟悉起来，我自己的两个科学小品和第一篇科幻小说也在1979年得到发表。

在郭以实的提名下，我参加了1980年在哈尔滨召开的中国科普作家协会“科学文艺”和“少儿科普”两个专业委员会的年会。在会上，我提交了一篇论文《试论本格派科幻小说的分类》。写这篇论文是因为我刚刚读到日本推理小说有本格派和社会派两种，觉得可以很容易地将科幻小说也这么进行区分。我所谓的本格派科幻小说，跟后来王晋康提出的核心科幻有点类似。在阅读上，我们这些科幻迷当然是认准核心，对外周都是看不起的。但我的本格派覆盖特别广泛，反乌托邦、纯粹的哲学推演故事都算在内。我一共提出了六个类型，有什么探险类、社会类等。我用汉语拼音字母对这些作品进行缩写标识，然后在自己的每一本科幻作品集中给每一个作品做标志，发现没有一个能逃出我的分类。

这篇文章没能在会议上安排发言，但郑文光说可以在分组会上谈谈。他还一眼就看出了这个名称跟日本推理小说分类有关。从此时我开始知道，把其他领域的理论和方法放入我自己的领域，可能获得有意义的效果。我后来指导研究生做论文的时候，也常常引导他们这样试试，我觉得对于硕士论文来讲，这个方法既能保证应达到的理论深度，也能保证在撰写的时候有大量的前期工作可以参照。

在20世纪70年代末到80年代初，我的人生目标是当一个跟叶永烈一样的优秀科普作家，但科幻是我的重点。因为在所有科学文艺作品中，这种类型让我读起来心潮澎湃。我四处寻找科幻作品，新书旧书一概收入，科幻的期刊更是不能逃出我的法眼。我开始追随科普方面的会议，从会上认识我敬仰的作家。很快，郑延慧、余俊雄、冷兆和、萧建亨、叶至善、赵世洲、石工、赵之、黄伊等早期科幻文学缔造者，以及《科幻世界》《智慧树》《科幻海洋》等杂志的编辑，都成了我的熟人。那个年代，各省市都会编辑自己的科普杂志，而且无一例外都会发表科幻小说。而我的第一篇科幻小说《冰山奇遇》已经在一年前的1979年9月于《少年科学》杂志发表，因此，在某些时候，我也会产生自己已经是一个作家的幻觉。

我常常会骑自行车去北京和平里十四区郑文光家去拜望他，跟他谈科幻的近况，听他对科幻的观点，谈科幻界的趣闻。我也会到住在演乐胡同的北京出版社编辑郭以实家或住在史家胡同的中国科普作家协会科学文艺委员会主任委员郑公盾家，找他们聊天和借书。我还会到正义路的中国少年儿童出版社知识读物编辑室、《我们爱科学》杂志社，或者北京兴隆街的北京出版社《少年科学画报》编辑部转转。叶永烈每次到北京的时候，也会告知我他住在哪里，我会放下其他的一切立刻赶到那里。北极阁的公安招待所、东四十条大街上的一个招待所、国务院的几个招待所我都去过。跟叶永烈见面的时候，我还遇到过叶冰如，那时候他还在人民文学出版社。

由于我太热衷科普科幻，忽视了高中课程，结果本来初中毕业时候在灯市口中学的理科第一名的我，到1981年高考时竟然差13分没有考上大学。此时，科幻已经开始引发许多人的关注，叶永烈的《小灵通漫游未来》和海洋出版社的《魔鬼三角与UFO》、地质出版社的一套萧建亨主编的探险和科幻丛书，已经创造了破纪录的销量，科幻小说一时间引发洛阳纸贵，成为全社会都在议论的话题。

对叶永烈和几家出版社跨越科普边界、不断打破销售纪录的状况，对他们横扫千军不断成为社会话题的现象，有人开始感到不满，通过各种渠道对出头者进行打压的行动很快就开始了。从20世纪80年代开始，一些人就聚焦到科幻小说这种文类的所谓知识错误和政治倾向问题上。同时，由于叶永烈曾经在不同场合推荐过我，鼓励过中学生从事科普科幻创作，这样我的高考失利就成了诟病叶永烈的又一个把柄。此前，他们已经在《中国青年报》开设的“科普小议”栏目对作家尤异赞扬我的小说《引力的深渊》大加指责。到了我落榜，他们的所谓担忧被坐实，据说有人还曾经在某个科普作家的会议上告诫叶永烈以后要少鼓励年轻人走入歧途。

考试失败使我面临选择，继续上学还是放弃高考？我确实动摇过自己的信念，想着也许我可以自学成才，毕竟许多优秀的作家根本没有上过大学。我的这个想法在叶永烈那里被明确地否决，他明确地对我说，想从事科普创作这样的事情，你就必须要受高等教育。他还说，应该选择那些文理交叉的专业才对成才有所帮助。于是我从灯市口中学办理了毕业手续，转到北京市第二十七中学，因为那里的复读班特别有声望。

我用了整整一年的时间，把不及格的化学课认真补了起来，最终在第二年的考试中，化学考到81分。经过各种有趣的过程，我最终进入了北京师范大学心理学系，完成了进入叶永烈所说的文理交叉的学科的努力。

进入高等学校读书之后，我才明白为什么写科普作品或者科幻作品的作家需要接受高等教育。因为这些人必须站在科技发展的潮头，并且需要亲身体验科学创造到底是怎样的过程，这种体验在高校之外显然是无法完成的。

上大学的第一年对我来讲是一种全新的探险。记得那时候，我们的人体解剖生理学课要去北师大的生物园上。北师大在那个年代还有大片的植物种植区，就是农田，上课之前，我们就迎着朝阳走过田间小道，绿色植物用叶子跟我们相互拍手。我们的教室是一间农田中间的简易房，给我们上课的教师是生物系的康宝娥和张之同。人们都说康老师是康有为的孙女，她和蔼可亲，但透着一种威严。康老师的解剖生理课讲起来形象生动，我至今还能记得她说肠子怎样蠕动形成排泄反应，用手势和声音配合得惟妙惟肖。张之同讲课比较死板，他主要讲研究心理过程必须时常引用的神经系统。背诵那些上下行的神经通路和脑内的各种核的名字是有点难过的经验。看来科学过程常常也有令人生厌的一面。我跟同学们都还记得张老师对讲课这个事情有过一次陈述，说人在高校“光做科研也不行！”。我们听了之后都暗笑。要知道科研这件事情，在我们这些刚刚被神圣的事业熏陶过好几年的人脑子里，是如此神圣和伟大，导致我们对这种看似很嘚瑟的言论都有一种诙谐的不适应。后来我当了大学老师，才知道科研跟讲课、监考一样，就是这个职位的正常工作。

在高校里，一方面给我们这些中学来的孩子进行了科研的“去神圣化”，另一方面又带着我们获取了基本的方法，让我们能单枪匹马进入各种辽阔的知识天地。大二是我一生中学到东西最多的时段。课程那么充实，课后去图书馆的次数那么多。老师说到什么书，就找来看。空闲时间里，我还喜欢钻进期刊阅览室，一晚上翻阅三四十种杂志。这些刊物中有的是学术的，有的是文学的。那些年代，每年的获奖小说名单出炉的时候，我都发现其中一半左右的作品我已经在期刊阅览中读过。

我至今仍然能记得教普通心理学课程的几位老师，高玉祥、程正方和彭聃龄。特别是彭老师，他那时候刚刚从美国进修回来，带着全新的东西，想要彻底改造以学习苏联心理学为基础的中国课堂。苏联的心理学还停留在搅弄马克思主义哲学阶段，而西方心理学则早已经把许多实证实验资料填充在课程之内。彭老师带来的，就是这样的满满的新东西。我很赞叹彭老师的教学态度，每次上课之前他会早早到，然后开始在黑板上画图。他能细致地绘制许多图像，从神经细胞到脑电曲线，从梦的阶段特征到光的侧抑制回路。他的这些图像后来都像刀刻一样被我们记在心中，影响了我们后半生的工作和生活。至今为止，我的教学和生活中的许多问题，都仍然在用普通心理学课堂上给出的知情意三分结构、个体与群体的交互关系、遗传与环境孰是孰非去解释。

在大学就读期间，我的科幻创作严重地停滞。外部环境充满对科幻的质疑，使这个领域遭受重创只是外部原因，我自己是因为进入高校之后，受到了科技现实的强烈冲击，不再从外部观看科学，反而进入了创作的困境。这些年，我只给《中国青年报》写了几篇心理学科普文章，科幻小说也只在《智慧树》和《科幻海洋》上发表了《八号无菌室》和《飞向虚无》两篇作品。这两篇作品在今天都很少有人关注，但在那个年代，我确实得到过很有意思的反馈。我生活的部队大院的一个发小儿，他看了《八号无菌室》之后，认定我是想给改革开放的提倡者“歌功颂德”。《飞向虚无》被某位大评论家纳入了一份“黑名单”，成为科幻小说中包含“对人类失去希望”信息的一大罪状。

到1985年，《科幻海洋》《科学文艺译丛》和《智慧树》都停刊了。《科幻海洋》是海洋出版社一本高质量的科幻丛刊，以刊登外国科幻小说为主，还有一些国际科幻活动的动态。刊物一共出版过六期，走过了艰辛的旅程。《科幻海洋》的主要编辑人员，我在郑文光家里和他们的编辑部都见过，我甚至还跟他们一起吃过饭。那次是我第一次在郑文光家吃他太太陈淑芬阿姨烧的菜，席间还上了茅台酒，到场的人有金涛、王逢振、《科学画报》主编饶忠华，海洋出版社的孙少伯和李夫珍。

《科学文艺译丛》是江苏科技出版社出版的丛刊，我买到过四本。因为不是单独针对科幻的刊物，所以覆盖面比较广。这个刊物背后的主要工作人员是江苏科技出版社社长张崇高。这本刊物选择的科幻作品也非常优秀。此外，科学散文特别好看。我一直记得他们连载过一篇讲述苏联宇宙飞行的散文，文中写道，加加林起飞的前一个晚上遇到了总设计师科罗廖夫，两个人说起了宇宙空间和苏联辽阔的土地。我后来看许多美国人写的宇宙飞行故事，但恕我直言，里面缺乏这种给人壮阔感的诗意。

《智慧树》是天津新蕾出版社出版的刊物，也是1979年创办的，主编人是郑文光。那时候，郑文光的好友鲍昌的太太亚芳女士在新蕾出版社当总编辑，为迎接科普大潮，创办了这个刊物。我直言，这个刊物没有做好，究其原因，主要还是主编人的约稿方针不是面向读者的。郑文光当时主要活动在北京的文学界，他身边聚集的都是文学领域的精英。他觉得这个想法也是非常好的，要从这些人中发现一个新的科普状态，本来作家就应该对科学有独特的看法。但后来，结果不如集中邀请科普作家来写更能营养读者。但反过来，因为不太注重读者反应，刊物反而可以发表一些试探性的作品。我的两篇重要的短篇小说《引力的深渊》和《八号无菌室》都是在这个刊物上发表的。

在这些被停刊的刊物中，有一个编辑后来给了我很多支持，他就是中国社会科学院外国文学研究所的王逢振。我最早认识王老师，是刚才说的在郑文光家中吃饭那次。那时候王老师没有分到房子，就住在社科院建国门的楼里。我去他办公室找他借书，其中有两本书给我很深的印象，是李芃（杜渐）翻译的《威犸山探险记》和《鲸坟岛历险记》。两本书都不是科幻，但都比科幻还好看。后来，在我从事科幻教学之后，他更是给了我许多资料支持。这其中最重要的一本，就是 E.F.Bleiler（布莱勒）的 *Science Fiction Writers：Critical Studies of the Major Authors from the Early Nineteenth Century to the Present Day*（《科幻作家：19 世纪初至今主要作家的批判研究》），几乎把当时世界上所有重要科幻作家的情况都写了一遍。我后来得到了一套杜渐的《世界科幻文坛大观》，其中许多资料应该得自这里。我认为王逢振是外国文学领域中最早把注意力转向科幻的人之一，他对当时我们选择怎样的读物进行翻译做出了重要贡献。正是因为他跟其他一系列人的努力，我们在那个转折的时代不但知道了英美科幻处于黄金时代，更知道了“新浪潮”科幻的兴起。是王逢振于 1979 年 7 月到 8 月在《光明日报》上连载三次的那篇《西方科学小说浅说》，让我们获知了西方科幻的发展概况。

除了王逢振，在外国文学领域较早跟科幻打交道的还有陈渊、吴定柏、郭建中、陈珏、孟庆枢和宋宜昌。我跟陈渊的接触是跟他一车同去哈尔滨开会。我印象中，他一直在火车上工作，一边放着英文书，一边放着稿纸，一边看一边译，很少查字典。陈渊后来没有继续介入这个领域是个很大的遗憾，他也没有写过什么针对外国科幻的文章。

20 世纪 80 年代初期美国科幻作家组团访问上海的时候，我恰好也在上海，收到叶老师信息就赶去参加了这个对话，还被叶老师介绍为当时最小的作家。在这个活动中我认识了吴定柏。后来看到的文献说，吴老师当时已经在上海外国语大学跟 Philip Smith（菲利普·史密斯）一起开设起了科幻课程，是在英文专业。吴老师写过一些对外介绍中国科幻的文章。他还跟墨菲（Patrick Dennis Murphy）共同主编过一本《来自中国的科幻小说》(*Science Fiction From China*)，该书于 1989 年出版。吴老师是个学者，很严谨。但我跟他的联系不多。

此后，郭建中教授也加入科幻翻译的团队，单独或跟叶老师一起写过一些外国科幻理论文章。郭老师还在杭州大学建立了科幻研究中心。我去参观过，有很多书，但仍然是在外语系。

陈珏，我大概是在郑老师那里见的，或者我根本没有见过他，只是跟他通信联系过。宋宜昌是我的老朋友，因为更多牵涉到创作，所以这里不写他的事情。只说在当时，他主编了一本《科幻译林》，大量译介了各种国外优秀的科幻作品。但因为科幻受到批判，稿子全部丢失了，根本没有出版。

那个年代，叶老师多次接受国外采访，文章也多次在海外发表，一时间，中国科幻在海外形成了一个热点话题，颇有点像今天的《三体》走向世界的感觉。但跟《三体》的成功不同，这个热点后来被一些人利用，诋毁科幻文学，把原本大好的发展中国新文学的局面彻底捣毁了。

回忆这段时间发生的事情不是这篇文章的主要内容，我只能说在那个时段，伴随着对科幻的质疑和批判，原本红遍大江南北的科幻小说竟被纳入“不健康读物”范畴。改革开放之后曾经一片大好的文学田园渐次荒芜。

此时的自己，则经历着另一种心灵的煎熬。我的写作遭受了很大挫折。我发现我失去了对这种文学的把握，也失去了想象力，什么也不会写了。我怀疑自己，本来我也不是个作家，只是科幻迷，兴趣把我推到了这个地方。我没有生活积累，对人更是缺乏观察，我喜欢的是科学过程中的那些形而上学。我记得当时我最喜欢的科幻短篇，是阿西莫夫写的《超中子星》，一个纯粹的推理，非常哲学，也非常物理。我当然对此刻童恩正、郑文光、叶永烈、金涛、魏雅华等作家推崇的社会派科幻小说也非常支持，对新观点我总是很支持的。但我也能感觉到，一旦作者放弃了对幻想未来的那种神奇感的追求，作品看起来就没那么激动人心了。我写了两篇反思和批判的作品，除了上“黑名单”，也没有引发什么读者的关注。我就在这种上不去下不来的地位尴尬地踟蹰。

自己能不能写是一回事，而把科幻当成一生的事业则是另一回事。对我来讲，喜欢科幻，一生都要为这种有意思的文学呐喊和辩护，已经是无法改变的事情。无论宇宙中发生些什么，我永远会站在科幻的一边。

面对科幻受到的打击，我开始收集各种用于反抗的资料。外国科幻作家的生平、作品简介、科幻的历史、科幻跟科技创新的关系等，都是我收集的对象。这些为我后来在北师大开设科幻课程积累了丰富的资料。

1986年夏天，我从北师大心理学系毕业。当时已经举办了五年的高教管理干部培训班希望升级，于是顾明远教授和学校把这个培训班提升为教育管理学院。在当时，对这个学院的建设方针存在一些争论。一种观点认为，这种学院主要负责干部培训，不用自己保留教师，直接到北师大各院系请即可。但顾教授认为，既然是一个学院，就应该把学科发展起来。因此，我、电子系毕业的郑笑飞成为这个学院第一批教师。跟我一起入职的还有图书馆专业的姚迎伟，负责资料室建设。在随后的几年里，小小的管理学院给我提供了走入工作人生的第一个独立空间。因为新建单位一切都要从头开始，我虽然是教师，但还是被分配到教务处打杂。开始，我心情很不好，觉得被大材小用了。我的工作主要是接送教师、整理他们讲课的录音、排课程表等，这些工作都很无聊。幸好业余时间很多，我们自己又有床位，所以，我常常就住在学校，进了自己的楼就有吃有喝。我的外文是那几年补上的。

管理学院教务处的这段工作后来给我很多教益。如果没有这一年宝贵的经历，我对整个教育过程的运作、对各层次人员的心理就无法把握。听课也是一种学习。我跟教务处的人关系都非常好。在这样的状况下，我计划恢复已经中断的科幻写作。试笔之后，发现自己仍然处于文学的衰竭期，写不出什么来。此时，管理心理学的教学和教材编写任务下达到我跟第二年入职的贾雷霞那里。贾雷霞是我心理系的师姐，但因为读过研究生，所以比我晚开始工作。我们需要在这个学院开设给领导干部学习的管理心理学。十分幸运的是，我们两个是在同一个教室中聆听中国科学院心理研究所徐联仓所长和凌文铨教授的课程的，我们都记了大量笔记。那个年代，管理心理学对中国人来讲是全新的东西，而中国科学院心理研究所502室是这个领域中第一个开展工作的。在徐老师和凌老师的扎实讲授之下，我们已经把行为科学的那一套东西纳入了自己的知识体系。很快，我们就把自己的课程开设得非常得体。我跟贾雷霞老师共同编写内部教材和教学参考资料之后，我自己还把讲稿系统化后编写成一本独立的《管理心理学》。但在开会讨论的时候，我发现贾老师也写了一本同名著作并准备出版。为了不撞车，我决定修改我的教材，以《领导心理学》为名于1996年出版。中央编译出版社的校友谭洁当了这本书的责任编辑。此书前后重版了五次，累计发行了十几万册。画家喻京川答应让我用他的太空画作为第一版封面，徐联仓教授替我写了第二版的推荐语。

1988年10月，时任文化部少儿司司长的刘厚明决定召开一次儿童文学研讨会，会址设在安徽屯溪。据说，在会议主题确定过程中，刘厚明大胆地一锤定音，要聚焦已经衰微的科学文艺。

此时，因为科幻受到批评和限制，作家们备受压力，多数决定不再沾这个文学的边。叶永烈、郑文光、童恩正等都已经不在或不能在公开场合露面，会议只有萧建亨一个重量级作家大胆前来参加。此外，叶至善先生的小女儿、时任《中国少年报》科技版主编的叶小沫代替父亲前来支持。她父亲曾经在20世纪50年代写过脍炙人口的科幻小说《失踪的哥哥》。

在屯溪会议上，我开始把心理学用在科幻研究方面，应对主题写出了一篇题为《论儿童科幻小说的功能》的论文。这篇论文是我致力于从科学理论上把科幻小说跟知识科普读物分开的一次尝试。此前，童恩正的《谈谈我对科学文艺的认识》由于过分拘泥于文学内的话语，因此无法说服文学之外的读者。而那些将科幻等同于伪科学的人，他们所使用的方法对教育工作者造成的影响已经难于用简单的说理进行纠正，此时，动用正统的科学对他们的错误言论进行驳斥，是必须采用的方法。屯溪会议的代表对包含着科幻小说的科学文艺没有任何不同意见，所有人都认为，至少对少年儿童来说，科学文艺是一个优秀的文类，中国的科幻小说事业必须重启。

屯溪会议之后，文化部社会教育司会同十四个当时参加会议的儿童教育和出版单位，主要是广播电台少儿部和一些科普报刊，共同发起了“中国科幻星座杯”征文。这次征文到1991年才结束，结束后出版了作品集，并颁发了第一届（也是唯一的一届）“白羊座”奖杯。

有意思的是，在生活变得越来越真实，我明白少年时代的许多幻想是永远不能实现的当口，想象力逐渐地回到了我的身上。我开始知道，科幻作品对读者，特别是对青少年读者来说，主要是一种对未来的惊奇，对科技的惊奇。而这种惊奇，不用背负沉重的现实包袱，更不用被那些咬文嚼字四处找错的人所吓倒。科幻本来就是天马行空的东西，创造新空间、新惊奇才是它的最终意义。

正好在此时，我在屯溪遇到的叫钟制宪的女士刚从北京市委调入《少年科学画报》担任编辑，她很快就约我为征文写稿。我自此写了一系列以退休老警察马思协为主人公的短篇小说，作品很受孩子的欢迎，也获了奖。这时候我更自信地懂得，不能人云亦云，别人的理论必须要经过自己的思索和消化。对我这个涉世未深、一直在学校中工作的青年来说，与其装腔作势地让自己肤浅地“反映社会生活”，不如还是拾起孩童最让我激动的那些话题：外星人、预测师、神秘的古代典籍、超越时空的秘密之路！

1989年春天，当时很有前卫思想的《北京青年报》看到电视中的进口外国卡通《变形金刚》大受孩子欢迎，从另一个角度认识到科幻作为流行文化的重要意义，他们决定开一个研讨会，然后在报纸上好好宣传一下科幻。没想到，这个会议开始的时候，人们的注意力被更大的社会事件所牵动，科幻失去了又一次在社会舆论中复兴的机会。

大概在1990年前后，四川《科学文艺》（后来改名为《奇谈》）编辑部的杨潇和谭楷来北京找我和郑老师。这些年他们已经形成了一个习惯，来北京会跟我和郑老师见面，述说刊物的进展和未来的发展思路。此时的《科学文艺》已经到了破产的边缘。科幻被批判之后，《智慧树》《科幻海洋》都停刊了，广东科技出版社、江苏科技出版社的外国科幻译丛也停止了，只有他们还在苦苦支撑。为了适应当时文学界的变化，在小说衰落的时代追随报告文学的兴起，他们把《科学文艺》改名为《奇谈》，做成一份以科学报告文学为主的刊物。虽然发表了像《毒酒惨案》这样揭露产品造假的报告文学，也引起了一定的读者反应，但扭转刊物衰落之路仍然任重道远。在那个年代，我也是期待《科学文艺》专业化的人中的一个。例如，当时大家都在谈一本叫《枪》的杂志。据说这份杂志本来是做各种武器的杂烩，但专门做枪这个主题之后，反而成长迅速。我记得我也把这个例子跟他们说过，我相信这类建议不在少数。在刊物编者们认真的思考之下，他们这次来直截了当地说，要把刊物变成科幻刊物。我听了心中特别高兴，答应全力支持他们，而他们邀请我担任特邀副主编大概就是这个时段。

《科学文艺》改名《科幻世界》，是这个刊物走向成功的重要一步。此后，每年我们都在北京跟杨潇、谭楷或他们的编辑见面。我会把身边那批青年作者都邀请到一起，他们也会选择北师大附近的小旅馆住下来，这样聚会方便。谭楷老师至今都记得他开始跟我们这些小作者聚会的时候那种亲切的感觉。我们到北师大东门外面一个叫江城的餐厅吃饭。因为他口袋里只有五百元，所以很怕结账的时候超标，好在没有。此后，他们来了就马上报告刊物的增长量，先是从几千上升到一万，然后不停地飙涨，三万，五万，十万，十五万，二十万。谭楷老师再来北京请客，口气也不那么怯生生的了。在二十万之前，每次我都说，一定还会增长。但到三十万后我就拿不准了。我们这种铁杆儿科幻迷在全中国到底有多少？我真的不知道。谁能想到，最终最高发行量达到了四十万册！但后来的特殊飙升，跟他们宣传的高考押题有关。这是另外的故事，这里不再赘述。

我在《科幻世界》担当特邀副主编的过程中学到很多东西，这其中主要是组织青年作家更多投稿和替刊物的成长献计献策。我记得我提出应该学习《知音》杂志那样，在各种页眉页脚刊登带着读者姓名和单位的短语。理由很简单，这种短语会刺激读者在同侪中或自己所在地区更多传播。一旦你发现同学的名字上了刊物，你也想上。这样一方面扩大了订户，一方面获取了更多读者反应。这个事情他们果然做了起来，而且非常成功。在协助《科幻世界》组稿过程中，星河、杨鹏等课堂上听课后转化的作者脱颖而出，后来所谓的新生代北京青年作家群就在这个过程中成长起来。虽然他们说是我给了他们一些支持，但我觉得主要是他们之间共同探讨获得的进步。我还协助编辑部落地一些高校内的活动。《科幻世界》在那么早就懂得线下活动对刊物发展的重要意义，这点很令人赞叹。做活动需要名人支持，刊物特别加强了跟郑老师的联系。此前他们可能应该更加依赖本地的童恩正、刘兴诗、王晓达以及叶永烈等南方作者，但现在他们更多依靠的是郑老师。我们会一同去看郑老师，听他用断断续续的、我们听不懂的话表达对我们的支持。活动中最成功的两次，一次就在北师大，起名科幻节。另一次在清华，当时赶上文光七十寿辰，在我的建议下编辑部给郑老师做了一个牌子，叫“终身成就奖”。他们细致地给郑文光制作了一个大蛋糕。我们的这种大家庭的气氛让每一个人都非常感动。郑文光的太太陈淑芬阿姨还上台深情朗诵了郑文光最早的文章，那时候他十一岁。她还能背诵出这篇文章让我们都很惊奇。

那个年代我在《科幻世界》发表过一些文章，主要是我1994年在海外的见闻。那是我第一次出国，为这个机会我等了很久。我在俄亥俄州的莱特州立大学教“中国管理实践”的课程，业余时间听了“经济学”“宏观经济学”“微观经济学”“商业伦理”“战略管理”等课程。我参加的第一个国外的科幻聚会就是在我住处所在的俄亥俄州的戴顿（Dayton）召开的当地科幻聚会米兰妮科幻会（Millennicon）。我去的时候身上就带了一些《科幻世界》杂志和姚海军自己编的同人杂志《星云》，展示给他们的时候，他们觉得很有意思。特别是《星云》这种同人刊物，他们原来认为社会主义国家不会有。我见到有名的作家，就让他们拿着我的刊物照相。我还写了一些参会记或者访问记发给《科幻世界》。被我访问的作家包括简尼·沃尔夫（Gene Wolfe）、路易斯·比约德（Lois McMaster Bujold）、拉里·尼文（Larry Niven）、安妮·麦卡芙瑞（Anne McCaffrey）和旅美华人作家张劲松等。这是因为之前跟美国科幻研究协会（SFRA）的会长贝蒂教授联系较多，这个协会是研究和教学方面专家的组织，我还参加过他们的会议。

美国科幻研究协会的年会，我一共去过两次。第一次是1994年，在伊利诺伊州的阿灵顿高地（Arlington Heights，Illinois），第二次是2001年，在纽约州的斯克内克塔迪（Schenectady，N.Y.）。美国科幻理论界对我们很友好，我记得我跟张劲松、日本的巽孝之和他太太小谷真理、荷兰研究安徒生的教授何洁（Heje）共同做过一个对话会。我讲完之后，有个加拿大的学者走过来说，我很喜欢你的讲演。这位女学者名字叫维罗妮卡·霍灵杰（Veronica Hollinger），她是很有成就的年轻学者，得过最早的先锋奖（Pioneer Award）。霍灵杰后来在特伦特（Trent）大学任教，还当了《科幻研究》杂志的编审。我于2013年跟她共同组织了新世纪的中国科幻专号，一共有十位中外研究者和作家在专号上发表文章，包括刘慈欣、韩松、那谭蔼孙（Nathaniel Isaacson）、马邵玲、瑞丽（Lisa Raphals）、宋明炜、贾立元、姜倩、杨薇等。在一定意义上，这也是刘慈欣两年后获奖的一个先期理论准备。

我在《科幻世界》担任特邀副主编的过程中，差不多每年夏天都为科幻作家笔会做一次小的报告，报告一下当前科幻的情况。后来，受刊物的邀请，我替他们去外部邀一些科学家、科学哲学家来讲演，朱进、刘华杰、田松等都被邀请过。还有一些国外作家，例如以色列的拉维·提德哈也在我的联系下受邀参加了笔会。提德哈在新世纪之后创作突飞猛进，他的《中央星站》发表之后备受好评。

与《科幻世界》改名并行着的，还有我在1991年春天于北京师范大学开设的科幻选修课程“科幻小说评论与研究”。这是中国大学里第一门用中文教的科幻通识课。开课第一讲，我邀请了北师大中文系王富仁教授去面授。那时候，王富仁老师跟我并不熟悉，但他妻子赵玉兰是我同事。我请求赵老师设法让王先生跟我共同申报这个课程，以便缓解可能的阻力。这样做果然有效，我们很快获得了批准。此时我找到王先生，问他能否去讲课。他说可以。于是，我就第一次，也是唯一的一次听到了王富仁教授的科幻课。第一次上课是在靠近女生宿舍的新一教室，教室至少有200—300人的席位，我进去之后发现里面挤满了人。王先生从先秦哲学谈，气氛轻松，他分析了所有哲学流派，说这些流派中都孕育不出科幻文学，而中国文化中需要科幻。这个开场白给我后来的课程做好了铺垫。

科幻课程的开设，应该说展现了向来保守的北京师范大学开放的一面。我的领域是管理心理学，但却被允许可以去教文学。我所工作的教育管理学院领导，特别是当时的办公室主任邸明杰老师给我全力支持，他协助我自费编辑了一本《科幻小说教学研究资料》，这本资料后来成为那个年代最重要的科幻理论读本。

我是参照叶老师在20世纪80年代编辑《科幻小说创作参考资料》的方法编辑这本学术资料的。考虑到叶老师的资料有点像杂志，所以，我也瞄准了大学教学用的读本。最终印刷的资料一共分成八个部分。第一部分是为科幻正名用的，收集了孟庆枢、周达宝、郑公盾、王富仁、吕应钟和卡尔·萨根的文章，主要阐述列宁、杨振宁、李约瑟、萨根等人对科幻的支持。第二部分作者有董鼎山、斯坦尼斯拉夫·莱姆、勒纳和我。这一部分是真正的科幻理论文章，从概念到功能到重要主题都有。第三部分收入鲍昌、黄海、郭建中和我的文章，主要谈科幻在不同文化下的境遇。第四部分是科幻史和各语种科幻的发展情况，包括东、西方的，作者有杜渐、李伟才、吴定柏和我两个学生编译的材料。第五部分是一些名作家的讲演、发言或感悟，包括弗雷德里克·波尔、克利福德·西马克、雷·布拉德伯里、布里安·奥尔迪斯、威廉·吉布森、布鲁斯·斯特灵、苏塞·米奇·恰纳斯和郑文光。第六部分是名作家的介绍，作者有郑文光、林品祥、卞毓麟、吴定柏、陶布斯等，被介绍的作家包括罗伯特·海因莱因、阿瑟·克拉克、艾萨克·阿西莫夫、詹姆斯·冈恩、格雷高利·本福德等。第七部分文章阐述科幻作为一种亚文化的存在，收入了王逢振等人参加科幻会议回来写的札记。在这一部分中，我自己专门写了一篇国外科幻教学发展状况的文章。资料的最后一部分是从我第一轮结业作业中挑选出来的一些学生谈论科幻的精彩片段，大概有二十多段，段段透着智慧的闪光。

我的这本内部资料在那个科幻被冷落的年代，提供给爱好者、作者、研究者一种慰藉。我看过对这本书的评论，多数都是说很解渴。但最近有人看了，说第一部分不应该要，因为根本不是文学。如果他能生活在我们那个年代，就会理解第一部分对我的书、对我们的事业有多么重要了。

我自己掏腰包一共印了一千册，星河、杨鹏、李翔等学生都协助我去卖。但毕竟还是有点多，我怕砸在自己手里还不上钱，就动手给我认识的每一个作家或编辑写信，请他们慷慨解囊买上一两本。当时许多人为了支持我会买一本，像郑老师买了好几本，《人民文学》杂志社的王扶老师竟然买了十本！

1991年，我在王富仁教授的支持下发表了一篇读书笔记，题目是《西方科幻发展的四个阶段》。这篇文章中的资料来源复杂，有的是国家图书馆工具书阅览室中的英文版科幻百科全书，有的是从王逢振老师那里借来的书，还有董鼎山在《书海夜航》，甚至李伟才在香港的刊物发表的文章。王先生看了之后，说我们国家正需要这样的文章，而且马上就转发给了《名作欣赏》。记得当时我说，文章最后提出的几点意见看起来很不像文学方面的建议，是不是改改？没想到王先生说不用改，这么提升一下很好。此后我跟王先生的有限交往中，他总是让我在自由状态中发展学术。“你就按照自己想的写，不用管文学的论文该怎么写。”他的这种态度，一方面给我放手进行科幻理论研究放松心态，另一方面也让我的论文不囿于基本的文学论文的写作常识。那个年代都是按照爱好做事情，知道自己英文不好，但还是勉为其难要做起来。最后许多地方都是错的。

我特别珍惜跟王富仁教授的交往。他是我认识的真正的文学理论家。我们认真谈话的次数虽然很少，但我总是能从他身上获得许多有意义的指点。我从他那里借过老舍的《猫城记》。那时候我们都知道这本书，但到处找不到作品。因为编辑老舍文集的人当时不认为这个作品好，都不选。幸亏王先生有《老舍全集》。读的时候，我就去学习王先生怎么读书。我发现他做笔记的方法跟其他人不同，通常不写感悟，只重复原文。他的字写得很大，喜欢用感叹号结尾。那时候我对创作已经重新燃起了希望，所以请求他替我撰写一个应该看什么书的单子。过了几天，他真的给我开了个书单，里面分门别类告诉我写好故事应该看什么，写好女性应该看什么，等等。十分遗憾，我没有认真实践他给我的书单。后来，我自己也带一些搞创作的学生，就给了他们去学习，并最终弄丢了。这个事情至今仍让我感到刻骨铭心的遗憾。

20 世纪 90 年代，中国科幻的复兴是多条平行发展的线路组合出的最终结果。《科学文艺》的更名和市场化，为创作出版提供了集中的出口。我们的本科通识课开设，为人才培养创造了条件。北师大学生毕业之后多数在中小学和报纸杂志就业，他们接触过科幻，对这个主题特别敏感。那些年我接受过许多毕业之后当了记者的学生的采访，这些记者已经开始抛弃那些将科幻当成伪科学或敌对的极端思想，开始从创新文化角度思考和诠释科幻的存在。当然，在所有这些事情中更加重要的应该是邓小平的南方谈话。在谈话中，他提出不管姓资还是姓社，要先发展经济。这个谈话很好地抵制了抹黑。

经历了激动人心的20世纪70末和80年代初，看到了科幻文学的迅猛成长，又经历了80年代后期科幻蒙受不白之冤的过程，我变得没有那么热血沸腾了。虽然对科幻创作和教育仍然保持着热爱，但我知道事情需要一步一步来。此时，新的作家群正在孕育，韩松、王晋康、星河、柳文扬、何夕、杨鹏等一大批作家成长起来。到新世纪，又出现了刘慈欣和大批正在高校中读书但已经踊跃投身科幻写作的年轻作家，中国科幻走向新时代的新局面已经逐渐形成。

但是，理论问题仍然制约着文类的发展，我知道如果不能解决这些问题，历史还会以原有的方式重复出现。我必须尽自己所能，让历史跳出怪圈。我首先想到的还是心理学。

从大学读书开始，我就想利用学过的心理测量方法做一些科幻读者调查。我记得第一次把这个想法提出是在天津召开银河奖笔会的时候。我找到童恩正老师，给他写了一个申请报告。那时候他是科学文艺委员会的主任委员，《科学文艺》杂志是这个协会的下属刊物，我想他应该能帮助我。我记得童恩正读过了这个报告，也确实认真地跟我讨论了可能的做法。我的步骤是，我先来做一套科幻心理学的问卷，由《科学文艺》杂志发布出去，然后把回收的问卷寄给我，由我来做统计分析。那个年代我对统计分析很有兴趣，因为张厚粲和郑日昌教授正领导我们用心理测量技术做高考命题研究。面对大量的返回问卷，我们不可能有许多人参加数据的提取和录入，我于是想到了刚刚开始试验的机器阅卷。我的预算中还写了买光电读卡机十万元。童老师说，这么大笔的费用，需要他想想从哪里能找到这笔钱。这些不着边际的超前想象，让我的读者调查最终没有做成。

我真正做过的第一项科幻方面的心理学研究，是本科毕业时利用显性焦虑量表（MAS，Manifest Anxiety Scale）去测量科幻作家和普通作家的焦虑程度。在那个年代，我阅读的作家自述经常说，写作源于焦虑。为了验证这个观点，我选择了泰勒编制的MAS。恰好我毕业之前参加了银河奖的科幻会，差不多所有的参会者都接受了我的调查。之后，我又请王扶老师给我沈从文、唐达成等许多作家的电话和住址。我把能联系上的联系了，又去他们家做调查，这些人包括李准、金近等。我的最终统计的结果，并不支持所谓作家比常人更焦虑的说法。

虽然我的调查并没有证明先期假设，但我对将心理学用于科幻研究的热情没有减退。20 世纪 90 年代我所做的最成功的科幻心理学研究，借用了耶鲁大学 R.J. 斯滕伯格（R.J.Sternberg）教授内隐概念理论所进行的科幻概念研究。研究的样本除了取自我的课堂，还请中文系郭英德教授协助。采用内隐概念的研究方式对当年北京师范大学二年级的 253 名学生进行的测量分析表明，中国大学生的科幻文学概念，包括“文学状态”“特征探索”“科学内含”“认知方式”“审美”和“恐怖”六个因子。虽然样本是大学生的，但鉴于学生是主要读者，所以结果应该还是很贴近现实的。我用这些数据写过两篇文章，包括 2000 年在“公众理解科学——2000 中国国际科普论坛”上的发言稿《科幻小说的读者期待模式》。

1999 年，在郑文光七十寿辰到来之际，我决定再次自费编辑一本文集，把郑文光的一生最重要的创作和理论做一个总结。这个想法立刻得到星河等人的大力支持，他们跟我一起完成了这本文集的编辑和校对。全书分成上编（科幻作品精选）、中编（非科幻作品精选）、下编（创作谈精选）和附录（郑文光与中国科幻）。科幻作家宋宜昌、韩松、凡尘、唐道、江渐离、杨平、严蓬、星河等都给这个专辑撰文，时任科学文艺委员会主任委员的金涛撰写了序言。这本文集中我自己写了一篇文章，是基于我对郑文光创作历史的认知，从个人发展的角度，观察了一个优秀科幻作家怎样使自己的能力达到平衡的努力。我还请陈洁编辑了郑文光的创作年谱。选集送到郑文光家的时候离他生日仅有几天，据说他和太太都很感动。郑文光买了至少一半书送给别人，但毕竟太多了，直到他去世的时候这些书还在他家里。

世纪之交掀起了一股回顾过去展望未来的热潮。在这样的年代里，人们思索未来发展到底应该走怎样的道路。这种热潮也引发了我的关注，《论科学文艺的可持续发展战略》就是有关这个方向的第一个成果。该论文是应邀在中国作协跟中国科学技术协会的第一次联合会议上发表的。

这类文章后来还写过一些。特别值得重视的是 2016 到 2017 年间金涛老师承接的中国科协“科幻与自主创新能力开发”项目。这个项目的题目是金涛老师自己设计的，而项目的主要参与单位是中国科普作家协会秘书处、中国科普作协科学文艺委员会和我所在的北京师范大学中国儿童文学研究中心。我们的最终报告由我、金涛、郑培明共同完成。我们的工作分成两部分。第一部分由郭曰方和郑培明主持，他们负责去访问科技或文化名人，让这些人畅谈科幻的价值并在《科学时报》发表。最终受访人包括白春礼、郭传杰、王渝生、刘嘉琪、殷之光、张会军等。第二部分由我带领北师大研究生许秀杰、谭玉红、鲁礼敏、彭浪、胡俊、黄岚等人组成的团队，做了 458 名读者的问卷调查。我们的数据报告发表在 2008 第二期《科普创作》上。这个报告有力地证明想象力、创造力确实是科幻作品的核心。

2017 年发表的《对中国特色科幻事业的一点思考》也放在这个系列，论文针对中国当前的社会经济发展，探讨了科幻文学与文化的当前意义和作用。此时，我已经坚定地相信，科幻文学远远不是简单的知识科普读物，无法用知识科普的标准进行衡量。即便想要纳入科普的范畴，也应该把这种文类当成充满创造创新启示价值的文学类型。但恰恰是这种创新的启示作用，对创新型国家建设和文化产业发展，都能起到积极作用。

此时，我在北师大进行的科幻文学教学尝试，已经度过了第一个十年。我们取得了非常好的业绩，课程被广泛认为是一种教育创新。除了我出国讲学和进修，这个课程都没有停止过。对我个人来说，科幻课堂是我的兴趣爱好，跟同学们交流科幻的历史和现实问题更是兴趣盎然的事情。

2002 年春天，我突然接到一个来自中文系的电话，打电话的是王泉根教授，他问我是否乐意到文学院兼职。这个电话让我十分感动。此前，我跟中文系之间断断续续有点来往。我上学的时候就选修过梅莎老师的儿童文学名著选读课，后来偶尔也跟蒲漫汀、张美妮教授在不同会议上见过，但从来没有中文系的老师对我的科幻课程表示过兴趣。这一次，王泉根教授亲自打电话给我，而且还问我是否乐意参加他们的队伍，我受宠若惊，马上就接受了王教授的邀请。王教授也坦言，牵涉到跨院系，可能无法解决报酬问题，我说这些对我都无所谓的，我给本科生开设的选修课多年来也没有记录什么工作量。

因为我当时的副高级职称已经解决，王泉根教授就说："这一次，不要搞本科了，我们直接来招收硕士生吧！"他以最快的速度办好了我的职称认证，给了我文学院的兼职副教授的职位。来年，在我们北师大的招生目录上，科幻文学已经赫然成为一个跟现代文学、当代文学、儿童文学平行的硕士研究方向。为了让这次招生有力度，第一次就给我招收了高福军、胡俊和肖洁三名学生。

北师大招收科幻硕士的消息在那个年代引起了不小的反响。接下来，王泉根教授说我们在这个领域还应该进行一些重要的科研活动。在王泉根教授的关怀之下，我们举行了"科幻与后现代"研讨会，邀请香港中文大学王建元和中国社会科学院王逢振教授讲学。我请画家喻京川替这个会画一个星空背景板，但因为不知道尺寸，打印出来还不到一个黑板大。会议开了一半，王泉根教授找到我说这样可不行，下午要把横幅打出来。

由于我们北师大科幻研究一开始就已经瞄准了科幻与文化和文学的深层关系，瞄准了世界科幻发展的前沿，因此明显跟之前那种局限在科普范围之内的科幻研究产生了巨大反差。2004 年，我们申请的"科幻文学理论和学科体系建设"获得国家社科基金的批准，成为这个基金第一个科幻资助项目。因为项目的题目是王教授建议的，而我对学科体系完全不懂，只好到王老师家询问。我记得这是我唯一一次去他家里请教他。

完成国家社科基金项目，从 2004 到 2011 年，我用了七年，几次申请延期。原因是我们的计划总在变化。最初我们上报的计划中要出版四本书，包括中国科幻理论汇集、外国的理论汇集、一本自己研发的理论阐释和一本体系建设设想。但是，新中国从来没有完整地出版过科幻学术著作，之前黄伊主编的《论科学幻想小说》和叶永烈的《论科学文艺》都已经明显太老，对新资料没有纳入，而我们要为未来的中国科幻研究打下一个良好的基础才行。几经拓展之后，四本书最终变成了三个系列十五本书，分别由福建少年儿童出版社、重庆出版社、安徽文艺出版社出版。《现代中国科幻文学主潮》邀请王泉根教授主编，《外国科幻论文精选》邀请王逢振教授主编，《在经典和人类的旁边——台湾科幻论文精选》《科幻 · 后现代 · 后人类——香港科幻论文精选》分别邀请林建群、王建元和陈洁诗主编。我还单独收录了一本晚清科幻研究的专辑《贾宝玉坐潜水艇》。在西方文论方面，精选的内容包括达科·苏恩文的《科幻小说变形记》《科幻小说面面观》、布里安·奥尔迪斯的《亿万年大狂欢——科幻小说史》、弗雷德里克·詹姆逊等人合著的《科幻文学的批评与建构》、阿西莫夫的《阿西莫夫论科幻小说》。对《科幻文学理论和学科体系建设》这本书，我按照王泉根教授的想法设计了一下章节，然后带着研究生开始工作。这是一个不懂文学、不懂学科的人所做的学科建设大纲。我记得有一次田松教授跟我说："你的这本书说是体系建设，但完全不是体系建设，可又觉得你也建设起来了一个体系。"他的评价是正确的。如果今天做，我会知道怎么更好地从史论评三个方面做好工作。

在我的第一个国家社科基金项目中，完成得最艰苦也相对最晚交稿的，是我自己撰写的《科幻文学论纲》。我知道这是一本我必须严肃对待的著作，因为它才是我们这个研究的核心所在。我先后反复写了好几稿，每一稿都在六七万字左右，但每一稿写完之后都被我扔掉了。原因很简单，我不能像过去那样从科普、纯文学中寻找资料进行堆砌，我必须做出一本合格的、有价值的科幻文学理论书才行。

就在反复的彷徨中找不到进路的时候，突然有一天，我指导的硕士生贾立元推荐给我一本约翰·凯里的书，书名是《知识分子与大众》。他本来想让我看看里面的科幻作家威尔斯的另一面，但我却由此找到了我本人著作的写法。权力，难道不是最近半个世纪全新的文学研究的主题？权力的运作也是我这些年感受到的中国科幻发展结局的最好解答。所有的东西在那个位置上被点焊到了一起，剩下来的就是认真去操作了。在随后的一些日子里，我天天马不停蹄地撰写，我只觉得自己打字的速度太慢。想说的都在那里了，只要让它们快点被记录下来就行。当然，权力的视角处理问题不能简单化，我尽量在论述中将各种问题放在具体场景考虑，全面细致地分析每一个环节。那时候我已经开始写博客，每天我都会在博客上说我今天码了多少块金砖。许多人问我，到底什么是金砖？我没有告知他们。但我心中却是在想，这一次，我是真正明白了什么是文思的自然流出了。

《科幻文学论纲》出版之后，不同背景的作家、学者做出了他们中肯的批评，这些人包括作家韩松、刘慈欣、星河、李兆欣等。应该说所有评论都充满鼓励，但谈到问题的时候也毫不留情。

到此，我的第一项国家社科基金项目圆满落幕。基金委给我的钱只有七万五，我出版了这么多著作，主要还是因为得到了具有强烈社会责任感和敏锐洞察力的出版人的重视。我要特别感谢福建少年儿童出版社的陈效东、杨佃青，重庆出版社的陈兴芜、冯建华，安徽文艺出版社社长朱寒冬、主管这个项目的刘冬梅。舒伟教授领衔翻译了许多重要著作，王泉根和时代传媒出版集团韩进先生做出了大量沟通和努力。

除了在国家社科基金指引下完成的这三个系列十五本书，这些年我还参与或直接组织了如下几套科幻理论书的编辑和出版，这些书包括“世界著名科学家科幻小说”“新空间科幻电影译丛”“地平线未来丛书”等。但因为翻译不利，“科学家”那套书没有获得读者认可。因编辑和推广不利，“地平线”那套没有获得广泛传播。包括《刘慈欣论科幻小说》这样的书都没有在刘慈欣获奖的情况下获得销售业绩。而“新空间科幻电影译丛”，因为翻译者拖拖拉拉，没有能及时出版，耽误了版权期，导致项目已经停止。

我个人在出版了《科幻文学论纲》之后，又受接力出版社总编辑白冰先生的嘱托，撰写了《科幻六讲》和《科幻应该这样读》，前一本书是我的讲演集，后一本是为少年儿童做的导读。前一本获得了“全球华语科幻星云奖”，后一本则上了开卷的童书畅销榜。

今天，我们能看到的科幻理论和科幻批评书真是太少了。我所编辑或撰写的那些，却因为那时候没有销路而印刷量很少，或者早就回收化浆，以至于今天真正科幻大潮到来的时候，我的这些书居然一本都找不到了。这也算是时代给我开的一个玩笑吧。

我从 2003 年开始招收科幻方向硕士学位研究生，那时候是放在现当代文学下进行的。此后，为了发展儿童文学学科，在王泉根老师的努力下，我们的儿童文学被提升为二级学科，而我又是王教授的手下，工作在中国儿童文学研究中心，所以科幻文学便自然而然地降到儿童文学之下。这就是许多人询问的科幻文学为什么放在儿童文学之下的原因所在。在教学上，科幻文学仍然是科幻文学，没有因为被置于儿童文学之下就更多关心过少儿科幻。

在硕士生中，最优秀的应该是贾立元，他的论文比其他人早一年写完。

当我把这个论文交给严锋教授审阅的时候，严教授感到很吃惊，觉得是那个时候讨论科幻问题最清晰的一篇。在复旦大学召开新世纪十年文学研讨会的时候，严教授还特意邀请贾立元跟科幻作家韩松共同出席，后来宋明炜教授跟我说，这次会议两个科幻作家给文学界带去了一次小小的震撼，许多人都开始研究起科幻来了。

我之前对硕士生的培养抱有很大的期待，希望这些人毕业之后能给科幻事业增添力量。但由于招生过程中许多真正喜欢科幻的人无法通过考试，而考上来的人不一定喜欢科幻，因此最终真正从事这个领域研究、创作或推广的人不多。但我感谢这些学生中的多数，协助我完成了许多基本建设工作。

2015 年，在我的正高级职称解决后的第三年，我也开始招收科幻文学方向的博士研究生。鉴于对硕士生的培养成果评价很低，我对博士生也没有抱太大希望。但结果出乎我预料，博士生们倒确实踏踏实实地走到这个专业的深处，做了很多有价值的工作。

目前，我在北师大的科幻方向博士一共招收了三届，共有四位国内外学生在这个专业就读过或正在就读。这其中，姜振宇博士已经成为四川大学文学院的师资博士后，他博览群书，文学基础扎实，对科幻又很痴迷，博士就读阶段就协助我进行过系统化的硕士生教学。他的毕业论文选择的是中国历史上仅有的几个科幻流派之一的“科幻现实主义”，论文中至少区分出三种不同的科幻现实主义观点，虽然这些观点共用了一个理论词语，但却差异显著。第二届博士肖汉，目前是北师大文学院教师，他博士论文的主要研究方向是“文革”前十七年的科幻文学。想象力是这个论文的核心，而把科幻当成那个年代想象力的一个出口，让我们能高屋建瓴，重新观察中国文学的格局和作家的心灵怎样在艰苦的年代获得释放。我的第三届研究生仍然在读，他们有两位。来自重庆邮电大学移动通信学院的张凡虽然还没有毕业，但已经建立了重庆钓鱼城科幻研究中心，这个中心计划在未来几年主攻科幻培训班和开设科幻大奖。来自意大利的彩云，硕士期间研究的就是韩松的作品，目前，她除了继续深化对韩松创作的研究，还在翻译各种中国科幻作品在海外发表。

我一贯认为，科幻研究的目的绝不是要去解决科幻文学本身的问题。恰恰相反，科幻研究的目标必须超越科幻，要能从更高的层次获得一些知识并由此回馈整个文学。恰恰是这样的要求，给我们更高起点，引导我们追求更广义的文学与文化原理。

2014 年，我得到第二个国家社科基金项目，这回是重点课题“20 世纪中国科幻小说史”。这一次，林建群、贾立元、任冬梅、王瑶（夏笳）、高寒凝、梁清散、姜振宇和肖汉都被吸纳进来。这个研究前后人员有变动，一共做了两稿，第二稿计划 2021 年出版。在结题会上，我邀请北师大中国现当代文学研究所李怡所长来致辞。王逢振、刘兵、舒伟、董仁威、黎婵、王一平、丁子霖、王卫英等学者也给我们提出了许多意见。

20 世纪中国科幻史的研究，给我机会反思过去一百年中国科幻文学走过的道路，我逐渐发现，科幻小说的所有元素，科学、想象、叙事、未来，所有的一切都在产生和变化过程中不断改变着自己的面貌。想要理解昨天和今天发生的一切，必须先解析这些元素的历史进化过程。这就是近些年我在一个一个梳理这些元素的进化历史，并勾勒出它们的变化历程的原因。作为这个系列的第一篇，《论中国科幻小说中的想象》已经在《中国现代文学研究丛刊》发表。在聚焦宏大历史发展的同时，我也会追寻细微变化中的隐秘节点，试图揭示一些过去被人忽视的细节。对于 20 世纪 80 年代初科幻的起伏，我撰写了《神秘的金属钠》一文，试图通过资料重现当时的一些情景。我深切地感到，有关这方面的工作需要扎实细心，更需要快马加鞭。许多当事人现在已经年逾古稀，必须下大力气马上做好访谈不可。

在北师大中国儿童文学研究中心工作的那段时间，在王泉根教授的支持下，我还主持召开了许多重要的科幻会议，这些会议包括：2005 年 8 月，跟北京科学技术协会合作的“想象力、创造力与科幻研讨会”，邀请了美国国家航空航天局工程师、科幻作家杰奥夫里·兰蒂斯到场参加；2007 年 8 月的“2007 中美科幻峰会”，邀请了美国作家大卫·布林、美国科幻研究协会前主席贝蒂·霍尔和中国作家张之路、星河等出席；2008 年 2 月，召集国内各领域专家召开了“诺贝尔获奖作家多丽丝·莱辛科幻小说学术研讨会”，这可能是国际范围内就这个主题召开的少数几个会议之一；2009 年 6 月，我们与中国作家协会儿童文学委员会合作，在北京中关村第四小学组织召开了“张之路幻想作品研讨会”；2015 年 6 月，会同民盟北师大委员会召开科幻教育论坛，在国内第一次就科幻教育教学进行了研讨。上述会议对许多问题的探索，虽然看起来没有那么深入，但我们用自己的方式给行业指明了一定的方向，也对人才的会聚做出了准备。

2008年，四川科普作协理事长董仁威找到我，说他跟姚海军已经计划要搞一个为繁荣科幻而建立的组织，这就是“世界华人科普协会”和后来独立的“世界华人科幻协会”。协会在非常艰苦的条件下开展了星云奖的评奖活动，还编辑了大量读物。董老师是那种行动迅速、执行力特别强的人。姚海军老成持重，行动稳健，我们的铁三角合作非常愉快。因为我在高校适合对外，所以就由我来担任会长。至今，星云奖已经举办十届，在华人科幻领域获得了很高认可度，在国际上也有一定影响。

我离开北师大前的最后一项重要工作，就是于2016年12月3—4日组织召开了“乌托邦与科幻文学研究”国际会议。会议由北京师范大学文学院、中国科普作家协会联合主办，重庆大学人文社会科学高等研究院协办，来自中、美、日等国家和地区的数十位专家学者参加研讨。这个会议是重庆大学的李广益建议开的。

李广益是我的老朋友。他在北大读书的时候，就跟陈楸帆等组织了北京大学科幻协会。那时候我刚刚招收第一届科幻研究生，他就带着朋友不断来我课堂上听课，但更多的时候是我听他跟其他同学之间围绕科幻的争论。我很喜欢发生在李广益、杨蓓、冯臻、郭凯等人之间的那些争论，这些争论带给我许多科幻方面的讯息，也告知我理论思维的走向。学生教老师本应是一个真理，特别是在所谓的后喻时代。李广益后来去加利福尼亚大学洛杉矶分校读书，研究中国的乌托邦文学。我去美国开会，他还接我并邀请我到他住处小住。无论走到哪里，广益都是那个对科幻充满雄辩的人。我记得那时候他已经准备回来，并做好了一个书单，说将来能翻译的时候，就要把这些都翻译出来。广益带来的人中还有夏笳，她也是北大科幻协会的一员，后来我跟她也在北大见过。她也是那种滔滔不绝、非常善于雄辩且思绪万千的科幻爱好者。在师从戴锦华教授的过程中，她的学术思路发生了很多变化，她的论文是从后革命角度定位当前的科幻文学，给人很多启发。

回到我们的“乌托邦与科幻文学研究”国际会议。这个会议成了我在北师大组织科幻活动中最后也是最大的一个，来自美国、日本、韩国、加拿大、澳大利亚和我国港台地区的数十人到会。北师大文学院院长过常宝教授到会致辞。会上的发言人有金·斯坦利·罗宾逊、维罗妮卡·霍灵杰、戴锦华、王逢振、王建元、立原透耶等，大家围绕"思想史视野中的《乌托邦》""乌托邦与批判理论""城市与空间""历史中的中国文本""文字与视觉""文类脉络与进路""战争的遗产与想象""全球乌托邦探索""中国文本中的历史""在中国思考未来"等十个子议题展开热烈讨论。会议的成功归功于广益对《乌托邦》发表500年这个主题的敏感，也归功于我的学生群体的辛苦努力，肖汉、姜振宇和几个硕士生做了大量细致的工作，特别是预算和报账让他们伤透了脑筋。

总结一下，我个人的科幻研究大致分成三个阶段。第一阶段主要讨论科幻怎么脱离科普范畴，力图采用心理学的理论和多种实证手法进行文类特征的提取和解析。第二阶段集中在脱离了科普的科幻文学怎样进入文学理论和学科体系，20世纪中国科幻史的撰写和乌托邦与科幻文学学术研讨会是这个阶段的总结。第三阶段围绕进入科幻产业化时代的一些应急问题，如产业的内容、特征、当前状况等展开。

2015年，刘慈欣的科幻小说《三体》在美国获奖，席卷全国的科幻热潮袭来。这一次，跟叶永烈引导的第一次全民科幻热潮类似，整个国家都被一部作品和一个作家所吸引。中国作家协会破天荒地为刘慈欣召开了座谈会，在中国科协的安排下，刘慈欣和电影导演周赟参加了有时任国家副主席的李源潮出席的科普科幻创作者代表座谈会。我参加了上述两个会议，遇到了一些有趣的场面，像文学批评人不知道该对科幻如何下手，与会人员不了解科幻挨批的历史，等等。但总体看，这些会议起到的作用都是非常积极的。在中南海召开的座谈会，已经是我在不长的时间里面第二次跟李源潮见面。前一次，我跟35名科普科幻作家一起参加科普方面的一个见面会，李源潮也出席了。那时候我的发言是《必须把科幻文学跟想象力培养和创新型国家建设之间建立起联系》，我还一直倡导要设立国家级别的科幻日或者科幻节，对科幻电影要减免税，高校应该增设科幻专业等。在中南海召开的科普科幻创作者座谈会的第二年，国家出台了重要举措，宣布召开中国科幻大会。就我所知，这是任何国家没有过的。在这个会议上，我所带领的团队发布了第一个《中国科幻产业报告》，这个报告清晰展示了我的研究转向。

我最早意识到科幻中的产业问题是从访问澳大利亚开始的。2004 年，我接受国家留学基金委的资助，在澳大利亚布里斯班的昆士兰科技大学访问一年。当时昆士兰科技大学引以为自豪的，就是把原有的文学院和电影学院的专业合并，成立了一个 creative industry 专业。我记得问过那里的教授这个应该怎么翻译，大家都无法给出好的答案，我只好用“创造力工业”来形容。渐渐地，我发现更多大学出现了这个专业。作为文化创新和产业创新的一个交集，创意产业已经蓬勃发展起来，但对已经被多年着意低矮化的科幻，能否提产业？提了产业是否会继续拉低它在中国的不稳定地位？我对此忐忑了很久。

我个人的思想改变，是受到 STEM 运动影响发生的。早在昆士兰科技大学访问期间，我就看到他们正在把科学、技术、工程和数学组合起来，形成新的学科群。现在许多文章说，这个学科群的产生主要是为了应对学生不学理工科，或者理工科不吸引人，需要改进的现实的。但事实上，我觉得这个新的学科群不是简单的学科教学改进。国外很早就开始计算 STEM 相关的产业的年度 GDP 和就业需求，所以，我更倾向于把这个改进当成一个产业管理的创新和金融管理的创新，其次才是教育创新。2010 年，昆士兰科技大学召开第一届 STEM 研讨会，我也到会发言。此后我在这个基础上考虑，如果 STEM 作为一种文化和经济管理的创新可以完成，那么我们把文化领域中所有跟科幻想象力有关的内容组织起来，提出科幻产业的概念也应该是允许的。有了比较成熟的想法之后，我从 2016 年开始，差不多每一两年就做一次年度科幻产业发展状况的统计。我跟其他做那种定性报告的热心人不同，我们是理工科出身的，只要开始做，就希望数据能提供有价值的信息。2019 年，我们的报告终于获得深圳市第九届哲学社会科学优秀成果奖。

在早期，我的报告团队的主要成员是《科幻世界》杂志的姚海军主编和姜振宇博士，他们对报告的编制方法提供了大量有价值的思想。腾讯公司的张圣林协助我们分析了一些国外游戏的数据。到今天，我们已经组建了一个比较完整的团队，由对出版发表非常熟悉的张峰高级讲师负责图书出版，北师大艺术与传媒学院博士后王垚负责科幻影视，苏州大学马忠红教授的学生刘泽宇博士负责科幻电子游戏，姜振宇博士负责产业园，中国科普研究所姚利芬负责周边产品，王大鹏负责政府投入。分门别类请专业博士硕士进行工作，极大地提高了我们报告的水平，报告的质量一年比一年好。在我们的带动下，深圳科学幻想与成长基金、未来事务管理局等单位也陆续推出了他们的科幻城市发展指数和科幻产业观察榜单。从2019年开始，中国科普研究所科幻研究中心筹备组也加入我们的工作。我们的力量有所壮大，正式出版也将成为可能。

我跟中国科普作家协会的关系可以追溯到这个协会的成立之初，那个时候，我作为科幻迷参加过许多活动。因为参加过少儿委员会和科学文艺委员会的哈尔滨年会，我认识里面许多人，所以对这两个二级分会很有感情。我的许多论文都是在这个系统的会议上率先报告，后来才发表的。2016年换届，我被选为副理事长，并兼任《科普创作》和《科学故事会》副主编的工作。这个工作很符合我的性格，我可以协助周中和理事长、陈玲秘书长整合过去的资源，更好地回馈社会需求。

2017年，我从北师大辞职，转入南方科技大学人文科学中心工作。我的领导陈跃红主任理工科出身，但多年从事比较文学研究，他对我的方向特别有感觉，他希望我放手去做，我也正好把多年来心理学、组织行为、知识管理、科幻文学的内容统一到一起。2017年12月1日，我在南方科技大学人文科学中心成立了科学与人类想象力研究中心。在成立会上，我们除了举办学术讲座之外，还举办了重庆雕塑家傅榆翔“移民外星人”雕塑展。

科学与人类想象力研究中心是模仿美国加利福尼亚大学圣地亚哥分校克拉克人类想象力研究中心的模式建立的。我对自己这个中心的定位，是在想象力科学研究的基础之上，发展一切相关的领域。我们是跨学科的研究中心，目标是探索以想象力为基础的创意创新和文化服务。当前，我们中心计划的研究重点有三个。

第一，想象力基础。推进在全国范围内的想象力研究是我们中心的一个重要职责。2018 年 4 月 6 日，我们举行了“追寻想象力的本源——2018 人类想象力研究年会”，会议邀请了全国各个领域想象力研究的专家来务虚。韩启德院士和南科大校长陈十一院士也都来参加。此前，我应韩院士邀请到九三学社做过科幻报告。韩院士对这次会议兴致特别高，全天候参加了我们的活动。在这个会议进行了摸底之后，我们开始买入脑科学研究的设备，招聘脑科学方向的会士和博士后研究人员。我们还为学生开设了“想象力入门”的通识课程，通过心理学的路径进行想象力探索。

第二，想象力怎样作用于科技、文化创新，怎样引领新的未来。在这方面，我们积极参加了陈跃红和姚新教授于 2018 年 5 月组织的“人工智能时代的技术与人文：跨学科对话”会议，并在会议上谈了我对人工智能时代三种不同知识的看法。同年 6 月，我们独立举办了“科技时代的中国文学状况与科幻文学变革”会议，从全新的角度考虑科幻作为一种文学与文化在社会中的作用。同月，我们还跟腾讯公司下属的《腾云》杂志共同举办“重新定义文化——二次元与娱乐互联网”研讨会，分析了当前次文化的状况与未来的关系。我们邀请凯文·凯利的中国出版人赵嘉敏博士开设了“未来学入门”课程。

第三，在想象力、未来学基础上的创意作品研发。在这方面，我们在南方科技大学开设了“科幻小说欣赏”“科幻：从小说到电影”“科幻写作”等课程。中心的专职讲师、凝聚态物理博士刘洋的《火星孤儿》已经获得了多种奖项，并成功出售电影版权。2019 年 12 月，深港城市建筑双城双年展上的“九座城市，万种未来”亮相，这是一个关于未来城市发展的重叠着图书和展品的展区。我接受孟建民院士、意大利策展人 Fabio（法比奥）、玛瑙、陈楸帆、王宽、张莉的邀请，跟我们的兼职研究员陈娱共同完成了策展任务。

目前，在世界范围内，类似科学与人类想象力研究中心的跨学科的研究机构正在兴起。在加利福尼亚大学圣地亚哥分校之后，亚利桑那大学、日本筑波大学等都在建立这类中心，清华大学也成立了未来研究中心。在这样的状态下，我们期待自己能在跨学科、创新未来方面走得更远。现在中心的主要工作人员除了我和刘洋，还有姜振宇和他太太姜未禾，他们是最早来深圳加盟我们中心的两位成员。虽然目前他们两个已经到了四川大学，但仍然保持骨干的位置。陈发祥是中心的另一个得力干将，他是首都师范大学脑认知方面的硕士生，现在主要聚焦在科幻教育产品的研发。2018年12月，趁中国科幻大会在深圳举办之际，我邀请刘慈欣、王晋康等科幻作家到南科大分会场参加“从科学前沿到科幻前沿”的主题活动，陈十一院士、郭雨蓉书记、汤涛院士、陈跃红讲席教授都欣然到场。中心会同科幻作家韩松共同制作的《科学幻想——青少年想象力与科学创新培养教程》，经过刘懿娴硕士的实验，马上进行大规模推广。我深切地感到，我们需要一个庞大的科幻和想象力教育的基础，在当前，这种需求比创新作品来得更加迫切。

2014年，我在“未来事务管理局”成立会上提出了《科幻未来主义宣言》。我的宣言一共五点，目的是想说服作家和读者，在今天这个高速变化的时代，未来主义思想的繁荣对我们的生存至关重要。意大利科幻作家弗兰西斯科·沃尔索提出了未来小说，并且跟我的学生张凡合作，要马上开办未来小说工作坊。我相信这些努力对今日的时代是至关重要的。

我们这一代人是在不得已的情况下开始科幻研究的，时代把我们推上了这个位置，我们所做的都只是对外部需求的本能反应。感谢这么多师友对我的信任，感谢探索过程中所有的同道。我的一个大学同学有一次说，没想到你这么个儿童时代的爱好竟然玩了一辈子。他说的是对的。让我高兴的是，我的这么个爱好竟然跟我们民族文化改变的伟业建立起紧密的联系，这让我的生活变得充满意义，也充满责任。我将在这个道路上不断努力，尽量做出更多成果。